오디오북의
역사

The Untold Story of the Talking Book

오디오북의 역사

알려지지 않은,
말하는 책 이야기

매슈 루버리 Matthew Rubery 지음
전주범 옮김
출판유통진흥원 外 감수

한울
아카데미

THE UNTOLD STORY OF THE TALKING BOOK
by Matthew Rubery

차 례

맞아요.

글쓰기는 작가들에게 많은 해를 끼쳤어요.

우리는 목소리로 돌아가야 합니다.

—오스카 와일드^{Oscar Wilde},

『예술가로서의 평론가^{The Critic as Artist}』

오디오북의 역사는 무엇인가?

 책을 읽는 것과 듣는 것은 어떻게 다를까? 『오디오북의 역사: 알려지지 않은, 말하는 책 이야기The Untold Story of the Talking Book』는 1877년 토머스 에디슨이 축음기를 발명한 이후의 녹음 책 역사를 추적함으로써 이 질문에 답하려고 한다. 에디슨은 녹음 기술을 이용해 책을 제작하고 싶어 했지만 그 기대를 실현하는 데 수십 년이 걸렸다. 레코드에 시 구절 몇 분 정도를 기록했던 초보적 사업은, 오늘날 도서 연 매출의 상당한 부분을 차지하는 10억 달러 규모의 산업으로 성장했다.[1] 오디오북은 출판사의 비인쇄물 분야에서 주요 수입원이 되었고, 2010년에는 전자책보다 더 많은 매출을 올렸다.[2] 그러나 오디오북은 그 명성에도 불구하고(오디오북은 인기 있는 독서 유형 중 하나로 우뚝 섰다) 여전히 문학계에서의 위상이 불확실한 것은 말할 것도 없고 전통적인 책과의 관계를 논하는 연구도 부족한 상태다.[3] 다음 내용은 녹음 책에 대한 어색한 대화다.

 한 친구가 책을 읽었다고 했다가, 갑자기 돌아서서 그 책을 실제로 "읽은" 것이 아니라 "들었다"라고 고백했다. 이 연구는 여기서 시작되었다. 책을 듣는 것은 사람들이 사과하는 몇 안 되는 독서 형태 중 하나다. 일반적으로는 자기 성취와 탁월함을 드러내려고 독서 경험을 거론하는데, 책을 듣는 것이 왜 사과할 일인지, 이러한 부끄러움의 뿌리는 무엇인지 자세히 알아보고 싶었다.

나는 이 조사를 통해 일생동안 책에 관심이 있었음에도 불구하고 들여다보지 않았던 출판 부문에 발을 들였다. 그 결과 오디오북의 역사가 일반적으로 생각하는 것보다 길다는 것을 곧 알게 되었는데, 그 역사는 에디슨이 「메리의 어린 양Mary had a little lamb」을 은박지 축음기에 직접 녹음한 것으로까지 거슬러 올라간다. 내 연구는 왁스 실린더로 녹음한 축음기 책에서부터 제1차 세계대전에서 시각장애를 입고 돌아온 군인들을 위한 책의 역사, 한참 후인 오늘날 카스테레오나 헤드폰으로 듣는 상업용 오디오북으로까지 이어진다.

더 들어가기 전에, 말하는 책이 무엇인지 명확히 설명해야겠다. 출판사업자들은 종종 레코드판, 카세트테이프, 콤팩트디스크, MP3, 디지털 파일, 또는 다른 여러 오디오 포맷에 녹음한 이야기 형식을 설명하기 위해 '말하는 책'과 '오디오북'이라는 용어를 혼용하고 있다. 이 책의 제목 역시 모든 녹음 책을 포괄하는 의미에서 이 용어를 사용한다. 하지만 역사적으로 낭독 녹음의 다양한 형태를 아우르고 통일한 용어는 없다. 에디슨의 발명 이후 거의 50년간 사람들은 '축음기 책phonographic books'에 대해 이야기해 왔다. 정부기관과 자선단체들은 1930년대에 시각장애인용 셸락shellac 레코드나 비닐 레코드를 설명할 때 '말하는 책talking books'이라고 불렀다. 1950년대에는 캐드먼Caedmon 상표가 '낭독 레코드spoken word records'를 대표하는 용어였다. 1970년대의 두 오디오북 출판사 '북스 온 테이프Books on Tape'와 '리코디드 북스Recorded Books'는 테이프 녹음 책을 설명할 때마다 자신들의 회사명을 사용하는 것에 항의했다(콤팩트디스크로 가득 채우긴 했지만 여전히 많은 서점에는 '테이프 녹음 책' 서가가 있다).

1990년대 초반까지 '오디오북Audiobook'이라는 문구에 대한 합의가 없었지만, 출판사들은 업계에서 사용하는 다양한 용어의 혼란을 줄이기 위해 노력했다. 1994년에 이르러 미국 오디오출판업자협회Audio Publishers Association가 '오디오 북audio book'(단어 사이를 띄어 씀)을 업계 표준으로 확정했다.[4] 그 이전에 만들어진 낭독 녹음에 이 용어를 사용하는 것은 시대착오적이다. 그럼에도 불구하고 이것은 지금까지 사용한 용어 중에 가장 유용하다. 이 책의 연대기는 시대별 어휘를 따르려고 노력하겠지만, 명확함과 일관성을 위해 때때로 '오디오북audiobook'이라는 용어를 더욱 폭넓게 사용할 것이다.

물론 말하는 책에 대한 생각은 인간의 목소리를 녹음하는 기술이 나오기 훨씬 이전부터 대중의 상상력을 사로잡았다. 물질적인 책이 독자에게 직접 말을 하는 문학적 비유는 그리스, 로마, 고대 영국 문학Anglo-Saxon literature에서 발견된다.[5] 이런 수사적 술수는 쓰여진 글이 말을 하는 환상을 유지했다. 사실, 목소리를 담은 책의 개념은 모든 이야기를 말로 하는 구술 문화에서는 별 의미가 없었다. 이런 비유는 필사 원고에서 인쇄 문화로 넘어간 후까지 지속되었다. 시라노 드베르주라크Cyrano de Bergerac는 귀에 매달린 말하는 기계 책을 공상했고, 워싱턴 어빙Washington Irving은 웨스트민스터사원Westminster Abbey에 오랫동안 갇힌 것에 대해 불평하면서 하품도 하는 말하는 책을 묘사했다.[6] 말하는 책의 비유는 문맹인 아프리카계 미국인에게 성경책이 말을 걸어왔다는 표현에서도 자주 쓰인다.[7] 1775년의 한 노예 회고록에서 제임스 앨버트 우커소 그로니오소James Albert Ukawsaw Gronnoisaw는 기도 책에 자신의 귀를 대고 있었던 일을 회상했는데, 헨리 루이스 게이츠 주니어Henry Louis Gates, Jr.의 말처럼, 이 우연은 자유로운 남녀가 누리는 문해력의 특권으로부터 배제된 노예들에게 친숙한 '말하지 않는 책'을 묘사하고 있다.[8]

우리는 이 유연한 범주 안에서 그 차이에 주목해야 한다. 스펙트럼의 한쪽 끝에 있는 시각장애인용 책은 인쇄본에 최대한 근접하기 위해 말 그대로 헌사부터 부록까지 모두 낭독했고, 어떤 경우에는 원문의 오타까지 그대로 두었다. 스펙트럼의 다른 끝에는 음향효과를 넣고, 모든 배역을 캐스팅하고, 때론 가차 없이 줄거리를 생략하기도 하는 상업적 오디오북이 있다. 린다 스티븐 Linda Stephen이 49시간에 걸쳐 녹음한『바람과 함께 사라지다Gone with the Wind』와 일명 '마이티 마우스Mighty Mouth'로 알려진 낭독자의『10분에 읽는 10개의

고전10 Classics in 10 Minutes』낭독이 같다고 말하기는 어렵다.[9]

오디오북을 라디오 드라마 같은 비슷한 형식과 명확하게 구분하는 기준이 있는 것도 아니다.[10] ≪가디언Guardian≫이 발표한 우수 오디오북 목록에서 최우수작은 엄밀하게 말하면 오디오북이 아니다.『은하수를 여행하는 히치하이커를 위한 안내서The Hitchhiker's guide to the galaxy』는 소설로 발표되기 전에 BBC 라디오 시리즈에서 시작했다(그 반대가 아니다).[11] 나는 오디오북의 순서에 관심이 있는데, 특히 인쇄 원본이 없는 '태생적 오디오북'인 경우 이것을 뭐라 불러야 할지 고민하는 포스트모던 현상이 일어난다. 그것이 과연 책일까? 달리 명시하지 않는 한, 이 책에서 '오디오북'이라는 용어는 원래 인쇄물로 출판한 책의 단어 하나하나를 그대로 한 명의 화자가 녹음한 것을 뜻하는 데 사용한다. 내 연구에서 나온 질문에 대해서는 음악 영상물과 더 많은 공통점이 있는 먼 사촌격의 책보다는 가까운 친척뻘 되는 책을 비교해 보면 더 잘 알 수 있다.

오디오북의 정체성은 항상 인쇄와 연결해 정의되어 왔다. 인쇄 책과 비교해서 녹음 책이 어떻게 발전했는지에 대한 이해를 돕기 위해 나는 음향 녹음 기술의 기원부터 설명을 시작한다. 그것은 인쇄 책과 녹음 책 사이의 정확한 관계를 구축하기 위함이다. 이 연구의 주된 주장은 말하는 책이 인쇄 책을 재생산하는 수단이자 그 한계를 극복하는 수단 모두로 발전했다는 것이다. 출판사는 다른 매체에 맞게 각색한다 하더라도, 인쇄 책에 가급적 최대한 가깝게 각색함으로써, 또는 반대로 인쇄 책이 할 수 없는 것을 음향(목소리, 음악, 음향효과) 녹음하는 장점을 확보함으로써 이런 요구에 대응했다. 주안점은 '말하기'나 '책' 어느 쪽에든 둘 수 있다. 100년 이상 된 낭독 녹음을 조사해 보니, 인쇄 책의 모방과 음향 녹음 활용 간에 경쟁의 역학이 작용한 것을 알 수 있었다. 이 두 가지 자극은 오디오북을 책으로 간주해야 하는지, 아니면 다른 것으로 간주해야 하는지 결정하기 힘든 이유를 설명해 준다.

물론, 그 이름에도 불구하고 오디오북을 책이라고 하는 데 모든 사람이 동의하는 것은 아니다.[12] 내 역사주의적 접근법은 항상 스스로를 기존의 책과 연관시켜 생각하는 오디오북 발행자들로부터 자극을 받았다. 오디오북이 책의 아류라는 인상에도 불구하고 대부분의 오디오북 발행자는 스스로를 사람들로 하여금 책을 더 많이 읽게 만드는 도서계의 승자라고 생각한다. 그들의 관점에서 보면 오디오북은 스케줄이 바쁜 사람, 출퇴근 시간이 긴 사람, 인쇄 책을 읽을 수 없는 장애인으로 하여금 책과 접할 수 있게 만든 것이다. 그들 마음속에는 오디오북이 첫째이며 최고라는 데 의심의 여지가 없으며, 편집할 때의 결정 사항에 이런 생각을 반영한다. 오디오북이 기존의 책과 다르다고 생각하는 출판사가 등장한 것은 최근의 일이다. 불과 몇 년 전부터 출판사들은 오디오북을 그 자체로, 더 이상 인쇄 책 원본에 의존하지 않는 독립 예술로 인식하기 시작했고, 이야기 전개의 대체 형태로서 본격적인 실험을 시작했다.

말하는 책의 역사는 아직 제대로 다루어지지 않았다. 여러 가지 시도들은 말하는 책 자체가 아닌, 말하는 책 기계의 역사를 설명하는 것이 최선이었다. 이는 '말하는 글' 그 자체의 연구를 넘어서, 매체의 기술적·법률적·경제적 배경 연구를 확실히 더 선호한다. 이러한 연구는 녹음의 역사를 이해하는 데 가치가 있지만, 나는 '말하는 글'이 어떻게 독특한 고유성을 확보했는지에 대해 더 알고 싶었다. 책 역사학자이자 독자로서 내가 관심을 가진 의문은 애초에 답이 없거나 아예 제기되지도 않았다.

많은 다른 사람들과 마찬가지로 오디오북을 들어보기로 한 것은 실리적인 목적 때문이었다. 나는 읽고 싶은 책이 많지만 다 읽을 만큼 충분한 시간을 낼 수 없는 열혈 독자였기 때문에, 하루 중 일상적인 일에 낭비되는 시간, 출퇴근 시간, 건강 유지를 위해 쓰는 시간의 대부분을 잘 활용하고 싶었다. 마음은 바쁘지 않지만 손은 바쁜 상황에서는 오디오북이 이상적인 동반자다. 시대가 좋아져서 『전쟁과 평화War and Peace』를 듣는 데 더 이상 119장의 레코드판을 돌릴 필요 없이, 오디오북 디지털 파일을 다운로드해서 쉽게 들을 수 있게 되었다. 처음에는 부모가 아이들에게 큰 소리로 읽어주는 모습을 연상시키는 스토리텔링의 순수한 기쁨을 즐겼다. 이 연구를 활기 있게 만든 미학적 관심이 생긴 것은 한참 후였다. 말하는 문장과 인쇄된 문장은 정확히 어떤 관계인가? 책을 듣는 경험은 읽는 경험과 비교할 때 어떠한가? 책을 읽어주는 사람은 그 책을 받아들이는 데 어떤 영향을 미치는가? 이런 이야기에 적합한 근접 청취법은 무엇인가? 음향 기술에 따라 생겨나는 새로운 형식의 가능성은 무엇인가?

이 연구를 시작했을 때 나의 의도는 에디슨의 첫 동요를 시작으로 가능한 한 문학 녹음을 많이 들어보는 것이었다. 녹음을 들으며 수없이 많은 시간을 보내는 동안 내 관심은 낭독 녹음의 문장을 분석하는 것에서 문화적 관계를 이해하는 것—누가 녹음했는가, 원본과는 어떤 관계인가, 청중에게 어떤 영향을 주는가—으로 넘어갔다. 오디오북이 수용된 역사를 기록하는 것은 오디오북 독자가 다른 독자에 비해 흔적을 남길 가능성이 적다는 점에서 특히나 도전적인 일이었다. 일반 책의 낱장 여백에서는 독자의 낙서 흔적이 가끔 발견된다. 녹음에는 그런 행운이 없다. 교훈을 말하자면, 새로운 매체 그 자체가 최선의 역사 길잡이 역할을 할 수는 없다. 그래서 오디오북에 대한 나의 역사 기록은 주로 적합한 구식 인쇄 매체(서신, 매뉴얼, 회고록, 신문, 앨범 재킷, 기록 보관소와 개인 소장품에서 찾아낸 자료)를 통해 종합했다. 이 책의 미주는 낭독 녹음 역사와 관련된 광범위한 자료에 관심이 있는 사람 누구에게나, 특히 인쇄된 내용 너머의 것에 이제 막 관심이 생긴 애서가에게 가이드의 역할을 할 것이다.

이 연구에서 다루는 많은 녹음은 그 자체가 지속적으로 비평적 관심을 받을 가치가 있는 심오한 예술 작품이다. 한 장 전체를 데릭 재커비Derek Jacobi의 『일리아드Iliad』에 대해 썼을 때 가장 큰 즐거움을 느꼈다. 그러나 이 책의 목적은 녹음 책 발전의 여러 단계, 즉 축음기 책, 말하는 책, 오디오북, 그다음에 등장하는 모든 것을 포괄해 광범위한 역사를 종합하는 것이다. 그렇게 하면 여기에 언급된 각각의 책에 대한 매혹적인 이야기를 다른 사람들이 더 쉽게 말할 수 있게 될 것이다(학자들이 이미 각자의 분야와 시기에서 그렇게 해왔다). 이러한 에피소드는 특별하거나 색다른 사건이 아닌 낭독 녹음의 일관성 있는 전통의 일부로 볼 수 있다. 그러한 체계가 보통 독립적으로 논의되는 음향 녹음 에피소드 간의 공통점을 만든다. 예를 들어 1930년대에 시각장애인들 사이에서 일어난 말하는 책을 읽는 방법에 대한 열띤 논쟁과 1990년대에 오디오북의 합법성에 대해 일어난 논쟁은 별개일 수가 없다. 오디오북 산업은 논쟁을 반복하지 않기 위해서도 오디오북의 역사를 알 필요가 있다. 앞으로 살펴보겠지만, 거의 모든 오디오북 출판사는 은박지 축음기만큼이나 오래된 아이디어를 자신들이 처음 생각해 냈다고 여기는 것 같다.

오디오북은 스토리텔링의 새로운 형식이지만 아주 오래된 것이기도 하다. 오디오북 팬들은 고대에 이야기가 낭송된 것을 들어 자신들의 청취 습관을 종종 정당화한다. 그리스인들은 시인이 읊어주는 영웅담을 들었다. 호메로스는 읽는 대신 듣는 것으로 가장 잘 알려진 작가다.[13] 이러한 관점으로 보면 음향 기술은 우리를 문학의 기원으로 돌려보내서, 크게 낭독하는 이야기를 다시 한 번 들려준다. 다만, 그것이 그렇게 간단하다면 말이다. 호메로스 시대에 연주자의 음악을 듣는 것과 21세기에 이어폰으로 데릭 재커비의 음악을 듣는 것은 상당한 차이가 있다.

역사학자들은 구술 문화에서 인쇄 문화로의 수세기에 걸친 변천사를 광범위하게 기록해 왔다. 마셜 매클루언Marshall McLuhan은 "깃펜이 말을 없애버렸다"라고 요약했다.[14] 글쓰기는 사람들이 읽는 방법에 깊은 영향을 미쳤다. 4세기에 성 아우구스티누스는 그의 스승 성 암브로시우스가 조용히 혼자서 책을 읽는 모습을 발견하고 놀랐던 기억을 떠올렸다.[15] 이 에피소드는 고대의 소란스러운 공동체 공연이 오늘날의 독서처럼 조용하고 고독한 행동 양식으로 변하는 상징적인 전환점이 되었다.[16] 15세기 중반, 인쇄기가 책을 더 쉽게 접하도록 만들었고 이러한 변화를 가속화했다.[17] 매클루언은 인쇄술이 발명되면서 눈과 귀의 분열을 포함해서 인간의 의식에 강한 충격을 준 시각 문화가 시작되었다고 했다.[18] 전직 영문학과 교수이자 웅변가의 아들인 매클루언이 이런 변화의 의미를 간파한 것은 놀라운 일이 아니다. 매클루언이 언급한 것처럼 구술과 인쇄 사이의 단절이 결정적이지 않았다고 해도, 책을 낭독하는 것이 고대에 비해 현대에 덜 중요한 것은 사실이다.

대학에서 낭독이 사라진 것을 생각해 보자. 19세기 내내 웅변술이 교과 과정에 널리 퍼져 있었고 달변이 도시 생활의 전제 조건처럼 여겨졌다. 제럴드 그라프Gerald Graff가 언급했듯이 많은 영문학 교수들은 낭독이 문학을 이해하는 데 필수라고 믿었으며, 가장 권위 있는 학자는 성경, 셰익스피어, 여러 문학작품을 주기적으로 크게 낭독했다.[19] 하버드 교수진은 엘리엇T.S Eliot의 시부터 20세기 시에 이르는 최초의 연작시 녹음집을 냈다. 낭독의 종말을 가져왔다고 비난받는 정독법과 관련된 두 인물, 리처드I.A. Richards와 리비스F.R. Leavis의 교육에서도 낭독은 제 역할을 하고 있었다.[20]

웅변은 유행이 지났고 '표현적 읽기expressive reading', '해석적 읽기interpretive reading', '구술적 읽기oral reading'로 대체되었으며 덜 극적이며 인위적이지 않은 방식으로, 화자가 외우지 않고 직접 읽는 것으로 바뀌었다. 문학적 이해, 구술적 해석, 낭독을 합친 방식—교과 과정 내에서 웅변술의 후속으로 알려진—은 영문학과 연극학의 경계였지만 "낭독은 조용히 읽는 것보다 저급한 것"이라는 의심을 막아내지는 못했다.[21] 낭독은 조용한 독서가 상식인 오늘날의 교실에서는 예스러운 기억일 뿐이다.[22]

그럼에도 불구하고 융합미디어는 역사적 교체에 대해 오해의 소지가 있는 해설을 없애버렸다. 전화, 축음기, 라디오, 영화, TV, 여러 광범위한 규모의 현대 통신 기술은 우리 삶에서 인쇄물의 특권적 위치를 대부분 대체했고 세상을 음향적으로 혹은 적어도 시청각적으로 바꾸었다. 물론 우리는 더 이상 인쇄물의 손길이 닿지 않는 세계를 다루는 것이 아니라, 월터 옹Walter Ong이 여러 종류의 매체로 가득 찬 문화의 '2차 구술secondary orality'이라고 부른 세계—이 경우 음유시인 대신 오디오북—를 다루고 있다.[23] 오디오북은 웅변 방식과 회상 방식이 두드러지는 즉흥 공연보다는 원고를 더 확실하게 복제한다. 오디오북은 스튜디오가 아닌 페이지에 맞춰 조판과 언어를 디자인한 원고에 의존한다.[24] 호메로스 작품을 낭독하는 것과는 완전히 다르다. 오디오북은 인쇄 책을 들을 수 있는 형식으로 복원되었고 전통적 스토리텔링과 비슷해 보이지만 분명히 현대적 형태의 오락이 되었다. 오늘날 스스로 말하는 책으로 무엇을 해야 하는지는 아무도 모른다.

이 목소리를 뭐라고 불러야 하는지도 확실치 않다. '읽는 사람reader', '낭독자narrator'라는 용어는 책의 화자를 묘사할 때 불필요한 혼란을 일으킨다. '읽는 사람'은 그 페이지를 조용히 살피거나 때로는 이야기를 들으면서 내용을 큰소리로 읽어주는 사람을 의미할 수 있으며, '낭독자'는 가상의 인물이거나 실제 사람을 의미할 수 있다. '화자speaker'나 '연기자performer' 같은 용어는 각각의 뜻을 가지고 있다. '화자'는 이야기 안팎에 있는 존재를 지칭하고, '연기자'는 출판사들이 피하려고 하는 오락 산업을 가리킨다. 앞으로 살펴보겠지만 성우가 극적 방식으로 읽을 때와 라디오에서 싫어하는 절제된 방식으로 읽을 때는 뚜렷하게 구분된다.

화자의 목소리는 오디오북의 가장 중요한 덕목이자 책임이다. 모든 오디오북은 은유적 의미에서 독특한 목소리를 내기 위해 노력한다. 데이비드 포스터 월리스David Foster Wallace는 그것을 '뇌의 목소리brain voice'라고 불렀다.[25] 하지만 오디오북은 실제 목소리를 가지고 있다. 저자, 배우, 아마추어, 합성음성이 말하지만 그 결과는 같다. 즉, 그 책의 독자가 아닌 다른 누군가가 어떻게 소리 낼지를 결정한다. 이것은 하찮은 세부 사항이 아니다. 텍스트를 소리 내 말하고 텍스트에 소리를 입히는 것은 문학을 읽는 데 필수적일 수 있다.[26] 이러한 정신적 노력이 텔레비전과 연관된 수동적인 오락 소비와 독서를 구분 짓는다[27](콜름 토이빈Colm Tóibín은 책을 읽는 것과 듣는 것은 "실제로 마라톤을 뛰는 것과 TV로 마라톤을 보는 것의 차이"라고 말했다[28]). 철학자 피터 키비Peter Kivy는 독서가 다른 시청각 매체처럼 감각적인 내용을 제공하려면 상상력이 필요하다고 했다. 이런 바탕 위에서 키비는 여배우 줄리 해리스Julie Harris가 『제인 에어』 녹음(적어도 해리스에게는 읽기 행위다)을 하는 행위와 청중이 단순히 다른 사람의 공연을 관람하는 행위를 구분한다.[29] 다른 사람이 힘든 일을 다 하고 나면 청중에게는 어떤 할 일이 남아 있을까?

그런데 오디오북에서 독자가 가장 많이 기억하는 것은 화자의 목소리이다. 〈사인펠드Seinfeld〉의 조지 콘스탄자George Constanza는 많은 이들을 대신해 "나는 더 이상 책을 읽을 수 없다. 테이프 책이 나를 망쳤다. …… 난 그 좋은 목소리를 원한다"라고 불평했다.[30] 음향 녹음은 저자가 직접 우리에게 이야기하는 듯한 착각을 일으키고 인쇄본에서는 느낄 수 없는 친밀감을 제공한다. 자서전이나 회고록 같은 장르에서는 화자의 목소리로 친근함을 주는 경향이 더욱 분명하게 드러난다. 실제로도 그럴 수 있다. 유명 인사 그리고 정치가들이 자신의 책을 녹음하는 것은 일반적이다. 최근의 모든 대통령이 그렇게 했다. 이들은 많은 독자들이 가상의 목소리가 아닌 진짜 목소리를 원한다는 사실을 알고 그것을 활용했다. 유령 작가는 있을 수 있지만 유령 낭독자는 없다. 서먼 알렉시Sherman Alexie, 우디 앨런Woody Allen, 마야 안젤루Maya Angelou, 제임스 볼드윈James Baldwin, 제니퍼 보일런Jennifer Boylan, 빌 브라이슨Bill Bryson, 마이클 케인Michael Caine, 엘런 디제너러스Ellen De Generes, 주노 디아스Junot Díaz, 티나 페이Tina Fey, 에디 황Eddie Huang, 존 르카레John le Carré, 개리슨 카일러Garrison Keillor, 프랭크 매코트Frank McCourt, 토니 모리슨Toni Morrison, 버락 오바마Barack Obama, 시드니 포이티어Sidney Poitier, 데이비드 세다리스David Sedaris, 제이디 스미스Zadie Smith, 에이미 탄Amy Tan, 스터즈 터켈Studs Terkel, 바버라 월터스Barbara Walters, 엘리 비젤Elie Wiesel, 오프라 윈프리Oprah Winfrey 등 계급, 민족, 성별, 인종, 성, 국가적 정체성에 대해 쓴 사람들의 특징 있는 목소리를 들으면 바로 그 차이를 알아챌 수 있다. 우리가 이 많은 목소리를 상상해 내기는 힘들다.

책을 들어보면 어떤 읽기가 더 좋은지 분명해진다. 에디슨의 축음기는 사람들에게 훈련된 전문가를 통해 들을 수 있는 기회를 주었다. 에디슨의 말에 따르면 청중은 "일반인이 읽는 것보다 웅변가가 읽을 때 더 큰 즐거움을" 느낀다.[31] 프로의 낭독을 듣고 싶지 않은 사람이 어디 있겠는가? 에디슨 시대의 사람들도 이미 세라 시든스Sarah Siddons나 찰스 디킨스Charles Dickens 같은 작가의 낭독을 듣는 데 돈을 썼다.[32] 낭독 녹음은 극장 밖에서도 유명인의 목소리를 들을 수 있게 했다.

그러나 개인의 독서 행위 그 자체를 목적으로 여기는 자급자족DIY 독서 문화에서 이런 생각이 관심을 끄는 데에는 시간이 걸렸다. 스스로 읽어야 한다는 강박감은 스스로 읽는 것이 최고의 독서라는 것을 의미한다. 화자가 아무리 잘 읽는다고 해도 다른 사람이 읽어주는 것을 듣기 위해 독서 경험을 포기한다면 이를 납득할 사람은 거의 없을 것이다. 어떤 읽기가 다른 읽기보다 우월하다는 사실과 아울러, 독서는 혼자 하는 것이라는 생각이 우리에게 불편하게 자리하고 있다. 이 사실을 부정하기 전에 제러미 아이언스Jeremy Irons가 낭독한 『로리타Lorita』나 메릴 스트립Meryl Streep이 낭독한 『마리아의 증언The testament of Mary』을 들어보자. 음악이나 영화처럼 전문가가 수행할 것으로 기대되는 다른 매체에 이 개념을 적용한다면 이는 눈살을 찌푸리게 하지 않을 것이다. 독서는 아마추어를 선호하는 예술 중에서 예외적이다.

나는 성장하면서 내 독서에 부족한 점이 있을 것이라는 생각은 하지 않았다. 돌아보니 위대한 문학과의 첫 조우에서 얼마나 부족한 점이 많았는지 깨달았다. 몇몇 예를 들어보자면, 『폭풍의 언덕Wuthering Heights』에 나오는 요크서 사투리가 횡설수설하는 것처럼 느껴졌고, 『허영의 시장Vanity Fair』 속의 프랑스어는 이해하기 힘들었다. 그리고 『율리시스Ulysses』에서 레오폴드 블룸 Leopold Bloom이 콧노래로 계속 부르는 모차르트 아리아가 실제로 어땠는지 전혀 떠오르지 않았다. 이 책들은 그 이후로 내게 친숙해진 책이다. 하지만 그 첫 만남은 발음 때문에 다른 사람의 도움을 받았을 것이다. 나와 같은 독자들은 세 가지 예―사투리, 외국어, 노래 가사―모두 읽는 것보다 듣는 것이 더 나았을 것이다. 우리 머릿속 목소리는 그 일을 간단하게 감당하지 못한다(찬송가 「그 어린 주 예수Away in a Manger」를 빌리 홀리데이Billie Holiday 스타일로 노래한 세다리스의 설명을 먼저 읽은 후에 그의 노래를 들어보면 그 차이를 알 수 있다[33]).

낭독에서는, 다른 사람들이 나보다 좋은 낭독자라는 것을 받아들여야 했다. 나는 내가 가장 좋아하는 책은 묵독으로 읽었다. 반면 별 관심 없던 다른 인쇄본 책은 오디오북으로 대체했다. 찰스 로턴Charles Laughton, 그레고리 펙Gregory Peck 에서부터 조니 캐시Johnny Cash, 제임스 존스James Jones에 이르기까지 수많은 유명 인사들이 성경을 녹음한 데에는 이유가 있다. 화자를 통해서 우리는 스스로 이해하는 것과는 또 다르게 이야기를 파악할 수 있다. 나는 샬럿 브론테Charlotte Bronte의 『제인 에어Jane Eyre』를 12번도 더 읽었지만 영국 배우 줄리엣 스티븐슨Juliet Stevenson이 읽어주는 것을 들었을 때는 새롭게 들렸다.

성우는 대본을 읽을 때처럼 책 속에서도 많은 것을 끄집어낸다. 내 마음속 독백은 루비 디Ruby Dee, 프랭크 멀러Frank Muller, 바버라 로젠블랫Barbara Rosenblat, 그리고 호평받는 여러 낭독자의 거장다운 연기에 비교하면 형편없는 게 틀림 없다. 전문가는 거의 항상 책의 저자보다 우월하고, 인정하긴 싫지만 나보다 우월한 낭독자다. 아마도 전문가가 잘 읽는 것을 듣고 싶어서 이전에 읽었던 책을 다시 듣는 사람이 나 혼자만은 아닐 것이다. 또는 다르게 읽는 것을 듣고 싶었을 것이다. 우리는 (미국시각장애인출판사American Printing House for the Blind에서 2000종 이상의 책을 녹음한) 미치 프리드랜더Mitzi Friedlander의 낭독을 두드러지게 하는 것을 찾는 데, 또는 해리포터 시리즈를 경쟁적으로 읽은 짐 데일Jim Dale과 스티븐 프라이Stephen Fry 간의 비교되는 장점을 정확히 찾는 데 관심을 기울여야 한다.

배역 선정은 오디오 출판사의 가장 중요한 결정 사항이다. 낭독자가 이야기를 성공시키거나 망칠 수 있다는 것은 사실이다. 닐 게이먼Neil Gaiman의 『아난시의 소년들Anansi Boys』이라는 작품에서 늙은 자메이카 여자 추장 역을 맡은 레니 헨리Lenny Henry는 고도의 예술적 기교를 담은 연기로 마술적인 무언가를 보여주었다. 좋은 낭독자는 좋은 배우와 닮았다. 우리는 인물과 줄거리에 빠져 낭독자의 존재를 인지하면서도 동시에 인지하지 못한다. 대조적으로 엉터리 낭독자들은 소설의 내용을 방해하고, 목소리를 너무 의식하게 만들거나 화자와 주제 사이의 불일치를 느끼게 한다. 『그레이의 50가지 그림자Fifty Shades of Grey』를 길버트 고트프리트Gilbert Gottfried의 낭독으로 듣는 사람들이 안타깝다.

특히 평범하게 낭독하는 저자는 환상을 깰 수 있다. 많은 사람들이 『은하수를 여행하는 히치하이커를 위한 안내서』를 사랑하지만 더글러스 애덤스Douglas Adams가 읽어줄 때는 그렇지 않다. 실제로 프리드리히 키틀러Friedrich Kittler는 인쇄된 책으로 인해 신격화된 저자라 하더라도 실제 목소리는 실망스러울 수밖에 없었기 때문에 음향 녹음의 발명은 덫이라고 묘사했다.[34] 그 위험은 21세기에도 지속되고 있는데, 『그들이 가지고 간 것들The Things They Carried』에서는 그 책을 낭독한 브라이언 크랜스턴Bryan Cranston의 목소리와 녹음 끝에 들리는 저자 본인의 보잘것없는 목소리 대비가 거슬린다.

낭독자는 악센트, 억양, 강조, 어조, 음높이, 발음, 공명, 박자, 음색, 눈에 띄는 기행 등을 통해 이야기 수용에 정식으로 영향을 미친다. 문학 비평가들이 끊임없이 지적하는 것처럼 낭독 자체가 해석하는 행위이기 때문에 이런 소리의 세부 사항들은 중요하다. 다음과 같은 경우를 생각해 보자. 리비스는 디킨스의 『비상업적 여행자The Uncommercial Traveller』를 루트비히 비트겐슈타인Ludwig Wittgenstein에게 낭독해 주었다가 "해석하려 하지 마시오"라는 말만 들었다.[35] 리비스는 중립적인 읽기는 없다고 대답했다. 더 중요한 것은 인간의 목소리가 본능적으로 우리에게 영향을 미친다는 점이다. 청중은 오디오북의 낭독자를 알지 못하면서도 열정적인 애착을 보인다. 믈라덴 돌라르Mladen Dolar는 "목소리는 지문과 같다"라고 말했다.[36] 라디오 초창기의 향수에 젖은, 강렬한 형식의 친근함이다.[37] 사람들은 알 수 없는 곳에서 나오는 목소리를 더는 이상하게 여기지 않지만, 그럼에도 그 소리는 우리에게 마법을 건다.[38]

오디오북 산업에 대한 다음 설명은, 출판사들이 지난 세기 동안 낭독자를 선택하는 논쟁적 문제를 어떻게 다루어왔는지와 함께, 오디오북의 장점에 대해 회의적인 대중을 설득하기 위한 산업 전반의 지속적인 활동에 대한 것이다. 낭독자의 목소리는 라디오 DJ의 부드러운 음색을 선호하다가 『그들의 눈은 신을 보고 있었다Their Eyes Were Watching God』나 『트와일라잇Twilight』같이 텍스트의 주제와 화자가 어울리는 방향으로 점차 변해갔다. 목소리는 더욱 다양해지고 동시에 유명해졌다. 출판사들은 영화나 텔레비전 같은 다른 매체에서 대중에게 친숙한 유명인을 활용하는 작업을 강화했다. 이런 전통은 1930년대 엘리너 루스벨트Eleanor Roosevelt가 목소리를 빌려준 말하는 책에서부터 할리우드 배우들이 읽은 오더블Audible의 A-리스트A-List 고전 선집까지 이어진다. 저자들도 오디오북 녹음을 더 이상 부끄럽게 생각하지 않는다. 노벨상 수상자인 모리슨은 자신의 거의 모든 책을 녹음했다(모리슨은 여배우들이 본인이 생각하는 것과 다른 리듬과 억양을 사용하는 것을 보고 녹음을 결심했다[39]). 유명인이든 무명의 재주꾼이든 낭독자는 책의 인기나 매출에 엄청난 영향력을 행사했다. 달리 말하면 말하는 책의 성공 여부는 대체로 누가 말을 하는지에 달려 있다.

책이 말을 할 수 있는가? 비록 책으로 간주할 수 있는지에 대한 합의가 아직 이루어지지 않았지만 '말하는 책'이라는 용어는 많은 것을 시사한다. 책을 인쇄물이 아닌 다른 무언가로 바꾸는 것은 책을 만드는 내용 그 자체를 바꾸는 위험부담이 있다. 오디오북은 제롬 맥갠Jerome McGann이 '서지 형식bibliographical codes'이라고 부르는 책의 물리적 특성(제본, 종이, 잉크)을 포기하는 동시에 책의 내용은 보존한다는 면에서 독특하다.[40] 그러나 오디오북은—적어도 텔레비전 쇼, 영화, 게임 같은 개념으로 보면—엄격하게 말하면 책에 적힌 그대로 재현하기 때문에 각색은 아니다. 종합하면 오디오북은 책이 아니지만 책이다. 오디오북의 이런 모호함 때문에 애독자들은 오디오북에 적대적이고 방어적인 태도를 보인다. 오디오북은 책을 읽는다는 것의 의미를 명확하게 하고 그에 대한 이해까지 다시 한번 생각하게 하므로, 특히 문학 비평계에 피할 수 없는 시험 과제를 주었다.

　책 역사학자들은 지난 수십 년 동안 양장본과 문고본을 넘어 다양한 종류의 책을 열거했다. 역사학자들은 '책'이라는 단어를 넓은 의미로 사용했다. 책 역사학의 핵심 원리는 '유일무이한 책'은 없다는 것이다. 역사적으로 책은 '점토판에서 컴퓨터 스크린'까지 기술적 발전, 자원의 변동, 다른 매체와의 경쟁에 따라 아주 다양한 모양과 형태로 끊임없이 바뀌어왔다. 몇 가지 예를 들면, 『미국의 독서Reading in America』는 물질적 대상, 상징적 텍스트, 문화적 현상 같은 다양한 의미를 강조하기 위해 용어의 사전적 정의로 시작한다.[41] 『미국의 책의 역사History of the Book in America』 각 권의 내용을 보면 고대 코덱스에서 오늘날의 가상 소프트웨어로 진행됨에 따라 책의 윤곽이 점점 더 흐릿해진다.[42] 『옥스퍼드 도서 지침서Oxford Companion to the Book』는 실질적으로 이 용어를 '모든 기록된 텍스트에 대한 약칭'으로 사용하면서 오디오북의 등장을 정당화했다.[43] 이 자료들이 공유하고 있는 것은 역사적 연구 범위를 정하는 동시에, 책의 구성 요소에 대한 선입견을 무너뜨리려는 충동이다. 『구텐베르크 은하계Gutenberg Galaxy』는 인쇄물—신문, 잡지, 지도까지 포함하는 용어인—에 대해서는 한계를 정하는 동시에 '에디슨 은하계Edison Galaxy'라고 불리는 시대에 이르기까

지 여러 세기 동안 낭독이 역사적으로 중요한 역할을 해온 것을 인정한다.[44]

책의 탄력성은 오랫동안 인정되었다. 예를 들어 매켄지D.F. McKenzie는 유명한 1985년 파니치 강의에서 서지학자들에게 책의 텍스트 전달 역할을 분담하는 새로운 미디어를 받아들이라고 촉구했다(동시에 비언어적 요소가 책에서 항상 중요한 역할을 한다는 데 주목한다[45]). 매켄지의 후계자들이 지금까지 오디오북을 등한시해 왔다면, 미디어가 빨리 변화하는 현재는 오디오북의 불확실한 위상을 조사할 절호의 시기다. 디지털 미디어는 우리에게 책에 대해 그 자체로서의 독특한 우수성뿐만 아니라 미디어 작품으로서의 복합성과 세련미도 확실히 인식시켰다.[46] 결국 오래된 미디어도 한때는 새로운 미디어였다. 이제야 우리는 책이 한때 주역을 맡았던 복잡한 미디어 생태계에서 어떤 모양으로 형성되어 왔는지 더 잘 이해한다. 앤드루 파이퍼Andrew Piper는 "책에 대한 우리의 이해는 오랜 시간 동안 엄청나게 좁혀졌다"라고 언급하면서, 다른 미디어가 책과 사람의 상호작용에 어느 정도 영향을 미쳤는지 상기하는 것은 대단히 중요하다고 했다.[47] 이러한 경고는 미디어 역사에서 책을 다른 미디어와 분리해 연구하다가 주요 벡터로 파악하는 방향으로 책의 역사 연구 경향이 변화했음을 보여준다.

내 설명은 책의 발전에 있어 영상이 아닌 음향 기술의 중심적인 역할을 복원하는 것을 목표로 한다. 이 책은 이러한 장치들이 어떻게 녹음 문학을 탄생시켰는지 규명함과 동시에 이런 변화가 책의 일반적인 역사에서는 왜 그토록 자주 소외되었는지를 묻는다. 이 설명들은 음향 기술이 책의 정체성에 미친 영향을 제대로 살피지 않은 채 코덱스에서 전자책으로 끊임없이 옮겨 가는 경향이 있다.[48] 이 책의 들어가기 제목이 로버트 단턴Robert Darnton의 에세이 "책의 역사는 무엇인가?What Is the History of Books?"를 연상시키는 것은 우연이 아니다.[49]

오디오북이 무시당한 이유를 가장 간단하게 설명하는 것은 애서가일 수 있다. 책의 형태를 바꾸면 필연적으로 책과의 관계가 바뀐다. 신학자 존 헐John Hull은 시력을 잃는 것이 책과의 관계에 어떤 영향을 주었는지 설명했다. "책에 대한 사랑이 테이프를 사랑하는 것으로 바뀔 수 있을까? 글쎄! 어느 누구도 책을 좋아하듯 카세트를 좋아하지 않는다."[50] 음향 기술은 책과의 친밀한 물리적 관계를 한 가지의 감각 차원으로 줄어들게 한다. 책의 바스락거리는 페이지 소리가 주는 평안이 없어진 것이다. 거의 친밀감을 느끼지 못하는 최소한의 상호작용을 하지만, 말하는 책도 다른 모든 책처럼 만질 수 있는 것—그것이 셸락 레코드이든, 카세트테이프이든, 콤팩트디스크이든, 디지털 파일이든, 또는 어떤 전달 매체이든 간에—이다.

책을 사랑하는 몇몇 사람들은 책을 받아들이는 데 있어 손으로 만져보는 것이 필수적이라고 주장한다.[51] 책과의 물리적 접촉에 대한 추억은 새로 출현하는 미디어에서 독서의 어떤 점을 보존해야 하는지 논의하는 데 관련이 있을 뿐만 아니라 가슴 아픈 것이기도 하다. 독서에서 촉각이 다른 감각보다 더 중요한 것은 아니다. 심지어 인쇄보다 덜 촉각적인 대체물을 찾는 반(反)전통도 있다. 19세기 말 유토피아 문학의 한 흐름은(여기에 대해서는 1장에서 살펴볼 것이다) 힘든 하루를 보내고 무거운 책을 드는, 노동에서 해방된 에디슨 시대 이후의 독자를 그려냈다. 세기의 전환기에 신문에서는 독자들의 '팔 통증'과 '손가락 경련' 완화를 약속하는 책꽂이 광고가 실렸다.[52] 많은 점자 독자들은 손가락을 쉬게 할 수 있고 손으로 뜨개질을 하거나 담배를 피울 수도 있었기 때문에 낭독 녹음을 환영했다. 미국시각장애인재단American Foundation for the Blind(이하 AFB) 회장은 점자가 너무 '힘들어서' 대학을 졸업할 때까지 여가적 독서는 피했다.[53] 인지심리학자의 연구 결과에 영향 받은 문학 비평가는 우리가 이야기에 몰두하면 물리적 환경을 의식하지 못한다고 말했다.[54] 이런 면에서 오디오북은 장점이 있다. 울면서 책을 읽을 수는 없지만 들을 수는 있다. 여기서의 핵심은 책은 촉각, 시각, 청각 등 다양한 감각의 집합체를 이용하는 것이므로 그중 하나가 다른 것의 희생으로 우선시되어서는 안 된다는 것이다.

오디오북을 무시해 온 데 대한 더 강력한 설명은 해묵은 정통성 논란과 관련이 있다. 책을 듣는 것을 독서라고 할지 아니면 또 다른 용어로 부를지에 대한 논쟁은 오랫동안 계속되고 있다. 신기한 것은 단순히 오디오북을 거론하는 것만으로도 독서의 본질에 대한 논의로 받아들여진다는 것이다. 오디오북은 우리 안의 성 아우구스티누스[본질적 문제_옮긴이]에 관심을 갖게 한다.

나와 대화를 나눈 사람들은 독서가 무엇인지 알고 싶으면 신경과학에 물어보라고 충고했다. 눈으로 읽는 것은 귀(청각 피질)로 독서하는 것과 달리 뇌의 다른 부분(시각 피질)을 사용하는 것이 사실이다. 뇌 영상 촬영법은 언어를 처리하는 뇌의 특정 부분을 확인했다. 한 신경과학자는 인쇄물을 인식하는 데 관여하는 시각 피질 부분을 "뇌의 글자상자brain's letterbox"라고 표현했다.[55] 신경과학자의 관점에서 독서는 시각과 연관된 뇌의 특정 부위를 사용해, 그림으로 된 부호를 언어로 해독하는 것을 의미한다. 이 부위가 손상된 뇌졸중 환자는 일생 동안 유능한 독자였다 하더라도 읽을 수 있는 능력을 잃는다. 그러므로 독서는 사람이 책을 들을 때 나타나는 것과는 신경학적, 인지과학적으로 다르다.

그러나 상황은 그렇게 단순하지 않다. 신경과학자들은 독서처럼 복잡한 활동을 뇌 속의 어느 정확한 위치에 그려 넣는 데 반대한다.[56] 사실 독서라고 묘사되는 한 가지의 명확한 신경학적 활동은 없다. 오히려 글자를 해독하는 것은 복합적인 시청각 네트워크뿐만 아니라 뇌 속의 여러 부분도 사용한다. 폴 암스트롱Paul Armstrong은 독서를 뇌 기능의 집합을 사용하는 '신경학적 하이브리드hybrid'라고 묘사했는데 이는 글로 된 문장을 이해하기 위해 읽기 이외의 목적으로 진화한 것이다.[57] 뇌는 복잡한 일련의 지적인 활동을 수행하는데—그중 어떤 것은 문장을 그에 맞는 글자와 소리로 다시 재구성하기 전에 분해하는 것을 의미한다—, 다만 이 과정이 대부분 우리에게 자동적이고 쉬운 것으로 보인다.[58]

책 읽기는 순수한 시각 작업이 아니다. 대신에 단어 인식은 시각과 청각 모두에 의존한다. 글자에 소리를 연결하는 것은 읽고 쓰는 능력을 갖추는 데 필수적인 단계다. 말하는 언어를 판별하지 못하는 것이 청각장애 아동이 읽기를 배우기 어려운 핵심 원인이다.[59] 말소리 처리에서의 문제점들은 난독증에도 해당된다. 예를 들면 난독증('실독증word blindness'이라고도 부른다)인 사람은 종종 글을 판독할 수 없고 많은 경우 시각장애인과 신체장애인을 위한 국립도서관의 말하는 책 서비스의 대상이 된다. 성인들의 책 읽기는 글을 소리 내서 읽는 것과 소리 없이 의미를 해석하는 것의 균형을 의미한다. 뇌에는 적어도 두 가지 경로가 있는데, 하나는 인쇄된 글의 뜻을 이해하기 전에 표음식 철자로 해석하는 것이고 다른 하나는 인쇄된 것을 바로 해석하는 것이다.

스스로 낭독하는 것은 뇌 속의 시각과 청각 피질 모두를 활성화한다는 것에 주목해야 한다. 내가 학생 시절에 셰익스피어 녹음을 들으면서 동시에 눈으로는 희곡을 따라갈 때, 확실히 뇌의 두 부분이 모두 사용되었다. 래드클리프대학교에서 행한 어느 심리학 실험에서 거트루드 스타인Gertrude Stein은 다른 사람이 낭독하는 것을 듣는 동시에 스스로 낭독하기도 했다.[60] 책을 눈으로 읽는 것과 귀로 듣는 것이 뚜렷하게 구별되는 것은 아니다. 올리버 색스Oliver Sacks는 시각장애인 여성의 사례를 언급했는데, 그녀는 이야기를 들으면 그것을 책에 인쇄된 문장으로 상상했다. 그녀는 책 낭독을 듣고 나면 눈이 아팠다고 한다.[61]

닥터 수스Dr. Seuss가 『나는 눈을 감고 읽을 수 있다I Can read with My Eyes Shut』에서 오래전부터 말했듯이, 최근의 실험에서 눈을 전혀 쓰지 않아도 읽을 수 있다는 것을 입증했기 때문에 독서를 단일 감각 활동으로 좁게 정의하는 것은 주의해야 한다.[62] 시각이 텍스트 처리를 담당하는 뇌 영역에 감각을 전달하는 유일한 통로는 아니다. 선천성 시각장애가 있는 성인의 신경 활동을 측정한 뇌 영상 연구는 점자를 읽을 때 이들이 촉각 정보 전용 영역이 아닌 시력이 정상인 독자의 시각 피질과 동일한 영역을 사용한다는 것을 확인했다.[63] 다시 말해, 비장애인과 시각장애인 독자의 뇌 활동은 실질적으로 구별할 수 없다는 것이다.

이러한 연구 결과는, 촉각적 독서와 시각적 독서는 말을 추상적 부호로 바꾸는 과정을 수반하기 때문에 두 활동이 동등하다는 점자 독자—그들 중 다수는 말하는 책의 격렬한 반대자다—의 의심을 확인해 준다.[64] 그러므로 독서에 대한 신경학적 정의도 그런 발견을 수용할 수 있을 만큼 충분히 탄력적이어야 한다. 옥스퍼드대학교의 실험 심리학과에서 시각장애인 독자들과 함께 일한 수재나 밀러Susanna Millar는 독서를 "자신이 들은 언어를 다른 감각 양식을 통해 이해하는 것"으로 정의함으로써 시각 이외의 감각에 여지를 남겼다.[65] 「소리로 읽기Reading with Sounds」라는 제목의 후속 연구는 시각장애인도 문자를 식별하기 위해 시청각 전환 장치를 사용할 때 시각 피질이 똑같이 작동한다는 것을 보여주었다.[66] 비록 우리 몸의 해부학적 구조가 잘 갖춰지지 않았더라도, 독서와 관련된 뇌 영역은 여러 감각(시각, 청각, 촉각)을 복합적으로 사용해 글을 처리할 수 있는 것처럼 보인다.

묵독이라고 해서 완전히 말을 안 하는 것은 아니다. 많은 독자들은 페이지에 적힌 단어를 소리 내는 화자의 목소리—때론 남성의 목소리, 때론 여성의 목소리, 어떤 경우에는 제3의 목소리—를 상상한다. '내면의 목소리inner voice'는 독자가 문자 텍스트를 속으로 읽는 것을 묘사하는 용어다.[67] 그러나 우리의 머릿속은 상상 속 목소리 그 이상으로 가득 차 있다.[68] 우리는 읽을 때 실제 목소리를 사용하거나 말할 때 사용하는 신체 부위를 사용해서 자신에게 말한다. '목소리를 내지 않고 말하기subvocalization' 과정에서 후두, 혀, 입술, 그리고 말에 관련된 여러 근육의 작은 움직임이 독서의 정신활동을 동반한다.[69] 어떤 의미에서는 조용히 독서할 때도 스스로에게 낭독하는 것이다.

인문학자들은 이미 오래전부터 독서를 신경학적 해독 이상의 것으로 받아들여 왔다. 대신 그들의 관심은 해석 전략과 실제 독자들의 행동에 있다. 적어도 한 역사학자는 '독서가 무엇인가?'라는 질문에 절대적인 답은 없다고 결론 지었다.[70] 다른 역사학자들은 고대부터 '독서'가 사용된 여러 가지 방식에 주목하면서, 이 용어의 의미가 시간과 장소에 따라 변한다는 것을 핵심으로 상기시킨다. 역사학자들은 사례 조사를 중요하게 생각한다. 왜냐하면 사례 조사는 예배에서 크게 낭송하는 사제, 소설에 몰두한 가정주부, 인터넷을 검색하는 10대 등 개별 독자들 사이의 차이점을 무시하지 않고 드러내주기 때문이다. 이 에피소드들은 오늘날 조용히 혼자 하는 것으로 여겨지는 행위에 상응하는 모든 활동을 상세히 묘사한다.[71] 결론적으로 사람들은 매우 다양한 방법으로 읽는다.

역사학자들은 읽기를 일련의 추상적인 정신활동 정도로 격하시키지 않고 사라진 독서의 방식을 보존하기 위해 노력한다. 로제 샤르티에Roger Chartier는 "독서의 역사를 조용히 눈만 사용하는 오늘날의 읽기 방법의 계보에 한정해서는 안 된다"라고 말함으로써 우리 방식과 다른 읽기 방법을 평가하는 길을 열었다.[72] 낭독하는 것과 읽는 것을 듣는 것은 구식으로 여겨져 없어질 위기에 직면한 방식의 목록 상단에 있다. 텍스트를 눈으로 받아들여야 하는지 귀로 받아들여야 하는지 전혀 명확하지 않았던 이전 시대 이후, 현대의 사용법이 그 용어의 의미를 많이 축소시켰다. 그러는 동안 글로 된 문장(특히 성경)이 수백 년 동안 귀로 전달되었던 것에 대한 이해가 부족할 정도가 되었다. 사람들이 조용히 읽기보다 훨씬 더 오랫동안 이야기를 들어왔다는 것을 생각하면 오디오북은 전혀 이상한 것이 아니다.

문학 비평가들 역시 읽기의 의미를 제한하기보다는 확대하려고 한다. 1940년 초, 모티머 애들러Mortimer Adler는 『생각을 넓혀주는 독서법How to Read a Book』에서 옥스퍼드 영어 사전에 나온 독서의 21가지 의미를 거론하면서 책을 시작했다.[73] 많은 사람들은 생리적 반응의 집합이 아닌 해석하는 행위로서의 독서에 초점을 맞추었다. 이 비평가들은 여러 종류의 독서(자세히 읽기, 멀리서 읽기, 느리게 읽기, 하이퍼 독서, 증후적 독서, 표면적 독서 등) 중 각 활동이 무엇으로 구성되어 있는지를 살펴보기보다는 서로를 구분하는 데 더 관심을 보였다. 비평가들의 분석 대상은 책을 넘어 텔레비전, 영화, 사실상 텍스트로 분석될 수 있는 모든 것으로 확장되며 길을 벗어났다.

교훈은 오늘날의 디지털 환경과 관련된 스토리텔링의 종류를 파악하기 위해 노력한 미디어 역사학자들로부터 얻을 수 있다. 그중 가장 먼저, 캐서린 헤일스Katherine Hayles는 전자장치가 문장, 영상, 소리를 혼합해 스트리밍하는 상황에 대응해 독서를 재정의했다. 장기간에 걸친 인쇄물 독서의 감소를 보고한 국립예술기금National Endowment for Arts의 한 논문을 본 그녀는 "지금은 독서가 무엇인지를 다시 생각해야 하는 때다"라고 결론 내렸다.[74] 그녀는 인쇄물이 아닌 것은 모두 사칭으로 취급한 협소한 정의가 불러온 피해를 강조했다. 그 대신 그녀의 접근 방법은 인쇄에 연관된 전통적 문학과 전자 미디어 탐색에 사용되는 독서의 종류 사이에 연결점을 만들어주었다.

적어도 나에게 녹음 책의 역사를 기록하는 일은 책의 특권적 위상이 틀렸음을 드러내는 데 도움이 되었다. 실제로 독자들은 인쇄 책이 처음 나왔을 때부터 점자에서 녹음, 전자 팩시밀리까지 인쇄 책의 대안을 갈구했다는 사실을 잊어버리기 쉽다. 기술의 발달로 취향, 접근성, 편의성을 위해 책을 다시 만드는 것이 가능해졌다. 역사적으로 보면 대안 형식은 책 접근에서 배제된 사람들에게 특히 중요했다. 마라 밀스Mara Mills가 "독서를 무엇이라고 불러야 할까What Should We Call Reading"에서 말했듯이 우리가 디지털 미디어 환경에 적합한 독서의 정의를 공식화하는 과정에서 직면하는 어려움을 장애인들은 한 세기 이상 고심해 왔다.[75] 시각, 청각, 촉각, 심지어 후각을 통해 접근 가능하도록 만든 여러 기발한 인쇄물의 형식은, 그러한 움직임이 여전히 독서로서 자격이 있는지 또는 그것을 한정적으로 이해하는 우리의 문제인지에 대한 의문을 불러일으켰다.

1930년대 말하는 책이 발명된 이후 시각장애인들은 다양한 방식의 독서의 유효성에 대해 계속해서 논쟁을 벌였다. 독자로서의 그들의 정체성이 위태로운 상태였다. 시력이 정상인 독자들은 형식을 선택할 수 있는 반면 많은 다른 사람들은 선택할 수 없다. 낭독 녹음이 문학에 대한 유일한 접근 수단이었다. 다양한 독서 종류(시각적 독서, 음향적 독서, 촉각적 독서)의 정당성에 대한 의견 충돌은, 동시에 시각장애인을 그들 스스로 독자라고 규정하거나 다른 사람들이 독자가 아니라고 규정하는 시각장애인의 능력에 관한 논쟁이기도 했다.

≪시각장애와 실명Journal of Visual Impairment and Blindness≫ 학술지는 1996년 "듣기가 문해력인가?"라는 주제의 포럼에서 양측의 의견을 모두 발표했다. 그중 텍사스 맹인 학교의 교육감인 필립 해틀렌Philip Hatlen은 활판인쇄와 마찬가지로 점자는 (뇌 스캔 이전부터) 추상적인 부호를 말로 해독하기 때문에 유일하게 독서에 적절한 시스템이라고 지지했다. 오디오 형식이 점자를 보완하지만 그 자체로 충분하다고 볼 수 없었다. 그 용어의 의미를 바꾸지 않고는 말하는 책 사용자가 문해력이 있다고 할 수 없었고, 거꾸로 오디오북을 듣지만 인쇄물을 읽지 못하고 더욱이 쓰지 못하는 비장애인은 문해력이 없다고 봐야 했다.[76] 이것이 일부 역사학자들이 말하는 책의 내용을 읽는 것과 책의 내용에 접근하는 것의 차이다.

다른 한편, 노던 콜로라도대학교 명예교수 터틀D.W. Tuttle은 장애인을 포함하기 위해 '문해력literacy'이라는 용어를 새로 정의했다. 그의 제안은 시각적 기호나 특정 매체로 처리하는 것을 넘어섰다. "독서가 시각적, 촉각적, 청각적 부호 중 무엇으로 보이든지 상징적 물질로 표현된 아이디어를 인식하고 해석하고 이해하는 것으로 정의하면 더 좋다."[77] 터틀의 제안은 초점을 글자에서 아이디어로 옮겨 논란이 많지만 듣기를 다른 형식의 독서에 포함시킨다. 그럼에도 불구하고 기존의 용어는 부적절하다고 여겨졌던, 인쇄물에 대해 장애가 있는 사람들의 관심을 불러일으켰다.[78] 해틀렌 역시 평생 책을 읽은 사람이 인생 후반에 시력을 잃었다고 해서 '문맹'으로 여겨지는 것을 불편해했다.

대부분의 시각장애인과 부분 시각장애인이 한 가지 이상의 방법으로 글을 읽기 때문에 이러한 구분은 약간 오해의 소지가 있다. 다시 말하면 그들은 인쇄, 점자, 녹음된 자료의 조합을 이용한다(사실 오디오북 소비자 대다수는 열렬한 인쇄물 독자다). 시각장애인 독자의 증언은 여러 독서 형식의 이점에 대한 강력한 예다. 장애인들의 경우에 책을 듣는다고 해서 지름길 또는 '속임수'를 쓴다고 비난받는 경우가 없기 때문에, 녹음 책에 대한 논쟁에서는 그들의 의견에 귀를 기울여야 한다.[79] 2부에서 보겠지만 독서를 묘사하는 데 쓰이는 용어에는 시각장애인을 위한 정치적 배려가 있다.

시각장애인 작가들은 회고록을 통해 시각장애인 독자(내 경험에 따르면, 대부분의 사람들이 포함된 집단)가 어떤 일을 겪는지 잘 모르는 일반 독자들과 책에 얽힌 자신의 다양한 경험을 공유한다. 조지나 클리게Georgina Kleege는 『보이지 않는 보기Sight Unseen』라는 책에서 인쇄된 정보에 접근하기 위해 기술에 의존하는 자신의 모습을 묘사했다. 클리게는 "그것이 진짜 독서인가?"라는 의문은 정상 시각인의 편견이라고 거부했다.[80] 헐은 어떤 감각기관으로 독서를 하든지 관계없이, 독서가 뇌에 정보를 전달하는 방법이라고 묘사하는 것과 비슷한 입장을 취한다. 헐은 "정상 시각인이 책을 본다looking고 생각하지 않는 것처럼 나는 구어 책을 듣는다listening고 여기지 않는다"라고 말했다. "보고, 느끼고, 듣는 것은 접근 수단이고, 독서는 정신활동이다."[81] 헐은 48세에 시력을 잃을 때까지 평범한 방법으로 책을 읽었다.

독서는 어떤 매체에서든 잘되기도 하고 잘 안되기도 한다. 책을 들어본 내 경험과 시각장애인이든 시력이 정상인 사람이든 다른 사람들을 통해 알게 된 것을 조합해 보면, 스토리텔링은 눈으로 보는 것처럼 귀로도 한 글자 한 글자 몰입할 수 있게 한다. 비교해 보자면 우리는 인쇄물을 읽는 것이 더 이상적이라고 생각하는 경향이 있는데 그것은 엉성하고 산만하고 게으름에 빠질 수 있다. 철학자 데모크리토스Democritus는 온전히 생각에 집중하기 위해 스스로 장님이 되었다는 전설을 잊지 말아야 한다. 특히 오디오북을 운전, 조깅, 청소하면서 듣는 수동적이고 '덜 집중'하는 형식의 독서라고 비판하는데, 오히려 집중해서 들을 가능성이 있다는 것도 인정해야 한다.[82] 예를 들면, 스티븐 쿠시스토Stephen Kuusisto는 이야기를 몽땅 외우는 일명 '책 보따리'로 알려진 고대 이스라엘의 시각장애인들같이, 그가 어린 시절에 읽은 책을 30년이 지난 후에도 외워서 인용했다.[83] 그들에 비하면 레이 브래드버리Ray Bradbury의 『화씨 451Fahrenheit 451』에 나오는 문학 수호자는 아마추어로 보인다.

축음기의 발명 이전부터 회의론자들이 극성스럽게 기록했듯이, 듣기 또한 그 나름의 문제가 있기 때문에 억지로 정당화하려고 해서는 안 된다. 플로렌스 나이팅게일Florence Nightingale은 마치 빅토리아 시대의 물고문을 당하는 것처럼 책 듣기를 무서워했다. 그녀는 "손이 묶여 눕힌 상태에서 누군가 목구멍에 물을 퍼붓는 것처럼" 읽어준다고 느꼈다.[84] 조너선 코졸Jonathan Kozol에서부터 해럴드 블룸Harold Bloom과 스벤 버커츠Sven Birkerts에 이르기까지 현대 비평가들은 이렇게 생생하게 묘사하지는 않지만 불평이 적은 것도 아니다.[85] 최근의 증거로는, 심지어 책 듣기가 인쇄물보다 집중도가 더 떨어진다고 한다.[86] 만년에 시력을 잃은 어떤 사람은 책 듣기의 가장 큰 문제는 깨어 있어야 하는 것이라고 내게 말한 적도 있다.

'독서'와 '읽어주는 것 듣기'의 차이는 장애의 맥락에서 심각한 의미를 갖는다. 그럼에도 불구하고 듣기를 폄하하는 점자 독자의 증언은 듣기를 옹호하는 사람과 같은 비중으로 받아들여야 한다. 역사적으로 시각장애인은 녹음 책에 대해 가장 목소리가 큰 옹호자이자 회의론자다. 특히 점자 독자는 말하는 책이 실제 독서에 적당한 형식이라는 데 의구심을 나타냈다. 시각장애인 청자는 다른 독자보다 더 풍족하지는 못해도 동등하게 책을 접하는 경우일 것이다. 그러나 책을 많이 접한다고 해서 문학도 동일하게 접하는 것은 아니다. 이것이 말하는 책이 제기하는 딜레마다. 책을 듣는 것은 '진정한' 독서 문제를 만족스럽게 풀 수 없는 형식으로서, 기존의 독서 습관과 닮았지만 다른 방식이다.

이 책은 한 세기가 넘는 시기 동안 말하는 책이 진화한 역사를 다룬다. 변치 않는 관심사 중 하나는 출판사가 인쇄 책과 말하는 책 사이의 골치 아픈 관계를 어떻게 다루어왔는지에 대한 것이다. 나는 이런 전통적인 대립 관계가 함께 발전한 것을 강조하면서 설명을 풀어나간다. 녹음 문학의 시학이나 정치학을 해석하면서, 소리의 문학적 재현에서 학문을 벗어난 문학의 실제 녹음을 집중 연구했다. 이 책에서는 녹음 문학의 역사적 면모를 중점적으로 살피고 형식적, 미학적 특성도 함께 살피려 한다. 거의 모든 장에 세 가지 주요 쟁점이 있다. '책'으로서의 오디오북의 위상, 어리숙한 대중의 수용, 책 듣기를 독서의 한 형식으로 볼 수 있는지에 대한 논쟁이다. 최근에 제기된 것으로 보이는 이 문제들은 사실, 축음기가 처음 소리를 낸 이후 줄곧 출판사를 괴롭혀 온 것이다.

오디오북이 다른 장르, 즉 자기계발서—제목 때문에 조롱을 받았던 책이자 벤 스틸러Ben Stiller와 저닌 거로펄로Janeane Garofalo가 녹음한 『이 오디오북을 느껴보세요: 정신 나간 사람만 무시할 만한 즉석 처방Feel This Audiobook: Instant Therapy Only a Crazy Person Would Ignore』같은 출퇴근길의 주요 장르—와 오랫동안 묶여 있었음에도 불구하고 내 관심은 소설이었다. 소설은 목소리에 관련해서 가장 큰 영향을 받는 장르다. 달리 이야기하면 사람들은 헤밍웨이Hemingway를 인쇄 책으로 읽을 것인지, 찰턴 헤스턴Charlton Heston이 녹음한 버전으로 들을 것인지에 신경을 쓴다. 『성공하는 사람들의 7가지 습관The Seven Habits of Highly Effective People』(서점에서 100만 부 이상 팔린 최초의 오디오북)을 어떻게 읽을지 신경 쓰는 사람은 아무도 없다.

이 책에서는 시를 아주 가볍게 다루는데, 여기에는 그럴 만한 이유가 있다. 가장 큰 이유는 시 낭독이 산문 낭독처럼 심각한 무시를 당하지 않았다는 데 있다.[87] 서정시와 음악의 전통적인 유대감, 그리고 시 보급 수단으로서 플랫폼

이 지닌 중요성으로 인해 문장과 말 사이 경계는 소설가보다 시인들에게 덜 문제가 되었다. 시 공연의 역사는 열정적으로 추적되었으며, 학문적 관심을 끌어내기 위한 주요 사건이 제시되었다.[88] 게다가 디지털 저장소의 구축은 인쇄물에서 이루어지는 것처럼 자세히 듣기와 멀리서 듣기를 위한 토대를 마련했다. 오디오북 역사학자로서 나는 부러운 마음으로 지켜봐 왔다. 그러나 시가 누락된 것은 싫어할 일이 아니다. 시의 매출액은 오디오북 산업에서 미미한 수준이었다(캐드먼 레코드같이 눈에 띄는 예외가 있기는 하다). 유감스럽게도 상업 출판사들은 시에서 이익이 거의 나지 않는다는 것을 받아들였는데 이 주장은 해당 장에서 검토한다.

이 책은 총 세 개의 부로 구성된다. 각 부는 실험적인 축음기 책, 시각장애인을 위한 말하는 책, 영리 지향의 오디오북으로 녹음 책의 주요 단계에 해당한다. 1부는 축음기 발명 시점으로 돌아가서 디킨스의 소설을 왁스 실린더에 녹음하려고 했던 에디슨의 야망에서 이야기를 시작한다. 새로운 음향 기술에 제기된 첫 질문 중 하나는 "우리는 새로운 종류의 책을 갖게 되는가?"와 같이 그것이 인쇄물에 미칠 영향에 대한 것이었다.[89] 구경꾼들은 녹음 문학에, 그리고 우리의 독서 습관을 뒤집어놓을 가능성에 매료되었다. 왁스 실린더가 불과 몇 분의 말밖에 담을 수 없다는 사실이 대중적 열기를 꺼뜨리지는 못했다. 낭송되는 시와 비극은 겨우 들리는 정도의 소리였지만, 미래에는 모자 안에 들어가는 소형 축음기로 소설 한 권을 통째로 들을 수 있을 것이라는 추측을 불러일으켰다. 일반적으로 역사가들은 19세기의 짧은 시문과 산문 조각은 책과 거의 관련이 없는 것으로 취급했는데, 왜냐하면 그다음 세기가 되어서야 전체 길이의 이야기가 녹음되었기 때문이다. 나는 다만 음향 녹음의 가능성이 어떻게 작가들에게 책의 가능성과 한계를 다시 생각하도록 했는지를 설명한다. 출판산업을 혼란케 하려는 노력은 디지털 혁명 훨씬 이전부터 시작되었다.

2부에서는 1930년대에 전쟁에서 시각장애를 입은 군인들을 위해 설립한,

미국과 영국의 말하는 책 도서관talking book library에 대해 상세히 다루고 있다. 말하는 책은 점자 발명 이후 시각장애인의 문해력에 가장 큰 진전이 이루어졌음을 의미한다. 장애로 점자를 읽을 수 없었던 참전용사와 일반인들은 축음기를 통해 큰 소리로 낭독되는 책을 여전히 들을 수 있었다. AFB와 의회도서관은 음악 업계의 기술 발달로 몇 분 이상의 이야기 녹음이 처음으로 가능해진 1934년부터 소설을 비롯한 여러 책의 전편을 녹음하기 시작했다.

이 프로그램의 성공은 영국 왕립시각장애인협회Britain's Royal National Institute of Blind People와 야심 찬 대서양 양안의 협력을 이끌어내어 국제적인 말하는 책 도서관이 설립되었다. 최초로 녹음된 것에는 성경과 셰익스피어 희곡, 글래디스 캐럴Gladys Carroll, 애거사 크리스티Agatha Christie, 조지프 콘래드Joseph Conrad, 러디어드 키플링Rudyard Kipling, 펠럼 우드하우스Pelham Wodehouse의 소설이 포함되었다. 이러한 녹음으로 새로운 독자가 문학에 접근할 수 있게 되었지만 동시에 독서의 본질에 대한 성가신 질문이 제기되었다. 이 책은 말하는 책의 발전이 '책은 인쇄된 것이며 독서는 여러 감각이 아닌 오로지 시각만의 활동'이라는 전통적인 의견에 어떻게 도전했는지 조사한다.

말하는 책에 대한 몇 안 되는 기존의 설명은 기술 또는 입법 역사 면에서 형식을 나누어 연대순으로 기록했다. 나는 대신에 사회적 영향에 관심을 집중해 기계가 낭독한 책을 들은 첫 세대가 매체에 어떻게 반응했는지, 결정적으로 매체를 어떻게 만들어갔는지 재구성하기 위해 기록 보관소의 자료를 활용했다. 여기서의 목적은 말하는 책을 들었던 사람들의 의견을 복구하는 것이다. 기록 보관소에서 일하면서 영미의 시각장애인 자선단체가 보관한 편지, 회고록, 팸플릿, 정기간행물, 보고서, 음향 녹음에 있는 증언을 찾아낼 수 있었다. 그 자료에 기록된 시각장애인들의 증언으로 문해력, 장애, 기술의 관계를 우리가 더 잘 이해할 수 있게 되었다.

말하는 책을 다룬 부분은 내 연구에 대해 가장 자주 제기되는 질문인 '어떤 책을 녹음할지 누가 정했는가? 어떤 책을 골랐는가? 낭독된 책은 어땠는가? 사람들은 그 책을 어떻게 생각하는가?'를 다룬다. 2장과 5장은 제1차 세계대전 후 말하는 책의 발전에 대해서, 그리고 말하는 책이 책을 읽을 수 있는 다른 방법이 없고 많은 경우 책을 읽을 수 있다는 희망을 포기한 사람들의 삶에 어떤 영향을 미쳤는지에 대해서 다룬다. 3장, 4장, 6장은 녹음된 책의 정통성, 도서 선택 정책, 적절한 독서 방식, 외설에 대한 대처, 검열에 대한 고발 등의 논란을 다룬다. 앞으로 살펴보겠지만, 말하는 책은 처음 그 서비스가 발표되었을 때 헬렌 켈러Helen Keller를 비롯한 여러 점자 독자들의 강한 반대에 부딪혔다.

또 다른 시각장애인 그룹은 일반 독자들과 다르게 대우받는 것에 항의하면서, 헤밍웨이의 『무기여 잘 있거라A Farewell to Arms』, 제임스 조이스James Joyce의 『젊은 예술가의 초상A Portrait of the Artist as a Young Man』, 윌라 캐더Willa Cather의 『나의 안토니아My Antonia』, 마거릿 미첼Margaret Mitchell의 『바람과 함께 사라지다』, 그리고 취향이나 저작권 관련 이유로 말하는 책 도서목록에서 제외된 책에 대한 접근을 요구했다. 시각장애인 사이에서 가장 오래된 논란 중 하나는 책을 낭독하는 가장 좋은 방법에 관한 것이다. 평이하게 낭독할 것인가, 극적으로 낭독할 것인가? 이런 논란은 성우, 진정성, 즐거움과 함께 오디오북과 관련해서 발생하는 논쟁으로 함께 다뤄져야 한다.

이제는 말하는 책이 조용했던 적이 없었다는 것이 분명해졌을 것이다. 오디오북이 미국의 고속도로에 소개되기 수십 년 전부터, 말하는 책 녹음은 전통적인 경로를 따라 지구를 돌았다. 영국과 미국 간의 초기 경쟁 관계는 장비를 개발하고 다른 어떤 경우보다 빠르게 재고를 쌓는 범대서양적 협업 관계로 진화했다. 시력장애에는 국경이 없다. 1934년 8월 양국 대표들 간의 회합에서는 서로의 자원을 공유하고 기록을 교환하는 데 가능한 모든 일을 하자고 합의했다.

전 세계 시각장애인에게 돌아가는 잠재적 혜택은 시작부터 명확했다. 미국과 영국에서 말하는 책이 처음으로 등장한 직후, 군인들은 기계를 오스트리아, 캐나다, 뉴질랜드, 남아프리카공화국, 인도 등 고향으로 가져가 그곳에서도 도서관을 만들려고 했다. 국립시각장애인연구소National Institute for the Blind는 기술 확산에 대한 낙관론을 표명했고 심지어는 말하는 책이 점자와 함께 언젠가는 '전 세계 시각장애인들의 연결 고리'가 될 것이라는 희망까지 피력했다.[90] 녹음된 책은 일반적으로 영어권의 현상으로 알려져 있지만(이 책이 다룬 한계 때문에 이러한 인상이 어느 정도 강해졌다) 기술은 어디에서나 활용할 수 있었다. 프랑스, 독일, 여러 유럽 국가들이 자체 도서관을 설립하기까지는 그리 오랜 시간이 걸리지 않았다.[91] 1965년에 말하는 책 기술은 리비아, 요르단, 사우디아라비아, 다른 아랍 세계로까지 전해졌다. 오늘날 녹음 책(장애인을 위해 만들어진 오디오북과 말하는 책을 포함한)은 세계 각지에서 독특한 역사—그들만의 알려지지 않은 역사—를 가진 전 세계적인 현상이다. 이 책이 출간된 후 각 언어 권역의 학자들은 자신들의 말하는 책 이야기를 해주기 바란다.

3부에서는 1950년대에 시작한 상업 시장용으로 만들어진 낭독 녹음을 다룬다. 그것은 캐드먼 레코드Caedmon Records로 시작하는데, 첫 앨범은 딜런 토머스Dylan Thomas의 『한 웨일스 아이의 크리스마스A Child's Christmas in Wales』 낭독이었다. 캐드먼은 1948년 LP 레코드가 시장에 나온 이후 문학을 낭독 녹음으로만 제작한 최초의 회사였다. 문학 녹음이 널리 알려지지 않았음을 염두에 두어야 한다. 많은 독자들이 앨범을 통해 조이스, 스타인, 윌리엄 포크너William Faulkner, 실비아 플라스Sylvia Plath, 유도라 웰티Eudora Welty를 비롯한 여러 작가들의 목소리를 처음 들을 수 있었다.

8장은 우리를 1970년대에 늘어나는 출퇴근자들을 염두에 둔 테이프로 된 책의 선구자인 북스 온 테이프Books on Tape(이하 BOT)로 데려간다. 책을 읽고 싶으나 시간이 부족한 미국 사람들은 운전하면서, 운동하면서, 셔츠를 다리면서 이야기를 듣게 되었다. BOT는 앞선 회사들이 선호했던 요약판과 초록 대신 『가시나무새The Thorn Birds』와 여러 베스트셀러의 완전판을 우편 주문을 통해 제공하는 데 독보적이었다. BOT는 라디오나 텔레비전과 경쟁하는 대신 인쇄 책에 가장 잘 접근함으로써 정통성을 찾으려고 했던 출판사 가운데 하나였다.

오디오 출판사는 엄청난 도전에 직면했다. 그것은 바로 책 애호가들로 하여금 레코드와 테이프를 사도록 설득하는 일이었다. 마케팅 활동은 잠재 고객들에게 순수문학과 음향 기술의 양립 가능성을 설득하려고 했다. 그들은 낭독녹음이 위대한 문학작품을 말 그대로 재생산했을 뿐만 아니라 인쇄보다 장점이 있다고 주장했다. 즉, 청자들은 집에서, 꽉 막힌 도로 위에서, 공원을 뛰면서 좋아하는 작품의 낭독을 들을 수 있었다. 캐드먼, BOT, 그리고 셀 수 없이 많은 회사들은 녹음된 책이 시각장애인만 사용하는 매체라는 오명―일부에서는 이러한 오명이 지속되고 있었다―을 바꾸려고 노력했다. 한때는 게으른 사람의 읽기 방법이라고 조롱받기도 했지만, 녹음된 책은 점차 옛 방식으로는 책 읽을 시간이 거의 없는, 열심히 일하는 전문가들의 좋은 이미지와 연계되었다.

그러나 의문은 가시지 않았다. 이 사람들이 실제로 책을 '읽는' 것인가? 업계는 책을 듣는 것이 책을 읽는 것과 같지 않다는 의문을 극복하기 위해 고군분투했다. 운전하면서 가능한 독서 형식에 대한 의문은 계속되었다. 업계의 성장은 문제를 더 꼬이게 만들 뿐이었다. 고객들은 녹음된 책이 일종의 샛길, 사기, 또는 '켄터키 프라이드 문학Kentucky Fried literature'이라는 비방을 참아야 했다.[92] 오디오북 비평가들에게 '듣기'는 항상 죄송하다고 말해야 한다는 것을 의미한다.

9장은 오더블을 비롯한 여러 출판사가 제공하는 디지털 녹음으로의 지속적 전환에 대해 다룬다. 온라인에서 접근 가능한 오디오북은 새로운 고객들에게 시장을 열었으며, 동시에 이런 녹음은 텔레비전, 영화, 게임을 포함한 다른 매체로 접근하게 했다. 이 마지막 장은 오더블 온라인 플랫폼(지금은 아마존이 소유하고 있다)이 제품 구입을 쉽게 제공함으로써 모든 출판사에 주는 혜택을 고찰해 보는 한편, 회사의 커져가는 영향력에 대한 그들의 관심을 다루고 있다.

이 책의 마지막 지면인 후기에서는 형식의 정통성에서 다른 질문으로 우리의 관심을 돌리고 있다. 오디오북은 인쇄본이 할 수 없는 무엇을 할 수 있을까? 장애가 있는 사람들을 위한 오디오북 녹음을 맡았던 자선단체들은 원래의 책을 벗어나는 것이 저급하게 취급될까 봐 걱정한 반면에, 상업 출판사는 충실도에 대한 조바심이 덜하다. 이들은 인쇄본에 없는 음향효과와 다른 도구로 장식함으로써 오디오 형식을 최대한 활용했다. 그것이 잘 맞으면 상업 출판사는 유명인 낭독자, 음향효과, 화려한 배역으로 대본을 요약, 각색, 향상시켜 인쇄물의 충실도를 기분 좋게 무시했다. 그들은 책을 텔레비전, 영화, 컴퓨터와 경쟁하는 오락의 형태로 바꾸었다. 후기에서는 이러한 실험을 통해 오디오북을 인쇄 책의 파생 버전이 아닌 책과 깨끗이 연을 끊고 새롭게 떠오르는 오락 형태로 이해하는 근거를 제시한다.

이야기를 시작하기 전에 마지막으로 고백할 것이 있다. 나는 오디오북 불가지론자의 입장에서, 즉 오디오북이 하나의 책으로서 지닌 위상에 대해 믿음도 불신도 없는 입장에서 이 연구를 시작했다. 나는 어느 한쪽도 지지하지 않았다. 오디오북은 내가 다른 방식으로 책을 읽을 시간이 없을 때 들었던 것이다. 나는 인쇄 책을 계속 읽는다는 점에서 진정한 전향자라고 할 수는 없지만, 오디오북이 진지하게 수용될 만하다는 느낌을 가지고 이 프로젝트를 끝냈다. 오디오북은 너무 오랫동안 문학계의 로드니 데인저필드Rodney Dangerfield[미국 코미디언_옮긴이]였다. 아무런 존중을 받지 못했다. 치켜 올라간 눈썹, 굴러가는 눈망울, 즉각적인 비웃음과 함께한 대화 때문에, 내 마음속에서는 오디오북에 대한 적개심이 인쇄된 글에 대한 선호도보다 더 깊다는 것을 거의 의심하지 않았다. 그 논쟁은 책을 읽는다는 것, 그래서 책의 독자가 된다는 것이 무엇을 의미하는지와 같은 근본적인 경험의 문제를 건드리는 듯하다. 이것은 책과 다른 오락 형식 사이에 경계가 사라지는 것만큼이나 독자로서의 정체성과도 관계가 있다.

오디오북에 대한 독자의 입장은 거의 항상 도덕적인 것이었지, 미학적인 것은 아니었다. 이것은 오디오북에 대한 대화에서 그 배경에 맴도는 고뇌를 설명하는 데 도움이 된다. 특히 책을 '읽은' 것이 아니라 '들었다'고 설명해야 하는 어정쩡한 입장에 있는 우리에게는 더욱 그렇다. 존 스튜어트Jon Stewart가 자신의 책을 듣는 '비독자'에게 건넨 환영 인사는 이런 입장에 처한 사람들의 불편함을 인정하고 있다.[93] 오디오북의 출판사, 낭독자, 청자들이 지난 세기 동안 이 곤혹스러움을 어떻게 견뎌왔는지는 말할 만한 가치가 있고 읽을 만한 가치가 있는—당신이 이 점에 동의하길 희망한다—이야기다. 이 이야기를 눈으로 읽을지 귀로 들을지는 당신에게 달려 있다.

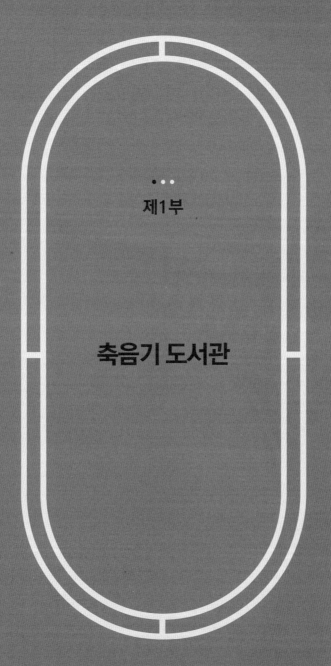

제1부

축음기 도서관

제1장

녹음 문학

녹음의 역사는 운문에서 시작되었다. 에디슨은 1877년 11월 17일 ≪사이언티픽 아메리칸Scientific American≫이라는 과학 잡지에 보낸 편지에서 인간의 목소리를 기계로 재생하는 계획을 발표했다.[1] 3주 후 에디슨의 동료들은 「메리의 어린 양」을 녹음한 간단한 장치를 만들었다. 그날의 행사 내용에 대해 역사학자들 간에 의견 차이가 있지만, 이 자장가 가사가 축음기에서 최초로 흘러나온 녹음이라는 데에는 이견이 없다.[2] 미국과 유럽의 초기 시연에서 낭독 녹음이 지닌 중요성을 축음기 역사에서 거의 언급하지 않은 점은 매우 놀랍다.[3]

안타깝게도 시연회가 녹음되지는 않았지만 당시 언론보도를 통해 대략의 행사 순서를 재구성할 수 있다.[4] 일반적 시연은 기계의 작동 방식 설명을 시작으로 녹음을 하고, 녹음한 것을 재생하는 순으로 진행했다(〈그림 1-1〉). 행사는 축음기에서 흘러나오는 환영 인사로 시작해서 (축음기는 청중에게 인사를 한다) 낭송, 노래, 음악, 잡다한 소리 등으로 이어졌다. 청중 일부가 축음기에 말하도록 초대되었고 그 후 행사 진행자는 기념품으로 은박지 조각을 나누어주고 행사를 마무리 지었다. 말하는 이야기는 이전에 기계적으로 재생된 말을 들어

그림 1.1 뉴저지. 에디슨 교수가 멘로Menlo 공원에 있는 자신의 실험실에서 방문객들에게 축음기를 보여주고 있다.

자료: *Frank Leslie's Illustrated Newspaper*(1878.3.30), 68.

본 경험이 없는 청중에게 녹음된 소리를 들려주는 거의 모든 공개 행사에서 탁월한 역할을 했다. 역사학자들은 말하는 기계를 마치 노래하는 기계인 양 묘사함으로써 이야기의 반쪽만 들려준다.[5]

최초 시연회를 본 사람 중 한 명이 모든 독자의 마음에 질문을 던졌다. "책을 이런 형태로 만들어서 이야기 전체를 축음기로 듣는 소설 녹음이 가능할까?"[6] 안타깝게도 그런 바람은 당시의 기술을 한참 앞선 것이었다. 은박지 실린더tinfoil cylinders의 재생 시간은 겨우 몇 분이었고 재생하기가 엄청나게 어려웠기 때문에 1878년에 소설 전체를 녹음할 희망은 거의 없었다.[7] 문학으로 간주할 수 있는 최초의 녹음은 10년 후에 나왔는데 앨프리드 테니슨Alfred Tennyson과 로버트 브라우닝Robert Browning의 시를 녹음할 수 있을 정도로 에디슨의 축음기가 개선되었다. 책 전체를 녹음하는 것은 1930년대 시각장애인을 위한 자선사업이 시작될 때까지 기다려야 했다.[8] 하지만 그 당시 축음기의 한계가 미래에 대한 전망을 위축시켰다는 생각은 잘못이다. 최초의 녹음은 자장가와 운문으로 만들어졌지만, 음향 녹음 기술의 등장으로 인해 녹음 책이 실제로 완성되기 50년 전부터 녹음 책을 상상할 수 있었다.

이 장은 음향 녹음 기술이 인쇄에 미치는 충격에 대해 에디슨 시대의 사람들이 제기한 질문, 이를테면 "우리는 새로운 종류의 책을 갖게 되는가?"[9]를 다룬다. 축음기의 첫 출현 때부터 사람들은 녹음 형식으로 존재하는, 읽기보다는 듣는, 새로운 종류의 책 생각에 몰입했다. 소설 전체를 녹음한 것이 다음 세기까지 만들어지지 않았기 때문에, 축음기에 처음 녹음한 짧은 운문과 산문은 책의 개념과는 거의 관련이 없다고 전해져 왔다.[10] 그러나 내가 발견한 것은 달랐다. 음향 녹음이라는 바로 그 가능성으로 인해 청중은 과연 책이 무엇을 할 수 있는지를 재평가했다. 이러한 흐름은 매체 역사학자들에게 익숙한 흐름이다. 새로운 기술의 도입은 기존 기술을 새롭게 인식하게 하고 뒤이은 경쟁은 두 매체의 장점과 한계를 두드러지게 한다.[11] 이 경우에는 음향 녹음의 가능성이 책의 미래에 대한 논란을 야기했다.

책의 미래에 대한 사유는 책이 다른 매체와의 관계에서 특권적 지위를 가진 적이 있는지 의문을 제기한다. 인쇄 책의 우위를 인정하는 대신 소리를 옹호하는 독자들은 말하는 이야기 녹음을 고대 호메로스 전통의 문학 뿌리로의 회귀이자 책 진화의 다음 단계로 평가했다. 말로 된 이야기에 대한 이들의 선호는, 인쇄기는 구술성에서 벗어나 안정적이고 자기 성찰적이며 복합적인 형태를 갖춘 인쇄물로의 전환을 나타낸다는 영향력 있는 주장에 대해 달리 생각해 볼 여지를 제공한다. 축음기는 독자들에게 문학을 재생하는 두 가지 형식 중 하나를 선택할 수 있는 기회를 처음으로 제공했다. 이로 인해 혜택을 받은 독자는 단순히 문학의 또 다른 형식에 흥미를 가진 사람에서부터 장애가 있거나 문맹이거나 인쇄물에 접근하기 힘들어 낙오된 사람에 이르기까지 다양하다.

그다음 세기에는 책이 다른 매체, 즉 영화, 라디오, 텔레비전, 가장 최근에는 디지털 매체와도 경쟁하곤 했지만, 축음기는 글의 독점에 도전한 최초의 매체였다. 키틀러는 축음기가 책에서 연상되는 음성 대신 작가의 실제 목소리와 접하게 하므로 '저자의 죽음'을 초래한다고 평했다.[12] 하지만 키틀러가 녹음 기술로 재생된 목소리를 낮게 평가한 것은 말하는 이야기의 기운을 과소평가한 것이었다. 녹음된 문학에 대한 수요가 입증하듯이 저자의 죽음은 청자의 탄생이었다. 에디슨은 '축음기 책Phonographic Books'에, 예를 들면 단면 10평방인치 금속판 위에 4만 단어를 녹음해 넣음으로써 새로운 청중을 만들 수 있다고 내다보았다. 에디슨에 따르면 "인쇄된 책이 아닌 녹음된 책의 장점은 너무 많아 말할 필요도 없다. 녹음된 책은 아무도 읽지 않는 데에서도 듣게 될 것이다."[13]

에디슨의 제안은 19세기의 마지막 10년 즈음 음향 녹음 기술이 어떻게 책이라는 개념을 변화시키는지에 대한 관심을 불러일으켰다. 아직도 설명이 필요한 부분은 에디슨과 왜 그렇게 많은 동시대의 사람들이 축음기 때문에 인쇄 책이 종말에 이를 것으로 추정했는가 하는 것이다. 다음 절에서는 첫째, 인쇄 책의 잠재 경쟁자로서의 축음기에 대한 첫 반응과, 둘째, 19세기 말 에드워드 벨러미Edward Bellamy, 옥타브 우잔Octave Uzanne, 앨버트 로비다Albert Robida 등이 제안한 가상의 독서 기계를 살펴보면서 책에 대한 때 이른 사망 선고를 설명한다. 앞으로 살펴보겠지만 이 작가들이 자기 시대에 나온 새로운 매체에 대한 반응으로 제기했던 책의 미래에 대한 의문은 지금 우리 시대에 다시 대두했다.

병 속의 작가

언론은 축음기가 완성되기 전부터 음향 녹음이 책에 미치는 충격에 대해 추정하기 시작했다. ≪뉴욕타임스New York Times≫는 발명을 설명하기 위해서 멘로 공원에서 시연을 가지기 한 달 전에 믿기 힘든 비유를 활용했다. 신문에 따르면, 은박지에 말을 보관하는 것은 병에 와인을 보관하는 것과 비슷했다. 미래에 사용하기 위해 축음기가 소리를 "병 속에 넣는 것"이었다. 청중은 쿼트 병에 담긴 "병 속의 말"을 하나에 50센트에 살 수 있으며, 고상한 취향을 가진 사람은 "잘 갖춰진 말 창고"에서 손님에게 "산뜻한 맛의 '마크 트웨인Mark Twain'"을 대접할 수 있게 될 것이었다.[14] 에디슨을 다룬 후속 기사에서 "병 속 이야기"라는 표현이 관용적으로 쓰였다는 것은 신기술을 기존의 용어로 설명하는 것이 독자들을 얼마나 안심시켰는지를 보여준다. ≪펀치Punch≫라는 잡지는 특별한 행사에서 마개를 열면 병 속에 가득 담긴 오페라가 나오는 와인 창고를 그린 만화를 싣기도 했다(〈그림 1-2〉).

우습게 보일지 모르겠으나 말 창고는 녹음된 이야기의 상업성에 대한 초기 전망을 대표한다. ≪뉴욕타임스≫는 축음기를 들어보기도 전에 축음기가 소설에 미치는 영향에 대해 다음과 같이 농담조로 예측했다.

축음기가 그것을 발명한 사람의 의도대로 된다면 도서 출판과 독서 모두가 폐기될 만하다. 이야기가 병 속에 담긴다면 왜 인쇄를 해야 하며, 재주 많은 웅변가가 축음기를 통해 큰 소리로 조지 엘리엇George Eliot의 소설을 반복 낭독하고 이것을 전혀 어려움 없이 들을 수 있다면 우리는 왜 읽기를 배워야 하는가? 우리는 디킨스와 새커리Thackeray를 한 병 또는 한 다스 살 수 있고 농가들은 겨울 동안 소비할 티머시 티트콤Timothy Titcomb을 큰 통에 담을 수 있을 것이다. 우리는 도서관을 불에 타는 책으로 채우는 것이 아니라 병 안에 담긴 작가들로 가득한 거대한 창고를 갖게 될 것이고, 대학생은 책의 활용을 배워야겠으나 죽은 언어를 배우는 것이므로 학습한 것의 실용성은 기대할 수 없을 것이다.[15]

책을 병 속에 담는 것, 아직 발도 못 뗀 발명품에 대해 말하기에는 대담한

그림 1.2 음악 창고

자료: *Punch's Almanack for 1878*(1877.12.14), 3.

주장이다. 그럼에도 불구하고 이 익살스러운 신문기사는 다가오는 책 전쟁에
서 진지하게 받아들여진 의견을 공식화했다. 첫째, 엘리엇, 디킨스, 새커리,
조시아 홀랜드Josiah Holland 같은 병 속 작가들로 구성된 창고 구상을 통해 녹음
문학의 잠재적 시장을 보여주었다. 둘째, 녹음 책이 종이책을 보완하기보다

는 넘어선다고 주장하면서 종이책의 미래에 의문을 던졌다. 셋째, 이 기사는 녹음 문학과 전문 낭독자 사이의 연계를 만들었다. 독자에게는 최소한의 노력을 요구하면서 발성 훈련된 사람만 최대의 효과로 책을 읽을 수 있었다. '소비'라는 수동적인 용어의 사용은 소설을 미학적 가치가 없는 지나치게 상업적인 것으로 폄하하는 오랜 전통을 촉발했는데, 20세기 비평가들이 오디오북을 폄하할 때도 같은 이유였다.[16] 신문지상의 과장된 주장은 쉽게 무시되겠지만 언론은 점점 더 심각하게 다른 주제를 건드렸다.

≪뉴욕타임스≫만 종이책이 신기술에 밀려 빨리 진부해진다고 예상한 것은 아니었다. 에디슨 측의 대표 자격으로 에드워드 존슨Edward Johnson이 잡지 ≪사이언티픽 아메리칸≫에 보낸 편지에서 음향 녹음의 가능성을 발표하면서 책의 미래에 대한 이야기가 시작되었다. 존슨의 발표에 대한 반응으로 편집자는 "우리는 새로운 종류의 책을 갖게 되는가? 오늘날의 키케로Cicero들의 연설이 녹음되어서 나뉘어 묶이고 표시해 둔 부분을 기계에 넣어 자신의 조용한 아파트에서 다시 듣고 싶을 때마다 유창한 말로 듣지 못할 이유가 없다"라고 했다.[17] 다른 선택지가 없어서 종이책만 봐온 사람들에게는 이런 편리함을 마다할 이유가 없었다. 축음기가 나오기 전에 낭독은 공동체 활동이었고, 사적 공간인 집에서 외부인의 낭독을 들은 전례가 없었다. (조용한 집 안에서) 혼자 듣는 것과 (원하는 만큼 자주) 반복 재생하는 것을 강조한 것은 시끌벅적한 대중 공연에서 불가능한 귀 기울여 듣기의 새로운 가능성의 발견을 말한다. 그런 청자들에게는 축음기 책이 묵독의 반가운 대안이었다.

편집자가 키케로를 언급한 점은 흥미롭다. 현대의 청중은 키케로와 인쇄물로만 만나고 있지만 키케로는 원래 연설로 유명했다. 이 언급은 글자 세계에서는 말이 아닌 인쇄된 문학이 후발주자임을 상기시킨다. 16세기 이전의 거의 모든 문학작품들은 후대에 책의 형태로 다시 만들어지기 전까지는 인쇄되지 않은 채 배포되었다.[18] 녹음된 책의 장점에 대한 20, 21세기의 논의가 인쇄 매체를 위해 특별히 글을 썼던 작가들에게 집중되는 동안 ≪사이언티픽 아메리칸≫ 같은 잡지는 인쇄물로 옮겨가면서 사라진 작가들에게 초점을 맞추었다. 낭독된 책을 듣는 것이 불편하다고 호소한 독자들이 인쇄된 대본을 읽을 때는 비슷한 불편함을 호소하는 경우가 드물다는 것을 나는 봐왔다. 달리 설명하면 키케로를 묵독하는 것은 엘리엇, 디킨스, 새커리를 낭독하는 것과 다를 바 없다. 물론 그렇다고 해서 키케로를 책으로 읽는 것을 막지는 못했다. 구텐베르크의 인쇄소에서 인쇄한 두 번째 책은 키케로의 『의무론^{De Officiis}』이었다.

≪뉴욕타임스≫와 ≪사이언티픽 아메리칸≫이 제안한 새로운 종류의 책은 말하는 기계 발명가의 예측과 일치했다. 에디슨은 축음기를 기업용 받아쓰기 장치로 개발한 것이라서 축음기의 오락적 가능성을 파악하지 못했다는 지적이 자주 있었다.[19] 그러나 에디슨은 음악 재생, 편지 쓰기, 웅변 교육, 법정 증언 녹음, 가족 기록 보관, 시간을 알려주는 시계 만들기 등의 다른 용도도 알고 있었다. 또한 낭독하는 데 축음기를 사용할 것을 제안했다.

> 책은 자선을 베푸는 전문 성우 또는 그런 목적으로 특별히 고용된 사람이 읽을 수 있다. 그리고 녹음된 책은 시각장애인들의 요양원, 병원, 병상에서 이용되거나 다른 일을 하느라 눈과 손이 바쁜 신사 숙녀에게 큰 이익과 즐거움을 주기 위해 이용될 수 있다. 일반 독자가 읽는 것보다 웅변가가 읽어줄 때 더 큰 즐거움을 느낀다.[20]

읽기용 기계로 축음기를 활용할 때의 장점은 비장애인과 시각장애인 독자 모두 사용할 수 있다는 점이다. 시각장애인을 위한 점자 알파벳을 손의 촉감으로 해독하려면 훈련이 필요한 데 반해 책을 듣는 것은 누구나 할 수 있다.[21] 최근에 시각장애가 생겼거나 눈을 혹사하는 것을 두려워하는 사람들에게 이는 매력적인 점이었다. 그런 독자들은 눈에 가해지는 과중한 부담을 덜어주는 수단으로 축음기를 환영했다. 독서로 인한 눈의 피로감은 시력 저하의 원인으로 알려져 있다. 그런 사례로는 밀턴Milton이 자주 언급된다.

장애는 책 녹음 기술을 발전시키는 원동력이었다.[22] 독서로 인한 시력 약화에 대한 공포심이 18, 19세기 시각장애인을 위한 인쇄물과 관련된 초기 논의의 바탕을 이뤘다. 1784년 돋음 문자를 개발한 발랑탱 아위Valentin Haüy는 호메로스와 밀턴 같은 시각장애인 작가들에게 이 방식이 쓸모가 없었다는 것을 아쉬워했다.[23] 지금은 당연해 보이지만, 에디슨 시대에는 녹음 기술과 시각장애인용 책을 연결하는 것이 필수가 아니었다(에디슨의 경쟁자 에밀 베를리너Emile Berliner는 시각장애인을 아예 간과했다). 19세기 내내 시각장애인 교육은 시각과 듣기가 아닌 촉감과의 관계에 초점이 맞춰져 있었다. 눈으로 읽기와 손가락으로 읽기를 구별하는 것은 1820년대와 1830년대 초반, 영국과 미국에 돋음 문자가 도입된 이후 줄곧 교육자들을 사로잡았다.[24] 다른 촉감식 철자보다도 루이 점자Louis Braille 철자법을 더 활발히 사용하기 위한 영국 외국인시각장애인협회 British Foreign Blind Association 같은 조직의 성공적인 활동 덕분에 19세기 말에는 양국 모두에서 점자가 확실히 정착했다.[25]

그러나 녹음된 책이 장애인만을 위한 것이 아니라는 데 주목하는 것 또한 중요하다. 녹음된 책이 시각장애인 독자를 위한 형식에서 시작해 20세기 후반에 오디오북의 형태로 보다 폭넓은 독자층으로 확대되었다는 것은 오해다. 녹음된 이야기의 청중 대상은 처음부터 장애가 있는 사람들을 훨씬 뛰어넘었다. 에디슨이 설정한 예상 독자는 책을 읽을 시간이나 마음이 부족한 '일반적인 독자'를 포함했다. 에디슨의 진술은 책 읽기를 다른 일과 병행하는 부차적 행위로 규정한 초기 진술 중 하나다. 또 더 중요한 것은, 그 진술은 훈련된 성우의 낭독을 듣고 얻게 되는 '오락성', '즐거움', '이로움'을 강조함으로써 낭독의 전문화를 주장했다는 것이다. 조용하게 읽는 사람들이 스스로 문장을 소리

내는 능력에 대한 구상은 없었다. 에디슨은 청중이 책을 읽더라도 잘 읽지는 않았다고 암시했다.

은박지 위의 디킨스

축음기를 책의 개선된 형식으로 홍보한 활동은 축음기의 가치를 독서 기계로 이해한 초기 시도의 보수성을 드러낸다. 새로운 종류의 책이 필요하다는 주장에도 불구하고, 실제로 이 책에 대한 설명은 전통적인 형식을 고수했다. 대부분의 사람들은 축음기만을 위해 새로 고안된 형식의 이야기보다는 기존 장르(책, 강의, 설교, 편지, 광고)를 녹음하는 데 축음기를 사용했다. 아무리 언론에서 축음기 책과 실제 책을 대비해서 보여주었더라도 축음기 책이 실제 책에 의존한 것을 보면, 축음기와 인쇄물이 서로 긴밀한 관계 속에서 발전해 온 것을 알 수 있다.[26] 구텐베르크의 인쇄기가 초기에 필사본을 닮은 책을 만들었던 것처럼 축음기는 이전의 기술을 흉내 내면서 여러 새로운 통신 기술의 패턴을 반복했다.[27] 책에서 혁명을 일으킨 축음기에 대한 주장을 평가하려고 할 때, 그런 선례들에 주의할 필요가 있다. 사실상 그다음 세기까지 인쇄물과 구별되는 예술 형식을 만들려는 시도가 거의 없었다. 훨씬 더 매력적이었던 것은 디킨스처럼 기성 작가의 작품을 들을 수 있다는 기대감이었다.

에디슨은 뉴욕에 출판사를 차려서 녹음된 책으로 돈을 벌려고 했다. 에디슨에 따르면, 가정오락용 낭송에 적합한 '보통 50센트짜리 소설'이 녹음된 6인치 원반으로 카탈로그를 꾸미려 했다.[28] 에디슨은 시각장애인에게서 이미 100장의 주문을 받았다고 하면서 다른 독자들로부터도 비슷한 수요를 기대했다. 그러나 에디슨의 말하는 축음기 회사가 구상했던 것처럼 가정용 소비용품이 되려면 우선 가정용 축음기를 만들어야 했다. 에디슨은 공공장소에서 낭독된 책을 듣는 익숙한 경험을 보다 친근한 공간인 집으로 바꿔놓았다.

『데이비드 코퍼필드David Copperfield』나 다른 작품을 읽기 위해 훌륭한 성우를 고용했다고 하자. 성우의 말은 기계를 통해 수천 개의 데이비드 코퍼필드 매트릭스로 탄생된다. 한 남자가 소설을 기계에 넣고 침대에 누워 있으면 최상의 감정과 어조로 읽어준다. 느리거나 빠른 속도로 읽힐 수 있고, 원하면 중단할 수 있고, 뒤로 돌아가서 선택한 어느 장에서든 다시 시작할 수 있다.[29]

조악한 조명 때문에 잠자리에 누워 책을 보는 것이 어렵던 시대에, 침대에 누워 책을 듣는 것은 매력적인 생각이었다. 침대에 누워 책을 듣는 사람의 이미지가 행동의 수동성을 강조한다면, 이 수동성은 재생 속도, 재생 중지, 재생 재개 등 수용자의 조정력으로 상쇄되었다. 이 기능은 기계적 낭독과 실제 구술을 구분하는 기능이었다. 기계적인 스피커가 있음에도 불구하고 장면의 친밀함이 두드러졌다. 대부분의 사람들은 스피커가 없었다면 침대에서 큰 소리로 책을 들을 수 있다는 것을 생각할 수 없었을 것이다.

에디슨의 마케팅 캠페인은 축음기를 평범한 가정의 여가 활동 중 하나로 묘사함으로써 축음기의 가정용품화를 추구했다. 다음의 짧은 글은 은박지 한 장에 녹음된 디킨스 소설 전집을 산 부부를 묘사한다. "남자는 피곤하고 아내의 눈은 침침하다. 그래서 테이블 옆에 앉아 이 은박지(축음기)에서 일류 성우가 표현해 내는 소설을 전부 듣고 있다. 그렇지 않은가?"[30] 이 장면은 두 가지로 볼 수 있다. 그림의 한 면을 보면 가족에게 낭독해 주는 가부장의 상징적인 느낌을 기계 속 성우의 '일류' 연기로 향상시킨 동등 역할의 기계로 바꾼 것으로 보인다. 다른 면에서 이 장치는 아내가 남편에게 책을 낭독해 주던 의무, 즉 레아 프라이스Leah Price가 '인간 오디오북'이라고 묘사한 역할로부터 여성을 해방시켜 준 것이다[31](밀턴을 그의 딸들 입장에서 다시 생각해 보자). 이 부부는 에디슨이 생각한 두 가지 유형의 독자를 대표한다. 하나는 하루 일을 끝내고 휴식을 찾는 사람이고, 또 다른 하나는 거의 시력을 잃을 지경의 사람이다. 인용문 끝에 나오는 말장난은 독자들로 하여금 둘 중 하나의 역할을 그려보게 한다.

디킨스는 연기자로서의 명성으로 인해, 독서기로서의 축음기 가치를 설명하기 위한 선택에서 인기가 있었다. 실제로는 축음기가 디킨스 소설 녹음을 감당할 수 없었다는 불편한 사실에도 불구하고 음향 녹음에 대한 논의에서는 종종 디킨스의 이름이 인용되었다. 에디슨은 1888년에 8인치짜리 실린더 네 장에 디킨스의 작품인 『니컬러스 니클비Nicholas Nickleby』 전부를 녹음할 수 있다고 기억에 남을 만한 주장을 했다.[32] 그러나 그때에도 표준적인 축음기의 실린더에 녹음 가능한 최대 시간이 3분 조금 넘었으므로 소설은 녹음하기에 너무 길었다. 그럼에도 불구하고 디킨스는 소설의 약칭 같은 것이었고 '책'과 '소설'을 동일시했던 빅토리아 시대의 감수성에 잘 어울렸기 때문에 디킨스의 이름을 끌어온 것은 기민한 선택이었다. 축음기의 기술적인 한계 때문에 몇 줄의 운문 이상은 낭송할 수 없던 시기에도 실망스러운 현실보다는 이상을 향한 대화를 나누는 것이 이치에 맞았다. 축음기 녹음이 지닌 스펙트럼의 한쪽 끝에는 「메리의 어린 양」이 있고, 반대쪽 끝에는 『니컬러스 니클비』가 있는데, 이 두 작품은 복잡성, 길이, 형식에서 차이가 크며 둘 중 하나만 실제로 녹음되었다.

디킨스의 이름을 사용하자 공연, 각색에서, 심지어 그를 축음기 책을 위한 멋진 광고로 만들어준 저작권에서도 문제가 제기되었다. 에디슨의 지지자들은 축음기를 공연과 가장 거리가 먼 장르(시나 드라마와는 반대인 소설)에 사용하도록 권유했다. 소설과 인쇄를 연계하는 것은 원래부터 말로 수용되는 다른 장르와는 구분되는 것으로 보였다. 그러나 디킨스는 가장 연극적인 소설가였기 때문에 양쪽 분류에 모두 잘 맞았다. 디킨스는 이미 영미 낭독 투어에서 각색으로 유명세를 떨쳤기 때문에 낭독을 위해 디킨스 소설을 각색하는 것에는 별다른 반대가 없었다.[33] 연극 공연과 무대 낭독으로 청중에게 익숙했던 '시청각적 디킨스'는 이미 인쇄물을 넘어서고 있었다.[34] 오늘날까지 지속적으로, 디킨스는 읽기보다 듣기에 더 좋은 작가라고 불린다.

영국 작가의 작품을 녹음하면 까다로운 저작권 문제를 피해 가는 이점이 있었다. 축음기의 특허권 문제를 어떻게 해결할지 또는 출판사가 다른 매체로 작품을 재생산하는 것에 대한 보상이 필요할지가 불확실했다. 디킨스가 미국에 처음 갔을 때 저지른 실수 때문에 영국 작가들은 19세기 후반까지 미국에서 저작권 보호를 받지 못했다.[35] 따라서 출판사가 보기에 디킨스의 작품은 단순 오락이 아닌 공짜 오락을 뜻했다.

축음기가 공공장소에서 큰 소리로 읽는 것을 용이하게 하는 데 쓰일지, 아니면 사적 공간인 가정에서 편히 낭독되는 데 쓰일지에 대한 합의는 거의 이루어지지 않았다. 어떤 이들은 축음기가 공공장소나 학교에서 실제 연설자를 대체하게 될 것이라고 예측했다. 연설자 초대 비용이 터무니없이 비싼 환경에서는 기계적 재생이 특히 매력적이었다. 예를 들어 어느 언론인은 네바다Nevada 광부들의 모임에서 존 고프John Gough의 금주 이야기를 들려주는 축음기를 상상했다.[36] 다른 사람들은 축음기 없이는 불가능한 혼자서 듣는 형식을 기대했다. 앞에서 인용한 디킨스 삽화는 공개 공연과 사적인 독서 양쪽의 가장 매력적인 면모를 보여주는데, 낭독의 장점—우월한 화술, 극적인 전달, 접근성—을 강조하면서 조용히 읽을 때만 할 수 있는 기능—독서 환경, 이야기 속도, 혼자 들을지 여부에 대한 통제—을 함께 보여준다. 이런 의미에서 축음기는 두 세계에서 최고에 해당하는, 독특한 형식의 독서를 소개한 것이었다.

에디슨이 음향 녹음의 새 시대에 추진했던 핵심 전략은 축음기 이전의 오래된 오락 형태를 떠올리는 것이었다. 기술을 홍보하는 데 과거에 대한 향수를 활용한 것은 낭독 전통에 제기되는 잠재적인 위협으로부터 관심을 돌려놓았다. 이것은 "집에 있는 축음기가 소설을 읽어준다"라는 설명과 함께 에디슨의

그림 1.3 소설을 읽고 있는 축음기

자료: "The Papa of the Phonograph," *Daily Graphic*(New York, 1878.4.2.), 1.

상상 속 가정 모습을 그린 ≪데일리 그래픽Daily Graphic≫ 만화에서 분명히 나타난다(〈그림 1.3〉). 그 장면은 축음기라는 결정적인 대체물을 가진 빅토리아 시대의 가정오락의 전형을 연상시킨다. 가족들은 그저 본래의 역할을 하고 있다. 낭독을 하는 동안, 아버지는 시가를 피우고 어머니는 뜨개질을 하고 두 아이는 책상에 조용히 앉아 있다. 에디슨의 약속대로 부모의 눈과 손이 일하거나 놀이를 하고, 아이들은 실제 변사를 대하듯 허리를 기울여 넋이 빠지게 축음기를 쳐다보며 반응하고 있다. 가정의 익숙한 일상에 맞춤으로써, 책이 없는 이 장면은 아주 오래된 여가 활동을 대체했고 스토리텔링의 상업화에 대한 반감도 없애버렸다. 에디슨의 발명품은 이제 실용적인 노동절약 장치를 가장해 등장했다. 축음기가 실제로 '집 안에' 들어온 것이다.

이 성공적인 광고 캠페인 덕분에 한 신문은 30년 안에 '청중의 나라'가 될 것이라고 예측했다.[37] 실린더와 디스크를 출판하는 산업 환경이 미국을 이른바 독서국에서 청취국으로 전환시킬 것 같았다. 수많은 사설은 출판사들이 인쇄기보다 축음기를 사용하면 비용 면에서 더 효율적으로 책을 만들 수 있다고 주장했다.

≪시카고 트리뷴Chicago Tribune≫은 축음기에 대해 "이 정도의 품질을 도입하면 문학계 전체에 대변혁이 일어날 것이다"라고 썼다.[38] 에디슨은 ≪시카고 트리뷴≫에 인쇄비보다 적은 비용으로 소설 전권을 녹음할 수 있다고 말했다.

> 자, 한 출판사가 당대 가장 유명한 성우를 고용해 디킨스의 소설을 축음기판에 녹음했다고 하자. 이 판은 스테레오 방식으로 원하는 만큼 빠르게 재생되고, 판매하는 책에 비해 훨씬 저렴하다. 구매자는 이 판 하나를 노래 한 곡 값에 사들고 저녁에 집으로 가서, 기계에 넣고 아이들 중 한 명이 켜게 한다. 곧바로 제임스 머독James Murdock, 조지 반덴호프George Vandenhoff, 로라 데인티Laura Dainty가 즐거워하는 가족들에게 소설을 읽어주기 시작한다.[39]

이 예측은 낙관적인 것으로서 축음기로 출판업계를 개혁하기보다는 책에 대한 대안 중 하나로 마케팅하려는 관심에서 나왔다. 이 계산에서 확실히 빠져 있는 것은 전문 배우나 성우에 대한 추가 비용이다. 디킨스의 세 권짜리 소설은 말할 것도 없고 글 전체를 녹음하는 데 드는 상당한 인건비는 오늘날 오디오북 출판산업도 여전히 엄두 못 낼 정도의 비용이다. 성우가 실린더를 각각 녹음해야 하는 시기에는 문학 텍스트를 상업적으로 녹음하는 것이 거의 불가능했다. 왜냐하면, 고정관념에 대한 에디슨의 이야기에도 불구하고, 1890년대에 베를리너가 그라모폰gramophone을 발명하기 이전에는 제대로 된 복사 방법이 없었기 때문이다.[40] 또한 예측치는 도서 생산원가 감소와 인쇄의 다양

한 편의성도 계산하지 않았다.[41]

에디슨 출판 회사는 50센트로 녹음을 해내지 못했다. 그래도 언론은 기술적 제약에 얽매이지 않는 환경을 내다보았다. 에디슨의 지나치게 야심 찬 주장에 동의했던 거의 모든 사람들은, 심지어 디킨스도, 책 전권을 녹음할 수 있는 시기를 예견했다. 한 언론인은 "미래의 도서관은 누구라도 자신의 겨드랑이에 끼고 다닐 수 있는 형태가 될 것이다"라고 꿈꾸는 듯 말했다.[42] 1878년에는 전망이 나쁘지 않았다. 당시에는 녹음된 책이 여전히 책으로 인정되었다. 책의 종말을 예견한 사람은 없었고 녹음된 책은 단지 책이 다른 형식으로 전환하는 것일 뿐이었다. 마셜 매클루언Marshall McLuhan이 오래전에 지적했듯이, 새로운 매체는 자신이 대체하는 매체의 내용물을 가져오기 마련이다.[43]

책을 벗어나 무대에서 펼치는 구술 연기에 이미 흠뻑 빠져 있는 문화에서는 녹음된 책에 대한 열정이 놀라운 일이 아니다. 그럼에도 불구하고 눈에 띄는 것은 대화가 녹음된 책을 선호하는 쪽으로 치우쳐 있다는 것이다. 그다음 세기에서는 손에 물체를 손에 쥘 때 느끼는 감각적인 즐거움이 책에 대한 즐거움을 변호했지만, 당시만 해도 종이책을 옹호하는 사람이 거의 없었다. 책에 대한 향수를 자극하려면 은박지 위의 축음기보다 더 절박한 위협이 필요했다.

미래의 금속 자동 책

축음기는 그 데뷔와 첫 번째 문학 녹음 사이의 10년 동안 침묵한 듯했지만 그 옹호자들은 그렇지 않았다. 미네소타대학교 교수인 에버트 나이마노버Evert Nymanover가 1883년에 쓰인 별난 에세이 책을 '속삭이는 기계whispering machines'로 대체하자고 요청하면서 침묵이 깨졌다. 아이팟과 스마트폰같이 휴대용 음향기기에 익숙한 현대 독자들에게는 지극히 합리적으로 들리겠지만 나이마노버의 동시대 사람들에게는 그의 요청이 터무니없이 들렸다. 이 에세이는 ≪사이언티픽 아메리칸≫에 실린 후에 영어, 독일어, 스웨덴어의 이상한 조합, 사이비 과학적 계산, 현란한 말재주 때문에 웃음거리가 되었다. 나이마노버는 그 기계를 모자 속에 넣을 것을 제안하면서 문제를 복잡하게 만들었다. 특이한 해결책은 다른 일을 하는 중에도 계속 읽을 수 있게 하는 것이었다. "차 안에 앉아 있을 때, 거리를 걸을 때, 침대나 소파에 누워 있을 때에도 애덤 스미스의 '도덕감정'이나 드레이퍼의 '지식발전' 등을 들으면서 동시에 이야기하고, 쉬고, 목수의 작업대에서 일하고, 옷을 입고, 산책하고, 피아노나 다른 악기로 손가락 연습 등을 할 수 있다."⁴⁴ 여기서 눈에 띄는 한 가지 활동이 있는데, 과연 어떤 독자가 책을 들으면서 동시에 말을 할 수 있을까?

목수들이 애덤 스미스Adam Smith의 『도덕감정론The Theory of Moral Sentiments』과 존 윌리엄 드레이퍼John William Draper의 『유럽의 지식발전사The History of the Intellectual Development of Europe』를 듣는다는 나이마노버의 상상력은, 그 이후 산만하다고 여겨진 형식에 대해 높은 기대감을 드러낸 것이었다. 다른 활동에 몰두하는 동안에도 무의식적인 자기 발전이 가능하다는 의견은 잠을 자면서 자기 계발서를 듣는 20세기의 믿음을 내다본 것이었다. 올더스 헉슬리Aldous Huxley의 『멋진 신세계Brave New World』가 묘사한, 새로운 형식의 정부 세뇌에 대한 피해망상이 아니라면 말이다.⁴⁵ 그럼에도 불구하고 그 문장은 다가오는 세기의 음향 기술이 나아갈 방향성의 일단을 보여준다. 이 제안은 에디슨의 축음기를 이동 환경으로까지 확장시키며 정신과 육체를 동시에 향상시키라는 실용적인 명제를 만들어낸다. 그러나 기이한 발표로 인해 나이마노버의 생각은 진지하게 받아들여지기 어려웠고, 편집자들은 속삭이는 기계라는 표현을 별난 사람의 의견으로 여겨 받아들이지 않았다. 미네소타대학교의 학생 잡지는 "누구나 새 모자를 살 때마다 브리태니커 백과사전을 가질 수 있다"라는 터무니없는 주장을 한 저자를 처벌하라고 했다.⁴⁶

그 아이디어를 진지하게 받아들일 지적 토론을 위한 합법적 포럼인 ≪19세기Nineteenth Century≫(1885년 3월호)에 프랑스 국립도서관의 발머R. Balmer가 나이마노버를 옹호하는 글을 발표하기 전까지, 나이마노버의 속삭이는 기계에서는 더 이상 아무 소리도 들리지 않았다. 발머는 첫 제안의 별난 점을 인정하면서도 그 제안의 핵심적인 구상, 즉 책을 읽어주는 휴대용 기계의 개발을 지지했다. 축음기는 자동 장치에 내장된 소형 금속 실린더에 책 전권을 새겨 넣을 수 있었고, 그런 다음 사람이 쓰는 모자에 삽입되어 전선을 통해 귀로 연결될 수 있었다. 발머가 말한 소형 읽는 기계는 '자동화된 미래의 금속 책'을 나타내는 것이었다.[47] 이 기묘한 기계는 워크맨이 나오기 거의 백 년 전에, 복잡한 공공장소에서 책을 읽을 수 없었던 도시 출퇴근자들이 즐길 수 있는 방안을 소개했다. 한 잡지는 "한 남자가 분주한 거리를 걸으면서 인기 있는 책의 낭독을 들을 수 있게 될 것이다"라고 예측했다.[48]

기계적인 독서는 책을 보편화하는 방법 면에서 많은 사람들에게 매력적이었다. 지금은 모두가 알지만, 축음기 책은 인쇄된 책보다 훨씬 접근성이 떨어지고 가장 혜택이 필요한 사람들에게 쉽게 제공되지 않았기 때문에 이런 견해는 직관과 달랐다. 축음기는 비싼 가격만으로도 광범위한 소비에 장애가 되었다. 하지만 사회의 모든 구성원이 문화에 접근할 수 있어야 한다는 믿음에는 변함이 없었다.[49] 저자의 목소리를 듣고 싶어 하는 간절한 마음은 그 목소리를 전달하려면 기계 장치—대량 소비재로 전환하는 데 수십 년이 걸릴—에 얼마나 의존해야 하는지를 잊게 했다. 옹호론자들은 한정된 읽고 쓰는 능력으로 인해 인쇄물을 활용하지 못하거나 책값 때문에 제약을 받는 독자들이 사용할 수 있는 매체의 잠재력만 내다보았다.[50]

산업 및 농업 환경을 배경으로 한 수많은 삽화는 계층, 문해력, 지리적 요건 등의 이유로 인쇄물에 대한 접근이 거부된 잠재 독자들에게 다가가려는 초기 낙관론을 보여준다. 발머의 가상 기계는 일반 독자를 훨씬 뛰어넘는 수준까지

갔다. "그 기계는 사무실, 공장, 공원 벤치, 들판, 개울물, 광산 속의 사람들과 함께하면서 그들의 귀에 위대한 사상과 상상력을 속삭일 것이며, 그들의 정신을 강하게 하고 고상하게 하고 세련되게 만들 것이다."[51] 기계는 자신의 풍요를 위해서가 아닌 다른 사람의 필요에 따라 낭독하는 것이 익숙할 가능성이 큰 사람들, 즉 가정주부와 집안 하인을 교육할 방법도 제공했다.

에디슨은 1888년 개선된 축음기를 출시하면서 이전에 소외된 독자들을 포함하는 것으로 판매 광고를 수정했는데, "완벽한 축음기는 가난한 이들을 위해 인쇄기보다 더 많은 일을 할 것"이라고 기자들에게 큰소리쳤다.[52] 하지만 그런 온정주의는 20세기에 들어와서도 대부분의 가정에서 축음기를 살 수 없었던 현실과 동떨어진 것이었다. 중산층에게는 오락을, 노동 계급에게는 교육을 제공한다는 마케팅과 달리, 광부들이 기회 있을 때 자기 계발을 위해 축음기를 활용했다는 증거는 없다.[53]

나이마노버의 장치는 그다음 사반세기에 걸쳐 시각장애인, 기술자, 미래학자, 유토피아주의자, 소설가들이 고안한 가상 낭독 기계 중 최초의 것이었다. 책이 특별한 역할을 하지 않는 이상적인 사회를 상상하기 어려웠기 때문에 유토피아 작가들은 특히 기계화된 형식의 독서에 세심한 관심을 보였다. 그러나 책이 독자들에게 전달되는 형식은 결코 분명하지 않았다. 대부분의 유토피아 작가들은 기술이 문해력 문제에 대한 해결책과 이상적인 사회를 만드는 방법을 마련할 것이라고 믿었다. 이 작가들은 도서관이 대중에게 학습을 위한 공동 장소를 제공하거나, 지하철이나 공압 튜브 같은 기계적인 방식이 책에 대한 접근을 개선함으로써 공공 생활에서 중요한 역할을 할 것이라고 예상했다.[54] 일부 작가들은 인쇄물의 양적 증가가 도서관(그리고 독자)의 수용 능력을 고갈시킬 우려가 있다고 지적했다. 그러나 다른 사람들은 모두 새로운 종류의 책을 꿈꾸었다.

에드워드 벨러미는 새로운 음향 녹음 기술의 맥락에서 책을 다시 생각해 본

작가들 중 한 명이었다. 벨러미는 미국이 2000년에 사회주의 유토피아로 바뀌는 내용의 공상과학소설 『뒤를 돌아보면: 2000~1887Looking Backward: 2000~1887』로 잘 알려져 있다. 그러나 이 소설에서는 책에 대한 묘사가 이상할 정도로 보수적이어서, 새천년의 보스턴 어디에나 있는 기술 혁신이 전혀 영향이 없는 듯 보여주고 있다.[55] 예를 들면 벨러미가 낭독한 디킨스의 빅토리아 시대 소설은 위안을 주었으며, 그가 읽은 현대 이야기는 형식이 아닌 내용에 주목할 만했다. 벨러미의 유토피아에는 19세기와 20세기의 책 사이에 눈에 띄는 차이가 없다. 다행히도 이것이 미래의 책에 대한 벨러미의 마지막 말은 아니었다. 1년 뒤 벨러미는 축음기 시연에 참석한 후 녹음 문학 책에 대해 철저하게 재고한 단편집 『눈을 감고With the Eyes Shut』를 들고 이 주제로 돌아왔다. 벨러미에게 축음기는 낭독되는 소리를 듣고 있는데 왜 말소리를 상상해야 하는가라는 질문을 불러일으켰다.

녹음 문학에 대한 벨러미의 예측은 새로운 형식의 기술이 독서 습관에 어떤 영향을 미치는지를 추측하는 오랜 전통에 참여했다. 기계식 말하는 책에 대한 환상은 녹음 기술보다 적어도 2세기가 앞섰다. 달로 가는 로켓 여행에 관한 17세기 이야기, 시라노 드베르주라크Cyrano de Bergerac의 『달나라 여행Histoire comique en voyage dans la lune』은 한 쌍의 펜던트처럼 듣는 사람의 귀에 걸려 있는 "눈이 아닌, 온전히 귀를 위해 만들어진 책"에 대한 목격자 보고서를 포함하고 있다.[56] 사람 목소리로 낭독하는 이야기를 듣는 것은 스프링을 감는 것만큼이나 쉽다. 드베르주라크의 사색과 산업시대 이후 작가들의 생각 간의 주된 차이점은 후자의 그룹은 실제 기술에 기반하고 있다는 것이다. 평론가들은 벨러미의 녹음된 책에 대한 허구적인 묘사가 『뒤를 돌아보면』에서 그려진 사회주의적 유토피아만큼 아주 매혹적이지는 않았다고 지적했다. ≪웨스턴 일렉트리션Western Electrician≫은 기술자들이 벨러미 이야기에 나오는 경이로운 물건을 재현하는 중이라고 큰소리쳤다.[57]

『눈을 감고』는 미국이 점점 더 산업화되어 가던 시기에 노동의 부담을 덜어주기 위해 기술을 활용하는 것에 대한 벨러미의 관심을 보여준다.[58] 전작에서처럼 이 액자소설은 과학기술 덕에 변화된 미래 사회에서 깨어나는 한 남자의 이야기로 시작한다. 그 사회의 시민들은 '필수품indispensable'—문자에서 문학에 이르기까지 모든 것을 음향으로 재생해 주는 휴대용 축음기를 일컫는 벨러미의 용어—이 읽어주기 때문에 스스로 무언가를 읽을 필요가 거의 없다[59](이 명칭은 기술에 대한 의존성이 유토피아적 표현에서도 분명히 나타났음을 보여준다). 그 주장의 전제는 독자들이 녹음된 책의 용이성에 열광했음을 보여준다. 달리 말하면 오늘날 오디오북이 비판받는 바로 그 수동성이 그 주장의 결정적인 부분이다.[60]

소설의 첫 장면에서는, 익명의 화자가 객차에 꽂혀 있는 '두 갈래의 귀 나팔'을 이용해서 '축음기 책'을 듣고 있는데, 이 기계는 시간당 5센트의 가격으로 소설을 소리 내어 읽어준다. 다음은 벨러미의 소설 속 화자가 눈을 감고 책을 읽은 경험을 묘사한 것이다.

> 좋은 이야기는 언제나 재미있다. 심지어 단어를 나타내는 기호를 철자화하고 단어가 발화되는 것을 상상하고 그 단어가 발화되면 어떤 의미일지 상상하는 우회적인 방법으로 이야기에 접근해야 할 때에도 말이다. 하물며 구술 예술에 능숙한 여성이 크고 달콤한 음색으로 모든 감정을 실어 표현하는, 귀에 쏟아지는 듯한 이야기를 눈을 감고 편하게 앉아서 들을 때의 기쁨을 어떻게 말해야 할까?[61]

청자에 대한 유혹은 강렬하다. 벨러미는 '귀에 속삭이는 단어를 쉽게 수신하는 것과는 대조적으로 인쇄된 단어를 힘겹게 비효율적으로 해독'하는 두 가지 수용 방식의 차이점을 의도적으로 과장해서 설명한다. 이 장면은 여성 스토리텔러가 남성 독자를 유혹하는 장면에서 서지학적 리트머스 시험처럼 작용하며, 읽는 관객의 입장에 따라 사이렌Siren이나 셰에라자드Scheherazade로 보

인다.[62]

사실 현대 비평가들은 녹음된 책을 듣는 데서의 가장 큰 위해 요소로 '유혹 seduction'을 꼽았다.[63] 여기서 사용된 에로틱한 언어는 책을 듣는 것의 잠재적 위험을 넌지시 시사함으로써 그다음 세기에 논란의 주제가 되었다. 녹음된 책에 대한 가장 오래된 비평은 문장 전달이 비효과적이라는 것이 아니다. 반대로 너무 강력하다는 것이다. 낭독자가 주는 자극은 20세기 초에 등장하는 여성화된 대중문화에 대한 불편한 낌새를 보여준다.[64] 지면이 매개하지 않으면 불가능해 보이는—벨러미의 관점으로는 심지어 바람직하지 않아 보이는—비평적 거리를 보장함으로써 독자가 받는 자극에 대한 해결책을 인쇄물이 제공했다.

현대 관객들은 소설 읽기를 일로 생각하지 않기 때문에—적어도 책은 정신적 노동만큼의 육체적 노동을 수반한다고 생각하지 않기 때문에—읽기의 인체 공학은 주의가 필요하다.[65] 유토피아주의 작가들은 책을 해석하기도 전에 필요한 노력—예를 들면 책을 분철하고, 피로한 눈앞에 펼치고, 페이지를 넘기는 등의—을 상기시킨다. 독자의 육체적 쾌락에 대한 벨러미의 관심은 문학적 가치를 정신적 어려움과 불편함에 연관시키는 후기 모더니스트 감성과 충돌한다.[66] 벨러미의 설명에 따르면 읽기에 수반되는 육체적 피로는 뇌를 위해 가장 잘 보존된 에너지를 약화시킨다. 사실상 독서의 본질과 관련된 사변적인 행동은 벨러미의 소설 속 화자가 극복하려는 것이다.

축음기 공연에 대한 거의 모든 설명은 책을 읽는 데 드는 노력과 대조적인 듣기의 용이성을 강조한다. 우리가 이미 보았듯이, 특히 시력에 무리를 주는 인쇄 책은 독자들로 하여금 책을 대단히 생리적인 용어로 생각하게 만들었다. 벨라미에 대한 평론가 중 한 사람은 "작은 활자, 희미한 불빛, 피로감으로 인해 [눈이] 고문당하는 시대가 영원히 사라진다"라고 기대했다.[67] 신체에 미치는 또 다른 잠재적 이점은 얼굴 표정이 더 풍부해지는 것과 (책등을 희생시켜 자신의 척추를 보호했던) 자세를 개선하는 것이다.

이 이야기의 가장 이상적인 요소는 전문가의 도움을 받아 독서 경험을 향상시키는 기술에 대한 믿음이다. 서점의 고객들이 여러 낭독자가 낭독한 동일한 제목의 몇 가지 버전을 테스트하는 것을 통해 우리는 이 사실을 알 수 있다. 이는 문학 낭송은 전문가가 맡는 것이 최선임을 암시한다. 여기에는 묵독에 대한 향수도, 원본의 권위에 대한 존중도, 품질 하락에 대한 언급도 없다. 반면 음성이 작품의 가치를 높인다. 벨러미의 소설 속 화자는 테니슨의 시「클라리벨Claribel」을 각각 바리톤, 베이스, 콘트랄토, 소프라노 낭독으로 들을 때의 차이를 직접 경험한다. 미래 세상에서는 위대한 작가들의 작품을 단 한 편으로 묘사하는 것에 만족하는 사람이 없을 것이다.

테니슨은 '이야기 음악word music', 즉 언어의 소리에 대한 즐거움(비평가에 따르면 어떤 경우에는 내용이 피해를 보는)으로 유명한 작가로서 알맞은 선택이었다.[68] 벨러미는 이전에『뒤를 돌아보면』에서 테니슨의「럭슬리 홀Lucksley Hall」을 예언적인 낭독자의 선례로 인용했다. 여기서 벨러미는 이상적 낙관주의보다는 음향효과로 주목 받는 시를 선택했다. 테니슨은 그 시를 '멜로디A Melody'라고 불렀는데, 이 시는 클라리벨의 무덤 옆에서 자연의 목소리를 끌어내기 위해 소리를 강조했으므로 짧은 전원 서정시로서 모자람이 없었다.[69] 물론 테니슨이 적절한 선택이었던 데에는 또 다른 이유가 있었다. 테니슨은 벨러미의 이야기가 출판된 지 1년 후에 처음으로 축음기로 시를 녹음한 시인 중 한 명이었다.[70] 역사학자들은 벨러미가 옳았다는 예측에 점수 주기를 좋아한다. 신용카드, 쇼핑몰, 전자 방송 등등의 리스트에 영국 계관 시인의 축음기 녹음을 추가하자.

책의 종말

기계식 판독기에 대한 유토피아적 환상은 끊임없는 과학적 진보에 대한 그 시대의 낙관론을 반영한다. 이런 맥락에서 인쇄 책이 새로운 형태로 진화하는 것은 인간 삶의 질을 향상시키는 많은 기술적 진보 중 하나로 환영 받았다. 19세기 말 프랑스의 미래학자 우잔과 로비다는 새로운 매체가 어떻게 책을 다시 만드는지에 대해 앞서간 벨러미의 상상을 따랐다. 그들의 단편 소설『책의 종말 The End of Books』영어판이 1894년에 ≪스크리브너스 매거진Scribner's Magazine≫에 실렸고, 프랑스판이 1895년에『애서광들Contes pour les bibliophiles』에 실렸다. 아이러니하게도 그 소설의 저자는 자칭 애서가였다. 우잔은 19세기 동안 도서의 유통을 반전시킨 기술 진보를 받아들였다는 면에서 평범치 않은 도서 수집가였다. 그는 산업화된 도매를 반대하는 대신, 도서를 예술 작품으로 재구성하는 산업 기술은 옹호했다.[71] 이 소설의 삽화가인 로비다는 미래에 대해 덜 양면적이었으며 자신보다 더 잘 알려진 동시대인 쥘 베른Jules Verne보다 더 정확한 것으로 판명 난 예측(라디오, 텔레비전, 비디오 폰을 포함한)으로 관심을 끌었다.[72]

『책의 종말』은 전통적인 공상과학소설의 질문에서 시작한다. 지금으로부터 100년 후의 사회는 어떤 모습일까? 그 질문에 답하기 위해 런던에서 만난 지식인 그룹은 종이와 잉크로 만들어 묶은 책이 후기 구텐베르크 시대의 기계로 대체될 것을 예측했다. 해설자의 말에 따르면 "축음기가 아마도 인쇄물을 파괴할 것이다."[73] 그러나 이 소설에서 말하는 인쇄의 종말은 오해의 소지가 있다. 우잔과 로비다가 묘사한 것은 경쟁 매체에 대응하기 위한 책의 복원—즉, 한 가지 매체에서 다른 매체로의 전환—이기 때문에 여기에서의 '책의 종말'과 '책의 미래'는 같은 의미다.[74]

소설의 상상 속 미래에서는 책이 시청각 매체나 이른바 독서 기계를 통해 계속 유통된다. 여기서 상상한 물건은 신축성 있는 한 쌍의 튜브를 어깨에 메고

그림 1.4 산책길의 축음기 문학

자료: Octave Uzanne and Albert Robida, "The End of Books," *Scribner's Magazine*, 16(1894.8), 228.

귀로 연결한—오늘날 워크맨(〈그림 1.4〉)의 기이한 선구자—소형 축음기다. 말하는 소설은 공공장소의 무료 청취소, 디킨스와 워즈워스 롱펠로Wadsworth Longfellow 의 녹음을 5센트에 파는 자판기, 열차 승객의 즐거움을 위한 풀먼 순환 도서관 Pullman Circulating Library(〈그림 1.5〉) 등과 같은 축음 기계를 통해 대중에게 전달된 다. 현대판 음유시인들은 이곳에서 저곳으로 휴대용 축음기를 들고 다니면서 책을 홍보하고, 주민들은 창턱까지 뻗은 가늘고 긴 관을 통해 책을 듣는다(〈그

그림 1.5 제한된 자리에서의 독서

자료: Octave Uzanne and Albert Robida, "The End of Books," *Scribner's Magazine*, 16(1894.8), 230.

림 1.6)). 이 소설의 프랑스판 원본은 소설, 시, 역사, 철학을 자신의 집에서 연회비 100프랑을 내고 청취할 수 있는 보편적 음운 도서관(일반 축음기 도서관)에 대한 로비다의 스케치를 담고 있다(⟨그림 1.7⟩). 행복한 결말에 대한 개인 취향에 따라 다이얼을 희극이나 비극으로 맞출 수 있다.

이 이야기는 책에 대해 논하는 많은 어휘가 특정 형식과 관련될 때만 제대로 의미가 통한다는 것을 알려준다. 후기 구텐베르크 시대 작가들은 1878년에 런던의 ≪타임스Times≫가 예측한 것처럼, 자기 작품을 '이야기talk'할 것이기 때문에 더 이상 '작가'로 생각할 필요가 없다[75](우습게도 많은 작가에게 축음기는 에디슨이 사업상 쓰일 목적으로 홍보했던 받아쓰기 도구로 받아들여졌다). 마찬가지로 '낭독자'라는 용어는 책이 낭독되느냐 또는 침묵 속에 읽히느냐에 따라 매우 다른 의미를 가지고 있다. 청중은 작가들에게 '표현의 기술'에 새롭게 관심을 기울이든지 아니면 진부화의 위험을 감수하라고 요구했다. 청중이 가장 원한 것은 화려한 문체라기보다 훌륭한 낭독에 의한 전달로 구분되는 '청각의 황홀함'이었다. 저자가 이미 사망했거나 목소리에 문제가 있는 경우에는, 예를 들어 단테Dante 작품을 낭독한 토마소 살비니Tommaso Salvini나 셰익스피어 작품을

그림 1.6 자신의 작품을 홍보하는 작가

자료: Octave Uzanne and Albert Robida, *Scribner's Magazine*, 16(1894.8), 229.

낭독한 헨리 어빙^{Henry Irving}, 빅토르 위고^{Victor Hugo}의 작품을 낭독한 사라 베르나르^{Sarah Bernhardt}처럼 전문 성우나 일명 '인기 이야기꾼'에게 의존할 수 있었다. 이야기의 함축된 목소리가 전체 배역과 경쟁하기 시작하면 책은 전과 똑같이 들리지 않을 것이다.

그림 1.7 가정 문학과 음악

자료: "La fin des livres," in Octave Uzanne and Albert Robida, *Contes pour les bibliophiles*(Paris: Quantin, 1895), 136~137.

『책의 종말』은 녹음된 문학에 대한 모든 설명에서 알게 모르게 제기된 질문, 즉 책을 읽는 것과 듣는 것이 같은 것인가라는 질문에 답하고 있다. 우잔과 로비다가 사용한 많은 용어는 문헌적 어휘를 축음기의 어휘로 바꾼 것—낭독자를 포니스트phonist로, 소설을 스토리그래프storygraph로—일 뿐이다. 그러나 '읽기'

에 대한 단순한 번역은 없다. 17세기 시라노 드베르주라크의 서술에서는 이미 유사성에 대한 질문을 피하기 위해 '독자들'을 인용 표시했다.[76] 듣는 행위를 기술하는 단일 용어가 부재한 것은 녹음된 책을 설명하는 데 분명한 문제였다. 어떤 경우에는 '읽기'와 '듣기'를 섞어서 사용했고, 어떤 경우에는 서로 다른 활동임을 밝히려고 상반된 용어를 사용했다. 예를 들면 벨러미는 "듣는 것이 곧 읽는 것"이었던 사회를 묘사했고, 우잔과 로비다는 "듣는 사람들은 자신이 독자였던 때를 애석해하지 않을 것"인 미래를 묘사했다.[77]

문헌상의 증거에 따르면, 소리 내어 읽기에 관해서는 우리 문화보다 훨씬 더 확실한 문화조차도 오늘날까지 계속되는 문제를 해결하기 위해 고군분투했다. 이 모순은 적어도 저자들이 책을 다른 매체로 바꾸면서 제기된 일련의 문제에 대해 알고 있었음을 암시한다. 이 과정은 키네토그래프[kinetograph]—에 디슨이 영화 촬영에 사용한 최초의 카메라 중 하나—로 만든 그림책에서 절정에 달했다.[78] 우잔과 로비다가 구상한 점점 더 정교해지는 기술은 해가 갈수록 책이 점점 더 멀티미디어화된다는 피할 수 없는 사실을 인정한다. 동시에 이러한 기술은 그런 미래지향적인 책이 읽기라는 인지적 행동을 수반하는지에 대한 의문을 제기한다.

책이여, 영원하라. 현상 유지를 선호하는 독자들은 ≪북웜[Bookworm]≫에 무명 평론가들이 게재한 글의 회의주의적 목소리에서 위안을 얻었다. "어떤 레코드의 소리가 아무리 매혹적이라 하더라도 인쇄물의 지배권에 영향을 미치지는 못할 것이다."[79] 『책의 종말』이라는 제목 자체가 책이 투쟁 없이는 사라질 것 같지 않다는 것을 암시했다. 그러나 우잔은 축음기가 책을 바꿀 것이라는 자신의 믿음을 견지했다. 『책의 종말』이 출간되고 2년 후 우잔은 "누가 우리에게 2000년에 애서가의 상황이 어떻게 될지 말할 수 있을까? 축음기가 몇 가지 장점 때문에 인쇄된 종이와 삽화를 완전히는 아니어도 어느 정도 대체하지 않을까? 활판인쇄 기술이 그때에도 존재할까?"[80]라고 물었다. 이것은 벨러미의 『뒤를 돌아보면』에서 직접 뽑아냈을 만한 질문이다. 이것은 또한 우리가 21세기의 관점―인쇄 책이 종말에 대한 새로운 요구에도 불구하고 다른 매체들과 함께 계속 살아남아 있는 때인―에서 답변할 수 있는 것이기도 하다.[81] 물론 도서 역사학자들은 이전에도 이 모든 것을 들어본 적이 있다.[82] 후기 구텐베르크 시대는 우잔과 로비다 같은 작가가 상상한 것보다 더 오랜 시간이 걸렸다.

그럼에도 인쇄 책의 교체는 발머, 벨러미, 우잔, 로비다, 그리고 그들 동시대 사람들의 눈에도 피할 수 없어 보였다. 19세기의 가장 유명한 애서가인 윌리엄 모리스William Morris 역시 다음 세기말 전에 책이 사라질 것이라고 예측했다.[83] 이 작가들은 음향 녹음 기술의 출현을 미래에 책이 어떤 형태를 지닐지에 대해 예측하는 기회로 삼으면서 이와 동시에 당시 책이 지닌 형태의 유용성에 대한 질문을 던졌다. 소리 없는 책에 비해 소리 나는 책이 지닌 우월성은 축음기를 설명하는 일반적인 주장이었다. 발머는 인쇄에 대해 "문학의 절반은 힘을 잃었다. 작가가 의도한 대로 읽히는 책은 없다"라고 불평했다.[84] 독자들이 인쇄물에 정착한 것은 단지 지금까지 다른 대안이 없었기 때문이다. 기계적으로 재생산하는 새로운 형태는, 발머가 다음과 같이 말했듯이, 책에 대한 불만을 불러일으켜 그 대안을 공식화하도록 했다. "인쇄 책이 의도한 것이 무엇인지를 완전히 깨닫는 것은 축음기 독서 기계의 영광스러운 임무가 될 것이다."[85] 이 주제―인쇄 책 진화의 다음 단계로서의 녹음된 책―는 1880년대와 1890년대에 이루어진 책의 미래에 대한 논의를 통해 반복적으로 나타난다. 이들 기록에 따르면, 녹음된 책은 단순히 인쇄 책의 대체물이 아니었다. 녹음된 책은 항상 책이 무엇을 의미하는지에 대한 깨달음이었다.

책에 대한 향수는 과거보다는 우리 시대에 대해 더 많은 이야기를 해준다. 녹음된 책에 대한 초기 반응은, 현대적 관점이 인쇄 책을 경쟁 매체보다 우선시한다는 점에서 역사적으로 시대착오적임을 보여준다. 반대로 1880년대와 1890년대에 미국, 영국, 프랑스에서 벌어진 녹음된 책 논의에 참여했던 사람들은 책 그 자체가 최신 발명 기술로서, 필사본 문화가 만개하기 전에 필사본 문화를 대체한 것이라고 지적했다. 발머 때문에 책의 지속적인 발전이 저해받지는 않았다. 발머는 "축음기에서 잠시 멈추는 것은 파우스트나 구텐베르크의 시대가 고정 활자나 필경사의 펜에 만족한 채 머물렀던 것과 비슷할 것이다"라고 말했다.[86] 그러한 호소는 동시대인들에게 구텐베르크 인쇄기만큼 문학 역사에서 전환점이 될 역사적 사건을 활용하도록 촉구했다.

에디슨 시대의 사람들은 인쇄물과 축음기를 비교했는데, 이러한 비교는 구어 문장 녹음에 대한 대화를 책 자체 특성에 대한 대화로 재구성하는 데 도움이 되었다. 널리 알려진 ≪폴 몰 가제트Pall Mall Gazett≫에 실린 발머의 글은 다음과 같은 질문을 던졌다. "왜 오늘날의 일부 구텐베르크는 인쇄물로 이미 수행한 작업을 축음기에서는 하지 않는가?"[87] 여기서 책의 기계적 재생산이 위험에 처했다. 인쇄기가 책을 필경사 의존으로부터 해방시켰듯이, 축음기는 인쇄 의존으로부터의 해방과 유사한 의미를 지니고 있었다. 만일 책의 진화에 대한 그러한 낙관론이 오늘날—인쇄 책이 오래 남을지 의심스러운 이 시점에도—많은 독자들을 불편하게 한다면, 그것은 아마도 부분적으로는 우리가 인쇄물을 발전과 연관시키는 데 익숙해졌기 때문이자 새로운 매체에 의해 제기되는 도전에 어떻게 대응해야 할지 확신하지 못하기 때문일 것이다.[88]

전통적인 설명에 따르면 소비자가 오락 목적으로 축음기 사용법을 알아내기 전에 에디슨이 사업용 장치로 축음기를 개발했다고 한다. 이 장에서는 말하는 책에 관한 한 순서가 반대였다는 것을 보여주었다. 말하는 책이라는 꿈—즉, 축음기를 갈망하는 구텐베르크의 꿈—은 그 꿈을 현실로 만드는 기술이 있기 오래전부터 존재했다. 말하는 책—병 속에 든 저자 형태이든 속삭이는 기계 형태이든 간에—에 대한 추측은 축음기의 탄생과 동시에 나왔으며, 거의 반세기 만에 실제 말하는 책의 완성을 기대하게 되었다.

문학 비평가들은 녹음된 책의 가치에 대해 회의적이었고 인쇄 책과 비교해 작은 역할 정도로 격하시켰으나, 축음기를 처음 들은 사람들은 음향 녹음 기술이 문자 세상에 미칠 영향에 대단히 열광했다. 녹음된 문학에 대한 환상은 새로운 종류의 책이 제시한 가능성을 찬양함과 동시에 책 그 자체를 고유한 특성과 제약을 가진 매체로 여기고 관심을 가졌다. 기계적 형태의 독서에 대한 열정은 인쇄물에만 집중되었던 독서 경험의 한계를 보여준다. 축음기는 말로 된 글을 보존함으로써 그 모든 것을 바꿀 것을 약속했다. 하지만 최소한 19세기 동안에는 혁명이 일어나지 않았다. 책의 전권 녹음은 1930년대까지 기다려야 했고, 모자 속의 휴대용 청취 도구는 1980년대가 되어서야 나왔다. 그때까지 말하는 책이 침묵을 지켰으므로 인쇄 책을 옹호하는 사람들도 침묵을 유지할 수 있었다.

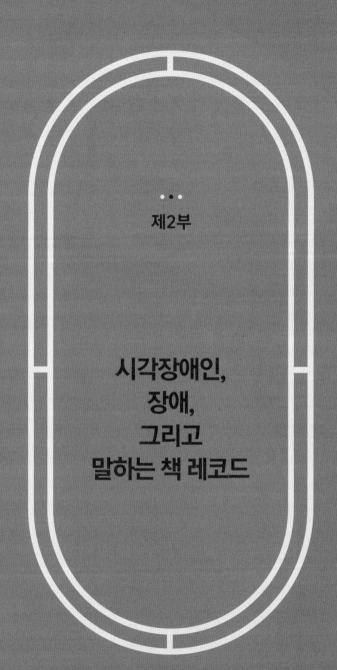

・・・

제2부

시각장애인,
장애,
그리고
말하는 책 레코드

제2장

암흑세계 어디에나 있는 말하는 책

1932년 로버트 어윈Robert Irwin은 의회도서관에서 진행하는 '성인 시각장애인을 위한 도서 프로젝트' 책임자에게 편지를 썼다. "혹시 시각장애인을 위해 인쇄 책을 축음기로 녹음하는 것에 대해 어떻게 생각하십니까?"[1] 어윈은 책 전권을 녹음하는 것이 머지않아 가능할 것이라고 믿었다. 어윈이 이사로 있던 미국시각장애인재단American Foundation for the Blind(이하 AFB)은 다른 방법으로는 읽을 수 없는 수천 명의 장애인을 위한 낭독 녹음의 실행 가능성을 지난 10년간 조사해 왔다. 점자가 발명된 이후에는 시각장애인의 문해력에서 가장 중요한 발전인 최초의 '말하는 책'을 계속해서 개발했다.[2] 하지만 말하는 책은 독서의 성격에 관해 심오한 의문을 제기했다. 가장 다루기 힘든 것은 말과 인쇄물 사이의 관계, 또는 어윈의 말에 따르면, "축음기에 녹음된 책이 여전히 책인지 여부"에 관한 것이었다.[3] 어윈의 질문은 원래 법적인 것이었지만, 우리는 이것을 철학적인 질문으로 생각할 수도 있다. 왜냐하면 음향 녹음 기술을 통해 책이 스스로 말할 수 있게 된 이후, 말하는 책의 위상은 논란의 대상이 되어왔기 때문이다. 말하는 책은 여전히 책이었을까?

AFB가 말하는 책을 인쇄 책의 완벽하게 복제한 사본이자 동시에 수정본이라고 소개하면서 문제가 더 혼란스러워졌다. "말하는 책이란 무엇인가?"라고 제목 붙여진 발표에서는 말하는 책이란 책 한 권을 낭독으로 들을 수 있는 장시간의 녹음 세트라고 설명했다.[4] 홍보용 레코드는 성경, 셰익스피어 작품, 디킨스 작품의 구절을 낭독하기 전에 "나는 다른 책들과 같은 내용을 담은 책이다"라고 발표했다.[5] 언론 보도에서는 그 형식을 모순된 방식으로 정의하기도 했다. 어느 잡지는 말하는 책이 글자를 그대로 읽었기 때문에 인쇄 책의 정확한 대응본이라고 묘사했다. 어떤 이들은 책도 아니고 말하는 것도 아니기 때문에 '말하는 책'은 부적절한 명칭이라고 했다.

독서 문제에서도 유사한 혼란이 발생했다. 말하는 책은 맹인이 읽는 방법인가? 아니면 맹인을 위해 읽어주는 방법인가? 맹인들이 스스로 말하는 책을 듣는 것에 대해 '듣기'가 아닌 '읽기(독서)'라고 묘사한 것은 읽기라고 부르지 않으면 일반적인 독서와 같다고 인정하지 않을까 우려했기 때문이다.[6] 클리게는 이 차이를 시각장애인들이 오늘날에도 겪는 '낙인'으로 묘사하고 있다.[7] 사실 대부분의 시각장애인 독자에게는 이 일에 다른 방법이 없으므로 말하는 책을 인쇄물에 대한 대체물이라기보다는 의족 같은 것으로 생각하는 편이 유용할 것이다. 이런 사고방식에 따르면 축음기는 시각장애인들이 읽을 수 있도록 시력의 대리수단의 역할을 했다. AFB의 광고지는 그 수령자들에게 "지역사회의 시각장애인이 독서하는 때만이라도 말하는 책이 눈의 역할을 하도록 기계를 기부하지 않겠습니까?"라고 물었다.[8] 미학적 선호에 대한 논쟁은 다른 방식으로는 읽을 수 없는 집단에게 무의미했다. 시각장애인 중 아주 적은 수만이 점자로 읽을 수 있었으며 자원봉사로 책을 읽어주는 사람도 적었다. 일반 시각장애인에게 말하는 책은 독서를 하느냐 하지 않느냐의 문제였다.

말하는 책을 이전 인쇄물과 연관 지어 생각하는 것도 중요하지만, 우리는 또한 그 형식을 고유한 용어로 이해하려고 노력해야 한다. 20세기 초반에는 책에 접근할 길이 없었던 사람들을 위해 말하는 책이 존재했다. 매체 역사학자들은 장애와 발명 사이의 연관성을 전부터 인식하고 있었다.[9] 책은 장애인의 욕구를 충족시키는 면에서 적절하지 않았다. 분명한 해결책은 책을 이런 독자에게 어울리는 대안적인 형식으로 바꾸는 것이었다. 밀스가 말한 것처럼, "매체 배타주의는 기술 적응을 필요로 한다."[10] 그 결과 말하는 책의 발전은 인쇄물에만 독점적으로 할당되었던 매체로서의 책 개념과 독서가 다수의 감각 기관 대신 눈으로 행하는 활동이라는 일반적인 생각에 대한 도전이 되었다.

이 장은 말하는 책의 기원을 통해 구술과 인쇄 사이의 골치 아픈 관계를 서술한다. 말하는 책에 대한 기존의 설명은 기술적, 법적, 제도적 역사를 기록한다.[11] 반면 나의 설명은 기계적으로 낭독한 책을 들은 1세대가 어떻게 중요한 방식으로 그 매체를 마주하고 반응하고 형성했는지를 추적함으로써 음향 녹음이 미친 사회적 영향을 회복한다. 음향 녹음 역사에 대한 리사 기텔먼Lisa Gitelman의 작업은 새로운 매체와 그 청자가 서로의 관계에서 어떻게 진화했는지에 주목하고 있다.[12] 이런 상호 관계를 염두에 두고 시각장애인, 문해력, 기술 간의 관계를 더 잘 이해하기 위해 최초로 말하는 책을 들었던 사람들의 목소리를 되살리려고 노력했다.

말하는 책 서비스는 일반적으로 장애를 극복하는 기술 능력의 성공적인 사례로 여겨진다. 하지만 실제 이야기는 더 복잡하다. 다음에 기록된 사건들은 지지 단체가 인쇄 책 대안의 필요성, 가치, 합법성 여부를 사람들에게 설득하면서 얼마나 많은 저항을 맞닥뜨렸는지, 그리고 계속해서 맞닥뜨리고 있는지를 상기시켜 준다. 따라서 나의 서술은 말하는 책에 반대했던 단체(비용에 민감한 정부, 걱정 많은 출판사, 시각장애인들)에서 시작해 말하는 책이 마치 읽는 능력을 기적적으로 회복시키는 것인 양 환영했던 그룹으로 옮겨간다. 독자들의 책 사랑에 전념하는 장르가 있다.[13] 중년기에 책을 더 이상 사랑하지 않게 되었거나 애초에 책과 사랑에 빠질 기회가 없었던 독자들의 목소리를 들어볼 때다.

책 없는 세상에서의 삶

　1930년 3월 27일 성인 시각장애인을 위한 책에 대한 첫 번째 의회 청문회가 시작되었다. 시각장애인들에게 읽을거리를 제공하려는 오랜 캠페인은 시각장애인은 의존적이라는 고정관념을 없애기 위한 광범위한 노력의 일환이었다. 지지 단체들은 눈먼 거지의 이미지를 만족한 삶을 스스로 꾸리는 자급자족형 성인의 이미지로 바꾸려고 애썼다.[14] 이 운동에서 중요한 단계는 시각장애인들이 다른 사람들과는 왠지 다르다는 생각을 바꾸는 것이었다. 의회도서관의 시각장애인 열람실 관리자가 "시각장애인은 정신 상태가 정상 이하이기 때문에 직업 훈련의 대상이라는, 선의이긴 하지만 잘못 가정하고 있는 일부 사람들의 생각은 버려야 한다"라고 불평했다.[15] '프랫-스무트Pratt-Smoot 법'은 시각장애인이 책을 통해 누릴 수 있는 풍요로운 내적 삶에 관심을 보이면서 그런 가정에 이의를 제기했다.

　'성인 시각장애인을 위한 도서 프로젝트'는 재정적 도움 없이는 책을 읽을 수 없는 사람들에게 점자책을 지원했다. 20세기 초반에는 시각장애인들이 책을 읽으려면 두 가지 방법밖에 없었다. 점자처럼 양각된 형태의 책을 읽거나 친구, 친척, 자선단체 봉사자 또는 유료 낭독자가 읽는 것을 들었다. 두 방법 모두 단점이 있고 비싸기도 했다. 점자책은 인쇄 책보다 값이 20배 이상이었다. 예를 들어 『데이비드 코퍼필드』 인쇄본은 1달러, 점자본은 35달러였다.[16] 대부분의 사람들은 유료 독서를 할 여유가 없었고 운 좋은 소수의 사람들만 신시내티, 샌프란시스코, 워싱턴 같은 대도시 도서관의 낭송회에 갈 수 있었다.

　지지 단체들은 국회의원들에게 책 없는 삶을 상상해 보라고 요청하면서 문해력의 중요성을 알렸다. 방법은 간단했는데 청중에게 시각장애인이 된 것처럼 눈을 감으라고 했다(눈을 감는 것으로 실명을 체험했다고 생각하는 것은 단순하지만 효과적인 수사적 방법임이 증명되었다[17]). 1930년에 열린 청문회에서 헬렌 켈러는 의원들에게 시력을 잃고 나서 책을 읽을 기회가 없어진 삶이 얼마나 달라질 것인지 생각해 보라고 호소했다.

보지 못하는 것이 어떨지 상상해 본 적 있나요? 잠깐 눈을 감아보세요. 이 방, 당 신이 보고 있던 얼굴들은 어디 있나요? 눈을 감은 채 창문으로 가세요. 밖에 있는 모든 것이 텅 비어 있어요. 거리, 하늘, 태양 그 자체가! 자리로 돌아가는 길을 찾 아보세요. 매일매일 저 의자에 앉아 있고, 항상 어둠 속에 있고 어둠만이 응시하 고 있는 사람을 상상할 수 있나요? 그들이 다시 읽을 수 있도록 무엇이든 주어야 하지 않을까요?[18]

생각 실험에서는 참가자들에게 책이 가장 필요한 순간에 책을 빼앗기는 상 황을 생각해 보라고 했다. 켈러와 지지자들은 청문회에서 실명과 문해력의 관 계를 정립함으로써 책이 시각장애인의 정신 건강에 중요한 역할을 한다고 주 장했다. 증언에 따르면 책에는 자립심, 교육, 사회화, 격려, 장기적이고 심각 한 우울증 완화 등 많은 이점이 있었다. 의회는 '성인 시각장애인을 위한 도서 프로젝트'에 연간 10만 달러의 예산을 배정하면서 잠재적 이점을 인정했다.

기금 모금 운동은 잠재적 기부자들의 공감을 일으키기 위해 비슷한 미사여 구를 사용했다. 한 편지에는 수취인에게 영원히 눈을 감고 있는 것을 상상해 보라고 썼다. "천장만큼 높이 늘어선 책이 당신과 나에게 무슨 의미가 있겠습 니까?"[19] 그 편지에는 미국에 있는 11만 4000명의 남성, 여성, 어린이들이, 비 유적으로 말하자면 다시는 눈을 뜨지 않을 것이기 때문에, 책을 접할 수 없다 고 써 있었다. 그런 호소는 실제 실명 경험보다 실명에 대한 대중의 공포심을 더 많이 언급하고 있다. 또 다른 팸플릿은 독자들에게 한 번의 사고로 읽는 능 력을 얼마나 쉽게 잃을 수 있는지를 상기시키면서 다음과 같이 언급했다. "그 사고가 당신의 삶에 어떤 영향을 미칠까요?" 이것은 시력이 정상인 사람과 시각장애인, '우리'와 '그들' 사이의 거리를 허물기 위한 노력의 표현이었다. 팸플릿은 같은 독자들에게 두 번째 기회가 주어진다면 어떤 느낌일지 생각해 보라고 했다. "5분 간 눈을 감고 책이 없는 세상의 삶을 그려보세요. 만약 시력을 영원히 잃었는데 당신이 가장 사랑하는 책을 갖게 되는 것, 자기 이야기를 말하듯이 당신에게 읽어주는, 살아서 움직이는 말하는 책을 갖게 되는 것, 그것이 어떤 의미일지 생각해 보세요." 시각장애인을 위한 기금 모금 호소가 이어졌다. "어둠 속에 앉아 있는 모든 이들이 힘을 발휘할 수 있도록 도와주시겠습니까?"[20]

말하는 책은 책을 접할 수 없는 수천 명의 시각장애인에게 문해력의 혜택을 제공하는 것이 목표였다. 1930년대 시각장애인들의 대다수는 정부가 지원하는 점자책 도서관의 혜택을 받지 못했다. 점자로 읽는 시각장애인은 20% 미만이었는데, 심지어 이 그룹 안에서도 손가락으로 읽는 방법을 불편 없이 잘 익힌 사람은 극히 일부에 불과했다.[21] 나머지 80%의 시각장애인은 점자를 읽지 못했다. 그들은 점자를 배운 적이 없었고 점자가 어렵다고 생각하거나 또 다른 장애로 고생하고 있었다. 미국 시각장애인의 절반 이상은 새로운 언어를 익히기 어려운 50세 이후에 시력을 잃었다. 이 사람들은 읽을 수 있는 다른 방법이 필요했다.

연방정부의 지원 사례는 시각장애가 있는 민간인만을 위해 만들어진 것이 아니다. 시각장애를 입은 참전용사들은 책을 급히 접할 필요가 있는 또 다른 집단에 해당했다. 지지 단체는 제1차 세계대전에서 시력을 잃은 수백 명의 병사들, 해군, 해병대원들에 대한 국가의 책임을 강조했다.[22] 실제 시각장애인이 된 참전용사의 수는 상대적으로 적었지만, 이들의 수치는 정부의 의무에 대한 논의에서 큰 역할을 했다. 미국 12만 명의 시각장애인 중 제1차 세계대전에서 시력을 잃은 사람은 300~400명(아주 심하지 않은 시각장애까지 포함하면

700~800명 사이)[23]으로 추정된다. 나라를 지키기 위해 자신을 희생한 인물들이 불러일으킨 애국심은 연방 지원을 얻어내는 데 결정적이었다. 프랜시스 케스틀러Frances Koestler는 수백만의 민간 시각장애인이 혜택을 누리게 된 원인이 전쟁의 잔혹함으로 인한 후유증에 있었다는 것은 역설적이라고 언급했다.[24]

의회 청문회를 통한 증언은 전쟁으로 시각장애를 입은 군인의 숫자를 떠올리게 했다. 예를 들어 시각장애 참전용사를 재교육하기 위해 프랑스 적십자에서 일했던 찰스 캠벨Charles Campbell은 시각장애 참전용사들이 읽을 수 있는 자료가 얼마나 적은지를 의원들에게 다시 한번 알렸다.

이 위원회의 위원들 중 누구라도, 제가 그랬던 것처럼, 시력을 잃고 참호 밖으로 나온 소년들과 3년 반 동안 살면서 그들이 "이제 내게는 단지 이 책과 잡지밖에 없나요?"라고 말하는 것을 듣는다면 어떨지 상상해 봅니다. 여러분들도 깜짝 놀랄 것이라고 예상합니다. 오늘 밤 집에 돌아가면 이 한 가지 질문에 답하기 바랍니다. 당신이 가진 신문, 잡지, 책이 지금처럼 많지 않고 단 한 권뿐이라면 어떤 기분일까요? 읽을 수 있는 자료가 너무 적고 너무 많이 줄어들어서 참으로 안타깝습니다.[25]

캠벨은 "여러분과 나를 위해서" 시력을 잃은 사람들을 지원해 달라고 의회에 간청했다.[26] 가슴 미어지는 연설은 위원회의 양심, 의무감, 애국심, 종교적 의무에 호소했다. 민간인 시각장애인을 민간 자선 단체에 맡기는 것과 전쟁의 사상자를 방치하는 것은 다른 문제였다.[27] 의회는 1931년에 양각 도서 구매를 위한 첫 예산 책정에 승인했다. 예산 책정에서는 승리했지만 점자를 읽을 수 없는 군인에게는 이것이 아무런 소용이 없었다. 정부 지원의 대상이었던 사람들도 다른 독서 방법이 나오지 않는 한 혜택을 받을 수 없었다.

시각장애인을 위한 책의 혁명적 변화

　말하는 책에 대한 생각은 기술보다 반세기 이상 앞섰다. 1장에서 보았듯이 토머스 에디슨은 1877년 은박지 축음기를 발명한 이후 시각장애인에게 축음기를 이용해 낭독해 주는 것을 제안했다.[28] 어윈은 녹음을 들어본 시각장애인 독자들이 책도 이런 방식으로 만들어지기를 희망한다고 주장했다.[29] 그 자신도 "끼익 소리가 나는 에디슨 실린더"를 처음 들었을 때부터 낭독되는 책 듣기를 꿈꿔왔다.[30] 다른 단체들도 비슷한 생각을 하고 있었다. 예를 들어 1906년 초에 미국도서관협회American Library Association는 시각장애인에게 책을 읽어주기 위해 축음기 사용을 고려했다.[31] 그러나 한 번에 불과 몇 분밖에 재생할 수 없다면 책을 축음기로 녹음하는 것은 비싸고 비현실적이었다. 잠재 시장이 너무 작았기 때문에 어윈은 웨스턴 일렉트릭Western Electric Company, 에디슨 연구소Edison Laboratories, RCARadio Corporation of America 같은 제조업체를 끌어오는 데 실패했다. 에디슨의 소망이 이루어지는 데에는 50년 이상 걸렸다.

　영화와 라디오 산업이 기술 발전을 이루면서 녹음된 책도 실현 가능성이 커졌다. 어윈은 1924년 4월 에디슨 축음기 회사의 전 사장이었던 존 다이어John Dyer와의 만남으로 어린 시절의 꿈을 되살렸다. 다이어의 부친은 12인치짜리 레코드 양면에 1만 5000개의 단어를 기록하는 법을 고안해 냈다.[32] 이것은 기존의 기술보다 상당히 진전된 것이었다. 다이어 집안은 그다음 해에 소설 전권을 녹음하려 했다. 어윈은 "이것이 시각장애인을 위한 축음기 레코드 도서관이라는 오랜 꿈을 완벽하게 실현해 줄 것이다"라고 썼다.[33] 좋은 결과를 얻은 후 어윈은 친구에게 "시각장애인을 위한 책에 혁명적인 변화가 곧 있을 것"이라고 편지를 썼다.[34] 그러나 그 혁명을 위해 다시 10년을 기다려야 했다. 1927년 어윈은 여러 기술자에게 최초로 소설을 녹음한 사람은 발랑탱 아위, 루이 브라유Louis Braille와 함께 시각장애인들의 위대한 후원자로 역사에 우뚝

설 것이라고 편지를 보냈는데, 그때까지만 해도 돌파구는 열리지 않았다.[35]

AFB는 사용하기 편리하면서도 저렴한 제작비로 만들 수 있는, 독자에게 적절한 녹음 형식을 찾고 있었다. 일반 상업 레코드는 불과 몇 분밖에 재생할 수 없었기 때문에 부적절했다(1948년까지 장시간 녹음은 시장에 출시할 준비가 되어 있지 않았다). 더욱이 셸락 레코드[천연수지의 일종인 셸락이라는 재료로 만든 레코드_옮긴이]는 너무 비싸고 무겁고 우편으로 보내기엔 파손 위험이 컸다. 말하는 책 레코드는 작고 내구성이 있어야 했으며, 점자책, 인쇄 책과 경쟁할 수 있을 만큼 경제적이어야 했다. 여전히 기술자들은 어윈의 낙관론과 보조를 맞추려고 고군분투했다. 1930년 10월 에디슨 연구소의 대리인이 AFB의 이사회 앞에서 시험 레코드를 시연했다. 레코드는 듣기 힘든 데다 엄청나게 비쌌다.

AFB는 1932년에 말하는 책 도서관의 존립 가능성을 조사하기 위한 스튜디오를 설립했다. 이 시점까지는 음향 녹음이 점자를 읽지 못하는 미국의 시각장애인 약 8만 5000명에게 읽을거리를 제공하는 가장 실질적인 방법이라고 결정했다.[36] 이들 중 다수는 1924년 시각장애인을 위한 기금 운동이 시작된 이후 라디오에 이미 익숙해져 있었다.[37] AFB는 상업 스튜디오의 막대한 비용을 피하고 장애가 있는 독자층에 특화된 기술 문제 해결을 위해 뉴욕 그랜드 센트럴 팰리스에 독자적인 스튜디오를 설립했다. 잭슨 클레버Jackson Kleber 기술 팀은 세 가지 부문, 즉 도서관 유통에 충분할 만큼 내구성이 강한 소형 레코드의 개발, 시각장애인의 사용에 최적화된 말하는 책 재생기의 생산, 연간 40~50종의 책을 생산할 수 있는 시설 준비에 집중했다.[38]

말하는 책은 12인치 축음기 레코드판에 녹음했는데, 이는 서가에 꽂기 편한 가장 큰 크기였다. 양면 비닐 레코드는 인치당 150그루브, 분당 33⅓ 회전하며 느린 속도로 재생했다(이는 표준 속도인 78rpm과 대조된다).[39] 한 면당 약 15분 분량을 담았는데, 일반 소설은 레코드판 20개에 들어갔다(대부분의 작품은 더 많은 레코드판을 필요로 했다. 『나를 있게 한 모든 것A Tree Grows in Brooklyn』은 32개, 『바람과 함께 사라지다』는 80개, 『전쟁과 평화』는 118개, 『성경』은 169개의 레코드가 필요했다). 레코드판은 견고한 용기에 포장해 고객에게 배송했고 〈대피 덕Daffy Duck〉 녹음처럼 시끄럽게 재생되는 것을 막기 위해 전용 재생기를 사용했다.[40] 재생기는 속도, 어조, 음량 조절이 가능한 일반 축음기과 유사했다. 첫 시도가 성공하자 어윈은 "미래의 시각장애인 도서관은 점자책 대신 축음기판으로 채워질 것이고 이 레코드는 오늘날의 점자책처럼 우편 대여될 것이다"라고 말했다.[41] 어윈은 1932년 미국시각장애인교사협회의 연례 회의에서 이 계획을 발표했다.

1934년 10월 의회도서관은 첫 번째 말하는 책을 독자들에게 보냈다(〈그림 2.1〉). 이들 책에는 성서(4복음서, 시편), 애국 문서(독립선언문, 헌법, 조지 워싱턴 George Washington의 고별인사 및 밸리 포지Valley Forge에서 열린 대륙회의에 보낸 편지, 에이브러햄 링컨Abraham Lincoln의 게티즈버그Gettysburg 연설 및 첫 번째와 두 번째 취임사), 셰익스피어의 작품들(『뜻대로 하세요As You Like It』, 『햄릿Hamlet』, 『베니스의 상인The Merchant of Venice』)이 포함되었다. 의회도서관의 '성인 시각장애인을 위한 도서 프로젝트'를 지휘했고 "무언가 눈에 띄는" 프로그램을 만들고 싶어 했던 어윈과 헤르만 마이어Herman Meyer는 첫 번째 녹음으로 새뮤얼 테일러 콜리지Samuel Taylor Coleridge의 『노선원의 노래The Rime of the Ancient mariner』를 선택했다.[42] 구어체(발라드)를 흉내 낸 시와 청중을 매혹시킬 낭독을 생각하면 적절한 선택이었다. 사실 윌리엄 워즈워스William Wordsworth는 콜리지 시 모음집의 서문에서 콜리지를 "남자에게 말하는 남자"라고 정의했던 것으로 유명하다.[43]

녹음 책 목록에는 폭넓은 독자층을 위해 고전과 동시대 문학을 함께 실었다. 처음 녹음된 소설은 메인Maine주의 농장 생활을 그린 글래디스 캐럴의 베스트셀러 『지구는 도는데As the Earth Turns』였는데, 이 작품은 퓰리처상 후보에 올랐다. 그 후에 러디어드 키플링의 『장작더미 소년The Brushwood Boy』과 코라 재럿Cora Jarrett의 『피치 연못에서의 하룻밤Night over Fitch's Pond』으로 이어졌다. 그다음 세 작품은 모두 영국 작가의 소설이었다. 델라필드E.M. Delafield의 『시

그림 2.1 말하는 책을 듣고 있는 시각장애인 비행사(1944)

골 숙녀의 일기The Diary of a Provincial Lady』, 존 메이스필드John Masefield의 『여명의 새The Bird of Dawning』, 펠럼 우드하우스의 『아주 좋아, 지브Very Good Jeeves』였다.[44] AFB가 시각장애인 독자를 그 밖의 다른 독자들과 똑같이 대하려고 했기 때문에 도서목록 구성은 민감한 문제였다. 그래서 도서목록은 대중 소설을 포함해 다양한 취향을 반영하고 있었다. 4장에서 살펴보겠지만, 고전과 동시대 소설 간의 균형은 그 뒤 수십 년간 논쟁거리였다.

말하는 책 프로그램은 정부자금을 받았기 때문에 처음부터 선정 과정에 논란이 있었다. 마이어는 의회도서관의 지원을 받는 작품 목록의 맨 앞에 종교 작품, 애국 작품, 역사 작품을 싣고, 나머지 소설은 그다음에 싣게 함으로써 잠재적 비판을 피했다.[45] 목록 앞쪽에 나오는 책은 자기 계발과 선량한 시민의식 고양에 좋았다. 대중문학 도서목록(탐정 소설, 서부극, 여행서, 회고록 등)을 확장하려면 논란이 되는 선정권이 의회도서관이 아닌 AFB로 귀속될 때까지 기다려야 했다.

성서는 여러 이유에서 필수 불가결했다. 성서는 부도덕한 오락물(다른 말로 하면 소설)에 연방 자금을 사용하는 것을 반대하는 이들을 달래는 동시에 많은 독자들에게 매력적이었다. 그 존재 자체가 기부를 확보하는 데 도움을 주었다. 자금 모금 운동 측에서는 미래의 기부자들에게 말하는 책의 도움 없이는 사람들이 성경을 읽을 수 없을 것이라고 경고했다. "수천의 많은 시각장애인들이 혼자서는 결코 성경을 읽지 못한다는 것이 안타깝지 않습니까?"[46] 그들의 기부금은 시각장애인의 물질적인 욕구뿐만 아니라 정신적인 욕구의 충족도 확실히 보장했다. 한 시연회에서는 장님의 눈을 뜨게 하는 것에 대한 성경 구절인 이사야 42장 16절 "내가 그들 앞에 어둠을 밝히리라"를 낭독하면서 말하는 책의 종교적인 면을 부각했다.[47]

의회도서관은 말하는 책 프로그램이 에디슨의 계획을 실현한 것이라고 환호했다.[48] 1934년, AFB는 연방 보조금 지급 항목에 말하는 책을 포함하라고 의회에 요청했다. '프랫-스무트 법'은 법안 발의 당시 말하는 책이 개발되지 않았기 때문에 양각 책만 다루고 있었다. 개정안이 만들어지자 녹음된 책은 연방 지원을 받게 되었다. 개정안은 책을 "양각 문자, 소리 재생 레코드, 또는 다른 형태로 출간된다"라고 규정했다.[49] 그렇게 함으로써 개정안은 최소한 세 가지 종류의 다른 책(말하는 책, 양각 인쇄 책, 잉크 인쇄 책)을 사용하는 독자들에게 '책'이라는 용어가 지닌 모호함을 공식적으로 인정했다.

눈으로 보는 독자, 귀로 듣는 독자, 손가락으로 읽는 독자

말하는 책은 국회의원, 상업 출판사, 심지어 시각장애인의 반대에 부딪쳤다. 1935년 헬렌 켈러는 말하는 책이 점자 이후로 시각장애인을 위한 가장 위대한 발명품이라고 말했다.[50] 하지만 AFB의 가장 유명한 홍보대사인 켈러는 모금운동 참여를 처음 제안 받았을 때에는 거절로 답했다. 켈러는 전보로 "지금으로서는 말하는 책이 시각장애인에게 필요 없는 사치품입니다"라고 전했다.[51] 그녀의 거절은 경제적 원칙에 따른 것이지, 미학적 원칙 때문은 아니었다. 사회주의자로 맹세한 바 있는 켈러는 수백만 명이 직업을 잃은 심각한 경제공황 속에서 축음기를 위해 모금 운동을 하고 싶지는 않았다. 그럼에도 불구하고 그녀가 시각장애인뿐만 아니라 청각장애인에게도 별 혜택이 없던 시절에 문해력 확산 운동을 지원했기 때문에, 이에 익숙했던 AFB는 켈러의 반대에 놀랐다.[52]

켈러는 말하는 책 모금운동이 점자 모금을 위협하지 않는다는 것을 확인한 후에야 말하는 책 홍보에 동의했다. 그녀의 영향력은 백악관까지 미쳤다. 말하는 책 기계를 만드는 공공사업진흥국Works Progress Administration(WPA)의 계획은 켈러의 홍보에 힘입은 바가 크다. 켈러는 영부인 엘리너 루스벨트에게 이 사업 홍보에 도움을 요청하는 인상적인 편지를 썼다. "어두운 땅 곳곳에 말하는 책을 보내는 저를 도와주실 수 있다면 백악관에서 차 한잔 하기를 청합니다."[53]

켈러가 가졌던 강한 반감은 점자 독자들이 표출할 더 심한 반대에 대한 전조였다. 연방 지원금이 경쟁 기술로 전용되면 점자 독자들이 가장 큰 피해를 입게 될 것이었다. 점자 잡지 ≪브레일 미러Braille Mirror≫는 경쟁자의 신용을 떨어뜨리는 운동을 이끌었다. 한 점자 사용자는 "말하는 책으로는 읽을 수가 없다"라고 말했다.[54] 다른 사람들도 그 수동성에 대해 반대했다. 한 여성은 "말하는 책은 게으른 이들의 독서 방법이다"라고 말했다.[55] 점자 지지자들은 스스로 읽는 것은 능동적인 독서 경험이고, 남이 읽어주는 것을 듣는 것은 수동적인 경험이라고 구분 지었다. 어떤 점자 독자는 "몇 시간 동안 의자를 데우면서 축음기 레코드의 똑같은 목소리를 듣는 것보다 더 단조로운 것은 없다"[56]라고 말했다. 점자책을 읽기에는 너무 게으른 사람을 "의자 데우는 사람"이라고 비판한 글도 이와 비슷한 맥락이다.[57] 점자 지지자들은 미학적 이유로도 말하는 책을 못마땅해 했다. 그들은 "녹음된 목소리"에 대해 반감을 가졌고, 세기가 바뀔 무렵에는 존 필립 수자John Philip Sousa[음악을 축음기에 녹음하는 데 반대했던 미국의 작곡가_옮긴이]에 의해 음악의 상품화에 대한 불만도 야기되었다.[58]

의회도서관은 두 가지 이유로 녹음 책이 점자를 대체할 수 없을 것이라고 후원자들에게 장담했다. 첫째, 점자는 읽기를 위한 매체일 뿐만 아니라 쓰기를 위한 매체이기도 했다. 둘째, 점자를 배우는 것은 "지적 성취"였다.[59] 보조적인 읽기 형식은 교육용 자료를 손가락으로 읽거나 오락용 자료를 귀로 듣고 싶어 하는 사람들에게 유용할 수도 있다. 교사들도 그 장점을 인정했다. 예를 들면 뉴욕의 시각장애인 교육 연구소는, 학생들이 점자가 시 감상을 방해한다고 불평하자 몇 편의 고전을 녹음했다. 어윈은 "우리 학교의 학생 중에 롱펠로의 「히아와타Hiawatha」나 스콧의 「호수의 여인Lady of the Lake」 같은 시의 운율과 여러 심미적 요소를 즐길 만큼 손가락 읽기 속도가 빠른 학생은 거의 없습니다"라고 말했다.[60] 여하튼 이미 많은 교사들이 낭독을 통해 점자를 보완하고 있었다.

점자 독자 대다수는 말하는 책을 환영했다. 말하는 책은 손가락으로 읽을 수 없는 사람들이 인쇄물에 접근하는 하나의 방법이라고 생각했다(어떤 사람은 점자 그 자체가 신성한 것이라는 잘못된 생각이 말하는 책에 대해 반대하는 원인이라고 말했다[61]). 시각장애인을 위한 전미협회 및 위원회의 회장인 머빈 싱클레어Mervin Sinclair는 점자에 능숙해지기에는 자신이 점자를 너무 늦게 배웠다고 불평했다. 삶의 대부분을 눈으로 속독하는 독자로 보낸 그에게 "느리고 불편한 방식"의 읽기는 거의 즐거움을 주지 못했다. "당신의 손가락은 생각만큼 빠르지 않습니다."[62] 숙련된 점자 사용자마저도 말하는 책을 듣는 것이 점자보다 빠르다고 인정했다. 분당 평균 190개의 단어를 읽는 말하는 책의 속도와 분당 60

개의 단어를 읽는 점자의 속도를 비교해 보라(눈으로 읽는 속도는 분당 평균 250~300개의 단어다). 어떤 사람은 손으로 분당 20개 정도로 느리게 읽는다.[63]

책을 듣는 것은 점자를 읽는 것보다 육체적 수고가 덜하다. 말하는 책은 손가락으로 읽는 데 고전했던 사람들, 다른 장애로 고통받았던 사람들, 장시간 책을 읽고 싶어 하는 사람들을 위한 대안으로 제시되었다. 육체노동자가 점자를 읽는 것은 결코 휴식을 취하는 것이 아니었다. 워싱턴에 사는 한 예비 청자는 "나는 점자를 빨리 읽지만 하루 일을 끝내고 점자책을 읽는 것이 너무 피곤하다. 이 새롭고 여유로운 방식으로 좋은 책을 즐길 것이다"[64]라고 말했다. 이런 가능성은 특히 다른 선택의 여지가 없어서 점자를 사용한 사람들에게 매력적이었다. 미시간주 멘돈에 사는 한 독자는 "수많은 책을 뭉뚝한 점을 만지면서 지루하고 단조롭게 읽는 것보다 더 나쁜 게 있을까요?"라고 불평했다. 그는 "하나님은 우리에게 영원히 손가락으로 읽으라고 명하지는 않았습니다"라면서 말하는 책이 나오기를 고대하고 있었다.[65]

출판사도 말하는 책의 이점을 받아들일 필요가 있었다. AFB의 도서목록은 출판사의 동의 없이는 1880년 7월 1일 이후 발행된 작품을 실을 수 없었다. 많은 고전은 저작권자가 없지만 최신작은 저작권법의 보호를 받았다. 의회도서관 사서는 1880년대 이전 작품에만 의존하는 것은 "이미 충분한 장애로 힘들어 하는 시각장애인들이 매일 기다리며 갈망하는, 그리고 말하는 책이 그들에게 제공하기로 약속했던 현대 세계와의 접촉을 빼앗을 것이다"라고 경고했다.[66] 수록 허가를 보류하는 것은 시각장애인과 시력이 정상인 독자를 동일시하려는 노력을 약화시켰다. 수십 년 동안 출판사들은 자사 작품의 점자 출간을 허용해 왔지만 말하는 책은 모든 독자가 들을 수 있기 때문에—심지어 라디오로도 들을 수 있기 때문에—우려를 불러일으켰다.

대부분의 출판사는 시각장애인만 듣게 한다는 조건으로 저작권이 있는 책의 녹음을 허락했다. 작가길드Authors Guild, 전미출판인협회National Association of

Book Publishers, AFB는 녹음의 상업적 이용 금지에 합의했다. AFB는 저작권법 원칙을 보호하기 위해 작품당 25달러의 명목상 수수료 적용, 작품당 300부 한도, 각 레코드 위에 '시각장애인 전용'이라는 라벨 부착, 모든 디스크 세트에 공공장소와 라디오에서 시력이 정상인 사람들의 사용 금지 법조항이 기록된 문서 첨부 등의 내용에 동의했다.[67] 이 같은 엄격한 규정 때문에 한 시각장애인은 녹음을 들을 때마다 아내와 아이들을 집 밖으로 내보냈다는 이야기도 생겨났다.[68]

애플턴센추리 컴퍼니Appleton-century Company는 녹음된 책의 상업적 전망을 제대로 이해할 때까지 어떤 권리도 양도하지 않았다. 어윈은 "대체로 출판사들은 협력하려고 한다. 그러나 대다수는 말하는 책이 통제 불능이 되어 인쇄 책의 경쟁자가 될까 봐 다소 걱정하는 것 같다"라고 말했다.[69] 기업들은 향후 로열티를 빼앗기는 법적 선례를 남기고 싶어 하지 않았다. 어윈은 출판사들에 대해 "너무 많은 사람이 말하는 책을 원할까 봐, 많은 출판사가 문을 닫게 될까 봐 걱정이다"[70]라고 말했다. 미국시각장애인출판사 대표 엘리스A.C. Ellis는 말하는 책의 제작 기술이 이미 라디오와 영화 산업에 알려졌기 때문에 상업 시장에 미치는 영향이 거의 없을 것이라고 출판업자들에게 장담했다. 상업은 자선 활동과는 별개로 진행된다. 엘리스는 앨프리드 크노프Alfred Knopf에게 "내가 얘기하려는 바는 시각장애인용 책 녹음이 녹음 문학의 광범위한 활용 발전에는 거의 영향을 주지 않는 작은 일일 뿐이라는 것입니다"라고 편지를 썼다.[71] 시각장애인들이 책을 듣든지 안 듣든지 상관없이 사람들은 책을 들을 방법을 찾을 것이다.

마거릿 미첼은 자신의 소설이 녹음되는 것을 거절한 가장 유명한 작가였다. 의회도서관은 1936년 『바람과 함께 사라지다』의 점자판을 만들었다. 그러나 그처럼 분량이 많은 책은 녹음비가 비싸고(평균 녹음비가 1500달러인 데 비해 이 책은 6000달러였다) 몇 년 지나면 잊힐 수 있어서 당시에는 녹음 허가를 신청하지 않았다. 가능하면 저자의 목소리로 소설을 녹음해 달라는 요구가 커지자 의회도서관 사서가 1940년에 다시 미첼에게 연락했다. 출판사는 이미 그 요구에 동의한 상태였다.[72]

그러나 의회도서관이 미첼의 허락 없이 소설을 이미 녹음했다는 의심을 받게 되면서 그 초대는 홍보에 재앙이 되었다. 그녀가 받은 도서목록에 이미 허가한 다른 작가들의 작품과 함께 『바람과 함께 사라지다』가 올라 있었기 때문에 오해가 생겼다. 이는 미첼에게 그 프로젝트의 가치를 설득하기는커녕 법적 조치를 촉발했다. 도서관 측은 출간 예정표에는 있었지만 아직 녹음을 하지 않았으며 미첼의 허락 없이는 녹음하지 않겠다고 확약하면서 사과했다. 실제로 도서관은 개정된 저작권법을 통해 작품을 녹음하는 권리를 얻은 후에도 저자의 허락을 얻어야 한다는 정책을 유지했고, 소설의 녹음은 희곡, 설교 강의, 음악과 다르게 취급했다.

도서관 측의 사과에도 불구하고 미첼은 자신의 책이 라디오로 방송될 수도 있다는 이유로 계속 허가를 보류했다.[73] 1940년, 어윈은 변호사를 통해 "만일 당신이 『바람과 함께 사라지다』를 사용할 수 있게 해준다면, 이 책이 대중의 관심을 끈 이후로 줄곧 이 책을 요청해 온 엄청나게 많은 시각장애인들로부터 감사를 받게 될 것입니다"라고 편지했다.[74] 이에 미첼은 마침내 녹음을 허락했다. 그리고 시각장애인들은 출간된 지 4년 만에 미첼의 "화제의 책"을 들을 수 있게 되었다.

아! 아름다운 세상

AFB는 말하는 책 기계를 처음 수령한 사람들로부터 수백 통의 편지를 받았다. AFB에 따르면 낭독 녹음을 듣는 것은 다른 방법으로는 읽을 수 없던 사람들로 하여금 책을 읽게 만든 문해력의 혁명이었다. 한 여성은 "'시각장애인을 위한 독서에 혁명을 일으킨다'라는 말이 딱 들어맞습니다. 나는 이 말에 매우 공감합니다"라고 말했다.[75] 말하는 책 기계를 수령한 사람들이 보낸 (받아쓰기 한) 편지는 잉크 인쇄 책과의 유사성, 기계적 속성, 사회적 이점 면에서 새로운 형식에 대해 그들이 어떻게 느끼는지를 보여준다. 이 기록 보관소는 오랫동안 관심의 대상이었던 '시각장애인 독자가 된다는 것은 어떤 것일까?'라는 질문에 대해 다양하고 서로 다른 반응을 보관하고 있다.

1934년 3월, ≪시각장애인을 위한 마틸다 지글러 매거진Matilda Ziegler magazine for the Blind≫은 말하는 책 기계를 받고 싶어 하는 사람들에게 편지 응모에 초대했다. 편지에는 기술적인 해결책을 갈망해 왔던 독자 그룹이 겪었던 다양한 불편함과 어려움이 적혀 있었다. 가장 낙관적인 사람은 말하는 책이 점자의 어려움부터 단절과 불평등의 문제까지 해결하기를 기대했다. 시카고의 한 구독자는 장난스럽게 "아직 기가 죽지 않은 모든 시각장애인"은 기계를 좋아할 것이라고 내다보았다.[76] 연락된 거의 모든 사람은 기존의 형식에 불만을 표했다. 펜실베이니아에 거주하는 한 여성은 "나는 손가락으로 읽는 것이 지겨운 사람 중의 하나로, 좋은 글을 들을 수 있기를 갈망합니다"라고 하면서 점자만 사용하는 것을 보완하려고 했다.[77] 또 다른 여성은 봉사자가 없을 때 기계를 사용하자고 제안했다. "나는 외출을 거의 하지 않고, 책을 읽어줄 사람이 없으며, 독서를 좋아합니다."[78] 이런 사람들은 자신의 장애가 허용하는 것 이상을 읽고 싶어 했다.

그다음 해 ≪시각장애인을 위한 마틸다 지글러 매거진≫은 '내가 말하는 책 기계를 원하는 이유'라는 제목의 대회를 후원했다.[79] 참여자들은 장애인들이 받아들일 수 있는 기술에 대해 보여주었을 뿐만 아니라 사회적 의무도 보여주었다. 독서 기계를 소유하려는 욕망은 일반적으로 장애인들이 의존해야 하는 봉사자와의 긴장감에서 비롯되었다. 따라서 말하는 책은 블랜시 로건 같은 독자에게 '영광스러운 독립'을 부여했고 그녀가 무엇을 언제 읽을지 스스로 선택할 수 있게 했다.[80] 로건은 남에게 도움받기를 싫어했다. "듣고 싶을 때 친구에게 책을 읽어달라고 더 이상 조심스럽게 부탁할 필요가 없습니다."[81] 그녀는 기계를 종료하는 것에 대해서는 걱정할 필요가 없다. 말하는 책은 다른 사람이 갖는 관심, 판단, 거부의 부담을 덜어주었다. 일례로 뉴욕주 스톤 리지에 사는 델라 클라크는 '나와 취향이 다른 사람'이 읽어줄 수 없는 독서물을 읽기 위해 독서 기계를 사용한다고 말했다.[82]

찰스 매기 애덤스는 상을 받은 편지에서 말하는 책 기계가 독자들에게 큰 자율성을 준다고 추천했다. 오하이오 밀퍼드에 거주하는 프리랜서 기고가인 애덤스는 말하는 책을 비슷한 종류의 오락용 낭독과 비교했다. "사실상 말하는 책 기계는 숙달된 낭독자를 모든 시각장애인의 지휘하에 두는 것입니다. 피곤한 목소리, 부딪치는 취향, 시간과 관련된 갈등 등이 더 이상 문제가 되지 않습니다. 시각장애인은 언제든 무엇이든 원하는 만큼 오래 읽을 수 있습니다."[83] 말하는 책 기계를 "훈련된 낭독자"로 부르는 것은 그 기계를 무언가 뛰어난 것으로 자리매김시키면서 확실히 의인화한 것이었다.[84] 낭독자가 사람에서 기계로 대체된 것을 애덤스만 환영한 것은 아니었다. 너무 자주 기계처럼 읽어야 했던 자원봉사자들도 이를 환영했다. 시각장애인들은 인간적인 접촉이 없어진 것을 안타까워하기는커녕 아무 부담 없이 낭독되는 책을 들을 수 있기를 고대했다.

AFB에 보내온 편지들은 독서의 희망을 영영 포기했던 사람들을 대표해서 진정한 감사를 표했다. 캘리포니아에 사는 한 여성이 기계를 받은 후에 "읽을 수 있다는 것은 좋은 일입니다"라고 편지를 보내왔다.[85] 사람들은 재생기를 받고 며칠 내에 AFB에 편지를 보냈다. 테네시 녹스빌에 사는 한 여성은 "요술 상자"라고 감사를 표했다. 그녀는 기계 앞에 있는 동안 "내 눈은 수영을 하고 있고 내 목구멍은 조여 오는 것 같았습니다. 시각장애인 나라에 있던 이전의 그 무엇보다 나를 더 감동시켰습니다"라고 썼다.[86] 시각장애인들을 위해 말하도록 고안된 기계에 대해 어떻게 느끼는지 스스로 이야기할 수 없거나 느끼는 바를 표현할 말을 찾기 어려운 사람들을 대신해 전국에 걸쳐 있는 기관들이 AFB에 편지를 보냈다.

말하는 책은 어떤 이들의 삶을 바꾸었다. 시각 상실은 많은 사람들에게 독서를 그만두게 했다. 버지니아주 매디슨 하이트에 사는 알마 윙필드는 그녀가 희생을 얼마나 어렵다고 느꼈는지 회상했다. "나는 2년 전에 시력을 잃었는데, 시력 상실로 포기했던 일 중 다른 무엇보다 아쉬웠던 것은 점자를 몰라서 책을 읽을 수 없었던 일입니다."[87] 말하는 책은 사람들로 하여금 시각장애가 있더라도 독서를 다시 할 수 있게 해주었다. 다시 독서를 하기 위해 축음기를 사용했던 한 사람은 AFB에 "이 책, 이 말하는 책이 내 인생에 얼마나 많은 변화를 가져왔는지 모릅니다"라고 말했다.[88] 그들은 많은 편지에서 책을 읽는 것과 책을 읽지 않는 것의 차이에 대해 말했다. 아이오와주의 두브크에 사는 함멜은 기계를 받고 나서 "나는 이 방법이 아니었다면 즐길 수 없었던 책을 지금 즐기고 있습니다"라고 편지했다.[89] 함멜은 말하는 책이 유일한 독서 방법인 모든 독자를 대표했다. 혜택을 받은 이들은 독서를 당연하게 생각하는 사람들이 이 기술의 영향을 이해할지 의심스러워했다. 메릴랜드주 오버리아에 사는 미니 힉스는 "일반적으로 인쇄물을 읽을 수 없는 우리에게 이 말하는 책이 어느 정도의 의미인지 당신들에게 도저히 설명할 수가 없습니다"[90]라고 말했다.

다른 편지들은 아이 같은 열정을 쏟아냈다. 한 여성은 "내가 레코드가 오기를 기다리는 것은 산타클로스를 기다리는 아이들과 다르지 않습니다"라고 했다.[91] 뉴욕에 사는 한 남성은 더 이상 책을 만질 수 없었기 때문에 혼자서 기계 작동법을 배웠다. 그는 "암흑으로 가득한 내 삶에 여전히 생의 소소한 기쁨을 안겨줄 정도로 내 손이 움직인다는 것을 알고 아이처럼 울었습니다"라고 소리쳤다.[92] 그는 이제 페이지를 넘기는 대신 디스크를 뒤집지만 말하는 책의 촉감을 좋아했다. 10년 동안 책을 읽은 적이 없는 뉴욕주 니오베에 사는 한 여성은 기계가 도착한 후 가만히 있고 싶지 않았다. "10년 넘게 책을 읽을 수 없었기 때문에 말하는 책에게 고맙게 생각합니다. 다른 책도 가지고 싶습니다. 가지고 있는 무엇이든 내게 보내주기 바랍니다."[93] 무엇이든 상관없었다. 읽기 목록만으로도 시각장애인들은 오랫동안 소외되었던 상상의 영역에 들어갈 수 있었다. 한 독자는 "우리에게 열린 아름다운 세상이여!"라고 환호했다.[94]

시각장애인들은 오랫동안 책으로부터 소외감을 느껴왔다. 성인이 되어서 시력을 잃은 한 여성은 "내게 책은 여러 해 동안 닫힌 상태였습니다"라고 한탄했다.[95] 말하는 책이 닫힌 책을 다시 열어준 것이다. "오래된 고전 작품의 표지를 만질 때 그 책이 더 이상 당신에게 닫힌 책이라고 생각하지 마세요."[96] 베일을 벗는 행위는 시력상실과 문해력에 대한 영감을 주는 글에서 익숙한 비유였다. 잡지 ≪시각장애인을 위한 전망Outlook for the Blind≫ 표지에는 '어둠의 베일을 걷어 올리고Lifting the Veil of Darkness'라는 제목의 감상적인 그림이 실렸는데, 천사 같은 여성이 시각장애인의 시력을 회복시켜 책을 보게 하는 내용이다(〈그림 2.2〉).[97] 또 다른 일반적 비유는 책의 내용을 불러내는 병 속의 지니였다. 어떤 팸플릿에는 말하는 책의 예비 독자에게 "당신은 이 책의 주인입니다. 이 책은 당신의 신실한 종, 당신이 다스리는 지니입니다"[98]라고 확신을 주었다. 책을 가까이 하는 데 다른 사람에게 의존해야 하는 집단에게는 그 비유가 힘을 실어주었다.

많은 사람들이 다시 독서할 수 있다는 것을 신의 은총으로 여겼다. 문해력의 회복이 기적이 아니면 무엇이겠는가? 한 여성은 첫 레코드를 듣고 나서 "말하는 책은 시각장애인에게 신이 보낸 선물입니다. 하나님과 이 놀라운 일을 가능하게 만든 모든 분께 감사합니다"라고 편지에 썼다.[99] 다른 사람들은 말하는 책을 "시대의 기적", "시각장애인을 위한 하나님의 축복"이라고 묘사했

그림 2.2 1923년부터 1935년까지 ≪시각장애인을 위한 전망≫의 모든 표지에 실렸던 퍼시 반 아이보리Percy Van Ivory의 '어둠의 베일을 걷어 올리고'

다.[100] 눈먼 자를 버리지 않겠다는 이사야서의 약속은 말하는 책의 수혜자들에게 예언의 힘을 보여주었다. 하나님께 버림받았다는 상실감에 빠졌던 독자들은 다시 한번 관심을 받는다고 느꼈다. 덴버에 사는 한 여성은 "하나님은 시각장애인을 틀림없이 돌보십니다"[101]라고 결론지었다. 말하는 책은 적어도 한 명의 독자가 기도한 데 대한 응답으로 탄생했다. 그 여성은 "하나님은 나를 위해 이 기계를 홀로 만드셨습니다"[102]라고 주장했다. 이 사람들은 마치 신이 직접 말씀하는 것처럼 느꼈다.

눈먼 것에 대한 비유는 많다.[103] 가장 일반적으로 눈먼 것은 빛과 어두움 사이의 갈등으로 묘사된다. 많은 사람들은 성서의 상투적 문구인 실명과 어둠의 연관성을 없애고 동시에 정상 시력인과 시각장애인을 소통시키기 위해 이 이미지를 계속 사용했다. 이 같은 비유적 표현은 헬렌 켈러의 홍보 캠페인과 보이지 않는 세계로 가는 관문으로 책을 내세운 켈러의 오랜 옹호 전반에 걸쳐 등장한다. 어떤 이들은 자신들의 인생에서 말하는 책이 만들어낸 차이를 전하기 위해 비유를 사용했다. 해군선물위원회Navy Unit Gift Committee로부터 턴테이블을 받은 후 노먼 리버 부인은 "여러분이 나를 얼마나 기쁘게 했는지 모를 것입니다. 여러분의 친절함이 어둠으로 가득 찼던 내 삶에 햇빛과 큰 기쁨을 가져올 것입니다"라고 했다.[104] 이 말은 심오한 청각적 경험인 것을 시각적 용어로 바꾸어 전달했다.

말하는 책은 문해력의 이점을 시각장애인 사회 전체에 알리겠다고 약속했다. 인디애나주에 사는 한 남성은 "말하는 책은 수천 명의 사람들에게 문학의 세계를 열어줄 것입니다"라고 편지를 썼다.[105] 책을 접하는 것은 시각장애인들의 문화생활에서뿐 아니라 사회적 평등에서도 커다란 진전으로 여겨졌다. 뉴욕 로체스터의 한 남자는 말하는 책을 "시각장애인이 시력을 되찾는 가장 가까운 접근법"이라고 묘사했다.[106] 편지에는 종종 "정상"에 대한 아주 소박한 희망도 언급되었다. 예를 들면 웨스트버지니아주에 사는 한 사람은 다른 사람들이 당연하게 여기는 문화적인 문해력에 참여하기를 고대했다. "비장애인 친구들과 책을 토론하고 그 토론을 이해하는 것은 우리를 더 정상적으로 만드는 데 많은 도움을 줄 것입니다."[107] 이 편지를 쓴 사람은 동등한 사회적 참여의 중요성을 인식하고 있었다. 시각장애인들이 무슨 용도로 책을 활용하든 간에 그들은 최소한 모든 사람이 사용하는 자원을 활용할 수 있었다. 왓슨 데이비스Watson Davis의 『과학의 진전The Advance of Science』을 들은 후 프랭크 암스트롱Frank Armstrong은 "우리는 비장애인 친구들과 같은 문학작품을 접하고 있습니다"라고 즐거워했다.[108]

독자들은 말하는 책이 사람들에게 시력 상실에 대해 가르쳐야 하는지 아니면 자신들이 너무도 잘 알고 있는 장애로부터 주의를 분산시켜야 하는지에 대해 동의하지 않았다. 헬렌 켈러의 영감을 주는 이야기는 지속적으로 인기를 끌었다. 예를 들어 아이오와주의 포트닷지에 사는 헤니켈 부인은 『앤 설리번 메이시: 헬렌 켈러의 숨겨진 이야기Anne Sullivan Macy: The Story behind Helen Keller』를 좋아했는데, 이 이야기를 "두 가지 삶의 완벽한 결합에 대한 아름다운 이야기"[109]라고 묘사했다. 사우스다코다주의 또 다른 독자는 모든 이에게 켈러가 쓴 『내 삶의 이야기The Story of My Life』를 권하면서 "켈러의 이 아름다운 인생 이야기만큼 내게 감동을 주고 스릴을 느끼게 한 책은 없습니다"라고 썼다. "나와 같은 시각장애인 독자들이 이 책을 읽으면서 내 마음이 그랬듯이 공감하길 바랍니다."[110] 반대로 어떤 독자들은 영감을 받거나 심지어 시각장애를 떠올리는 것조차 원하지 않았다. 루이지애나주에 사는 한 여성은 이 같은 그룹을 위해 호소했다. "눈이 멀었다는 비극에서 마음을 지키고 싶은 우리에게 한두 시간이라도 그 사실을 잊을 수 있는 무언가를 주세요."[111] 장애가 있는 많은 사람들에게 현실 도피는 중요했다.

말하는 책을 지지하는 그룹은 눈먼 사람들이 다른 사람들보다 즐길 기회가 적다고 주장했다. 책은 이 제한된 여가 분야에서 더욱 중요해졌다. 찰스 쿠클러는 말하는 책에 대해 "많은 시각장애인이 고통 받는 지긋지긋한 강제적 게으름의 가장 위대한 추방자 중 하나"라고 했는데, 이는 그 혼자만의 생각이 아니었다.[112] AFB로부터 수혜를 받은 사람들의 모습을 담은 사진은 그들 인생의 무료함을 강조하고 있었다. 어느 전시회의 작가는 온종일 엄지손가락을 만지작거리는 노인과 아무 말 없이 침대에 앉아 있는 여성을 상기시켰다.[113] 한 은퇴한 선원은 소일거리로 말하는 책에 의지했다. 그는 "평생 매우 활동적이었기 때문에 완전히 소외된다는 것은 대단한 고통이었습니다. 낮 동안은 마음을 다잡고 무언가를 했지만, 긴 겨울밤은 무서웠습니다"라고 했다.[114] 말하는 책은 대화 상대가 없을 때 무언가 할 일을 주었다.

AFB는 말하는 책을 "꿈꿔보지 못한 자립"의 수단으로 홍보했다.[115] 가족, 친구, 자선봉사자들의 봉사에 의존해 왔던 수천 명의 시각장애인에게 이것은 신나는 일이었다. 펜실베이니아주에 사는 한 여성은 "시력이 정상인 독자들의 종종 매우 불만족스러운 요구를 더 이상 필요로 하지 않게 되어서 매우 기쁩니다"라고 했다.[116] 자원봉사자들은 아주 인내심 있는 청자에게도 좌절감을 느끼게 했다. 시각장애인을 위한 잡지는 정기적으로 자원봉사자들을 풍자하고는 했다. 한 삽화에 묘사된 맘씨 좋고 호들갑스러운 아가씨의 예를 들어보면, 그녀는 늦게 도착해서 끊임없이 재잘거리며 묻지도 않은 얘기를 늘어놓는가 하면, 원치 않는 충고에, 사생활을 간섭하고, 장애인을 깔보고, 해설을 덧붙여 독서를 방해하거나 자료를 자르고 요약하다가, 일찍 가버린다.[117] 오하이오주 데이턴에 사는 엘리너 브라운은 말하는 책은 다른 사람이 아닌 바로 시각장애인 자신의 일정에 맞추어 책을 읽게 해주는 "시각장애인들을 위한 최고의 해방자"라고 묘사했다. 그는 또 말하는 책 재생기에 대해 "그것이 있기에 밤에 웬만한 책 한 권을 읽을 수 있습니다. 또 그것이 있기에 내가 원하는 만큼 책을 읽을 수 있습니다"라고 했다.[118] AFB는 독자들이 말하는 책을 한번에 8시간까지 듣기도 하고 책을 다 읽으려고 밤을 꼬박 새우기도 한다고 보고했다.[119]

말하는 책은 타인을 의존하는 데서 벗어나려는 욕구와 타인과의 접촉을 늘리려는 상반된 욕구를 만족시켰다. 다른 사람에게 의존하지 않으면서도 더 많은 사회적 접촉을 원하는 많은 시각장애인이 견뎌낸 사회적 소외를 기계에서 나오는 소리가 덜어주었다. 존 더니는 시애틀의 "길고 외로운 밤"에 말하는 책을 들을 수 있기를 고대했으며, 찰스 스미스는 코네티컷 교육위원회에 재생기가 "내 외로움을 잊게 만듭니다"라는 편지를 보냈다.[120] 그런 독자들은 친구 없는 이들에게 친구가 되어주는 책의 덕목을 상기시켰다. 타인의 목소리를 듣는 것은 소외된 사람들에게 바깥세상과 접촉하는 기회가 되며, 심지어는 옆에 누군가 함께하는 느낌을 준다. 플로리다주 올랜도에 사는 그레이스 앨런은 말하는 책을 듣는 것은 "한 방에서 누군가가 읽어주는 것을 듣는 것 같습니다"라고 했다.[121] 자선단체들은 말하는 책을 집에 묶여 있거나 "장애로 인해 바깥출입을 하지 못하는 사람"이 사회에 접촉하는 도구로 사용했다.[122]

소외된 독자들은 말하는 책을 친구처럼 또는 대리 가족처럼 여기며 의존했다. 낭독자를 "잘 모르는 친구"로 의인화하는 것은 독자들이 자원봉사자가 기계로 교체된 것에 얼마나 편안함을 느꼈는지를 말해준다.[123] 말하는 책 기계를 인간으로 묘사했던 사용자 중 한 명은 "단 한순간도 나는 그것을 기계라고 생각한 적이 없습니다"라고 했다.[124] AFB는 심지어 그 기계를 잠재적인 가족으로 소개하기도 했다.[125] 이런 식의 기계 의인화가 낭독자를 실제 사람인 듯 여기게 했지만, 일부 사람들은 장애인들에게 편의를 제공하는 기계에 대해 친근한 용어를 사용하는 것을 반대했다.[126] 많은 이들이 이제는 말하는 책 없이 살 수 없다고 주장했다. 기계를 "나의" 말하는 책이라고 지칭했던 필라델피아에 사는 한 여성은 "나는 기계를 소유격으로 말했지만 솔직히 이제는 말하는 책 없는 삶을 상상할 수 없습니다. 이것은 내 일상생활에 아주 중요한 부분이 되었습니다"라고 했다.[127] 켈러가 처음에는 시각장애인의 사치품이라고 말했던 것이 많은 이들의 "필수품"으로 여겨지게 되었다.[128]

말하는 책은 가족들에게도 위안을 주었다. 텍사스 그레인저의 벨 부인은 일간 신문조차 없는 가정에서 남편을 즐겁게 해주는 것은 말하는 책이라고 말했다. 남편을 직접 보살피지 못할 때 느꼈던 죄책감이 말하는 책 덕분에 줄어들었다. "말하는 책은 우리 같은 시각장애인과 관련된 사람들의 마음과 가슴에 얹힌 커다란 짐을 덜어줍니다. 사랑하는 사람이 어둠과 고독 속에 홀로 있지 않다는 것을 알면 훨씬 가볍고 행복한 마음으로 자신의 일을 할 수 있습니다."[129] 다른 친척들도 말하는 책의 육체적·심리적 이점을 보고했다. 한 여성의 딸은 "엄마, 왠지 말하는 책이 온 이후로는 생기가 넘치고 붉은 빛이 돌면서 한 살은 더 젊어 보여요"라고 말했다고 한다.[130] 그런 변화는 사랑하는 이의 정신 건강을 걱정하는 사람들에게 안도감을 주었다.

말하는 책이 가능하게 한 사교성의 형태가 전부 가상적인 것은 아니었다. 어느 독자들은 다른 이들과 함께 책을 듣기 위해 매체를 이용했다(〈그림 2.3〉). 결혼한 부부나 보호시설에 머무는 사람들이 다른 이들과 함께 책을 들을 수 있는 가장 좋은 조건을 갖추었다. 그러나 혼자 사는 시각장애인도 다른 사람들과 함께 책을 들었다. 저작권 제한은 가족, 친구와 함께 독서 모임을 만드는 것을 막지 못했다. 예를 들어 마티 프렌치는 말하는 책에 대한 편지를 코네티컷 교육위원회에 보냈다. "나랑 같이 사는 내 친구들도 책 듣기를 좋아해서 함께 즐거운 저녁시간을 보냅니다."[131] 사람들의 불복종은 독서라는 고독한 행위를 사회적인 행위로 바꾸어놓았다.

말하는 책은 일반 책과 어떻게 다를까? 두 매체를 명쾌하게 비교한 편지는 거의 없다. 일반적으로 기계의 숙련도에 대해 감탄을 표하거나 기계적 낭독을 선호하는 내용의 편지들이다. 재생기는 적어도 독자 한 명의 기대는 넘어섰다. "나는 말하는 책이 이 정도로 좋을 줄은 상상하지 못했습니다. 나는 말하는 책이 거의 모든 면에서 완벽하고 어떤 면에서는 읽는 것보다 우월하다고 생각합니다."[132] 낭독용 종교 텍스트와 여러 이야기는 이 매체에 더할 나위 없

그림 2.3 말하는 책을 듣고 있는 시각장애인 청교도조합 회원들(1940년경 매사추세츠)

이 적합해 보였다. 어느 여성은 "나는 성경을 예전에 인쇄된 상태로 읽을 때보다 지금 더 즐기고 있습니다"라고 말했다. "나는 말하는 책이 읽어주는 걸 들으면 성경 말씀의 의미를 더 잘 알게 되는 것 같습니다."[133] 개종자들이 특히 "우수한 독자"가 되었다.[134] 전직 사서와 그의 아내는 알렉산더 울콧Alexander Woollcott의 낭독이 디킨스의 소설을 발전시켰다는 것을 알게 되었다. "지난겨울 (40년 동안 읽어본 적이 없는) 『두 도시 이야기A Tale of Two Cities』를 읽으면서, 우리는 재생기가 읽어주는 것을 훨씬 더 분명하게 듣게 되었고, 모든 단서와 미묘함 속에서 소설의 줄거리가 분명하게 드러나는 것을 보고서 매혹되었으며 경이로움을 느꼈습니다."[135]

말하는 책 재생기는 다시 읽는 데뿐만 아니라 그냥 읽는 데에도 사용될 수 있었다. 새크라멘토에 사는 70세 노인은 디킨스의 『피크윅 클럽 보고서 Pickwick Papers』와 엘리엇의 『로몰라 Romola』를 두 번째 읽으면서 낭독자의 음성에 귀를 기울이고 있었다. 그는 시각을 잃기 전인 어린 시절에 시카고에서 이 책을 읽었다. 이것은 단순히 향수가 아니었다. 대신 노년의 관점에서 인생을 돌아보는 기회였다. "다시 읽는 것은 옛 이야기를 두 번째 보는 것 이상입니다. 그것은 오랜 세월 동안 쌓아둔 경험 덕분에 이제는 폭넓게 해석되는, 무언가 동화되지 않았던 오랜 경험을 다시 체험하는 것입니다."[136] 그는 소리와 인쇄물 사이의 중요한 차이를 느끼는 동시에 회상에 잠기는 순간을 즐겼다. 그는 "책을 읽을 때 손에 잡히는 책의 느낌이 여전히 그립습니다"라고 편지를 끝맺었다.[137]

또 다른 사람들에게는 말하는 책의 가장 매력적인 특징이 손이 자유롭다는 것이었다. 어떤 사람들은 책을 들으면서 일했다. 뜨개질을 하거나 담배를 피우기도 했다. 조지핀 피터스는 말하는 책을 통해 "일하면서 동시에 책을 들을 수" 있게 되었고, 펜실베이니아주의 한 가정주부는 아이들을 돌보면서 말하는 책을 듣는 것이 편리하다고 생각했다.[138] 또 다른 사람들은 긴장을 풀 수 있는 기회를 감사하게 생각했다. 캘리포니아에 사는 한 여성은 "바느질과 뜨개질을 하면서, 또는 감자 껍질을 까거나 케이크를 만들면서 책을 읽는 오랜 바람이 근사하게 이루어졌습니다"라고 기뻐했다. "그래요. 실제로 긴장을 풀고 독서를 할 수 있어요."[139] 점자 독자들은 손을 사용하는 동안 긴장을 풀기가 어렵다고 느꼈다. 하지만 말하는 책을 들을 때는 침대에 눕거나 담배를 피우거나 또는 둘 다 할 수 있었다. "누워서 헤드폰을 쓰고 담배나 파이프를 피우면서 세상 최고의 드라마를 즐겼습니다"라고 오리건주의 한 남자는 말했다.[140]

그는 페이지를 넘길 필요도 없었다.

말하는 책 도서관은 입법부, 출판사, 점자 독자들이 초기에 반대한 이후 빠르게 성장했다. 아주 짧은 기간 안에 논란은 미국 정부가 시각장애인들에게 책을 제공할 의무가 있는지 여부에서 현재의 예산 책정으로 충분한 양의 책을 제공할 수 있는지 여부로 옮겨갔다. 1935년 6월 말까지, 말하는 책 도서관은 이용 가능한 책을 27종 갖추었다. '성인 시각장애인을 위한 도서 프로젝트'에 대한 예산이 증액되면서(그중 7만 5000달러는 말하는 책 제작에 할당되었다) 그다음 해에는 100종의 책을 갖출 수 있었다.

그러나 미국에서 매년 1만 5000종의 신간이 출판되는 것에 비하면 공급은 여전히 부족했다. 켈러는 이 격차에 대해 다음과 같이 비판했다. "시각장애인 1만 8000명에게 고작 100종이라니, 상상할 수도 없는 일이다!"[141] 이후 10년간 지속적인 예산 증액에는 거의 반대가 없었다. 1945년까지 말하는 책 도서관은 1062종으로 책을 늘렸다. 도서관 규모가 커지면서 시각장애인 독자 대다수가—전쟁에서 시각장애인이 된 젊은 군인들을 포함해—다시 독서를 했다. 적어도 이 독자들에게는 말하는 책의 가치가 더 이상 의심의 여지가 없었다. 그들에게는 말하는 책이 사실상 책이었다.

말하는 책 서비스가 20주년이 된 1954년에는 말하는 책이 논란의 여지가 없는 사회적 상품으로 대우받게 되었다. 드와이트 아이젠하워Dwight Eisenhower 대통령은 선언문에서 "읽는 자유는 생각하고 판단하는 자유에 있어서 필수적이다"라고 축하했다.[142] 미국은 이제 시각장애인 대다수가 스스로 읽을 수 없는 나라에서 읽을 수 있는 기회—정치적인 제약에서뿐만 아니라 생리적 제약에서도 해방되는—를 민주주의의 필수 요소로 받아들이는 나라로 바뀌었다. 아이젠하워의 고상한 미사여구는 앞으로 다가올 인쇄물뿐만 아니라 이제까지 싸워온, 인쇄물에 대한 접근을 둘러싼 전투에서도 얼마나 많은 것이 위태로웠는지를 시사한다.

제3장

말하는 책을 읽는 방법

1976년 ≪다이알로그^{Dialog}≫는 미국시각장애인출판사가 고용한 낭독자 중 한 명에게 보낸 불만 사항을 게재했다. 10년 전, 활동가들은 시각장애인의 생활과 관련된 문제를 논의할 공론장으로써 이 잡지를 만들었다. 이 잡지에서 뉴욕 웨스트베리의 프레드 비니$^{Fred Vieni}$와 미리암 비니$^{Miriam Vieni}$는 말하는 책을 읽는 가장 좋은 방법을 설명했다.

우리는 수년간 책을 들어왔다. 책은 보통 속도로 멈추지 않고 읽어줄 때 이해하기가 가장 쉽다는 것을 알게 되었다. 또한 비장애인이 인쇄 책을 읽으면서 스스로 해석하듯이 시각장애인들도 똑같이 하기를 원한다. 낭독자는 글을 우리에게 전해주는 매개체다. 낭독 위에 해석을 덧붙이면 우리 스스로 의미를 이해하는 능력에 방해가 된다. 그러므로 남자, 여자 목소리를 흉내 내거나 인물 배역 '연기'를 하지 않는 것이 좋다. 정상적인 어조와 속도의 바른 읽기가 지적이고 의미 있는 방식으로 읽는 데 도움이 되는 가장 유용한 방법이다. 말하는 책을 읽는 시각장애인은 다른 사람이 미리 소화한 것을 수동적으로 받아들이는 사람이 아니다. 적어도 우리는 그렇게 하고 싶지 않다. 우리는 능동적으로 듣고 싶다. 낭독자가 저자와 독자의 소통을 방해해서는 안 된다는 뜻이다.[1]

이들은 스스로 이야기를 이해하는 데 방해가 되는 어떤 읽기 스타일도 반대했다. 시각장애인 독자가 일반 독자가 책을 읽는 것과 같은 조건으로 책을 들으려면 억양을 최소화한 중립적 말하기 방식, 즉 '그대로 읽기Straight reading'로 낭독해야 한다.[2] 낭독자들이 전면에 나서지 말 것을 요구하는 비니 가족의 편지는, 말하는 책 도서관이 설립된 이후 거의 반세기 동안 어떻게 낭독할 것인지에 대한 논란이 해결되지 않았다는 것을 보여주었다. 청자들은 여전히 근본적인 질문, 즉 책은 어떻게 들려야 하는가에 대해 답하지 못했다.

AFB는 비장애인 사람들이 말하는 책을 인쇄물의 합법적인 대안으로 받아들이는 데서 낭독이 가지는 중요성을 인정했다. 일찍이 1933년에 시각장애인 언론인 애덤스는 AFB에게 이를 간과하지 말아야 한다고 경고한 바 있었다. "분명히 알고 있듯이 지적인 시각장애인들이 '말하는 책'을 받아들이는 것은 녹음과 재생에서의 기계적 완벽성만큼이나 문학적 고려에도 좌우된다. 그리고 나는 내용 이상으로 낭독 방법에 대해 생각한다."[3] 녹음 기술에만 초점을 맞추는 것은 충분하지 않았다. 서지학적인 요소들도 똑같이 중요했다. 애덤스는 말하는 책은 내용을 삭제하지 않아야 하고, 드라마화하면 안 된다고 생각했으며, 무엇보다 50년 후 비니 가족이 반대한 웅변조가 없어야 한다고 생각했다. 이미 말하는 책 초기 단계에 AFB는 책을 어떻게 읽어야 하는지에 대한 논란에 직면했다.

낭독 스타일에 대한 논란은 취향 문제를 넘어서는 것이었다. 이런 논란은 독자의 독립성에 대한 끈질긴 의문에서 비롯되었다. 정확히 누가 책을 읽는 것인가? 독자인가, 낭독자인가, 기계인가, 아니면 책 그 자체인가? 말하는 책은 다른 방법으로는 책을 읽을 수 없고, 타인이 낭독해 주는 것에 의존했던 장애인들을 돕기 위해 고안되었다. 시각장애인이 눈이나 손가락 대신 귀를 이용해 스스로 책을 읽는 것인지 또는 말하는 책 기계가 그들을 위해 읽어주는 것인지가 불분명했다. '말하는 책'이라는 명칭이 그런 혼란을 불러왔다. 기계를 사용한다는 것은 시각장애인은 그냥 앉아서 아무것도 안 하는 것처럼 보이게 했다. 어느 라디오 프로그램에서는 청취자에게 "시각장애인들에게 스스로 낭독해 주는 책이 있다는 것을 아십니까?"라고 묻기도 했다.[4] AFB는 말하는 책 기계를 쉽게 이용할 수 있다고 설득하다가 그런 잘못된 인식을 심어주었다. 재단 홍보 레코드는 "나는 스스로 낭독하는 책입니다"라는 문장으로 낭독을 시작한다.[5]

말하는 책을 기계가 하는 일로 보이게 하는 이와 비슷한 설명도 있었다. AFB의 연례보고서에 따르면, "시각장애인이 앉아서 레버를 당기면 책이 스스로 읽어준다."[6] 말하는 책이 모든 일을 다 했다는—책읽기가 레버를 당기는 일 정도로 줄었다는—의혹은 말하는 책이 탄생한 이래 이 형식이 수동적이라고 낙인된 비난에 대해 부분적이나마 책임이 있다. 어떤 신문의 헤드라인에는 "이 기계는 시각장애인, 환자, 게으름뱅이에게 아주 좋은 친구로 여겨진다"라고 실렸다.[7] 말하는 책을 게으른 사람들의 책 읽는 방법으로 특징지은 것이 적당한 용어 사용이었는지를 두고 지지 그룹은 치열하게 논쟁했다.

2장에서 보았듯이 많은 시각장애인들은 책 듣는 행위를 묘사하는 단어로 '독서'를 사용하자고 주장했다. 그리고 낭독하는 대리인을 지칭하는 데 '낭독자'나 '읽는 사람'이라는 용어를 사용할 것인지에 대해서도 똑같이 열정적인 논쟁이 있어왔다.[8] 각각 나름대로 모호하기 때문에 어느 용어도 완전히 만족스럽지는 않다. 예를 들어 '낭독자'는 이야기 내부 또는 외부의 화자를 지칭할 수 있으며, '읽는 사람'도 이와 유사하게 모순된 의미를 갖는다. 어떻게 부르든 간에 낭독하는 사람의 존재는 말하는 책이 수용되는 데서 헤아릴 수 없는 큰 역할을 했다.

이 장은 시각장애, 문해력, 해석에 대한 논의에서 낭독자를 제외하지 않는다. 유명한 '골디락스와 곰 세 마리' 이야기에 나오는 스프처럼 딱 알맞은 것, 즉 너무 극적이거나 너무 따분하지 않게 읽는 것을 추구한다. AFB는 오랫동안 말하는 책을 인쇄 책과 비슷하게 만드는 동시에 시각장애인 독자의 요구에 맞추려고 노력해 왔기 때문에 "좋은 말하는 책은 무엇인가?"라는 질문에 답하기가 어려웠다. AFB는 원작에 충실한 '그대로 읽기' 정책을 고수했기 때문에 지나치게 극적이거나 두드러지지 않는 목소리를 선호했다. 시각장애인 독자들은 어떤 낭독자에게는 극도의 애정을 가지고 다른 낭독자에게는 똑같이 강렬한 적대감을 가졌는데, 이러한 갈등은 화자의 나이, 성별, 인종, 민족성, 국적, 성, 또는 구별할 수 있는 어떤 특징이 이야기와 충돌할 때 일어났다. 거의 백 년 동안 화자가 유명한 공인이든 무명의 아마추어이든 관계없이 낭독자는 책이 수용되는 데 지대한 영향을 미쳤다. 낭독자가 아무리 절제된 스타일을 기르려고 노력하더라도 그들은 여전히 관심의 대상이다.

좋은 말하는 책이란 무엇인가

"좋은 말하는 책이란 무엇인가?" 1938년에 AFB의 계간 잡지인 ≪토킹 북 토픽스Talking Book Topics≫가 제기한 질문이다. 말하는 책 도서관이 세워졌을 당시 그 공간은 장서의 양뿐만 아니라 질에 대해서도 관심을 갖기 시작했다. AFB에서 일하던 브로드웨이 배우 출신의 윌리엄 바버William Barbour는 세 가지 특징을 적시했다. 바로 명확성, 편집 정확성, 예술적 완벽성이었다. 무엇보다도 좋은 말하는 책은 원작을 충실하게 재생했다. 바버는 "우리는 독자가 읽고 있는 문장이 완벽한 신의를 갖기를 원한다"라고 했다. "우리는 책을 듣는 사람들이 저자가 쓴 것을 정확하게 듣고 있다고 느끼게 하고 싶다."[9] 여기서 정확하다는 것은 말하는 책이 다른 형식으로 만들어진 인쇄 책으로 받아들여진다는 것이었다.

바버와 많은 다른 사람들에게 인쇄 책, 말하는 책, 점자책은 각기 정보를 눈으로, 귀로, 손가락으로 전달한다는 점만 다를 뿐이었다. AFB의 문헌 평등성 정책은 다른 사람들과 똑같은 책을 읽고 있다는 것을 확인해 주었다. 또한 이 정책은 말하는 책을 완전히 새로운 형식이 아닌 친근한 형식으로 규정함으로써 말하는 책의 적합성을 확인하려고 했다. 책을 듣는 것은 그 자체로도 즐거웠지만 그 즐거움은 2차적인 고려사항이었다. 원래의 목표는 시각장애인들도 다른 이들이 즐기는 활동에 같이 참여하도록 하는 것이었다.

말하는 책은 인쇄본의 특성 또는 최소한 '책다움'의 느낌을 가지고 있었다.[10] 일례로 레코드를 설명할 때에는 '면side' 대신 '쪽page'이 쓰였다.[11] 말하는 책은 책의 구어 버전일 뿐만 아니라 이야기의 책다운 버전이기도 했다. 말하는 책에 대한 서지학적 강조는 말하는 책을 인쇄본 기준으로 평가되도록 보장했다. 인쇄 책을 충실하게 재현하려는 경향 때문에 책을 듣는 경험은 인쇄된 것을 읽는 것과 비슷한 느낌을 주었다. AFB는 시각장애인 독자들도 다른 독자들과 똑같은 대접을 받게 하려고 몇몇 경우 명백한 실수까지(어떤 경우에는 철자법 실수까지) 그대로 읽게 할 정도로 충실한 재현성을 보여주었다.[12]

말하는 책은 원본의 모든 단어를 그대로 재생했다. 의회도서관의 "말하는 책 녹음 설명서"에는 말하는 책과 인쇄 책은 문장이 똑같아야 한다고 주장했다. "모든 작품의 말하는 책 판본은 인쇄본의 문장과 가급적 가깝게 일치해야 한다."[13] 사람들이 외우고 있을 가능성이 높은 성경, 역사 자료, 유명한 시들은 단어 하나하나 완벽해야 했다. 말하는 책이 인쇄본과 동일하게 대우받도록 하기 위해 정확성이 강조되었다. 예를 들면 일반 낭독자들은 대충 읽거나 생략하는 문장 구성 요소(서문, 헌사 등등)도 그대로 낭독했다. 버트런드 러셀Bertrand Russell의 『서양철학사A History of Western Philosophy』를 낭독한 낭독자는 56쪽 분량의 찾아보기를 읽는 데 13시간을 소요했다.[14] 장의 제목, 서두, 다른 비슷한 비문장 요소도 큰소리로 읽어야 했다. 레코드에는 쉬는 페이지가 없기 때문에 작업 지시서에서는 낭독자가 주석을 함께 읽도록 했다. 교육용 레코드는 원본의 배열을 알려주기 위해 페이지 숫자까지 읽었다.

그러나 인쇄본을 재생하는 낭독자의 능력에는 한계가 있었다. 녹음한 책은 인쇄 관례를 고수했지만, 출판사는 어떤 책은 낭독에 적합하게 바꾸어야 한다는 점을 인정했다. 국립점자협회의 테이프 녹음 매뉴얼에서는 "낭독자는 청자가 페이지를 보지 못한다는 것을 기억해야 한다"라고 주의를 주었다.[15] 매뉴얼에는 낭독자가 귀로 들을 때 놓치기 쉬운 문장 요소를 명확하게 읽으라고 되어 있었다. 어떤 단어는 명확하게 하기 위해 철자를 읽었는데, 기술적인 용어이거나, 일반적으로 쓰이지 않는 이름(smith가 아닌 Smyth)이거나, 외국어인 경우["엑상Aix—대문자 A, i, x—으로의 여행은 새벽에 시작되었다"]에 그러했다. 지침서에서는 외국어를 인용한 경우에는 번역을 추천했다. 예를 들어 알렉산더 스커비Alexander Scourby는 윌리엄 새커리William Thackeray가 쓴 『헨리 에즈먼드 이야기The History of Henry Esmond』에 나오는 라틴어와 프랑스어를 번역했다. 마찬가지로 『삼총사Three Musketers』와 『레미제라블Les Miserables』은 인물의 이름 철자를 읽으면서 시작한다.

AFB와 여러 조직은 인쇄된 표기 규칙을 소리로 바꾸는 정교한 지침을 만들었다.[16] 지침의 목적은 원본의 배열과 최대한 유사하게 만들면서 동시에 장애가 있는 독자의 필요에 맞추는 것이었다. 목소리의 억양을 통해 이탤릭체, 말줄임표, 괄호 같은 일종의 문장부호를 표현할 수 있었다. 다른 요소는 낭독의 명백한 특징을 살려야 의미를 전달할 수 있었다. 예를 들어 낭독이 끝나면 "장의 끝"이라고 말했다. 이처럼 잠재적으로 모호한 순간은 시각장애인 독자의 요구가 시력이 정상인 독자의 요구와 같지 않다는 것을 일깨워주는 역할을 한다.

아무리 열중해서 듣는 청자라고 해도 장편소설은 기억하기가 어렵다. 어떤 독자는 디킨스의 『데이비드 코퍼필드』에 인물 이름이 92명이나 나온다고 불평했다. 나오는 인물이 많으면 앞 페이지로 되돌아가지 않고는 전부 기억하기가 어려웠다.[17] 인물 정보를 소개하는 부록 녹음이 『전쟁과 평화』의 내용을 이해하도록 도왔다. 시각장애인을 위한 미국인쇄협회의 관리자는 이런 이유로 소설 인물의 철자를 밝히는 것에 반대했다. "이와 같은 책을 읽는 것은 아주 어려운 일이며, 이런 책을 철자의 달인처럼 읽는다면 그 결과가 어떨지 생각만 해도 소름이 돋는다."[18] 그는 철자를 밝히는 대신 별도의 용어집을 녹음하는 방법을 추천했다.

말하는 책은 대부분의 경우 인쇄 관행을 고수했다. 하지만 몇몇 선구자는 말하는 책이 인쇄본을 복제한 것 이상이 될 수 있음을 보여주기 위해 음향 기술을 활용했다. 자연을 직접 들을 수 있으므로 굳이 자연을 묘사할 이유가 없었던 것이다. 캔자스주 시각장애인협회 회장 리로이 휴뱅크스[Leroy Hughbanks]는 "녹음 스튜디오 안에 마이크를 가둬두지 말고 그중 일부를 최상의 자연 상태인 숲과 들판으로 가져가자. 우리 시각장애인들은 동물이 어떤 모습인지 알고 싶다. 어떤 소리를 내는지 알고 싶다"라고 말했다.[19] 스튜디오 바깥으로 마이크를 가지고 나오는 것은 책이 사람의 목소리 외에 다른 소리도 활용할 수 있다는 것을 확인해 주었다.

음향효과를 이용하려는 AFB의 시도는 큰 성과를 가져왔다. 가장 인기 있는 앨범에는 실제 새소리가 담겼다. 코넬대학교의 조류학자 앨버트 브랜드[Albert Brand]의 『야생 조류와 새소리[Wild Birds and Their Songs]』는 30종이 넘는 새의 소리를 녹음했고 비평가들은 그 책을 노래하는 책이라고 묘사했다.[20] 자연주의자 클래런스 호크스[Clarence Hawkes]는 집 안에서 많은 시간을 보내는 시각장애인들에게 야외에서의 즐거움을 더 많이 누리려면 그 노래를 기억하라고 권했다.[21] 적어도 한 명의 청자가 호크스의 충고를 따랐고 "다양한 새소리를 연구하고 내 집 정원에서 그 소리가 어떤 새의 소리인지 알아내는 것은 작년에 시각장

애인이 되면서 바뀐 내 인생에 큰 즐거움을 가져다줄 것이다"라고 기록했다.[22]

스튜디오는 일상적인 낭독에서도 음향효과를 시도했다. 일찍이 1934년 11월에는 디킨스의 『크리스마스 캐럴A Christmas Carol』 녹음에 크리스마스 음악, 차임벨, 유령 소리가 들어갔다. 녹음은 실제 캐럴인 「만백성 기뻐하여라God Rest You Merry, Gentlemen」로 시작된다. 디킨스의 레코드를 들은 어윈은 "요즘 어떤 레코드를 듣고 굉장히 신이 났다"라고 동료에게 말했다.[23] 남북전쟁 노래 중 하나인 「존 브라운의 주검John Brown's Body」에서부터 베이첼 린지Vachel Lindsay 의 시에 곡을 붙인 「부스 장군이 돌아가셨다General Booth enters into Heaven」에 이르기까지 음악은 다른 레코드에도 활기를 불어넣었으며, 구세군 지역 밴드가 배경 음악을 연주했다. 그중 최고는 음악가를 다룬 책이 실제 음악으로 만들어질 수 있다는 것이었다. 에릭 블롬Eric Blom이 저술한 모차르트 전기를 녹음한 레코드는 피아노 음악으로 악보 원본을 대신했다.[24] 1937년 AFB는 월트 디즈니의 〈백설공주와 일곱 난쟁이〉 같은 영화도 (오늘날 음성 해설audio description 이라고 불리는 방법을 활용해) 각색하기 시작했다.[25] AFB의 회장은 이 레코드를 듣는 것이 영화관에 가는 것과 똑같다고 보았다.[26]

희곡은 분명한 매력이 있었다. 처음에는 다른 책처럼 모든 역할을 한 사람이 낭독했다. 캘리포니아 폴브룩에 사는 한 여성은 전문가가 읽어주는 셰익스피어의 희곡을 즐겨 들었는데 "햄릿을 낭독한 사람에게 그가 내게 얼마나 큰 기쁨을 주었는지 말할 수 있으면 좋겠습니다. 그가 우리 집에 직접 와서 읽어주는 것 같았습니다"라고 썼다.[27] 그러나 모든 사람이 희곡을 책처럼 읽는 것을 즐기지는 않았다. 계속 인물이 바뀌는 것은 헷갈리고 성가실 수 있었다. 이런 불만 때문에 희곡은 "책으로 읽는 것" 대신 극화되어 제작했다.[28] 예를 들어 셰익스피어의 『사랑의 헛수고Love's Labour's Lost』는 단독 낭독자가 아닌 15명의 배우가 낭독했다.[29]

청자들은 음향효과의 가치에 동의하지 않았다. 음향효과를 지지하는 사람들은 음향효과를 새로운 매체가 지닌 어포던스를 활용하는 것이라고 생각했다. 결국 말하는 책은 잉크가 아닌 "소리로 쓴 책"이었다.[30] 말하는 책이 저자의 목소리를 재생할 수 있고 낭독부터 음악까지 극화할 수 있다면 인쇄에 묶여 있을 필요가 없었다. 오리건주에 사는 어떤 사람은 말하는 책을 "혼자만의 극장을 가진 것과 같습니다"라고 묘사했다.[31] 또 다른 사람들은 음향효과를 볼 수 없는 사람들을 위한 삽화라고 묘사했다. "비장애인들은 그림책을 가지고 있는데 우리는 왜 소리로 된 그림책을 가지면 안 됩니까?"[32] 사용 설명서에 "소리로 된 그림"이라는 문구는 인쇄 책과의 유사성을 강조했다.[33] 더욱이 AFB의 '말하는 책 교육 프로젝트Talking Book Education Project'는 평범한 학생이 말하는 책으로 읽으면 점자보다 세 배 빨리 읽을 수 있다고 적시했다(점자 독서의 속도는 시각장애 아동들이 교육에서 불리한 주요 이유였다).[34]

한편 음향효과에 반대하는 사람들은 음향효과가 말하는 책을 책과 전혀 다른 것으로 만들 것이라 걱정했다. 신문 기고가 알렉산더 프리드Alexander Fried는 "이런 조건을 가진 소설은 더 이상 소설이 아니다"라고까지 했다.[35] 그는 출판사에 문학을 "원래의 인쇄본" 위에 놓아두라고 촉구했다. 『크리스마스 캐럴』의 음향효과에 대한 애덤스의 적개심은 그런 걱정을 드러냈다. 애덤스는 극장에서의 쇼맨십은 이해하지만 "말하는 책은 무대가 아니다"[36]라고 했다.

일부 책에만 음향효과를 사용하는 것은 다음과 같은 어려운 질문, 즉 모든 책에 음향효과를 적용하지 않는 이유는 무엇일까라는 질문을 제기했다. 결국 의회도서관은 소설을 극화하기 바라는 후원자들로부터 매년 요청을 받았다. 이에 대한 응답으로 도서관 측은 책을 가능한 한 정확하고 충실하게 재생해야 한다는 의무를 재확인했다. 한 후원자에게 연락해서 "지금 만들고 있는 책을 극으로 만들지 못해 죄송합니다. …… 우리 조직의 책임은 인쇄물을 출간한 대로 재생해서, 인쇄물을 활용하지 못하는 사람들로 하여금 출판 작품을 주변 사람들처럼 접근하고 즐기게 하는 것입니다. 극화하는 것은 우리 목적을 깨뜨

릴 것입니다"라고 알렸다.[37] 극화한 것은 라디오, 텔레비전, 상업 레코드(적어 도 1950년대 이후에는) 형태로 이미 존재하고 있었다. 말하는 책을 원본보다 더 재미있게 만드는 것은 도서관의 의무가 아니었다.

눈에 띄지 않는 낭독자

말하는 책 낭독자들이 받은 팬 메일은 낭독자가 독자의 상상력을 장악하고 있음을 생생하게 보여준다. 많은 사람이 기억하는 책의 줄거리는 낭독자와 불 가분의 관계였다. 사람들이 기억하는 것은 책을 읽어준 목소리다. 장발장의 고난에 대한 설교를 준비하면서 『레미제라블』을 들었던 볼티모어의 한 목사 를 생각해 보자. 목사는 15년 전, 사냥 사고로 시력을 잃기 전에 그 소설을 이 미 읽었지만 스커비의 낭독으로 들은 것은 처음이었다.

그때도 위대한 책이라고 생각했지만 어제 당신이 읽어주는 말하는 책의 첫 두 구 절을 듣고, 당신이 이야기 낭독을 통해 내게 해준 것에 대해 고마움을 표현할 길 이 없습니다.
당신은 각 인물에게 개성을 부여했습니다. 이런 감동을 느껴본 지가 얼마만인지 모르겠습니다. 시각장애인에게 그냥 책을 읽어주는 것과 그들 앞에 벌어지는 사 건의 맥락을 실제로 느끼게 하는 것은 다른 일입니다.[38]

이 과장된 편지는 그 뒤 수십 년간 논의될 낭독자의 역할에 대한 핵심적인 질문, 바로 낭독자가 튀지 않아야 하는가 아니면 원고를 돋보이게 하기 위해 연기 재능을 써야 하는가라는 질문을 제기한다. 말하는 책이 인쇄본과 같게 보이려면 낭독자는 중립적인 존재—말 그대로 읽는 사람—여야 한다. 하지만 청자는 더 많은 것을 꿈꾸었다. 그들은 인쇄한 책에는 없는 친근감을 원했다. 의회도서관은 이에 대해 타협안으로 응답했다. 즉, 목소리가 지나치게 극적이지도 단조롭지도 않아야 한다는 것이었다.

좋은 낭독자를 찾기는 어려웠다. AFB는 라디오와 연극에 출연한 경험이 있는 수백 명의 전문 배우를 인터뷰하기 시작했다. 그들 중 열 명 정도가 말하는 책에 어울리는 목소리, 기술, 체력을 가지고 있었다.[39] AFB의 제작 감독인 아서 헬름스Arthur Helms는 낭독자 후보를 선출할 때 고려해야 할 두 가지 특징을 꼽았다. 바로 듣기 좋은 목소리와 우수한 전달 솜씨였다. 그의 오디션에서 후보들은 소설과 교과서에 나온 5분짜리 문장 두 개를 읽어야 했다. 헬름스는 꾸밈, 버릇, 단조로움, 호흡, 과한 노력 등의 결점을 찾기 위해 녹음을 재생했다.[40] 축음기 녹음은 실수를 편집할 방법이 없기 때문에 체력이 중요했다. 낭독자는 20분간 한 단어도 잘못된 발음 없이 읽어야 했다. 거의 모든 낭독자는 부주의한 실수나 '틀린 대사'로 녹음을 망친 경험이 있었다.[41]

의회도서관이 작성한 지침은 말하는 책 전체에 걸쳐 일관성을 보장했다. 처음부터 도서관은 내가 '그대로 읽기'라고 부르는, 즉 지나치게 극적이지도 단조롭지도 않은 낭독 방식을 지지했다. 1937년에 나온 지침은 이상적인 목소리에 대해 "낭독자는 또렷하고 기분 좋은 목소리를 가져야 한다. 공감하면서 읽되 절제해야 한다. 읽는 것이 기계적이거나 부자연스럽지 않고 주춤거림, 기침, 여러 잡음이 없어야 한다"라고 묘사했다.[42] 이러한 방향은 청자가 책을 듣고 있다는 느낌에서 너무 벗어나지 않으면서도 청자를 즐겁게 하는 방식, 즉 극적인 연기로 표면에 나서지 않는 중간 길로 화자를 이끌었다. 3년 후 개정된 '규약'에서는 낭독자가 원본에 충실할 것을 다음과 같이 재확인했다. "읽기는 ① 책에 적절해야 하고, ② 공감하되 과장하지 않아야 하고, ③ 절제하지만 부자연스럽거나 기계적이지 않아야 하고, ④ 책이 지닌 의미에 주의하면서 적절한 강조점을 확보하는 데 능숙해야 한다."[43] 무엇보다 책을 중시하는 태도는 낭독자보다 이야기가 우선임을 확실히 했다. 이것은 쉬운 일이 아니었다. 말하는 책 서비스는 그 서비스의 신뢰도를 떨어뜨릴 수 있는 연극적 읽기 스타일과 거리를 둘 필요가 있었다. 동시에 낭독자는 넓은 독자층의 관심을 끌기 위해 충분히 즐거움을 줘야 했다.

도서관은 이후에도 '그대로 읽기' 정책을 유지했다. 라디오와 극장은 연극적인 스타일을 선호한 반면, AFB는 연극적이지 않은 스타일을 선호했다. 사실상 말하는 책의 낭독자들은 스스로를 상업적 예능인이 아니라고 정의했다. 일례로 매뉴얼에서는 '지나친 극화'를 부정했고, ≪토킹 북 불레틴Talking Book Bulletin≫은 '비드라마적' 읽기뿐 아니라 '비연극적' 목소리에도 갈채를 보냈다.[44] 그런 반극장적 특성은 청중에게 원작을 각색한 것이 아니라 모사한 것임을 확인시켜 주었다. 어떤 사람에 따르면, AFB는 말하는 책이 "가능한 한 빠르고 거의 표현 없이 읽는 가운데, 낭독자가 출판물의 단어와 거의 완벽한 유사성을 창조해 내어 독자가 스스로의 표현과 강조를 넣도록 해야 한다"라고 주장했다고 한다.[45] '그대로 읽기'는 인쇄본을 보존하기 위해 할 수 있는 모든 것을 했다.

한 보고서는 낭독을 두 가지 범주로 나누었다. 해석적 낭독은 원고를 극적인 연기로 다루었다. 반면에 정보적 낭독은 자료를 중립적 방식으로 읽었다. 정보적 자료를 읽을 때 낭독자들은 "글로 표현된 단어를 들을 수 있는 형태로 전달하면서" 자신의 개성을 죽였다.[46] 이론상 중립적인 화법은 독자들이 글이 어떻게 들려야 하는지 스스로 판단할 수 있다는 점에서 인쇄물과 비슷했다. 중립적 말하기는 '해석 요인'을 사람과 페이지 사이로만 한정했다.[47] 낭독자의 존재감을 최소화함으로써 낭독자가 아닌 책 자체에 집중하게 만들었던 것이다.

'책'은 '말하기'보다 여전히 우위에 있었다. 말하는 책의 목표는 인쇄본을 재생하는 것이지, 인쇄본을 개선하는 것이 아니었다. 시각장애인 독자들을 대상으로 비공식 조사를 실시한 후 어윈은 "레코드가 재생될 때 낭독자가 책을 읽고 있다는 느낌을 가능한 한 적게 주어야 한다"라고 분명하게 말했다.[48] 최근의 한 매뉴얼에서는 낭독자를 "글을 한 매체에서 복사해서 다른 쪽으로 옮기는 '필사자transcriber'일 뿐"이라고 규정했다. 또한 "낭독자는 선생님이 아니다"라고 경고했다. "편집 논평을 하거나 목소리 톤으로 낭독자의 견해를 강요해서는 안 된다."[49] 윌리엄 아서 디콘William Arthur Deacon은 낭독자의 의무에 대해 가능한 한 원본을 충실하게 재생하는 것이라고 설명했다. 그는 스스로를 "독자가 책을 자기 손에 들고 보는 것처럼 만드는 유리판"이라고 표현했다.[50] 낭독자는 말하는 책의 초창기부터 투명성(이는 분명히 시각적인 은유다)을 목표로 했다. 그 목적은 사람들로 하여금 책이 낭독되고 있다는 것을 잊게 만드는 것이었다. 어떤 낭독자는 "이상적인 녹음은 가장 눈에 띄지 않는 녹음이다. 즉, 레코드를 듣고 있다는 것을 의식하지 못해야 한다"라고 말했다.[51] 다시 말하면, 최상의 말하는 책은 단순히 책이어야 했다.

그럼에도 불구하고 '그대로 읽기'는 낭독자에게 페이지 위의 글을 낭독하는 이상의 것을 요구했다. 낭독자들은 저자의 의도도 파악해야 했다. 초기의 지침서는 원본을 "적절하게", "주의를 기울여", "공감하는" 스타일로 읽기를 요구했다.[52] 후속 매뉴얼은 낭독자가 그 스타일을 전달하기 위해 저자와 "교감rapport"을 형성할 것을 권했다. 제인 오스틴Jane Austen의 경우에는 대화를 할 수 있는 귀가 있는 사람을 필요로 했고, 에드거 앨런 포Edgar Allan Poe는 긴장감 있는 사람을 필요로 했으며, 제임스 서버James Thurber는 유머 감각을 필요로 했다.[53] 오늘날까지 낭독자들은 스스로를 다른 사람의 정체성을 잠시 덧입는 연기자에 비유한다. 앨런 휴잇Alan Hewitt은 "내 목적은 저자에게 봉사하는 것, 아니 저자가 되는 것이다. 내가 맡은 일을 제대로 하고 있다면(내 기준에서 볼 때), 내가 이제까지 녹음한 184권 모두 휴잇 스타일이 아닌 그 특정 저자의 스타일이라는 개성이 있어야 한다"라고 했다.[54] 성공적인 녹음은 저자가 청중에게 직접 이야기를 들려주고 있다는 착각을 갖게 만들었다.[55]

반대로 비평가들은 극화가 원작을 왜곡한다고 비판했다. 지나친 극화란 낭독자가 읽는 것이 아니라 연기를 하는 것을 의미했다. 1970년대와 1980년대의 불만은 이를 증명했다. 한 통신원은 고든 굴드Gordon Gould의 낭독을 즐겨 들었는데, "그가 연극을 하려고 하지 않고 독서하듯이 읽기 때문"이었다.[56] 또 다른 이는 낭독자가 "아무 극화 없이 평범하게 읽는" 것을 좋아했다.[57] 극화한 읽기는 책이 낭독되고 있다는 것을 잊기 어렵게 하는 경우가 너무 많았다. 한 편지에는 낭독자의 "점잖은" 낭독을 칭찬하는 내용이 있었다. "당신의 낭독은 책을 방해하지 않고 과장하거나 너무 극화하지도 않았습니다."[58] 과장한 사람들은 "웅변 증세"를 앓고 있다고 비난받았다.[59] 어느 통신원은 "웅변을 해야 하는 곳도 있겠지만 말하는 책에서는 아닙니다"라고 말했다.[60] 극적이지 않은 녹음은 저자의 글을 인쇄본 읽듯이 독자 스스로 이해하게 했다. 낭독을 생동감 있게 하기 위한 어떤 시도도 이 목적에 방해가 되었다. 아이다호주 보세에 사는 재닛 거위스는 "이것은 연극이 아니라 책입니다. 나는 다른 사람의 목소리를 왜곡된 형태로 듣는 것보다 억양과 음질을 스스로 상상하는 것을 선호합니다"라고 했다.[61] 다시 말하지만 연극이 아니라 책이다. 낭독자의 목소리가 드러날수록 그 목소리를 무시하기가 어렵다.

물론 극화된 녹음을 모든 사람이 반대하지는 않았다. 캐서린 크라우스는 에드워드 블레이크Edward Blake의 『모래자갈Sand Pebbles』 낭독을 극찬했는데, 바로 연극적인 목소리 때문이었다. 크라우스는 "누군가 반대 의견을 말했을지라도 그런 사람은 소수라는 내 말을 믿으십시오. 왜냐하면 우리가 알고 있는 모든 지적 수준의 시각장애인들이 극화된 읽기를 선호하기 때문입니다"라고 썼다. "그런 읽기는 집으로 극장을 가져오는 것이며, 시력을 잃은 것에 대한 유일한 보상입니다."[62] 크라우스 같은 독자들은 반드시 책이 아니더라도 각양각색의 오락을 찾았다.

소설가 윌라 캐더는 극화에 반대한 가장 강력한 사례였다. 소수의 작가는 저작권에 대한 우려 때문에 시각장애인을 위한 소설 녹음을 허락하지 않았다. 그러나 캐더는 예술적 입장에서 녹음을 거절한 유일한 사례였다. 1937년 의회도서관 목록에서 취소 표기를 한 작품은 캐더의 소설『나의 안토니아』가 유일하다.[63] 지속적인 요청에도 불구하고 캐더는 책 녹음을 거절했다. 알렉산더 울콧Alexander Woolcott에게 보낸 편지에서 썼듯이 그녀는 자신의 소설에 대한 모든 녹음에 반대했다.

> 비협조적으로 보여서 대단히 죄송합니다만, 내 책에 대한 라디오와 축음기 재생은 내가 계속 싸워야 하는 것입니다. 이것은 양심이나 취향이 조금이라도 있는 작가에게는 모든 면에서 처참한 일입니다. 이런 재생산을 통제할 수 있는 방법이 없으며, 진저리가 나는 목소리와 감상적인 버릇을 가진 사람이 녹음을 합니다. 전문 낭독자가 작가의 작품을 얼마나 지나치게 강조하고 감상적으로 만들 수 있는지 자세히 설명할 수는 없습니다. 물론 내 규칙을 깰 수만 있다면 당신이 말한 목적대로 하겠지만, 솔직히 말해서 음향 기계로 책을 재생산한다는 모든 생각이 내게는 매우 불쾌합니다. 사람들을 음향 기계와 멀어지게 하기 위해 고군분투하는 것은 내 시간과 에너지를 많이 빼앗아 갑니다. 음향 기계는 음악을 재생산하는 데는 아주 좋습니다만, 내 책을 레코드로 만들고 싶지는 않습니다. 내 책들은 음성 재생용으로 집필된 것이 아닙니다.[64]

캐더는 녹음을 단속하지 못할까 봐 걱정했지만, 그녀의 가장 큰 우려는 미학적인 것이었다. 그녀는 지나치게 극화된 해석이 글을 망칠까 봐 두려웠다. 글은 처음에 계획한 매체 속에 존재할 때만 적절하다고 그녀는 주장했다.

캐더는 자신의 적개심이 AFB와 접촉하기 전에 겪은 기분 나쁜 경험 때문이라고 했다. 그녀의 기억으로는 한 친구와 이탈리아 식당에서 저녁을 먹다가 자신의 소설『나의 안토니아』를 읽어주는 라디오 방송을 듣게 되었다. 캐더는 별로라고 느꼈다. 배우의 과장된 연기는 소설 자체의 느낌이 아니라 일종의 발성법 훈련처럼 느껴졌다. 캐더의 말에 따르면, "그 부분은 현악에서의 묵음처럼 조용한 책 속에서는 매우 차분한 장면이었다."[65] 그 낭독은 캐더의 식사를 망쳤다.

사소해 보이는 사건이 캐더의 적개심을 녹음 전반으로 향하게 했다. 1944년 캐더가 의회도서관에 말한 것처럼 낭독자는 문장에 너무 큰 영향력을 미쳤다. 낭독자들은 무책임하게 사용될 경우 이야기를 망치는 속도, 강약, 인물의 성격 묘사를 조절했다. 다시 말하면, 캐더는 낭독에 반대했던 것이 아니라 형편없는 낭독에 반대했던 것이다.

『나의 안토니아』는 섬세한 낭독이 필요했다. 하지만 라디오에서 들었던 웅변조의 목소리는 캐더의 걱정이 근거 없는 걱정이 아니었음을 확인시켜 주었다. 그녀는 아치볼드 매클리시Archbald MacLeish에게 "어린 시절 우리 어머니와 할머니가 우리에게 낭독해 주셨듯이 책을 담백하게 읽는 사람들이 녹음한다는 확신만 있다면, 그런 레코드까지 반기지 않는다고 한 적은 없다"라고 말했다.[66] 캐더는 죽기 직전까지 어떤 녹음도 허락하지 않다가 자기 소설 중『길 잃은 여인A Lost lady』과『대주교에게 죽음이 온다Death Comes for the Archbishop』의 말하는 책 제작을 허락했다. 당연히, 그녀는 자세한 낭독 지침을 남겼다.[67]

훌륭한 옛 미국 영어

화자와 원고를 조화시키는 것은 미묘한 문제였다. 우리가 보아왔듯이, 낭독자는 중립을 지키려고 최선의 노력을 했음에도 불구하고 책의 수용에 중대한 영향을 미쳤다. 그렇기 때문에 배역을 결정하는 데에는 수많은 요인이 작용했다. 바버는 "책과 어울리는 낭독자를 선택해야 한다"라고 주장했다.[68] 적절한 낭독자를 찾는다는 것은 소설 속 인물의 나이, 계급, 성별, 인종, 민족, 국적, 성, 신분, 기타 청각적 유사성 지표와 맞추어본다는 것을 의미했다. 예를 들어 어윈은 낭독자의 인생을 참고해 배역을 정했다. "어떤 사람에게 단순히 책을 읽게 하는 문제가 아니다. 낭독자의 목소리, 성격, 배경, 취향, 인생관, 교육, 지적 수준이 해당 문학작품과 가장 적합한지를 고려해야 한다."[69] 어윈은 헬렌 켈러의 자서전『중류: 그 후의 내 인생Midstream: My Later Life』을 실제로 켈러를 알고 있는 여성이 읽어야 한다고 주장했다. 그렇지 않으면 낭독자와 책이 조화되지 않을 위험이 있었다.

AFB는 너무 어울리지 않는 목소리는 선택하지 않았다. 한 제작 책임자는 "우리는 소재에 맞는 목소리와 말투를 가진 낭독자를 선택하려고 노력한다"라고 설명했다. 영국 배우에게 제인 그레이Zane Grey의 서부물Western 낭독을 맡기지 않는 것처럼, 텍사스 억양으로 말하는 배우에게 찰스 디킨스의 소설 낭독을 요구하지 않을 것이었다.[70] 대부분의 녹음은 이런 방침을 따르고 있었는데, 한 가지 예를 들면 실제 서부 출신 배우가『혈투의 계곡Vengeance Valley』을 낭독했다. 하지만 작품에 어울리는 낭독자를 고르는 일에는 어려움이 따랐다. 대부분의 경우, 애초에 어떤 목소리가 적절한 목소리인지에 대해 독자들의 의견이 달랐다.

독자들은 실제 인물과 소설의 등장인물이 어울리지 않으면 재빨리 지적했다. 등장인물이 말을 하는 경우에는 특히 문제가 많았다. AFB는 그것이 쉽게 희화되거나 정형화되기 때문에 "말하는 책 녹음에 대한 규칙 제시"를 통해 그 관행에 대한 반대 의사를 밝혔다. "극화에 몰두하거나 대화하는 인물을 흉내 내려고 하지 말라. 열에 아홉은 실패할 것이다. 여자라고 해서 모두 부드러운 목소리로 말하거나 속삭이지 않으며, 나이 많고 권력 있는 남성이라고 해서 항상 지붕이 무너질 만큼 큰 소리를 지르는 것은 아니다."[71] 아서 헬름스는 배역에 맞는 연기를 하려면 과하지 않게 연기해야 한다고 주장했다.[72] 그렇지 으면 형편없는 성격 묘사로 비극을 희극으로 만들 위험이 있었다. 다양한 작품을 한 명이 녹음하면서 친숙해진 목소리 때문에 문제가 더 복잡해졌다(존 나이트 John Knight는 처음 165개의 작품 중 97개를 녹음했다[73]). 매뉴얼에서는 여러 목소리로 낭독하는 대신 음색에 조금씩 변화를 주라고 추천했다. 이 기법은 이야기의 가장 작은 변화에까지 익숙해진 청중에게 대단히 잘 맞는 것으로 확인되었다.

낭독자들은 20세기 후반 여권 신장, 시민권 운동, 다양한 사회 평등 운동의 물결 속에서 점점 더 많은 검증을 거쳤다. 낭독자 선택에 대한 논란은 낭독의 정치라고 볼 수 있었다. 너무 나이가 많고 너무 남성적이고 너무 백인 같은 낭독자는 어느 정도 주제와 유사하거나 신분의 다양성을 나타내는 목소리를 기대하는 독자들로부터 불만을 샀다. 예를 들어 한 독자는 청소년 소설에 맞지 않는 배역 선정에 대해 불평했다.

낭독자가 자신과 어울리는 책을 읽을 수 있도록 책의 낭독자 선택에 더 주의를 기울여야 합니다. 서부극 낭독을 잘하던 버키 코슬로Bucky Koslow가 거칠게 갈라지는 할아버지 목소리로 어린이 일인칭 시점인 『허클베리 핀』을 낭독한 것과, 완벽한 뉴스캐스터인 밀턴 메츠Milton Metz가 십대 소년 일인칭 시점인 『호밀밭의 파수꾼The Catcher in the Rye』 재녹음에서 낭독한 것은 최악의 조합이었습니다.[74]

그들의 목소리는 거의 들리지 않았다. 일인칭 해설은 특히 잘못 배역이 주어지기 쉬웠다. 청중은 여성이나 십대 그리고 자신에 대해 이야기하는 그룹의 추억을 나이 든 남성의 낭독으로 듣고 싶어 하지 않았다.

중성적인 목소리를 낸다 해도 청중은 낭독자의 성별을 날카롭게 식별했다. 남성 낭독자의 수가 더 많다는 것이 문제를 악화시켰다. 여성의 목소리는 녹음하기가 어려웠고 기술과 거의 관계없는 이유로 받아들이기 쉽지 않았다. 세기 중반에 AFB가 만든 조사표는 "말하는 책 녹음에서 여성의 목소리는 남성의 목소리보다 만족스럽거나 인기 있지 않다"라고 밝혔다.[75] 결과적으로 여성의 자서전 또는 여성의 입장에서 쓴 이야기 등을 낭독해야 할 때만 여성이 낭독했다. 19세기 말 벨러미는 여성이 낭독하는 것에 대한 환상이 있었지만(여기에 대해서는 1장에서 언급한 바 있다), 20세기 독자들은 남성을 선호했다. 한 독자는 개인적인 취향 문제로 여성의 낭독을 듣기 싫어했다.[76] 다른 이들은 여성의 낭독이 과장되거나 '노래하는' 방식이라고 비난했다.[77] 여전히 대부분의 후원자들은 여성이 썼거나 여성에 관해 쓴 책은 여성이 읽어야 한다는 데 동의했다. 게다가 이성의 성대모사는 독자를 불편하게 했다. 한 통신원은 "내가 진짜로 싫어하는 한 가지는 남자가 여자처럼 말하는 것 또는 그 반대의 경우입니다"라고 불평했다.[78] '그대로 읽기'라 하더라도 연기하는 성별 문제에 이르면 그대로 읽을 수 없었다.

인종적 소수자가 썼거나 인종적 소수자를 다룬 이야기에 대한 성대모사는 일종의 음유시적minstrelsy 위험이 있었다. 소외 계층을 다루는 방식에 대한 불만은 1960년대와 1970년대에 점점 더 일반화되었다. 라울 루고는 낭독자인 윌리엄 라이트William Wright가 무례하다고 생각했다. 예를 들면 그는 "라이트 씨의 낭독 방식은 편견, 인종주의, 성 차별의 악취를 풍깁니다. 그가 연기하는 게이는 모두 혀 짧은 소리를 내고, 흑인은 모두 마약 중독자 같으며, 여성은 모두 게으르고 유혹적인 존재로 표현했습니다. 나는 그 오래된 고정관념을 강화하는 낭독을 그냥 앉아서 듣는 것이 대단히 모욕적이라고 생각합니다"라고 말했다.[79] 혀 짧은 소리와 성적·인종적 표현 방식은 낭독자가 얼마나 쉽게 책의 수용에 영향을 미칠 수 있는지를 보여준다. 하나의 단순한 동작이 등장인물을 고정관념화했다. AFB는 고정관념은 이야기에서 나오는 것이지, 낭독자 때문이 아니라고 라이트를 방어해 주었다. 문제가 된 소설 중 하나인 벤 그리어Ben Greer의 『교도소Slammer』는 사우스캐롤라이나주 교도소 생활에 대한 암울한 주제를 다루었다. AFB는 미국동성애특별위원회National Gay Task Force에 보낸 편지에서 편견을 드러내는 모든 표현의 책임을 낭독자가 아닌 책의 저자에게 돌렸다.[80] 의회도서관은 다른 사람들이 읽는 책을 시각장애인도 읽을 권리를 보호하기 위해 자료 검열은 거절했다.

성별, 인종, 민족에 따라 낭독자의 배역을 선정하는 것은 독자의 집중을 방해하는 모욕적인 차별을 피하려는 것이었다. 예를 들어 조지아주 애틀랜타에서 대학을 졸업한 앨빈 딜라니는 『니그로 유머 책Book of Negro Humor』 같은 아프리카계 미국인 문학을 포함시킨 것을 칭찬하면서도 "그래서 왜 코안경이나 다초점 안경을 쓴, 유머라고는 전혀 없을 듯한 나이 먹은 백인 노처녀를 고용해서 책이 가질 만한 효과까지 망쳐버리는가요?"[81]라고 물었다. 이와 반대로, 책과 어울리는 낭독자를 선정하면 논쟁적인 책도 독자가 마음에 들어 했다. 37세의 한 흑인 여성은 평소 인종문제에 관련해서는 어떤 것도 피해 왔지만, 딕 그레고리Dick Gregory의 『깜둥이: 어느 자서전Nigger: An Autobiography』을 듣느라 밤을 꼬박 새웠다.[82] 몇몇은 인종적 분류를 완전히 피하려고 했다. 어떤 사람은 여배우 유지나 롤스Eugenia Rawls가 낭독한 그웬 브리스토Gwen Bristow의 『멋진 길Handsome Road』을 들은 후 롤스의 피부색이 무엇인지 물었다.[83]

외국 작가가 썼거나 다른 나라를 배경으로 한 문학작품에 대해서도 똑같이 뜨거운 논란이 있었다. 그러한 작품은 외국 이름과 구절을 발음할 수 있는 원어민이 낭독해야 한다고 생각하는 독자 그룹도 있었다. 예를 들면 얼 하이먼Earl Hyman은 알렉스 헤일리Alex Hayley의 『뿌리Roots』에 나오는 사투리를 능숙하게 다뤄서 칭찬을 받았다. 전 세계 청자들은 지방 출신 미국인이 낭독한 책을 듣느라 애를 먹었다. 노먼 존슨은 도서관에 책을 반납하면서 "낭독이 너무 형편없었으며, 영어와 내가 익숙한 다른 모든 언어의 엉터리 발음이 가득해서 책을 끝내기가 매우 고통스러웠습니다"라고 편지를 썼다.[84] 미국에서 자란 낭독자는 비영어권 국가에 대한 충분한 전문성이나 직접적인 경험을 가지고 있지 않았다. 일례로 제임스 클래블James Clavell의 『쇼군: 일본 소설Shogun: A Novel of Japan』 낭독자는 일본어를 거의 몰랐다. 한 독자는 낭독자의 "일본어가 엉망입니다. 이런 일본어가 적어도 몇 분에 한 번씩은 나옵니다"라고 화를 내면서, 그 결과로 셀 수 없이 많은 엉터리 발음을 듣게 되었다고 했다.[85]

또 다른 독자 그룹은 미국 영어에서 벗어나는 어떤 말투도 싫어했다. 외국어 억양 때문에 적어도 한 명의 통신원은 이야기 흐름을 따라가기 어려웠다.[86] 익숙지 않은 말이 야기한 위험을 AFB는 잘 알고 있었다. 『황태자의 마지막 키스A nervous Splendor: Vienna 1888~1889』에 대한 독자 리포트에서는, 낭독자의 유럽어 발음이 "우리 미국 청자들에게 잘 들리도록 원어에 가까웠습니다"라고 보고했다.[87]

셰익스피어, 제인 오스틴, 여러 영국 작가의 작품을 낭독하는 가장 좋은 방법에 대해서는 의견이 분분했다. 어떤 사람들은 미국 억양이 영국 문학성을 해친다고 느꼈다. 다른 이들은 미국 억양이 아닌 다른 것은 듣기를 거부했다. 한 사람은 영국 소설에는 영국 억양을 쓸 것을 주장했다. "낭독자 선정에서 가장 일반적인 실수는 철저하게 영국 이야기인데도 어떤 카우보이를 쓰는 것입니다."[88] 그는 미국인 낭독자가 "애거사 부인의 찻집을 드나드는 영국 친구로 확실히 어울리지 않았습니다"라면서 크리스티의 『애크로이드 살인 사건The Murder of Roger Ackroyd』 듣기를 중단했다. 미국인들은 위험을 무릅쓰고 외국 억양을 흉내 냈다. 버트 블랙웰Bert Blackwell은 자신의 노력에 대해 다음과 같은 불평을 들었다. "블랙웰은 모든 영국 여성을, 아무리 교육을 잘 받은 여성이라 하더라도, 마치 런던 토박이 여점원처럼 보이게 합니다."[89]

모든 것을 미국인이 낭독하기 바라는 독자들로부터도 불평이 터져 나왔다. 일례로 캘리포니아주 라구나 힐스에 사는 윌러드 프라이스는 외국 발음으로 영국 소설을 읽는 것에 반대했다. 프라이스는 "단지 영국 사람이 썼고 영국에 대한 것이라는 그 사실만으로 미국인은 이해하기 어렵게 만든다는 것은 변명거리가 될 수 없습니다"라고 불평했다. "미국인을 위한 레코드가 왜 미국말로 녹음될 수 없습니까?"[90] 일리노이주 피오리아에서 온 어느 여성이 영국 억양에 대해 비슷한 반대를 했다. "우리는 미국인입니다. 왜 우리가 이해할 수 없는 낭독자에게 우리를 속박시키는 건가요? 만일 중국 이야기라면 중국어로 읽어 줄 건가요?"[91] 라디오, 영화, 텔레비전을 통해 널리 퍼져 있음에도 많은 사람들이 영국 말투에 어려움을 겪었다. AFB는 이런 지역 문제를 달래기 위해 가끔 영국 소설을 미국인에게 맡기면서도 자기 지방 억양을 쓰지 않는 사람만 썼다.[92] 도서관 사서는 영국 억양이 정통성의 느낌을 더하면서 많은 사람들에게 이야기에 대한 즐거움을 향상시켰다고 설명했다. 하지만 그런 정당화는 토착 문화주의자들을 설득하지 못했다. 뉴올리언스의 한 사람은 "영국과 아일랜드 출신의 낭독자를 없애고 토착 미국 낭독자를 고용하는 것이 어떨까요?"[93]라고 물었다.

뉴올리언스 사람이 생각하듯 토박이 낭독자로 배역을 선정하기는 쉽지 않았다. 미국 말이 지역에 따라 달랐기 때문에 미국 내 여러 지역 독자들을 만족시킬 사람을 고르기가 어려웠다. AFB의 무대 감독 중 하나인 윌리엄 하울William Howle은 편지를 쓴 사람들에게 지역적 다양성 추구가 조직의 목표라고 확인해 주었다. "우리는 전 국민에게서 토박이 같은 한 가지 말 패턴을 찾기가 어렵기 때문에 다양한 사람을 고용합니다. 어떤 이들은 동부에서 오고, 또 다른 사람들은 서부, 중서부, 남부에서 옵니다."[94] 청중은 북부인이 남부인의 산문 그리고 여러 장르를 낭독하는 것에 예민했다. 등장인물의 말에 맞추려는 시도조차 잘 받아들여지지 않기도 했다. 서부 해안의 한 편지는 프랜시스 파크먼Francis Parkman의 『오리건 트레일Oregon Trail』을 원래의 미국말이 아닌 동부 억양으로 낭독한 것을 불평했다.[95]

말하는 책 서비스 자체 내에서도 여러 의견이 있었다. 뉴욕의 AFB의 녹음 스튜디오는 종종 일반적인 억양을 가졌거나 지역 색이 없는 억양을 가진 배우를 찾아냈다. 영국에서 온 방문자는 "비미국화된 목소리"로 얘기했다.[96] 역으로 미국시각장애인출판사의 스튜디오는 켄터키주 루이빌에 위치해 있었다. 성인 시각장애인을 위한 책Books for the Adult Blind 감독인 에드거 로저스Edgar Rogers는 본인의 의견으로는 "들뜬 목소리의 중서부 친구가 시리얼 광고를 하듯이 별 볼 일 없이 책을 읽는"[97] 미국시각장애인출판사의 직원보다 AFB의 브로드웨이 배우가 녹음한 책을 선호했다. 하지만 바로 이 남부 말이 다른 지방에서는 매력적이었다. 한 비평가는 대도시의 배우가 아닌 지역 사람들이 낭독할 때 책이 가장 잘 들리는 증거로 아치볼드 매클리시가 지닌 "정통적인 미국" 목소리를 들었다(매클리시는 일리노이에서 자랐다).[98]

오, 아름다운 목소리

AFB와 의회도서관의 '그대로 읽기' 정책은 책에 주의를 기울일 수 있도록 낭독자의 존재감을 낮추었다. 하지만 독자들로부터 온 편지들은 낭독자와의 개인적인 관계를 강하게 표현했다. 많은 사람들은 특별히 훌륭한 연기에 감동받고 팬레터를 썼다. 편지에서는 낭독을 덜 듣겠다고 하지 않았다. 그들은 더 듣기를 원했다.

편지에서는 사랑받는 낭독자의 목소리가 가진 차이점을 자세히 묘사했다.[99] 가장 사랑받는 낭독자는 다음과 같은 특성을 가지고 있었다. 바로 명랑한 목소리, 분명한 말투, 정확한 발음, 좋은 속도, 풍부함, 다양함, 외국어 구사, 저자의 의도에 대한 감성적인 이해, 전반적으로 예술적인 기교였다. 좋은 낭독자는 흑백 사진이 컬러 사진이 된 것 같은 느낌을 주었다. 캘리포니아주 새크라멘토에 사는 한 남자는 고기잡이에 대한 문집 『송어 세상In Trout Country』의 낭독자에게 찬사를 보냈다. "당신이 그 책을 생동감 있게 만들었습니다."[100] 에드윈 틸리 Edwin Tealy는 『여름으로의 여행Journey into Summer』을 기교 있게 낭독해 사람들에게 새소리, 하루살이, 모래 사구의 바스락거리는 소리를 들려주었다.[101] 전문가의 스토리텔링은 독자로 하여금 손에 땀을 쥐게 했다. 출판인 하워드 헤이크라프트Howard Haycraft는 이렇게 썼다. "예를 들어, 『링컨 대통령이 암살당한 날The Day Lincoln Was Shot』을 생생하게 낭독한 칼 웨버Karl Weber가 말하는 책의 극적 강도를 얼마나 높였는지 상상할 수 없다."[102] 낭독자의 정확한 목소리는 평범한 책도 즐겁게 만들었다.

청중은 낭독자를 통해 책의 언어를 새롭게 발견했다. 알렉산드르 솔제니친Aleksandr Solzhenitsyn의 『수용소 군도Gulag Archipelago』와 윌리엄 포크너의 『압살롬, 압살롬Absalom, Absalom!』 낭독자는 "아주 불분명하고 찾기 힘든 미묘한 어감까지 끄집어냈습니다"[103]라고 평을 들었다. 몇몇 독자는 인쇄본에서는 그런 미묘한 차이를 놓쳤다고 인정했다. 어떤 이들은 낭독 책을 더 즐긴다고 고백했다. 애리조나주 참전용사 병원의 한 환자는 리처드 콘돈Richard Condon의 『윈터 킬Winter Kills』을 들은 후 "내가 만약 볼 수 있고 안락의자에서 혼자 읽었다면 이 책을 이렇게까지 즐기지 못했을 것입니다"[104]라고 편지에 썼다. 물론 낭독자와 책의 관계는 상호작용했다. 좋은 낭독자가 시원찮은 책을 살려낼 수도 있었지만, 고약한 낭독자가 좋은 책을 망칠 수도 있었다. 어떤 낭독자가 모든 책을 다 낭독해 주기를 원하는 독자들의 일화가 많은 만큼, 기피 대상인 낭독자의 낭독을 모두 거절하는 독자들의 사례도 많다.

후원자들은 종종 저자나 제목이 아니라 낭독자를 보고 책을 선택했다. 키트 포니어Kit Fornier의 한 팬은 "앞으로는 독서의 엄청난 즐거움이, 적어도 그 절반은 낭독의 질과 발음에 있다는 것을 편집자들이 알아주기 바랍니다"라고 편지를 썼다. "지금부터는 포니어 양이 낭독해 주는 것이라면 무슨 책이든 듣겠습니다."[105] 다른 사람들도 마찬가지로 자신이 느끼는 즐거움이 특정 목소리 덕분이라고 여겼다. 아놀드 모스Arnold Moss의 팬은 "그 사람이라면 전화번호부나 사전을 읽더라도 즐겁게 들을 수 있습니다"라고 말했다.[106] 한 독자는 오랜 시간을 함께 보내면 친근함이 생기기 마련이라고 하면서, "우리는 책을 고를 때 마치 친구처럼 오랜 시간 동안 읽어줄 낭독자를 고르는 것입니다. 나는 스커비와 함께『전쟁과 평화』를 직접 겪었고, 『백치Idiot』가 되었고, 『무기여 잘 있거라』를 이야기하려고 이탈리아 전선을 방문했으며, 노먼 로즈와 함께한『닥터 지바고Doctor Zhivago』를 통해 두 번의 전쟁과 러시아혁명을 지나오면서 잊지 못할 경험을 했습니다"[107]라고 주장했다. 이『닥터 지바고』독자는 저자 보리스 파스테르나크Boris Pasternak만큼이나 낭독자에게도 큰 신세를 졌다.

많은 독자들은 말하는 책이 자신에게 직접 말하는 것처럼 느꼈다. 버키 코즐로Bucky Kozlow는 사람들에게 자신이 녹음한 조 프랭클린Joe Franklin의『선물A gift for People』을 편안하게 앉아서 즐기라고 청했다. 나중에 한 여성은 "나는 책을 힘 있고 권위 있고 생동감 있게 읽는 방식이 좋습니다"라고 편지했다. "당신은 나를 중요한 사람으로 느끼게 해주었습니다. 그리고 이 훌륭한 문장을 당신이 최고의 수준으로 녹음한 것을 들을 때, 개인적으로 나만을 위해 낭독하는 것처럼 느꼈습니다."[108] 코즐로는 눈에 띄지 않을 수 없는 존재였다. 그의 목소리는 이야기 자체만큼이나 기억에 남았다.

독자들은 말하는 책 낭독자와의 관계를 대중이 영화 스타에게 환호하는 것에 비교했다. 팬들은 중립이라는 가식을 무시했다. 그 대신에 축음기에서 나오는 실체를 모르는 목소리의 근원을 알고 싶어 했다. 잡지의 특집기사였던 "목소리 뒤의 남자Man behind the voice"라는 제목은 널리 퍼져 있는 이 호기심을 자극했다.[109] 텍사스에 사는 한 고등학생은 코즐로에게 보낸 편지에 "저는 당신에게 낭독자로서뿐만 아니라 인간으로서도 흥미가 있습니다"라고 썼다.[110] 그 고등학생은 코즐로가 여가 시간에 무엇을 하는지, 텍사스에 살아본 적이 있는지 물었다. 시각장애인 독자가 낭독자의 사진을 요청하는 것은 드문 일이 아니었다. 어떤 이들은 심지어 가장 좋아하는 낭독자에게 직접 만나자고 요청하기도 했다. 이 책을 쓰는 동안 독자들이 어릴 때부터 목소리를 들어왔던 낭독자를 만나 눈물을 흘린 일화를 들었다.

에설 에버렛Ethel Everett은 스타 반열에 오른 낭독자였다. 그녀는 자신의 팬인 인디애나폴리스의 변호사로부터 앨범 한 권을 채울 정도로 많은 시를 받았다. 「목소리The Voice」라는 제목의 시는 에버렛의 팬이 에버렛의 낭독을 듣고 느낀 감정을 표현하고 있다.

오, 말하는 책의 아름다운 목소리
    색감으로 가득 찬 석양처럼 그윽함이여
    초록의 바다가 푸른 하늘을 만나는 곳
별빛 같은 사랑스러움, 시냇물 같은 맑음
    황금의 찬란함 속에 번쩍이고 빛나네
    리듬에 잔물결을 불러 얹기 위해
아는가, 내 생각이 품은 것을 말할 수 있는가
우리가 시간과 공간을 거쳐 여행하면서
    당신의 안내로, 모든 책 페이지를
모든 억양과 단어가 유쾌하게 어우러져
    시인, 철학자, 소설가, 현자의
아무도 들어본 적 없는 억양으로
    선원들이 미풍 속의 항로에서 꼬임을 받았도다
    마법에 걸린 바다의 노래하는 요정으로부터?[111]

"오, 아름다운 목소리". 그는 낭독자의 목소리를 듣자마자 사랑에 빠졌다. 말하는 책과 사이렌의 노래를 비교하면서 자신이 얼마나 유혹되기 쉬웠는지를 경고한다. 그럼에도 이 시는 독백으로만 말하는 낭독자와 대화("내 생각이 품은 것을 말할 수 있는가")를 시도한다. 낭독자를 눈에 띄지 않게 하려는 AFB의 노력에도 불구하고 독자들은 끊임없이 실제 낭독자에게 관심을 가졌다.

유명인의 녹음은 AFB의 '그대로 읽기' 정책이 스튜디오가 인정한 것만큼 '그대로 읽지 않았다'는 추가적인 증거를 제공한다. 독자와 책 사이에 개입하지 않는 중립적인 낭독 방식을 지지함에도 불구하고, AFB는 독특한 목소리의 낭독자—책의 저자에서부터 전문 배우, 공인에 이르기까지—를 선발했다. 자신의 책을 낭독한 저자—또는 적어도 책의 첫 번째 녹음을 낭독한 저자—로는 스티븐 베넷Stephen Benet, 에드나 퍼버Edna Ferber, 아치볼드 매클리시, 토마스 만Thomas Mann, 서머싯 몸Somerset Maugham, 엘리너 루스벨트, 잰 스트루서Jan Struther, 울콧이 있다. 또 다른 유명인사는 메이디 크리스천스Mady Christians, 에바 르가리엔느Eva le Gallienne, 휘포드 케인Whitford Kane, 오티스 스키너Otis Skinner, 시빌 손다이크Sybil Thorndike, 시어도어 루스벨트Theodore roosevelt가 있다. 이 명단에는 무성 영화 배우(버트 리텔Bert Lytell)도 있다.[112] 이들의 목소리는 익명이 될 수 없었다. 대신 무성 페이지에 비해 말하는 책의 장점을 최대한 활용했다. 다른 형식으로는 독자들이 상상만 할 수 있던 것을 개성적인 목소리를 통해 이야기를 더 재미있게 만들었다. "예를 들어 윈스턴 처칠Winston Churchill의 유명한 연설 '피, 땀, 눈물'을 직접 외침으로써 차가운 인쇄물에서는 절대 얻을 수 없는 연설의 맛을 느끼게 합니다"라고 한 독자가 말했다.[113]

시각장애인 독자들은 또한 상업 판매를 위해서는 본인의 책을 녹음하기를 원치 않았던 작가의 작품을 듣는 사치를 누리기도 했다. AFB 대표는 "크리스토퍼 몰리Christopher Morley, 서머싯 몸, 퍼버 같은 작가들이 자신의 작품을 어떻게 읽을지 궁금하지 않으십니까?"라고 물었다. "나는 궁금한 적이 있습니다. 그들이 책 구절에 어떤 변형을 줄지, 그들이 기억하고 싶은 이야기가 있는지 없는지 궁금했습니다. 하지만 시각장애인들은 궁금해 할 필요가 없습니다. 이미 알고 있으니까요."[114] 저자의 음성은 지면으로만 얻을 수 있는 것보다 좀 더 정확한 독서를 제공했다. 결국 인쇄는 많을 것을 독자의 재량으로 남겼다.

하지만 회의론자들은 그러한 재량을 없애면 독서가 수동적인 행위가 될 것이라고 계속 우려했다. 만약 이전에 독자가 했던 모든 일을 낭독자가 수행했다면 어떨까? 뉴올리언스에 사는 한 남자는 오스카 와일드의 『공주의 생일The Birthday of the Infanta』과 『나이팅게일과 장미The Nightingale and the Rose』를 여배우 에바 르가리엔느가 낭독한 것을 듣고 나서 "나는 이 두 책을 자주 읽었습니다. 하지만 인판타의 포악함과 아름다움을 내내 상상해야만 했습니다. 오늘밤은 당신이 나를 대신해서 상상해 준 것을 듣기만 하면 됩니다"라고 말했다.[115] 그에게는 르가리엔느의 연기가 도서관보다는 영화관에 더 가깝게 느껴졌다.

말하는 책은 가능한 한 충실히 인쇄본을 재생했다. 하지만 저자의 목소리는 말하는 책과 다른 책을 차별화했다. 저자의 목소리로 들으면 독자와 저자가 인쇄본보다 더 가까워지는 것 같았다. 어윈은 저자의 낭독에 대해 "저자의 낭독은 저자와 개인적 접촉을 제공하며 시각장애인들에게는 매우 매력적이고 즐거운 일이다"라고 증언했다.[116] 그 의견은 에디슨 시대 이후 인기를 끈 음향 녹음이 저자에 대한 직접적 접촉을 용이하게 한다는 환상을 확실하게 심어주었다. 어윈은 인쇄본에는 없던 저자의 어조, 억양, 음성의 버릇을 통해 청자들이 저자의 개성도 찾아낼 수 있다고 했다.[117]

말하는 책은 저자들에게 시각장애인과 직접 소통하는 기회를 주었다. 서머싯 몸이 『인간의 굴레Of Human Bondage』의 모든 사본에 같은 소개말을 낭독한 반면, 몰리와 만은 말하는 책 녹음을 위한 인사말을 별도로 적었다. 몰리는 우화 『파랑이 시작되는 곳Where the Blue Begins』의 서문에서 청중이 다음에 무엇이 올지 훔쳐보지 않는다고 칭찬했다. 그는 청중에게 자신감을 심어준다. "가장 완벽한 후원자는 듣는 사람들이다. …… 듣는 이들은 그냥 보기만 하는 사람들보다 더 현명하므로 『파랑이 시작되는 곳』이 흔들리고 불확실한 우화임을 알게 될 것이다."[118] 몰리는 우화 낭독을 들으면 인쇄본에서는 잘 보이지 않던 단점이 드러난다고 인정했다.

마찬가지로 토마스 만의 『부덴브로크가 사람들Buddenbrooks』 서문은 시각 장애인만 들을 수 있었다. 낭독을 하는 것은 이야기의 개념에서, 그리고 만이 독일 상인 가문에 대한 자신의 이야기를 다룬 서사시적 전통에서 일정한 역할을 했다. 그렇기 때문에 만은 낭독을 구어 문학과 일반 문학의 격차를 해소하는 기회로 삼고자 했다.

40년 동안의 삶에서 내 청춘시절 작품(『부덴브로크가 사람들』)은 믿기 어려운 놀라운 영예를 안겨주었다. 그러나 이곳 미국에서 이 작품을 위해 기획된 이것, 즉 운명 때문에 눈으로는 책을 읽을 수 없는 사람들을 위해 녹음으로 들려주는 것보다 나를 더 감동시킨 것은 없다. 이는 대단히 훌륭하고 좋은 일이다. 서사시는 눈보다는 귀에 호소하기 때문이다. 옛날에는 말이나 노래로 전해졌고, 그것은 듣는 것이었다. 젊은 저자는 작품을 쓰면서 친척과 친구들에게 들려주었기 때문에 이 책 역시 눈으로 보기 전에 듣기가 선행되었다. 서사는 다른 어느 문학 형식보다도 음악에 가깝다. 서사는 우리가 귀라는 매체를 통해 보지 않고 들음으로써 내면의 눈에 다다르는 음악—삶의 음악—이다. 어둠 속에 살고 있는 이들에게 들려진 내 이야기가 내면의 작은 빛이 되고 마음에 조금이나마 즐거움이 되기 바란다.[119]

시력 등급이 서로 다른 독자들 사이에서 평등을 도모하고 있던 도서관은 '눈보다는 귀를 위해'라는 토마스 만의 "내면의 눈" 비유를 환영했다. 그런 깜짝 출현은 청중으로 하여금 스스로 책을 읽는다고 믿게 하는 동시에 저자의 목소리를 들을 수 있게 했다.

이 장은 ≪다이얼로그≫에 실린, 말하는 책을 읽는 가장 좋은 방법에 대한 논란으로 시작했다. 청중은 인쇄 책이 표방하는 조용한 스타일과 음향 녹음 기술을 충분히 활용한 극장식 스타일 사이에서 선택에 직면했다. 프레드 비니와 미리엄 비니는 시각장애인 독자들로 하여금 문장의 능동적인 해석자가 되도록 하는 중립 전달, 이른바 '그대로 읽기'를 확실하게 지지했다. 낭독자에게 보내는 메시지는 분명했다. 방해하지 말라는 것이었다.

그러나 ≪다이알로그≫는 비니 부부로부터 마지막 말을 듣지 못했다. 논란을 지켜본 후 부부는 잡지에 두 번째 편지를 보냈다. 그 편지에서 비니 부부는 낭독의 전달 방식에서 낭독의 품질로 관심을 돌렸다.

많은 사람들이 우리가 편지에 적은 몇 가지에 대해 동의하지 않는 듯한데, 그 때문에 우리는 말하는 책 낭독 문제를 다시 생각해 보았다. 더 궁리해 보니 우리가 반대하는 것은 해석적 읽기가 아니라 나쁜 질의 해석적 읽기였다. 우리는 여러 해 동안 스커비, 레온 재니Leon Janney, 노먼 로즈, 에스터 벤슨Esther Benson, 바버라 카루소Barbara Caruso가 아름답게 낭독한 책을 완벽하게 즐겼다. 우리가 만난 가장 감동적이며 극적인 경험은 하우스 제임슨House Jameson이 낭독한 『그대 다시는 고향에 가지 못하리You can't go home again』를 들은 것이었다. 그러나 열악한 해석과 '그대로 읽기' 중 선택하라면 우리는 꾸미지 않은 낭독을 선택할 것이다.[120]

비니 부부는 '그대로 읽기'와 연극적 낭독 사이에 위치한 세 번째 방식, 바로 그들이 책을 이해한 것과 완벽하게 일치하는 극적 해석이라는 방식을 받아들이게 되었다. 그에 따라 좋은 낭독자는 적극적인 독서와 수동적인 독서 간의 간극을 메워주었다. 이 난해한 해결책은 단순한 목소리 그 이상인 낭독자와의 친밀한 관계를 기대한 독자들에게 호소하는 동시에, 의회도서관과 AFB가 원작에 충실한 이야기 방식을 선택하는 데 직면했던 어려움을 암시한다.

제4장

시각장애인을 위한 무료 출간

1934년 미국 의회도서관은 시력을 잃은 사람들에게 읽을거리를 제공하기 위해 세계 최초로 말하는 책 도서관을 설립했다. 성경, 셰익스피어, 베스트셀러 소설은 모두 전문 배우에 의해 축음기 레코드에 녹음되었다. 헬렌 켈러는 점자가 발명된 이후 장애인 문해력에 가장 의미 있는 진전으로서 말하는 책을 반긴 사람 중 하나였다.[1] 첫 번째 녹음이 독자들에게 공개된 후 셀 수 없이 많은 이들의 축하를 받았다. 전국 신문에서 보도했듯 말하는 책은 점자를 읽을 수 없거나 다른 사람에게 독서를 의존해야만 했던 미국의 13만 시각장애인들로 하여금 스스로 책을 읽게 해주었다. 언론은 거의 만장일치로 찬사를 보냈다.

그러나 이 설명에는 다른 편의 이야기가 빠져 있다. 1939년 2월, 진전이 이루어졌다고 생각하는 지배적인 의견에 대해 엘리너 저드^{Eleanor Judd}가 의문을 제기했다. 《뉴욕타임스》 특집은 책을 접하는 것이 더 이상 문제가 아니라는 인상을 주었다. 저드는 도서 선정 과정에서 지속되는 좌절감을 지적하면서 이 기사에 동의하지 않았다. 도서선정위원회는 모든 사람이 읽는 책 대신에 시각장애인에게 유익해 보이는 책을 자주 골랐다. 저드는 《뉴욕타임스》에

"단지 볼 수 없다는 이유로 시각장애인 수천 명이 최신 책을 읽을 기회를 빼앗겨야 하는가?"[2]라고 편지를 보냈다. 저드는 도서관 예산이 정해져 있기 때문에 도서목록에 제한이 있다는 것은 인정했다. 그녀가 받아들일 수 없었던 것은 시각장애인이 읽어야 할 책 목록을 결정하는 의회위원회의 권한이었다.

저드는 다른 독자들과 다르게 처우하는 데 오랫동안 반대해 온 시각장애인들의 항의에 동참했다. 첫 번째 책이 우편으로 배포되었을 때 시각장애인 독자들은 다른 사람들과 같은 책—즉, 대중소설—에 접근할 수 없다는 이유로 항의했다. 도서 선정위원회가 20세기 이전에 발간된 문학을 선호했기 때문에 시각장애인 독자들이 미첼의 『바람과 함께 사라지다』 같은 최고 인기 소설을 읽을 수 없다는 것이었다. 하지만 저드는 그 책 한 권이 그리스 비극 모두를 모아놓은 것보다 더 큰 즐거움을 줄 것이라고 주장했다.

의회도서관이 1930~1950년대에 걸쳐 할 말을 하는 다양한 독자 수요에 맞추기 위한 도서 선정 정책을 애써 만들어가는 동안에도 즐거움, 교화, 풍요의 역할에 대한 의문이 계속 제기되었다. 중점 과제는 선의의 전문가가 시각장애인 복지에 관한 결정을 해야 하는지 아니면 독자들이 스스로 결정해야 하는지에 관한 것이었다. 저드가 주장하는 입장에는 의문이 거의 없었다. "공평한가? 위원회가 생각하는 것이 아닌, 우리가 원하는 것을 가져야 하지 않는가?"[3] 저드는 소리 없는 다수를 대변해, 최선이라고 믿어온 책 대신 곧 잊힐 책을 선택한다고 하더라도 시각장애인이 원하는 것을 주어야 한다고 했다.

작품 선정에 대한 우려는 말하는 책 도서관 자체만큼 오래된 것이었다. 그러한 우려감 이면에는 독자의 선호보다 다른 이유로 책을 선택한다는 의혹이 깔려 있었다. 검열에 대한 논란은 시각장애인 복지에 대한 의사결정권이 누구에게 있는지와 같은, 시각장애인 사회 다른 곳에서 벌어지는 토론과 비슷했다. 많은 사람들은 시각장애인이 아닌 사람들로 불균형하게 구성된 정부 기관이 시각장애인에게 좋은 것이 무엇인지를 결정하는 온정주의적 보호 방식을 여전히 기억하고 있었다.[4] 이 경우 시각장애인들은 자신들이 원하지 않는 책을 선정하고 원하는 책은 보류하는 선정위원회를 비난했다.

이 장은 미국 도서관 내에서 이루어진 폭넓은 검열 역사와 말하는 책 간의 관계를 논하는 한편, 시각장애인이 자신들의 자유를 제한하려는 이러한 시도에 반대하면서 자기 옹호에 참여해 온 노력을 다룬다. 특히 1930년대 의회도서관 사서의 개인 감독에서부터 사서, 시각장애인, 의원, 선거구민 모두를 만족시킬 책을 고르기 위해 구성된 위원회에 이르기까지 도서 선정 과정을 추적한다. 말하는 책 도서관은 대표 목록을 만들면서 동시에 변변찮은 녹음 예산에도 따라야 하는 도전에 직면했다. 보유 수량이 적었기 때문에 모든 작품은 강도 높은 조사를 받았고, 선정이 적절했는지를 두고 치열한 논쟁이 벌어졌다. 선정위원회는 대중적 매력, 문학적 장점, 교육적 가치를 기준으로 책을 선정해야 하는 바람직하지 않은 입장에 처했다. 이 중 마지막 기준은 저드가 "메시지가 있는 녹음"이라고 조롱한 것이었다.[5]

선정위원회는 음란물에 대해 어떻게 할지 결정해야 했다. 1949년 도서관 관장은 "의회도서관은 시각장애인을 위한 작품을 고를 때 어떤 종류든 검열을 행하는가"라는 질문을 받았다. 그의 대답은 "결코 그렇지 않다"였다.[6] 하지만 의회도서관, 시각장애인과 지체장애인을 위한 국립도서관, AFB 기록 보관소에 보존된 기록은 다르게 이야기했다. 보관 기록은 도서관 큐레이션의 윤리, 검열, 장애가 말하는 책 관리자가 남들에게 믿게 한 것보다 더 복잡한 것임을 보여주고 있었다. 첫 번째 책이 독자들에게 배포된 후 시각장애인들은 도서관의 검열을 비난했다. 도덕적으로 우러러볼 만한 목록을 만들려는 선정위원회의 초창기 노력 때문에 시각장애인들은 자신들이 원하는 책에 대한 접근을 거부당했다고 느꼈다. 앞으로 살펴보겠지만, 의회도서관은 선의로 책을 고르는 것을 넘어, 도서관장이 검열을 부인했음에도 불구하고 시각장애인들이 선택한 책을 읽지 못하게 했고 파괴적인 경향의 책을 금지하기도 했다.

거절이 아닌 선정

전문 사서의 역할은 녹음 책 시대에 이르러 극적으로 변했다. 한때 어떤 책이 안전하고 유익한지 따졌던 사서들이 이제는 민주 사회에서 학문의 자유를 보호했다.[7] 그들은 국가의 문화유산을 모으고 구성해서 접근 가능하도록 했다. 하지만 그 과정에서 사서들은 포함될 가치가 있는 서적을 선정하는 책임(이 과정에는 서적을 제외하는 것도 필연적으로 포함된다)의 균형을 잡는 동시에, 가능한 한 폭넓은 자료를 사용 가능하게—특히 그런 자료들이 논란거리로 여겨질 때라도—하기 위해 노력했다. 검열자에서 도서 선정 과정상 중립적 심판자로 이행한 것은 1930년대 이후 사서들에게 새로운 도전 과제가 되었다. 그중 가장 큰 과제는 검열, 도서 선정, 지적 자유 문제 간의 관계를 풀어내는 것이었다.

녹음 기술의 발전으로 책의 녹음이 가능해졌을 때, 사서는 도서 선정에 대한 권한을 확립했다. 그럼에도 불구하고 도서 선정 과정은 논란을 불러일으켰다. 1931년 '프랫-스무트 법'은 의회도서관 사서에게 시각장애인과 지체장애인을 위한 국립도서관 서비스를 조정하도록 승인했다.[8] 그 법안에 반대하는 사람들은 시각장애인에게 주어지는 거의 모든 책이 두 기관, 즉 의회도서관과 미국시각장애인출판사에서 선정된다는 사실에 우려를 표명했다. 회의론자들은 모든 시각장애인이 이용하는 독서 자료의 특징과 범위를 한 개인이 제한할 수 있다고 걱정했다. 이런 상황을 막기 위해 반대자들은 의회도서관이 시각장애인 대표를 포함한 위원회를 만들도록 했다. 점자독자연맹의 회장은 경쟁 단체가 도서 선정 과정에서 "손을 떼는" 것을 확인한 후에야 법안 반대를 철회했다.[9]

도서 선정은 수십 년 동안 논란거리였다. 선정위원들은 경쟁하는 수요 간에 균형을 맞추면서 가급적 많은 책을 활용하도록 하는 동시에, 어떤 책을 선정하고 그에 따라 어떤 책을 제외할지 결정해야 했다. 선정위원의 역할을 도서관 후원자들도 잘 이해하지 못했기 때문에 의회도서관 성인 시각장애인을 위한 도서 관리자인 마틴 로버츠Martin Roberts에게 도서 선정 정책을 설명하도록 요청했다. 로버츠에 따르면 의회도서관 사서는 네 그룹, ① 의회도서관 직원, ② 시각장애인 신간 도서 위원회 관련 미국도서관협회 위원회, ③ 시각장애인 복지에 특별한 관심을 가진 일반인, ④ 시각장애인들에게 도서를 추천받았다. 전국 수천 명의 후원자에게 선호도 관련 편지를 보낸 로버츠는 책을 선정할 때 "항상 시각장애인 독자를 마음에 두고 있다"라고 주장했다.[10]

1940년 AFB의 상임 이사 어윈은 시각장애인을 위한 도서 선정 자문위원회를 구성했다. 위원회에는 언론의 도서 비평가, 시각장애인과 일하는 사서 소위원회, 시각장애인으로 구성된 소위원회, 켈러 같은 사람들이 포함되어 있었다.[11] 20세기 중반, 자문 그룹은 50명 이상으로 구성되었다.[12] 그 아래 7개 소위원회는 시각장애인, 의회도서관 직원, 지역 사서, 미국도서관협회의 대표들, 이달의 책 위원회, 시각장애인과 비장애인으로 구성된 독자 자문 그룹으로 이루어져 있었다.[13] 그룹의 규모 때문에 폭넓은 의견을 들을 수 있었지만 일부 회원은 도서관, 클럽, 여러 기관이 시각장애인 투표권자가 제출하는 추천보다 우선권을 가진 것에 불평했다.[14]

최초의 말하는 책은 의회도서관의 이상적인 목록보다 일련의 합의와 양보를 반영했다. 2장에서 보았듯이 첫 번째 목록은 성서(복음서, 시편) 묶음, 애국 문서(독립선언문, 헌법, 대통령 연설문), 셰익스피어의 희곡으로 구성되었다. 이 목록에는 글래디스 캐럴, 델라필드, 코라 재럿, 러디어드 키플링, 우드하우스P.G.Wodehouse의 작품도 포함되어 있었다. 교육적인 자료 이외의 책에 정부지원금을 쓰는 것에 대한 반대가 있었지만 인기 소설이 포함되었다. 어윈은 한 동료에게 보낸 편지에 "일반인들이 도서관에 달려가서 읽을 만한 책을 우리 첫 그룹에 포함시키길 바란다"라고 썼다.[15] 어윈은 고전 작품을 선호하는 도서관과 오락물을 선호하는 독자가 잘 맞지 않을 것이라는 사실을 처음부터 알고 있었다. 고전과 당대 소설 간의 적절한 비율은 오랜 논쟁거리였다.

첫 목록에서 가치 있는 문학을 강조한 것은 의회도서관을 잠재적인 논란으로부터 보호했다. 도서 선정의 세 가지 기준은 시각장애인들의 선호도, 일반적인 유용성, 마지막으로 정부자금 분배의 적절성이었다.[16] 마지막 기준이 검열에 대한 논란을 거치는 동안 점점 더 중요해졌다. 추천 사서인 마이어는 의회도서관이 후원하는 서적 목록 앞에 언제나 종교 서적, 애국 서적, 역사 서적이 나오도록 염두에 두었다. 이런 서적이 다른 소설 앞에 있어야 했다. "나머지를 어디에 둘지는 중요하지 않다."[17] 애국적 문서는 교육적이고 오락적인 프로그램이 연방정부 자금 지원을 받도록 보장했다. 클리게는 심지어 애국적 문서가 장애 때문에 불우한 미국인이 되어버린 집단에게 시민의 가치를 불어넣는다고 말하기도 했다.[18]

성경은 안전한 선택이었다. 낭독 시간이 84시간이 넘고 169장의 양면 레코드가 필요함에도 불구하고, 성경은 영미 양국에서 녹음된 책 중에서 가장 인기 있는 말하는 책으로 널리 알려졌다.[19] 2장에서 보았듯이 성경은 많은 독자에게 호소력을 지닌 동시에, 오락적 읽기에 연방 보조금을 사용하는 데 반대하는 이들을 달래는 역할을 했다. 성경은 교육적이고 널리 읽혀지고 있기 때문에 특히 낭독으로 적절했다. 한 신문이 보도했듯이 킹 제임스King James 성경은 "낭랑함과 단순성이라는 구술의 장점"을 두루 갖추었다.[20] 그리고 지난 세기 동안 종교단체가 양각 글자를 개발해 성경을 읽게 했듯이 녹음된 성경은 스스로 읽을 수 없는 수천 명의 시각장애인에게 다가서는 훌륭한 수단으로 묘사되었다.[21] 레코드에 녹음된 성경을 들으면 독자들은 마치 어둠을 빛으로 바꾸는 이사야의 예언이 자신을 향한 것처럼 느꼈다.

의회도서관은 넓은 독자층이 매력을 느낄 만한 책을 고를 의무가 있었다. 동시에 의회도서관은 소수자들을 위해서 외부 집단의 녹음 후원을 허용했다. 예를 들어 자원봉사 조직들은 도서관의 예산 부족에도 불구하고 성경을 널리 유통시켰다. 뉴욕 성경 소사이어티New York Bible Society와 미국 성경 소사이어티American Bible Society는 시각장애인 독자들이 자신만의 말하는 성경(또는 적어도 복음서와 시편)을 소유할 수 있도록 신약성경 전체를 레코드당 25센트에 판매했다.[22] 이 절충식 목록은 부분적으로 후원자들의 변덕을 반영했다. 어윈은 도서목록이 신념뿐만 아니라 운으로도 만들어진다고 인정했다. "알다시피, 기부금을 모아야 한다. 우리는 라이온스 클럽에 가서 책 인쇄 지원을 요청한다. 골즈워디Galsworthy의 책을 인쇄하고 싶어도 어떤 이가 벌떡 일어나 『신과 채소 장사God and Groceryman』를 보고 싶다'고 하면 그 책이 대신 인쇄되는 것이다. 우리는 책이 아예 없는 것보다는 낫다고 생각한다."[23] 그렇지만 그러한 실용주의가 목록을 통해 최종 선택된 것만 확인하는 후원자들에게 항상 전달되는 것은 아니었다.

도서 선정에 대한 수많은 논란의 원인은 도서관 예산이었다. 인쇄 책 중 아주 일부만 녹음할 수 있기 때문에 모든 작품이 중요했다. 특정 서적을 제외한 것에 대해 불만을 인정하기 전, 1947년 보고서에서는 "그런 검열은 하지 않는다"라고 주장했다.[24] 7만 5000달러였던 최초의 의회 예산 배정액(1938년 17만 5000달러, 1941년 25만 달러로 증액되었다)은 늘어나는 독자층을 만족시킬 만큼 충분히 책을 녹음하기가 어려웠다. 1937년 뉴욕 공공도서관 사서인 루실 골드스웨이트Lucille Goldthwaite는 약 900명의 고객이 한 달 평균 세 종씩 빌린다고 볼 때, 대여 가능한 책이 겨우 132종뿐이라고 했다. 독자의 수는 그다음 해에 1만 8000명으로 늘어날 것 같았다.[25] 수요를 충족시키기 위해 한정된 수의 책만 녹음하는 한, 도서 선정은 논란의 여지가 있었다.

선정위원회는 공정한 기관의 입장을 유지하면서 동시에 적절한 서적을 고르느라 고군분투했다. 고객들이 검열과 도서 선정 사이의 어감상 차이를 항상 알아차리는 것은 아니었다. 한 사서는 제한된 예산으로 구매할 서적을 선택할 때 기관의 역할을 "배제가 아닌 선택의 문제"라고 표현하면서 검열과 관련된 비난에서 기관을 옹호했다.[26] 여전히 많은 독자들은 자금만이 도서 선정을 좌우하는 요소가 아니라고 의심했다. 그들은 좋게 말하면 온정주의 선정위원들을, 나쁘게 얘기하면 검열을 비난했다. 검열에 대한 첫 번째 싸움은 어떤 가치관이 도서 선정을 좌우해야 하는지에 대한 엇갈린 견해에서 발생했다.

한 가지 논란은 선정위원회가 지금 당장은 필요하지만 금방 사라질 서적 대신 앞으로 수십 년 동안 유용한 책에 투자하면서 발생했다. 위원회는 비소설 또는 20세기 이전 소설을 뜻하는 "영구적 가치가 있는 도서관"을 만들고 싶어 했다.[27] 소설과 비소설을 동일하게 분배하는 것이 또 하나의 목표였다. 1948년, 말하는 책의 절반 이상이 비소설 또는 고전문학으로 분류된 것이었다(주로 발자크Balzac나 디킨스 등의 19세기 소설이었다[28]). 많은 독자들은 이 비율에 반대했다. 한 독자는 (최대 55%에 달하는) 높은 비소설 비중은 오락용 독서에 대한 대중의 선호를 무시한 것이라며 불평했다. "시각장애인들의 독서 취향은 비장애인과 다르지 않다. 그들은 솔직히 다른 사람처럼 오락용 이야기—미스터리물, 모험물, 로맨스물—를 좋아한다."[29] 시각장애인 독자들은 다른 이들과 취향이 같아도 동일하게 접근할 수가 없었다. 예를 들면 그레이의 『퍼플 세이지의 라이더 Riders of the Purple Sage』를 읽으려면 아주 오랫동안 기다려야 했다.

모든 공공도서관 사서는 역사상 최고의 책과 지금 인기 있는 책 중에서 하나를 선택해야 하는 문제에 봉착했다(아쉽지만 이 둘은 거의 일치하지 않는다). 의회도서관의 선정위원들은 주민의 수요와 한정된 자원 사이에서 균형을 맞추는 시립 도서관 사서와 스스로를 비교했다. 하지만 대부분의 도서관은 시각장애인과 달리 책을 대신할 대안이 있는 대중을 상대했다. 골드스웨이트는 "우리가 상대하는 사람들은 책을 읽을 다른 길이나 다른 방법이 없다"라고 말했다.[30] 사서들은 시간의 시험을 견딜 만한 작품을 선택하는 데 최선을 다했지만, 뽑힌 후보들(월터 듀랜티Walter Duranty, 제임스 힐튼James Hilton, 앤 린드버그Anne Lindbergh, 휴 월폴Hugh Walpole)은 문학적 명성의 지속성을 예측하는 것이 얼마나 어려운지 말해주었다.

선정위원회의 고전문학 선호는 도서 선정 과정에 영향력을 행사하기를 원한 시각장애인의 지속적인 반대뿐만 아니라 더 많은 논란도 불러일으켰다. 루이지애나주 슈레브포트에 사는 로사 박스데일은 "왜 우리는 유명한 테니슨의 시 대신에 현대 작가들의 사랑스러운 서정시를 들으면 안 되나요?"라고 물었다. 박스데일은 셰익스피어를 이미 외우다시피 하는 사람들을 대변했다. 그녀는 본인의 불행에서 벗어나고 싶을 뿐만 아니라 비장애인들의 취향에 보조를 맞추고 싶었다. 고전은 그것에 친숙하지 않은 사람들도 이미 흔하게 접할 수 있으므로 "손가락이 뻣뻣해진 사람, 굶주림에 저항하는 마음을 가진 사람, 오늘날의 사상에 보조를 맞추고 싶은 영혼을 가진 사람들의 요구도 똑같이 중요하지 않나요?"[31]라고 항의했다. 불평이 난무하는 바람에 오래된 책은 별로 인기가 없다는 사실을 무시하기 어려웠다. 어윈은 "나는 독자들에게 디킨스와 스콧 같은 오래된 고전 출판물을 지지해 달라고 되풀이해서 권했지만, 독자와 사서 모두 새로운 것, 자극적인 것, 이전에 읽어보지 못한 것, 우리 친구들이 이야기하는 책을 달라고 했다"라고 인정했다.[32] 시각장애인들은 다른 사람들과 같은 책을 읽는 것에 관심이 있었다. 대부분의 경우 고전은 여기에 해당하지 않았다.

여전히 어떤 독자들은 책이 너무 어렵다고 했다. 로버츠는 진지한 책을 좋아하는 것으로 유명했다. 어떤 사람이 언급했듯이 "그 사서는 눈이 매우 높았기 때문에 AFB가 그에게 영국 고전 이외의 책 주문을 설득하면서 대단히 애를 먹었다."[33] 대부분의 책이 독자들에게 너무 어렵다고 사서들이 불평했지만, 그러한 비난은 로버츠에게 별 효과가 없었다. "그의 노선은 쓰레기 처리는 할 만한 일이 아니라는 것이다."[34] 로버츠의 태도는 극단적이긴 하지만, 위원회와 독자 사이의 간극을 보여준다. 어떤 독자들은 분노해서 목록을 거부했다. 어느 통신원은 "현지 시각장애인들은 너무 눈만 높은 읽을거리를 좋아하지 않습니다. 『플루타크 영웅전Plutarch's Lives』이나 피프스Pepys의 『죽음에 맞선 사람Man

$_{Against Death}$』같은 것을 들을 바에는 아무것도 읽지 않기로 했습니다"라고 보고했다.[35] 이러한 포기는 자신들에게 좋다고 판단된 자료를 들으면서 자주성을 굽히기보다는 그냥 모든 책을 안 보겠다는 것을 의미한다.

마지막 논쟁은 교육용 도서와 오락용 도서 사이에서, 즉 시각장애인이 읽어야만 하는 책인지 아니면 읽고 싶어 하는 책인지를 두고 벌어졌다. 많은 선정위원은 정부자금을 사용하고 있기 때문에 이미 장점이 검증된 책 구매에 의무감을 느꼈다.[36] 일례로 의회도서관 사서인 허버트 퍼트넘$_{Herbert Putnam}$은 『베이컨 수상록$_{Bacon's Essay}$』같은 책을 선호하고 오락적 읽을거리를 싫어했다. 미국 전역의 대략 800명의 시각장애인 독자를 대상으로 한 설문조사 결과는 퍼트넘의 진지한 문학 선호를 확인해 주는 듯했다. 하지만 회의론자들은 이 그룹이 대략 12만 명의 시각장애인 인구 중 교육받은 소수의 독자만을 대표한다고 반대했다. 교육용 문학과 오락용 문학 사이에서 "행복한 중간 매체"를 요청하는 것은 그 문제에 대한 감정의 골을 과소평가하는 것이었다.[37] 여전히 선정위원회는 어떤 작품을 선정하든지 간에 결정된 목록이 다른 한쪽에서 비판받는다고 느꼈다.

많은 시각장애인은 도덕적 수호자가 선정한 책이 아닌 다른 사람들이 보는 책과 동일한 책을 접해야 한다고 주장했다. 그들이 가장 많이 요구한 것은 현대 소설이었다. 골드스웨이트는 시각장애인이 시력이 정상인 사람보다 오락 목적의 책에 더 많이 의존하기 때문에 말하는 책 도서관이 다른 공공도서관보다 오락적 서적을 더 많이 갖고 있어야 한다고 주장했다. 그녀는 의회도서관이 서가에 읽히지 않은 채 놓여 있는 수많은 선의의 점자책으로부터 배울 것을 촉구했다. 골드스웨이트는 "새로운 매체로 책을 읽는 데 필요한 것은 세계 최고 문학의 토대가 아니라 이미 꽤나 읽은 바 있는 성인들이 읽기에 좋은 최신 문학이다"[38]라고 썼다. 독자의 불평은 더 직설적이었다.

도서 선정에 대한 논쟁의 중심에는 온정주의 문제가 있었다. 시각장애인들이 스스로 책을 고르는 것이 나은지, 아니면 그들에게 가장 도움이 되는 책을 고르는 것이 더 이로운지가 문제였다. 로버츠는 너무 소설에 치중되지 않는 한에서는 독자들이 원하는 책을 제공하는 것을 지지했다. 그가 생각한 적정 비율은 인기 소설이 50%였다. 나머지 절반은 전문가들이 골라야 했다. "사서들에게는 좀 더 지속적이고 만족스러운 문학 형식으로 독자들의 취향을 안내할 책임이 있다."[39] 후원자들은 독자들을 책으로 안내하는 것과 서가에서 완전히 소외시키는 것의 차이를 알고 있었다.

앞 장에서 살펴보았듯이 많은 시각장애인 독자들은 책을 접할 때 다른 사람에게 의존했기 때문에 도서 선정에 특히 민감했다. 로버츠의 정책은 다른 방식으로 이런 의존성을 지속할 조짐으로 보였다. 결국 많은 후원자들은 설령 쓰레기 같은 책을 읽더라도 스스로 선택할 것을 주장했다. 언론인 찰스 매기 애덤스는 누군가가 자신을 가르치려 든다는 느낌에 잔뜩 긴장했다. 그는 대다수의 말하는 책이 "'유익한' 종류"라는 것에 반대했다. "더 좋은 것을 장려하는 것은 바람직하다. 그러나 그것을 강요하는 것은 또 다른 것이다."[40]

시각장애인들은 나쁜 책을 고르는 권리까지 포함해 동등한 대우를 받아야 한다고 주장했다. 결국 시각장애인의 대다수는 한때 시력이 정상인 독자였고 시각장애는 지적 장애가 아닌 신체적 장애였다. 1950년대까지 의회도서관은 시력이 정상인 독자와 시각장애인 독자가 비슷한 취향을 가졌고 시각장애인도 다른 사람과 동일한 책에 접근해야 한다는 원칙으로 움직였다.[41] 말하는 책 서비스에서도 전형적인 공공도서관에 있는 것과 같은 책을 내놓았다. 한 보고서는 "비장애인에게 유용한 책이라면 시각장애인에게도 유용하다"라고 했다.[42] 하지만 부족한 자원에도 불구하고 시각장애인 독자들의 교육, 관심, 수입이 다른 일반 독자들처럼 다양했기 때문에(사실상 이 집단은 노인 및 혜택 받지 못한 사람들의 비율이 더 많았다) 이런 동등성이 문제가 되었다. 공공도서관은 다양한 청중의 흥미를 끌 정도로 충분한 양의 서적을 보유할 수 있는 반면, 말하는 책 도서관의 규모는 무엇을 고르더라도 누군가를 화나게 할 정도였다.

시각장애인 독자들은 일반 사람들처럼 동시대 소설을 읽고 싶어 했다. 한 예로 필라델피아의 핼리 베일러는 1934년과 1937년 사이에 목록에 실렸던 것 보다 더 많은 새로운 소설을 추가하라고 AFB에 요구했다. 그녀는 고전을 감 상했지만, 동시에 비장애인 친구들과 같은 책을 읽기 원했다. 그녀는 시각장 애인 독자를 대변해 "우리는 미래지향적이라서 홀로 과거에 갇혀 살고 싶지는 않습니다"[43]라고 주장했다. 혼자 읽는 것을 선호함에도 불구하고 그녀는 낭독 을 통해 『바람과 함께 사라지다』를 접할 수 있었다. 그녀의 편지는 시력이 정 상인 독자로 구성된 선정위원회에 확실히 호소했다. "우리 입장에서 생각해 보면, 우리 역시 여러분처럼 여러 새로운 책을 읽고 따라가는 것이 당연하다 는 것을 쉽게 이해하고 알게 될 것이라고 확신합니다. 이런 면에서 우리가 여 러분과 다를 것이 하나도 없다고 봅니다."[44] 감정이입에 대한 베일러가 공개 요구는 시각장애인에게 이로운 것에 대한 잘못된 인식 때문에 이들이 억압되 어 있으며 심지어 사회적으로 소외되어 있다는 것을 암시한다. 그 결과로 독 자의 취향과는 거의 관련이 없는 도서목록이 나왔던 것이다.

쓰레기 서적

제2차 세계대전 이후 미국과 소련 사이의 긴장 관계는 국가 도서관에까지 영향을 미쳤다. 냉전의 결정적인 특성은 공산주의에 대한 의심으로 규정된 다. 정치인들은 하원 비미활동위원회Un-American Activities Committee 같은 입법 조 직을 활용해 반공 활동을 주도하게 했고 공무원과 시민들의 체제 전복 활동을 조사했다.[45] 도서관은 쉬운 목표물이었고 '체제 전복적', '비도덕적' 책을 없애 는 운동은 전국적으로 확대되었다. 그들은 논란거리가 될 만한 자료를 미국식 생활 방식에 대한 위협으로 간주하는 외부 단체의 집요한 도전에 직면했다.[46] 상당수의 미국인들은 검열을 공산주의에 대항하는 필수 보호 조치로 받아들였다.

도서관 사서들은 다양한 견해를 대변하는 책 선정의 의무를 내세워 이러한 도전에 대응했다. 1939년 이후, 미국도서관협회는 논란이 되는 문제의 모든 면을 대중에게 공개하는 직업적 의무를 내세웠다.[47] 1948년, 협회는 시민들이 제대로 알고 의사결정하려면 다양한 의견을 접해야 한다는 명분으로 검열과 싸울 것을 맹세했다. 그해에 전국 사서들은 모든 형태의 검열과 싸울 것을 촉구했다. 미국도서관협회는 연례 총회의 주제로 지적 자유를 골랐다.

의회도서관은 그 당시 말하는 책 목록을 특정 세계관에 따라 만들려고 하는 외부의 관심으로부터 방어하는 데 익숙해졌다. 1944년 당시 의회도서관 사서였던 아치볼드 매클리시와 보스턴 가톨릭시각장애인조합의 이사인 존 코널리John Connolly 신부가 주고받은 서신은 소수자들의 이익을 해치지 않으면서 도서목록을 만들기가 얼마나 어려운지를 보여준다. 코널리 신부는 가톨릭을 모욕한 헤밍웨이의 『무기여 잘 있거라』를 말하는 책 목록에서 제외해야 한다고 항의했다. 그는 "말하는 책은 선정된 책의 종류에 따라 선과 악의 도구가 될 수 있습니다"라고 말했다.[48]

전미우수문학기구National Organization for Decent Literature와 같은 다른 가톨릭 단체가 검열에 영향력을 갖게 되자, 코널리 신부의 반대는 대단히 심각하게 받아들여졌다. 매클리시는 헤밍웨이의 소설은 인생을 "사실적"으로 묘사해야 하는 또는 인생의 어떤 면을 숨겨야 하는 예술가의 의무에 대한 폭넓은 토론 속에서 이해되어야 한다고 답했다.[49] 그 의견 차이는 전국적으로 그 소설에 대한 반응에 격차가 있었다는 것을 의미했다. 코널리 신부는 그 책을 "점잖은 사람들에게는 모욕적"이라고 한 데 반해 매클리시는 금세기의 위대한 소설 중 하나라고 생각했다.[50] 그 논쟁은 두 사람이 책의 장점에 대해 서로 동의하지 않는 것과 관련되기보다는, 말하는 책 도서관 목록에 선동적인 성향의 서적을 포함시키는 것의 적절성과 관련된 문제였다.

선정위원회는 모욕적인 책을 제외할 권리가 있었을까? 헤밍웨이 소설은 위원회의 원칙을 천명한 계기가 되었다. 매클리시는 논쟁의 근거인 두 가지 핵심 질문, 즉 ① 시각장애인을 위한 도서관에 포함할 책은 다른 도서관과 다른 기준으로 선정해야 하는지, ② 도덕, 윤리, 또는 다른 기준을 근거로 목록에서 책을 제외해야 하는지를 확인했다. 매클리시는 시각장애인들이 자신들을 다르게 취급하는 어떠한 시도에도 저항할 것이라고 생각했다. 매클리시는 코널리 신부에게 "시각장애인들이 시력이 정상인 독자에게는 적용되지 않는 독서에 대한 통제를 환영할 것이라고 생각합니까?"라고 물었다.[51] '성인 시각장애인을 위한 도서 프로젝트'는 시각장애인들에게 책에 동등하게 접근할 수 있도록 하기 위한 노력의 일환으로 시작된 것이지, 시각장애인을 특별한 보호가 필요한 집단으로 취급하기 위한 것이 아니었다.

말하는 책 도서관은 인쇄 책들 중 극히 일부만 녹음하기 때문에 유사한 기관보다 좀 더 선택적일 필요가 있었다. 위원회는 다양한 구성원을 존중하고 대표하는 책을 선택할 의무가 있었다. 코널리 신부는 그런 이유로 "객관적으로 볼 때 특정한 인종적, 종교적, 민족적 그룹에 모욕적인 책을 선정하면 안 됩니다"라고 주장했다.[52] 코널리 신부에게 헤밍웨이의 책은 모욕성이 대표성보다 큰 전형적인 경우였다.

매클리시는 이 문제를 다른 각도에서 접근했다. 그는 도서 선정에 관한 한, 시각장애인이 비장애인과 같은 대우를 받아야 할 권리에 대해 단언했다. 이것은 독자들에게 모욕이 되는 위험에도 불구하고 다른 기관, 즉 공공도서관과 같은 기준으로 도서를 선정하는 것을 의미했다. 물론 말하는 책 도서관의 규모 때문에 위원회는 '뛰어난' 책만 골라야 했다.[53] 매클리시는 헤밍웨이의 소설이 분열을 일으키긴 했지만 주목할 만한 책이고, 목록 포함을 정당하게 만들기에 충분한 지지층을 가진 책이라고 결론지었다.

매클리시와 코널리 신부가 주고받은 서신은 선정위원회가 모든 검열관을 괴롭히는 문제, 즉 허용 가능한 이야기의 경계를 의도적으로 넓히는 문학은 보호하면서 동시에 불쾌한 자료는 제외하는 방법에 대한 문제에 직면했음을 보여준다. 1944년 미 의회도서관의 '성인 시각장애인을 위한 도서 프로젝트'에서 일했던 루이즈 마우러는 "시각장애인에게 항상 해롭다고 판단하는" 접근법―주제를 솔직하게 다룬 것을 의미했다―을 토대로 책을 "노골적"이라고 평가하는 것에 항의했다.[54] 노골적이라는 이유로 거절된 도서에는 구스타프 플로베르Gustave Flaubert의 『마담 보바리Madame Bovary』와 조이스의 『더블린 사람들Dubliners』이 포함되어 있었다. 『젊은 예술가의 초상』은 이미 거절했는데, 이것은 말하는 책 목록에 조이스의 책이 한 권도 없다는 것을 의미했다.

1947년 의회도서관의 어떤 직원(아마도 도서관의 시각장애인 부문 이사였던 제노폰 스미스Xenophon Smith)이 "솔직한 언어", "사실적인 묘사", "불쾌한 상황"에도 불구하고, 문학적 가치가 있는 소설 몇 권이 최근에 녹음되었다고 알리는 손글씨 메모를 도서 선정 정책에 붙여놓았다.[55] 그것은 베티 스미스Betty Smith의 『나를 있게 한 모든 것』, 릴리언 스미스Lillian Smith의 『이상한 열매Strange Fruit』, 토머스 울프Thomas Wolf의 『천사여, 고향을 보라Look Homeward, Angel』, 18세기의 고전인 로런스 스턴Laurence Sterne의 『트리스트럼 샌디Tristram Shandy』였다. 메모를 쓴 사람에 따르면, 이러한 책을 생략하면 말하는 책 도서관의 가치가 떨어진다는 것이었다. 이것은 과거 정책에서 벗어난 것이었다. 1942년 이 도서관은 존 스타인벡John Steinbeck의 『분노의 포도The Grapes of Wrath』처럼 논란이 있는 책을 피했는데, 이 책은 진보적 색채와 부도덕성 때문에 전국의 도서관에서 금지되었다.[56] 스타인벡의 소설은 열광적인 유행이 사라진 후에도 녹음되지 않았다.

1945년 이후, 도서 선정(고전/신작, 비소설/소설, 교양적인/저속한) 논란이 외설,

부도덕성, 불온 도서 검열에 대한 요구 쪽으로 넘어가면서 말하는 책 선정에 대한 정책을 천명할 필요성이 더욱 명백해졌다.[57] 1947년 6월에 열린 미국도서관협회의 연례 회의에서는 '시각장애인을 위한 책의 외설' 세션에서 말하는 책 선정에 대한 정책을 검토했다. 여기서는 시각장애인에게 읽을거리를 공급하며 그들을 시력이 정상인 독자와 동일하게 대우해야 한다는 도서관의 임무를 재확인했다. 시력이 정상인 사람과 시각장애인을 포함한 자문위원회에서 결정했듯이 문학적 장점과 유용성을 기준으로 책을 선택했다. 그 정책 문서는 또한 다음과 같은 제외 기준을 개략적으로 설명했다. "주된 관심사가 성적이거나 병적인 문학은 이 프로그램으로 지원 받아 녹음하지 못한다. 단지 그런 관심에 기대는 책이라면 인기가 있다고 해서 녹음하지 않는다."[58] 이 기준이 고상한 취향이 아닌 검열이라는 것을 부인하면서도, 도서관은 성적이고 병적인 내용을 제외하는 것을 정당화하기 위해 정부의 지원을 이용했다. 선정위원회는 이미 이러한 이유로 종파 문학 또는 저질 문학에 대한 요청을 거절했다.

어윈과 미국시각장애인출판사 대표였던 엘리스는 도서관의 새로운 선정 정책에 대해 서신을 교환했다. 1930년대 말하는 책 서비스를 만들었던 가장 영향력 있는 인물들의 의견 차이는 검열에 대한 상반된 입장을 보여준다. 어윈은 의회도서관이 시각장애인들의 유일한 독서 원천이기 때문에 시각장애인들이 한 집단의 판단에만 의존하는 데 반대했다. 선정에 관여하는 사람들은 정치적으로도 고려할 수밖에 없었다. "반가톨릭, 반기독교 정신, 반러시아, 반영국, 비도덕, 반대하는 무엇이든지 간에 경건하고 예민한 공무원이나 짜증스러운 의원에게 불쾌할 수 있는 모든 것은 제외된다는 것밖에 모른다."[59] 말하는 책은 독서할 때 다른 사람에게 의존해야 하는 시각장애인을 돕기 위해 만들어진 것이었다. 편견이 그들의 독립성을 위협했다.

어윈은 독자들이 언제든지 축음기 전원을 끌 수 있다는 것을 알고 있었다. 그는 첫 녹음이 불쾌하긴 했지만 『무기여 잘 있거라』의 단어 하나하나에 귀

기울였던 어떤 할머니의 경우를 떠올렸다. 그 일로 인해 어윈은 "남자나 여자, 혹은 나이 든 여자가 어떤 책을 시각장애인의 도덕성을 해친다고 생각한다면, 의회도서관은 시각장애인을 위해 그 책을 발행하지 말아야 한다고 진정으로 생각하는가?"[60]라고 물었다. 어윈은 심지어 의회도서관이 거절한 책을 녹음하는 독립적인 출판사를 설립하는 것도 고려했다.

시각장애인들 사이에 떠도는 이야기들은, 검열이 횡행한 형편없던 시절과 자녀 출산을 막았던 우생학 운동을 그들이 잊고 있지 않다는 것을 확실히 보여주었다.[61] 미국시각장애인출판사는 시각장애인의 도덕성 오염을 막으려고 책 내용을 부분 삭제하기도 했다. 애정 장면 없는 셰익스피어의 『로미오와 줄리엣』삭제판을 발행한 점자 출판사의 이야기도 종종 들렸다. 미네소타의 교육감들은 부분 삭제한 성경 사용을 고려하기도 했다.[62] 검열 활동에 저항한 이들은 민중의 영웅으로 추앙되었다. 위스콘신 시각장애인 학교의 한 유명한 사서는 시각장애인용으로 검열한 도서는 구매하지 않았다. 이러한 이야기와 고뇌가 도서 선정에 대한 논의가 전개되는 맥락을 구성했다.

엘리스는 불쾌한 자료를 모두 출판하는 것과 논란의 여지가 없는 자료만 출판하는 양극단 사이에서 좀 더 중도의 입장을 택했다. 엘리스는 시각장애인 사회의 검열에 대한 민감성을 인정하면서도, 입장이 갈리는 경우에 대해 고민하는 대신 반대할 수 없는 많은 책을 녹음하는 것을 선호했다. 엘리스에 따르면 시각장애인들은 정부 지원 프로그램이 아니더라도 "쓰레기 같은 책"을 접할 다른 방법이 많다. 엘리스는 "나는 누구보다도 검열에 분노한다. 다만 가정용 축음기 레코드에 그런 것을 녹음하는 정당성은 찾을 수 없다"라고 말했다.[63] 문학적 가치를 지녔지만 잠재적으로 모욕적일 수 있는 책은 보호가 필요하다는 것이 사실일 수 있다(어윈은 지금까지 녹음된 말하는 책 중 가장 모욕적인 책은 성경이라고 주장했다). 하지만 엘리스는 그 자체로 논란이 되는 책의 출판을 반대했다. "의회도서관은 문학적 가치도 없고 정통 학문도 반영하지 않은 너무 지저분한 책을 많이 지원한 것으로 보인다."[64] 그는 도서관의 새로운 선정 정책이 양극단을 피할 것이라고 자신했다.

음란물 녹음이 도서관 자금 지원을 위험하게 할 것이라는 우려는 정당했다. 선출직 공무원들은 자주 도서관의 도덕적 기준에 대해 불평했다. 1947년 의회 청문회에서 오클라호마주 의원인 조지 슈바베George Schwabe는 모욕적인 표현으로 말하는 책을 반대했다. "나는 시각장애인 또는 다른 누구를 위해서라도 그런 책을 출판하는 데 예산을 배정하는 정당에 있고 싶지 않습니다."[65] 이어지는 의회 청문회에서 슈바베는 외설적이고 점잖지 않으며 불경스러운 책을 지원하는 데 연방 자금을 사용하는 것에 대해 계속 항의했다. 하지만 지지 그룹은 시각장애인들이 비장애인과 같은 책에 확실히 접근할 수 있도록 그런 제한에 반대했다. 내부 메모에서 AFB의 에벌린 매케이Evelyn McKay는 "어째서 성인 시각장애인을 위한 도서 담당 이사나 의회 구성원이 성인 시각장애인에게 허락할 읽을거리 문제를 검열해야 하는 것인가?"라며 슈바베의 공격에 반문했다.[66] 논란은 의회도서관이 모든 시민에게 동일한 접근권을 제공할 의무가 있는지 아니면 도덕적 이유로 많은 세금 납부자가 반대하는 논란 서적에 대해서는 공적 지원을 중단해야 하는지로 갈렸다.

도서관은 외설과의 원치 않는 접촉으로부터 독자들을 보호하기 위해 검열 이외의 방안을 도입했다. 도서관의 신간을 소개하는 계간 잡지 ≪토킹 북 토픽스≫가 취한 예방법 중 하나는 주의 표시였다. 그런 정보는 64세의 헤이즐 하지던 같은 독자를 보호했는데, 그는 "나는 실천하는 교인이고, 내숭 떠는 사람은 아니지만 '노골적 성 묘사'라고 된 책은 주문하지 않습니다. 성은 내게 신성하고 아름다운 것이기 때문입니다"라고 했다.[67] 한 달에 18권의 책을 읽는 하지던 여사는 다른 독자들이 자신과 다를 수 있다는 것을 받아들였다. 그래도 그녀는 노골적인 성 묘사 장면은 피하고 싶었다. "나는 내 마음이 쓰레기통이 되었다는 느낌이 들지 않는 책을 읽고 싶습니다."[68] 주의 표시는 하지던 여사 같은 독자들로 하여금 불쾌한 자료를 피하도록 했고, 동시에 다른 사람들에게는 비장애인과 동일한 이야기에 접근하도록 허용했다.

선정위원회는 불쾌할 수 있는 책(조이스의 『젊은 예술가의 초상』 같은)을 레코드가 아닌 점자로 만들어서 검열 문제를 가끔 피했다. 어떤 이들은 같은 방에 있는 다른 사람들에게 불쾌한 말이 들릴 수도 있기 때문에 이 방법이 독자의 사생활을 보호하는 하나의 방편이라고 정당화했다. "이런 상황 속에서 어떤 책의 불경스럽고 천박한 표현을 헤드폰이 아닌 스피커로 들으면 시각장애인 독자는 많이 당황스러울지도 모른다."[69] 어떤 사람은 불경스러운 것을 인쇄 책으로 읽는 것보다 낭독으로 듣는 것이 좀 더 불쾌하다고 느꼈다. 네브래스카주 링컨시의 프랭크 로비 부인은 개척 시대의 거친 이야기인 필립 스통^Philip Stong 의 『사슴 가죽 바지^Buckskin Breeches』에 나온 '끔찍한 맹세'를 반대했다.[70] 한 도서관 사서는 그 책의 언어에 대해 방어하면서 동시에 그 영향을 인정했다. "이 저주의 단어들은 조용히 읽을 때보다 낭독될 때 더 불쾌합니다. 우리는 '말하는 책'을 위한 책을 고를 때 이 사실을 인식합니다."[71] 만일 말이 귀에 더 거슬린다면 그것은 좀 더 자극적일 수 있다. 엘리스는 점자와 축음기로 녹음한 말의 큰 차이점을 관찰했다.[72]

여전히 점자는 읽을 수 없는 사람들에게 해결책이 아니었다. 불쾌할 수 있는 자료를 점자만으로 읽게 하면 대다수의 시각장애인이 접근할 수 없었다. 대부분의 시각장애인 독자들이 독서할 다른 길이 없었기 때문에 소외될 위험성은 특히 심각했다. 외설에 대한 선정위원회의 보고서에 따르면 논란이 되는 문학을 점자만으로 발행하는 것은 "미국의 자유주의하에서는 견딜 수 없는 검열의 모양을 띤다."[73] 이처럼 민주주의를 거론하는 것은 도서 접근권에 대한 논란에 얼마나 많은 것이 걸려 있는지를 보여준다.

1948년 6월, 음란 소설을 검열하는 문제에 대한 논란은 시각장애인들 사이에서도 계속해서 분열을 일으켰다. 논쟁은 제2차 세계대전 후 뉴욕 독신 여성의 낭만적 약혼을 다룬 소설, 엘리자베스 제인웨이Elisabeth Janeway의『데이지 케니언Daisy Kenyon』(나중에 조안 크로퍼드Joan Crawford, 헨리 폰다Henry Fonda, 데이나 앤드루스Dana Andrews 주연의 영화로 만들어졌다)을 대출한 사람이 책을 반납하면서 발생했다. 그는 ≪토킹 북 토픽스≫에 보낸 편지에서 그렇게 점잖지 못한 책은 녹음되지 않았어야 한다고 항의했다.

> 오늘 말하는 책『데이지 케니언』을 도서관에 반납했습니다. 그것은 아주 더러운 이야기라서 읽고 싶지 않았고, 내가 그런 책을 읽었다는 것을 사람들에게 알리고 싶지 않았습니다. 같은 이유로 책을 돌려준 것은 이번이 처음이 아닙니다. 그런 책이 녹음 형식으로 있는 것이 당신들 잘못이 아닌 줄은 압니다. 그러나 돈과 시간을 그런 쓰레기에 쓰지 않도록 그런 책에 대한 내 기분을 여러분이 전해 주었으면 합니다. 그것보다 훨씬 좋은 가벼운 문학 책이 많습니다.[74]

잡지의 편집자는 답신을 통해 독자들이 외설 소설에 대한 비난에 동의하는지 물었다. 사서들은 섬세한 감성 보호를 위해 도서목록에 개입해야 할까, 아니면 감성에 해로운 위험을 감수하고 도서목록에서 손을 떼야 할까?

잡지는 스물한 명에게서 답변을 받았다. 다섯 명은 독자 불평에 대한 찬성 의견이었다. 열여섯 명은 모든 형태의 검열에 대해 반대했다. 뉴욕 스톤 리지에 사는 델라 클라크는 "더러운 소설을 저주한 '반데이지'파였다. 클라크는 너무나 많은 돈과 시간이 특히 규모가 제한되며 납세자가 지원하는 선집에서 "쓸모없고 해로운" 책을 녹음하는 데 사용되고 있다고 했다. 그녀는 "나는 이 주제에 대해 아주 강하게 느끼고 있다고 얘기할 수밖에 없습니다"라며 편지를 마무리했다.[75]

반대로 '친데이지'파는 검열의 폭넓은 문제를 거론했다. 일리노이주 에반스턴에 사는 내털리 밀러는 "나는 특정 책을 지키려는 게 아닙니다. 나는 시각장애인들을 위한 자유 출판을 지키려는 것입니다"라고 말했다.[76] 밀러는 일반 대중이 널리 읽던 책을 시각장애인들이 얻기가 얼마나 어려웠는지 되돌아보았다. 밀러의 말에 따르면 "스스로 생각할 줄 아는 사람"인 시각장애인은 자유롭게 질문하고 스스로 보호하는 권리를 누리기 위해 비장애인이 읽는 책을 동일하게 접하고 싶어 했다. 결국 ≪토킹 북 토픽스≫는 구독자들에게 책이 싫을 수도 있다고 경고했다. 펜실베이니아주 마하노이에 사는 레이 푸스는 약간 자극적인 소설을 즐기는 도서 대출자의 권리를 옹호했다. "어떤 사람들은 그런 종류의 책을 좋아합니다. 그들이 그런 류의 독서를 즐기는데 왜 빼앗아야 합니까?"[77] 마지막으로 매사추세츠주 워터타운의 앨버트 게이제이지언은 도서관이 사실주의 경향의 책을 너무 많이 녹음하기는커녕 충분히 하지도 않았다고 반박했다. 그는 현대문학의 이정표 같은 시어도어 드라이저Theodore Dreiser의 『시스터 캐리Sister Carrie』, 업턴 싱클레어Upton Sinclair의 『정글The Jungle』, 존 패서스John Passos의 『미국』 3부작, 제임스 패럴James Farrell의 『스터즈 로니건Studs Lonigan』 3부작이 빠진 것에 주목했다. 게이제이지언은 섬세한 독자라면 자신처럼 스스로 판단할 권리를 부정하지 않고도 "자신의 선택에 따라 감상적인 세계에 머물 수 있습니다"라고 항변했다.[78]

공산주의

사서들은 냉전 기간 동안 점점 더 많은 검열 논란에 직면했는데, 많은 사람들은 도서 접근권 제한 이상으로 공산주의가 민주주의의 더 큰 위협이라고 두려워했다. 1947년 해리 트루먼Harry Truman 대통령은 미국 정부에서 공산주의의 영향력을 몰아내려는 연방 애국 프로그램을 만들었다.[79] 그다음 해에 의회도서관은 이 프로그램에 자발적으로 따랐다. 1948년 봄, 의회도서관의 많은 직원은 충성 맹세가 질문의 자유를 보호해야 하는 자신들의 의무와 맞지 않는다고 느끼면서도 직원들을 심사하기 시작했다.[80] 도서관 충성 프로그램을 맡은 의회 수석 사서인 버너 클랩Verner Clapp은 후에 검색 도서관 역할의 기본으로 질문할 자유에 대한 권리를 방어했다. 1952년 6월, 제1차 지적 자유에 관한 회의에서 그는 논란이 되는 도서에 대한 접근을 보호할 필요성을 강조했다.[81]

의회도서관은 연방정부로부터 자금 지원을 받았기 때문에 비애국적이라는 비난에 예민했다. 1953년 2월, 보수 잡지인 ≪휴먼 이벤트Human Events≫는 의회도서관의 '성인 시각장애인을 위한 도서 프로젝트'에 내재된 자유주의적 편견을 비판했다. 기사에서는 의회도서관 목록에는 헨리 해즐릿Henry Hazlitt, 조지 소콜스키George Sokolsky, 찰스 탠실Charles Tansill, 프리다 어틀리Freda Utley와 많은 반공주의 저자의 책은 없고 공산주의에 동조한다고 의심되는 저자들의 책이 많이 포함되어 있다고 주장했다. 소련을 옹호한 리처드 라우터바흐Richard Lauterbach의 『이들이 러시아 사람들이다These Are the Russians』는 녹음되었지만 소련을 비판한 윌리엄 화이트William White의 『러시아인에 대한 보고Reports on the Russsians』는 녹음되지 않았다. 잡지는 두 명의 이전 의회도서관 사서(매클리시와 루서 에번스)를 '진보'라고 규정했다. 이 잡지는 "이상의 상황에서 볼 때 의회가 의회도서관에 대한 조사를 계획하는 것은 이상하지 않다"라고 결론 내렸다.[82] 1950년대의 적대적인 정치 환경 속에서 극단적인 견해도 무시할 수 없었다. ≪휴먼 이벤트≫의 도서관 사본에 붙어 있던 손 글씨 메모는 "이 일을 심각하게 생각하는 사람이 있기 전에 미리 방어 태세를 갖추자"라고 경고했다.[83]

의회도서관은 공산주의자들의 책과 여러 체제 전복적인 자료에 대한 불평 때문에 비애국적이라는 의심을 피할 수 있는 조치를 취해야 했다.[84] 1953년 11월 도서관 시각장애인 부문장 도널드 패터슨Donald Patterson은 녹음 추천 도서를 검토하는 위원회 설립을 추진했다. 패터슨의 메모에 따르면 1932년 이후 출간된 모든 서적을 검토하는 것은 "저자의 견해, 체제 전복적 내용, 좋지 않은 언어 때문에 우리를 당혹스럽게 하는 그 어떤 책의 유입도 막기" 위한 것이었다.[85] 사실 도서 선정 정책은 어느 서적이 정부 지원을 받기에 적당한지 항상 염두에 두었다. 체제 전복적이라고 여겨지는 자료는 이런 기준에 따라 제외되거나 또는 '미국 재향군인회American Legion'와 '미국 혁명의 딸Daughters of the American Revolution' 같은 조직으로부터의 감시가 증가함에 따라 공산주의 선전을 제한하는 조치가 도입됨으로써 제외되었다.

그다음 해에 도서관은 도서검토위원회를 설립했다. 그 목적은 공산주의 저자들의 책, 체제 전복적인 내용의 책, 좋은 취향을 벗어난 언어를 담은 책의 녹음을 막는 것이었다. 도서관 직원들이 임명한 위원들은 도서를 제외한 이유를 명확히 적시한 보고서 작성을 요구받았다. 위원들에게 주어진 지침은 혼란을 막기 위한 것이었다(예시 질문: 책이 발행된 이후에 공산주의자가 된 사람이 쓴 책은 어떠한가?[86]). 지침서는 공산주의 서적이 소련 정부와 공산당의 공식 출판물뿐만 아니라 당의 신념에 동조하는 것으로 보이는 작가들의 작품도 포함한다고 정의했다. 하지만 위원들로 하여금 문학 비평가 역할을 하도록 요구한 것은 체제 전복적 주제를 찾는 일이었다.

> 위원회 위원은 혁명적인 성격의 캐릭터, 체제 전복 옹호, 공산주의 이상과 그 목적에 동조하는 표현, 당국과 기존의 조건에 대한 불안과 불만족을 자극하는 선동성, 국가적·국제적 사안에 대해 프롤레타리아적으로 접근하는 언어·견해로 묘사한 문장을 찾아내라는 지침을 받았다.[87]

지침서는 검열을 의심할 여지가 없었다. 비도덕적이고 수명이 짧고 저질의 도서 녹음을 거절하기 시작한 도서관은 다시 체제 전복적 도서를 제외하면서 검열관 역할을 하고 있었고, 그럼으로써 시각장애인 독자가 "공산주의자가 되지" 않도록 했다. 검열 활동은 1950년대 반공 운동이 얼마나 광범위하게 벌어졌으며, 헌법 같은 애국적 문서로 첫 번째 정부 지원 도서를 받은 시각장애인 독자들이 다른 독자들과 마찬가지로 미국의 정권에 비슷한 위협이 되고 있다는 신호로 받아들여질 수 있었다.

이 장은 검열에 대한 의회도서관의 명시적인 부인을 조사하는 것으로 시작했다. 하지만 가치 있는 서적을 고르고 도서를 가려내는 활동이 보여주듯이, 말하는 책 도서관 역시 다른 도서관처럼 도서 접근권을 제한하는 동일한 압력에 직면해 있었기 때문에 실제 이야기는 더욱 복잡했다. 내가 시각장애인 복지에 헌신한 기관 기록물을 검토하면서 발견한 직접적인 검열의 사례는 시각장애인들을 공산주의로부터 보호하기 위해 구성된 위원회가 유일했다. 우습게도 냉전 시대의 폭넓은 검열 운동 덕분에 시각장애인 독자들이 마침내 다른 미국인들과 동등한 대접을 받게 되었다는 것이다.

말하는 책 도서관은 사람들에게 가장 관심 있는 도서를 고르는 것에서 최대한 폭넓은 도서를 구비하는 지금의 도서관 역할로 바뀌면서 다른 도서관과 함께 진화했다. 1954년 의회도서관은 말하는 책 선정에 대한 공식 정책을 발표했다. 그 이후 다양한 독자층에 맞는 목록을 만들려고 했으며, 더욱 중요한 것은 인기 소설에 대한 독자들의 열화 같은 선호를 받아들이기로 했다. 1970년에는 의회도서관에 있는 베스트셀러 도서의 90%가 오디오와 점자로 발행되었다.[88] 의회도서관은 다른 도서관들처럼 허용 가능한 출판물과 허용 불가능한 출판물을 판별하는 데 고전했다. "누군가에게 어리석거나 불쾌하게 보이는 책이 다른 이에게는 커다란 기쁨일 수 있다"라고 한 직원이 설명했다.[89] 이에 대한 도서관의 해결책은 다음과 같았다. 바로 시각장애인들을 대신해서 결정하지 않고 시각장애인들이 스스로 결정하도록 하는 것이었다.

도서 선정은 1950년대 이후에도 어려움을 겪었지만 매카시 시대만큼 어렵지는 않았다. 여기에는 몇 가지 이유가 있었다. 그 이유 중 하나는 도서 선정 논란에서 나타난 도서관 측의 시각장애인 복지에 대한 이해가 개선되었기 때문이다. 선정위원회에 비장애인과 시각장애인 독자를 같이 아우른 것은 기대의 간격을 줄이는 데 도움이 되었다. 도서관의 말하는 책 서비스는 시각장애인에게만 해당했던 온정주의 문제를 다루는 것이 아니라 다른 도서관과 마찬가지로 검열(체제 전복성에서 외설 문제로 이동한)에 대한 요구를 다루었다.[90]

게다가 시각적 장애인들은 이제 의회도서관에서 녹음하지 않은 책을 얻을 수 있는 다른 방법이 있었다. 이들 방법 중 가장 중요한 것은 사운드 스크라이버 및 이후의 테이프 녹음기와 같은 받아쓰는 기기를 사용해서 자원봉사자들이 녹음한 것이었다. 자원봉사자들의 녹음 프로그램은 제2차 세계대전 후 시각장애인이 된 참전용사가 대학에 다닐 수 있도록 돕기 위한 프로그램으로 등장했다. 1950년부터 국립특수녹음위원회National Committee on Special Recording(나중에 미국 시각장애인녹음위원회National Committee for Recording for the Blind와 시각장애인녹음주식회사Recording for the Blind, Inc.) 같은 조직은 자원봉사자들과 함께 도서관의 역할을 보완하기 위해 일했다. 3부에서 보겠지만, 녹음 회사들은 1950년대 들어 대중을 위한 상업적 구술 녹음을 제작하기 시작했다.

도서에 대한 접근은 수천 명의 시각장애인 독자들(그리고 지금은 난독증 같은 또 다른 신체적 학습·독서 장애가 있는 사람들)이 말하는 책 서비스에 여전히 의존하면서 논쟁을 일으키는 문제로 남아 있다.[91] 하지만 논쟁은 도서의 질에서 양으로 옮겨갔다. 의회도서관은 어떤 방법으로든 자료 검열을 피하고 고객들이 무엇을 읽을지 스스로 결정하도록 했다. 이것은 소수의 전문가 그룹이 시각장애인들이 어떤 책을 읽어야 하는지 또는 어떤 책을 읽지 말아야 하는지를 결정했던 이전 시대와 결별한 것이다.

제5장

셸 쇼크에서 셸락 레코드로

영국 왕립시각장애인협회Britain's Royal National Institute of Blind People(이하 RNIB)는 1985년에 말하는 책 서비스 50주년을 기념했다. 시각장애인과 부분 시각장애인 그룹을 위해 책을 녹음해 온 이 단체의 개척자적 노력은 영국 내 13만 명에 달하는 시각장애인의 절반이 활용하는 전문적인 활동으로 발전했다.[1] 이 당시 서비스는 거의 6000종의 녹음 서적을 보유하고 있었다.[2] 50주년 기념 행사에는 눈 수술 후 회복기에 말하는 책을 들은 적이 있는 마거릿 대처 수상이 방문했으며, 이 행사에서는 6만 번째 회원 등록을 기념하기도 했다.[3]

우스터 시각장애인대학교의 학장 로버트 맨소프Robert Manthorp 목사는 시각장애인을 대하는 태도가 얼마나 바뀌었는지 되돌아보면서 그 성과를 찬양했다. "50년 전 시각장애인은⋯⋯ 사실 '안 좋은' 사람으로 생각되었다. 그들은 무언가 문제가 있어서 꽤 괜찮은 사람들의 취향에 거슬리는 존재였고, 그래서 높은 담벼락 뒤에 숨어 있었다." 또한 "눈먼 것은 불쾌한 것이니 피하자"라는 것이 일반적인 태도였다. 말하는 책 서비스가 보지 못하는 사람들이 공유하는 관심, 능력, 인간성을 인정함에 따라 전환점을 만들었다. 맨소프 목사는 장애가 있는 사람들이 다른 사람들과 다르다는 것을 거부한 사람들—그의 표현에 따르면 "시각장애인이라는 이유로 바보라는 것을 받아들이지 않았던 사람들"—에게 공을 돌렸다.[4]

하지만 시각장애인 복지에 대한 영국 국민의 관심은 새로운 것이 아니었다. 시력이 정상인 사람들은 적어도 18세기부터 시각장애인의 문해력에 관심을 보였다.[5] 책을 접하지 못하는 것은 자선사업가, 식자층, 사람들이 성경에 접근하지 못할까 봐 우려하는 종교 지도자들에게 특별한 관심사였다. 다음 세대는 촉감으로 읽는 방법이 확산되고 시각장애 학생들을 위한 학교가 개설됨에 따라 시각장애인이 책을 읽을 수 있게 된 것을 기뻐했다.[6] 1838년에는 런던 시각장애인 독서교육협회가 설립되었고, 1882년에는 국립 시각장애인 도서관이 설립되었다. 대중이 말하는 책의 필요성을 이해하고 교육, 문해력, 오늘날 장애인 권리 운동이라고 불리는 광범위한 문화적 변화가 일어남에 따라 말하는 책 서비스가 시작되었다.

음향 기술로 책 전권을 축음기로 녹음할 수 있게 되기 전까지, 지지 그룹들은 접근하기 쉬운 독서 방법을 오랜 시간 찾아왔다. 어느 책에서는 "책을 읽지 못하는 것"이 시각장애인이 감당해야 하는 가장 큰 장애라고 표현했다.[7] 일부 사람들은 점자책 덕분에 이 장애를 극복할 수 있었다.[8] 양각 방식은 점자를 읽지 못하는 사람들에게는 전혀 도움이 되지 않았으므로 그들은 낭독해 주는 자원봉사자에게 의존해야 했다. 제1차 세계대전 후 시력을 잃은 군인들이 전쟁에서 돌아오자 시각장애인이 겪는 독서의 어려움이 대중의 관심을 받았는데, 겨자 가스와 다른 화학 무기의 후유증이 나타나면서 전상 시각장애인의 수가 더 늘어났다(〈그림 5.1〉).[9] 전상 시각장애인 때문에 스스로 읽을 수 없는 사람을 위한 대안적인 독서 방법을 개발해야 한다는 긴요한 과제가 생겼다.

전쟁은 참전용사와 민간인의 시각장애를 새롭게 인식하는 촉매제가 되었다.[10] 전쟁에서 입은 부상으로 시각장애인이 된 군인들은 오랫동안 방치되었

그림 5.1 최루가스에 눈이 먼 영국군(1918년 4월 10일 프랑스 베튄 인근 상급 병원)

던 문해력 문제의 시급성을 촉발했다. 전쟁 전까지 시각장애는 안타깝고 불행한 일이지만 대중이 직접 책임져야 할 문제는 아니었다. 그러나 전쟁이 모든 것을 바꾸었다. 영국 국민들은 조국을 지키느라 시력을 잃은 군인들에게 빚을 졌다. 국가 보상이 없는 상황에서 장애를 입은 참전용사들은 치료와 재활을 자선기관에 의존했다.[11] 참전용사를 위한 모금 운동에서는 군인들의 부상 입은 신체를 드러냄으로써 대중의 양심을 직접적으로 자극했다. 예를 들어 시각장애인 참전용사의 재활을 위한 성 던스턴St. Dunstan 자선단체는 "여러분을 위해 눈이 멀었습니다"(〈그림 5.2〉)라는 문구와 함께 장애가 있는 참전용사를 내세웠다.[12] 그런 운동은 장애가 있는 참전용사들의 삶에 책을 포함한 오락을 제공해 이들을 견딜 만하게 만들어야 한다는 대중의 의무감을 일깨웠다. 점자를 읽을 수 없는 참전용사에게는 인쇄물을 대체할 것이 필요했다.

그림 5.2 성 던스턴이 자금 모음 캠페인에 사용했던 시각장애 군인 그림

영국의 말하는 책은 미국의 말하는 책과 동일한 궤적을 보였지만 역사학자들로부터 관심을 덜 끌었다.[13] 다음의 설명은 제1차 세계대전 이후 말하는 책에 대한 초기 실험에서부터 1930년대 중반 시각장애인 군인 및 민간인들 사이에 말하는 책이 소개되고 받아들여지기까지의 발전 과정을 추적하고 있다. 이과정은 영국의 말하는 책 서비스 설립을 책임졌던 두 조직인 RNIB[왕립이 되기전에는 전국시각장애인협회National Institute of Blind People(이하 NIB)였대와 영국 시각

장애재향군인회(이전에는 성 던스턴이었다)가 보유한 기록 보관소를 활용해 통합했다.[14] 이 장의 주목적은 복구 작업이다. 즉, 미국의 말하는 책의 기원(2장에서 다룬)과 나란히 놓을 수 있도록 영국의 말하는 책의 기원에 대한 설명을 종합하는 것이다. 양국 기관에서는 전문성, 기술, 서적을 교환함으로써 범대서양 협력 관계를 강화했다. 하지만 목적이 같았음에도 불구하고 두 나라는 재정 문제, 기술 문제, 미적 문제를 독립적으로 해결했기 때문에 각기 다른 특징을 가지게 되었다.

이 장은 다른 독서 방법에 대한 조사를 재구성하는 것으로 시작하고 말하는 책이 장애가 있는 사람들의 삶에 끼친 영향을 펼쳐 보인다. 다시 독서할 수 있다는 희망을 포기했던 말하는 책의 첫 독자들이 말하는 책에 어떻게 반응했는지를 다루는 것이다. 이 장에서 다룬 이야기는 20세기의 책, 문해력, 독서의 역사에서 빠진 시각장애인 독자들의 목소리를 되살렸다.[15] 이어지는 내용에서는 녹음 책의 가치에 대한 논쟁을 다시 다루면서 녹음 책의 정당성에 대한 논쟁이 말하는 책 자체만큼이나 오래되었음을 재확인한다. 앞으로 살펴보겠지만 편견이 발전을 막는 유일한 방해물은 아니었다. 말하는 책은 시각장애인 독자들로부터도 똑같이 강한 반대에 부딪쳤다.

이 장은 전쟁 이후 책, 미디어, 장애가 뒤섞이면서 제기된 주요 문제를 다룬다. 책이 말을 할 수 있는가? '말하는'과 '책'이라는 용어에는 이중적 의미가 내포되어 있다. '말하는'이라는 용어는 인쇄물에서 소외된 독자에게 다가갈 것을 약속하는 반면, '책'이라는 용어는 다른 모든 이들과 동일한 이야기를 접하고 있음을 확신시켜 준다. 다음 설명은 인쇄물과 관련해서 어떻게 말하는 책이 진화했는지를 보여주는 동시에 양차 대전 기간에 영국에서 독서가 무엇을 의미했는지 질문을 제기한다.[16]

이 관계의 걱정스러운 면은 사람들이 책을 듣는 행동을 "읽는다"라고 말하기 꺼리는 데서 분명히 나타난다. 많은 설명에서 인용 부호 안에서 "읽기"라고 쓰거나 "독자-청자reader-listener" 또는 "청자-독자listener-reader" 같은 신조어를 사용하고 있다. 이 새로운 용어는 책 읽기와 듣기 사이의 정확한 관계에 대한 불확실성을 보여준다. 또한 이 용어는 다음과 같은 읽기에 대한 해결되지 않은 질문에서 비롯된다. 읽기가 본래 시각적인데 귀와 손가락을 포함한 다른 감각기관을 통해서도 책을 이해할 수 있는가? 말하는 사람의 목소리는 해석에 어떤 영향을 미치는가? 기계가 책의 수용에 어떤 효과를 미치는가? 우리는 말하는 책 서비스의 선구자들이 오늘날까지도 해결되지 않은, 이런 어려운 질문에 답하기를 기대하면 안 된다. 그러나 미학적 선호에 대한 질문은 1930년대 상황에 맞지 않는다. 당시 시각장애인들에게 말하는 책은 독서의 유일한 수단이었다.

말하는 책 도서관이라는 꿈

앞을 볼 수 없는 사람들에게 책은 별 소용이 없었다. 시각장애인의 문해력 역사는 새로운 기술이 나오면 인쇄 책을 대체하려는 시도의 역사다. 기계적 독서 장치에 대한 꿈은 1877년 토머스 에디슨이 축음기를 발명한 이후 청자들을 사로잡았다. 이 기계와 그 후속 장치는 시각장애인이 다른 사람의 눈을 통해 책을 읽을 수 있게 한 잠재적인 인공기관이었다.[17]

이언 프레이저Ian Fraser 대위가 성 던스턴 자선단체에서 축음기를 듣다가 말하는 책을 처음으로 고안했다. "사람의 말을 녹음하는 것은 가능하다고 생각했다. 이론적으로 책 전권을 녹음하는 것도 가능할 것이다."[18] 프레이저 대위는 1916년 7월 솜강Somme 전투에서 독일 저격수의 총에 눈을 맞은 후 성 던스턴 자선단체에 합류했다. 그는 스물넷의 나이에 성 던스턴 자선단체의 회장이 되었다. 그곳에서 왁스 실린더에 이야기를 녹음하는 딕터폰Dictaphone으로 실험을 시작했다.[19] 그 후 시와 이야기를 성 던스턴의 임시 스튜디오에서 다른 기기를 사용해 녹음했다. 그는 자서전에 "이것이 진정한 최초의 말하는 책 녹음이었고 말하는 책의 첫 시작이었다"라고 썼다.[20]

신체장애는 새로운 미디어를 만들어낸 역사가 있다.[21] LP녹음 같은 음향 녹음 기술의 혁신은 눈으로 보는 책 대신 귀로 듣는 책을 만들 기회를 제공했다. 참전용사들은 누가 읽어주는 것을 대체할 기술이 나올 때까지 전쟁이 끝나고도 10년 이상을 기다려야 했다. 낭독 녹음은 재생 시간이 제한된 레코드 때문에 오래 지연되었다. 1932년에도 5분 이상 재생하는 레코드를 파는 축음기 회사는 없었다. 1948년까지 LP는 아직 상용 시장에 나오지 않았다.[22] 하지만 시각장애인은 기술의 혜택을 훨씬 일찍 받았다. 1919년 프레이저는 컬럼비아 축음기 회사Columbia Gramophone Company와 파테폰사Pathephone Company를 설득해 업계 표준인 78rpm(분당 회전)보다 느린 속도로 축음기 레코드에 이야기를 녹음하도록 했다. 프레이저는 "재생이 불쾌했다"라고 회상했다.[23] 하지만 그래머폰사(후에 HMV 또는 His master's Voice라고 알려진) 그리고 여러 회사들과 함께 일한 NIB와 성 던스턴 자선단체는 결국 줄인 속도로 레코드를 재생하는 데 성공했다.

초기에는 축음기가 독서 기계가 될 것이라는 확신이 거의 없었다. 1920년대 NIB의 기술연구위원회가 했던 실험은 다른 형식에 대한 개방성을 보여준다.[24] 향후 10년 동안 위원회는 여러 기기들을 검토했다. 블라트너폰Blattner-phones, 딕터폰Dictaphones, 포토립토포노스Fotoliptofonos, 리브러폰Libraphones, 마르코니폰Marconiphones, 오자폰Ozaphones, 포노필름Phonofilms, 리다폰Readaphones, 텔레그래폰Telegraphones, 에코폰 데일리그래프Ecophone Dailygraphs 등이다. 위원회는 왁스 실린더와 레코드에서부터 필름, 리본, 철사에 이르기까지 다양한 표면에 실험적인 녹음도 했다.

다양한 방법 중에는 이야기를 녹음할 필요조차 없다고도 했다. '시각장애

그림 5.3 청광기를 이용해 책을 읽고 있는 시각장애인

인을 위한 듣는 책'이라는 말은 시각장애인의 문해력을 높이는 방법이 말하는 책이 아니라 음악 책이라는 인상을 주었다.[25] 모스 부호에서 나온 소리로 된 알파벳을 재생한 타이포폰typophone의 발명가는 주머니에 들어가는 8인치짜리 축음기 레코드에 소설 한 권을 녹음할 수 있다고 주장했는데, 디킨스의 소설 한 작품을 담는 데 디스크 400장이 필요한 때여서 엄청난 절약이었다.[26] 또 다른 유망 기기는 청광기였는데 책 본문을 악보로 바꾸었다(〈그림 5.3〉).[27] 메리 제임슨Mary Jameson은 이 기기를 사용해 일반 인쇄 책(앤서니 트롤럽Anthony Trollope의 『관리인The Warden』)을 읽은 최초의 시각장애인이었다.[28] 그러나 일반인은 소리를 단어로 바꾸는 것을 어려워했다. 마찬가지로 사람들은 촉감으로 읽는 기계인, 인쇄본을 양각으로 바꿔주는 가시광선visagraph 및 광전자 기기photoelectrograph 같은 것의 사용도 어려워했다.[29] 그 기기는 비실용적이거나 일반 시각장애인에게는 너무 비싸다는 이유로 받아들여지지 않았다.

기술연구위원회의 '말하는 필름'에 대한 선호는 바로 구식이 될지도 모르는 미디어에 투자하는 데 대한 염려를 보여준다.[30] NIB는 다른 경쟁 미디어가 그래머폰을 대체하지 못할 것이 확실해질 때까지 자금 모집을 중단하기도 했다. 프레이저는 "말하는 필름에서 말하는 책 도서관에 대한 나의 꿈을 실현시킬 수 있는 길을 발견했다"라고 회상했다.[31] 아이러니하게도 말하는 책에 가장 잘 맞는 것은 본래 조용한 오락물로 고안된 미디어였다.[32] 필름은 다루고 옮기고 고치기 손쉬운 형식 위에 고품질의 녹음을 할 수 있었다. 낭독자의 실수는 녹음보다 필름에서 수정하기 쉬웠다. NIB 기술팀은 적절히 저렴한 재생 장치가 나오면 말하는 책이 필름으로 옮겨갈 것이라고도 생각했다.[33] AFB의 많은 이들이 이 견해에 동감했다. 1937년 재단 수석 기술자인 클레버는 영국 대표단에게 "필름은 미래의 말하는 책이 될 것이다"라고 말했다.[34]

실험은 우리가 에디슨의 축음기부터 카세트테이프, 콤팩트디스크, 디지털 오디오 파일 같은 현대의 음향 기술까지 하나로 연결되는 말하는 책의 계보를 잘 살펴봐야 한다는 것을 보여준다. 그래머폰은 기술적 우월성 때문이 아니라 경제성을 근거로 선택되었다. 그래머폰 레코드만 자원이 부족한 장애인들이 구매하기에 적절하면서도 기술연구위원회의 두 가지 생산 목표인 '가장 듣기 좋고 경제적인 책'이라는 조건을 맞출 수 있었다.[35] 부서지기 쉽고 부피가 큰데도 불구하고 레코드는 다른 미디어에 비해 비용, 가청도, 사용 편의성 측면에서 실질적인 이점을 가지고 있었다. 반면에 위원회가 테스트했던 필름 기계들은 모두 가격이 적당하지 않았다. 전기가 들어오지 않는 집에 사는 시각장애인은 전혀 사용할 수가 없었을 것이다.[36]

마찬가지로 말하는 책에 대한 미국과 영국 간 주요한 차이점을 주목해야 한다. 처음에는 심지어 두 나라가 같은 용어를 사용하지도 않았다.[37] NIB의 기술연구위원회는 더 큰 규모의 도서관 설립을 위해 미국과의 레코드 교환이 단독으로 하는 것보다 이점이 있다고 인정했다.[38] 하지만 NIB는 미국이 사용하던 것과 핵심 요소 한 가지가 다른 형식을 선택했다. 바로 재생 속도였다. 미국에서 사용하는 레코드는 33⅓ rpm으로 면당 15분간 재생하는 반면, 영국의 레코드는 25분간 24rpm으로 재생했다. 이 차이는 호환성 문제로 이어졌다.

NIB는 미국이 가장 효율적인 형식을 선택하지 않았다는 느낌을 받았다. 표준화의 필요성을 알고 있음에도 불구하고 프레이저는 비용 절감을 고집했다. 프레이저는 기술연구위원회에 "미국이 정했다고 해서 미국 표준에 따라서는 안 된다"라고 말했다.[39] 영국 그래머폰이 78rpm 이외의 속도를 내려면 특별한 구조가 필요했다. 그래서 재생 시간 연장으로 경제적 이점을 얻기 위해 최적의 속도(기술자들에 따르면 16rpm에서 24rpm)로 레코드를 재생할 수 있는 기계를 만드는 것이 이 단체의 가장 큰 관심사였다. 면당 25분이면 미국 레코드 대비 16%의 비용을 절감했다.[40]

1934년 봄, NIB와 성 던스턴 자선단체는 말하는 책 서비스 개시 계획을 발표했다. ≪성 던스턴 리뷰St. Dunstan's Review≫에서 프레이저는 "지나친 희망을 불러일으키고 싶지는 않지만 조만간 말하는 책 도서관을 설립할 수 있을 것 같다"라고 말했다.[41] NIB의 기술연구위원회(지난 10년간 프레이저가 함께 일했던)는 그래머폰, 라디오, 영화 산업에서의 전기적 녹음과 여러 기술적 진보 덕분에 말하는 책을 제공했다.[42] 드디어 합리적인 비용으로 말하는 책을 생산했다. 프레이저는 AFB가 자체 사업을 시작했다는 것도 알게 되었다.

시력을 잃기 전에 일반 책에 익숙했던 여러 시각장애인 독자층에게 말하는 책이 얼마나 매력적인지 아무도 몰랐다. 이런 이유로 '도서관', '책'같이 친숙한 서지학 용어가 신기술과 인쇄물 영역과의 연관성을 재확인하기 위해 계속 쓰였다. NIB는 1934년 5월 기계와 레코드를 개발·제작·유통하는 음향녹음위원회Sound Recording Committee를 설립했고 프레이저가 회장을 맡았다. NIB와 시각장애인 참전용사를 대표하는 성 던스턴 자선단체가 비용을 분담했다.[43] 위원회는 국립 시각장애인 도서관의 회원 한 명을 추가한 후, 영국에서 시각장애인 복지를 책임지는 세 개의 가장 큰 조직을 대표했다.

말하는 책 도서관은 리젠트 공원에 있는 가장 기본적인 시설만 갖춘 스튜디오로 출발했다. 그 스튜디오에 대해 프레이저는 "나의 작업실로 사용한 정원 안 오두막"이라고 묘사했다.[44] 거기서 앤서니 맥도널드Anthony Mcdonald는 영국에서 제작한 최초의 말하는 책을 녹음했다.[45] 맥도널드의 낭독 테스트가 가장 효과적인 읽기 방식과 적당한 녹음 장비를 정하는 데 도움이 되었다. 이것을 프레이저는 '기술 실험'에 빗대어 '인간 실험'이라고 불렀다.[46] 와트식 디스크 녹음 기계로 한정 수량 레코드를 만들었고, 그럼으로써 상업 회사의 엄두도 못 낼 녹음 비용을 피할 수 있었다.[47] 레코드사 HMV와 데카Decca는 구리 원판에 밀랍을 올리고 찍어낸 것을 시각장애인 전역 군인이 사전에 확인 청취하도록 했다.[48]

말하는 책 도서관은 1935년 8월 1일, 2년간의 시범 운영을 시작했다. 회원은 시각장애인과 '일반 책을 읽을 수 없다는 충분한 증거를 제시한 사람'으로 등록을 제한했다.[49] 놀랄 일은 아니지만 말하는 책 도서관은 다른 도서관과 유사점이 거의 없었다. 책을 읽으려면 전용 제작한 낭독기가 필요했고 인쇄 책보다 제작비용이 더 많이 들었다(〈그림 5.4〉). 어림잡아 도서관이 1만 종을 보유하는 데 100만 파운드의 비용이 든다고 한다.[50] 정부 보조금이 없었기 때문에 자금이 부족했다. 미국 의회도서관의 말하는 책 도서관은 정부의 자금 지원을 받는 반면에, NIB와 성 던스턴 자선단체는 너필드 경Lord Nuffield, 카네기 영국신탁기금Carnegie United Kingdom Trust, 청교도신탁기금Pilgrim Trust의 사적 기부에 전적으로 의존했다.[51] 그들은 정부 지원이 없는 가운데 부상 당한 참전용사의 재활을 돕는 많은 자선단체 중 하나였다.

미국에서 비슷한 레코드가 배포된 지 거의 일 년이 지난 1935년 11월 7일, 영국에서 말하는 책이 일반 독자들에게 공개되었다(프레이저는 "미국인들보다 우리가 먼저 연구를 시작했지만, 미국이 우리보다 먼저 생산에 들어갔다"라고 설명했다[52]). 모든 말하는 책은 12인치 셸락 디스크로 만들어졌다. 평균적으로 이 책은 10

그림 5.4 말하는 책 재생기와 레코드

개의 양면 레코드를 사용했고 대출은 반송 우편 비용만 내고 무료로 받아볼 수 있었다.[53] 말하는 책 기계 모델인 전기 그래머폰, 전기가 필요 없는 모델, 헤드폰을 사용하는 모델, 이 세 가지 모델 중 하나를 구매하는 사람에게는 회원권이 무료였다(〈그림 5.5〉).[54] 세 기계 모두 24rpm, $33\frac{1}{3}$rpm, 78rpm으로 재생할 수 있었다. 재생 기계는 6파운드 10실링의 전기용부터 3파운드 15실링 4페니 가격의 헤드폰 모델까지 원가에 팔았다.[55] NIB와 성 던스턴 자선단체 양쪽 모두 그래머폰의 유용성이 검증될 때까지 공적 자금으로 기계 값을 보조하는 것을 꺼렸지만 여전히 성 던스턴은 참전용사들을 위해 1파운드를 보조했다.[56] 1937년 9월 말까지 말하는 책 기계가 시각장애인 시민 351명, 성 던스턴 회원 33명, 해외 수령자 275명에게 배달되었다.[57]

첫 번째 말하는 책은 크리스티의 『애크로이드 살인사건The Murder of Roger Ackroyd』, 콘래드의 『태풍Typhoon』, 요한복음이었다.[58] 대변인은 "말하는 책 도

그림 5.5 말하는 책을 듣고 있는 이언 프레이저

서관은 1935년 11월 7일 세상에서 가장 작은 도서관으로 책을 유통시키기 시작했다. 더 정확히 말하면 세 권으로"라고 회상했다.[59] 악셀 문테Axel Munthe의 『산 미켈레 이야기The Story of San Michele』, 윌리엄 고어William Gore의 『교회 마당의 죽음There's Death in the Churchyard』, 윌리엄 새커리의 『헨리 에즈먼드 이야기』(제1권)가 초기에 녹음된 말하는 책이었다.

그 목록은 거의 대중의 인쇄 책 취향에 맞추었다. 널리 알려진 도서가 선택되었고 같은 해 시작된 여러 유명 소설 시리즈와 유사했는데, 예를 들면 크리스티의 책은 펭귄Penguin 페이퍼백 시리즈에도 포함되었다.[60] 저자가 시력을 잃었기 때문에 "시각장애인에게 특별히 관심을 보이는 현대 걸작"이라고 불리는 『산 미켈레 이야기』를 제외하고는 시각장애인 독자와의 관련성에 대한 고려가 전혀 없었다.[61] 외부의 지원도 도서 선정에 영향을 미쳤다. 성경 중에서 처음 녹음된 부분은 요한복음이었는데, 죄에서 벗어난 맹인이 나오기 때문이 아니라 영국성서공회British and Foreign Bible Society가 녹음 비용을 지불했기 때문이었다.[62]

말하는 책 선정위원회는 목록에 넣을 책을 정하는 어려운 일을 맡게 되었다. 위원회 정책은 적어도 총 서적의 75%가 영구 보존용일 것을 요구했다.[63] 어떤 사람에 따르면 "안목이 있지만 가끔 너무 엄격한 취향을 가진 고전주의자가 엘리자베스 시대의 시보다 '선한 살인'을 선호하는 나약한 형제들을 배려해 완화했다"라고 했다.[64] 도서관의 소박한 예산 때문에 선정 절차에 논란이 매우 많았다(6장 참조). 도서관은 첫 해 연말에 55종의 완성본(24종은 영국에서, 31종은 미국에서 녹음되었다)을 갖게 되었다.[65] 비록 많은 사람들이 재고 부족을 불평했지만, 레코드에 대해서는 수령자들이 거의 만장일치로 만족했다.

말하는 책의 등장

말하는 책은 단순히 기술적 도전이 아니었다. NIB는 '비독자, 점자 독자, 출판사' 등 기존 도서와의 잠재적 경쟁에 의구심을 가진 많은 이들에게 홍보해야만 하는 벅찬 과업에 직면했다. 사실상 그들은 말하는 책이 인쇄 책과 너무 비슷하다거나 전혀 비슷하지 않다는 이유로 반대했다.

1936년 NIB는 전국의 시각장애인 고객층에 말하는 책을 소개했다. 발표를 통해 기계의 장점을 소개하는 동시에, 예비 사용자들에게 그들의 일상을 망가뜨리지 않을 것이라고 안심시켰다. 발표회는 제품 홍보로 시작했다. "안락한 의자에 편안히 앉아서 최상의 또는 최악의 세계문학을 멋진 목소리로 읽어준다는 점이 대단히 매력적이다."[66] 시각장애인북부연합, 시각장애인중부연합, 전국시각장애인연합 같은 커다란 단체에도 발표회를 했다. 낭독자의 목소리가 이들 공개 발표에서 잘 들리도록 큰 스피커를 그래머폰에 붙였다. 다른 사람들은 NIB 본부 또는 독서회에서 기계를 들었다. 노스웨일스 시각장애인협회가 조직한 읽기 모임에 40명이 참석했고 맨체스터 국립 시각장애인 도서관의 그룹은 새커리의 소설 22개 레코드를 모두 들었다.[67]

어떤 이들은 말하는 책은 독서의 친밀감을 재현하려는 의도를 갖고 있는데 발표가 오해의 소지가 있는 인상을 준다고 걱정했다. 요크의 가정교사 회의에 참석한 한 청중은 "말하는 책은 조용한 친밀감을 위한 것이다. 독자-청자는 안락의자에 앉아서 파이프를 피우고, 말하는 책은 조용히 그에게 말한다. 큰 모임에는 적당치 않다"라고 말했다.[68] NIB의 음향녹음위원회는 공개 낭독 기회가 이미 있었기 때문에 가정을 위한 기계적 낭독기로서 가정에서의 역할을 강조했다. 프레이저는 ≪성 던스턴 리뷰≫를 읽는 군인들이 오해하지 않도록 격려했다. "말하는 책은 직접 시연하기가 대단히 어렵다. 다른 사람들이 있는 방 안에서 겨우 몇 분 들은 것으로 책의 진정한 가치를 완벽하게 알 수는 없다. 진정한 가치는 가정에 기계를 두고 어느 책의 몇 개의 장을 들으면서 이야기에 몰입하면 분명해진다. 그러고 나면 듣기가 얼마나 좋은 것인지, 이 기계가 얼마나 오래된 필요를 충족시키는지 깨닫게 될 것이다."[69] 프레이저의 말은 책을 사치가 아닌 풍족한 내적 삶의 필수품으로 재조명한 것이다. 말하는 책만으로도 다른 사람의 도움 없이 혼자서 독서하고 싶은 성향을 만족시켰다.

NIB는 친숙한 낭독방식으로 말하는 책의 틀을 잡았다. 거의 모든 시각장애인들은 가족, 친구, 자원봉사자들이 읽어주는 낭독을 들어왔다. 그러나 그런 낭독은 조정하기 어렵거나 부담스러웠으며 전문 낭독자는 비쌌다. 성 던스턴 자선단체의 연례보고서 광고는 "시각장애인에게 낭독보다 더 큰 즐거운 일은 별로 없다. 그러나 아내와 친구가 항상 낭독해 줄 수는 없다. 말하는 책은 인간의 낭독을 보완해 준다"라고 설명한다.[70] 마지막 문구로 기계가 인간을 대체한다는 우려를 완화하고자 했다. 말하는 책은 기존 방식을 그대로 유지하면서, 언제든지, "필요할 때마다 알아듣기 쉽고 기분 좋은 낭독"이라는 부가적인 독서 기회를 제시했다.[71] 이러한 장점은 정기적인 독자에게도 매력적이었다.

"기계적인 '낭독'"은 어색함 없이 그 낭독에 친밀감을 유지하려고 노력했다. 이를 위해 프레이저는 청자들에게 기계가 인간의 낭독과 같다는 것, 심지어 더 우월하다는 것을 재확인했다.

나는 지금까지 만들어진 훌륭한 실험 레코드를 많이 들어봤다. 그리고 나의 성 던스턴 자선단체 동료들에게 장담한다. 낭독기를 들고 조용히 앉아서 흥미 있는 책을 들으면, 아주 유능한 낭독자가 당신을 위해 개인적으로 봉사하는 듯한 즐거움을 충분히 누릴 것이다. 실제로 우리 레코드의 낭독자 대부분은 과거에 내게 아주 잘 읽어 주었던 가족들이나 친구들보다 더 훌륭하다. 게다가 기계는 지치지도 않고 기지개를 펴거나 창밖을 내다보지도 않고 머리를 긁거나 불을 지피거나 다른 걸 살피지도 않는다. 그중 가장 좋은 것은 다른 일을 하고 싶어 하는 사람에게 책을 읽어달라고 사정할 필요가 없다는 것이다.[72]

말하는 책 기계와 인간 낭독자를 비교한 것은 목적에 적절했다. 제임스 라스트라James Lastra가 주장했듯이 의인화는 사람들에게 새로운 미디어를 알리는 데 도움이 되었다.[73] 이 경우, "아주 유능한 낭독자가 개인적으로 봉사한다"라는 장담이 불안감을 상쇄했다. 그러한 비교를 이질적일 수도 있는 기계를—

"말하는 책"이라는 구절 자체의 어감이 그러하듯—가급적 인간적으로 보이게 했다.

동시에 NIB와 성 던스턴 자선단체는 기계의 우월성을 강조했다. 사람은 믿을 수 없고 관리하기 힘들며, 항상 낭독에 유능한 것은 아니었다. 그래머폰은 인간이 범하기 쉬운 오류의 모든 흔적을 거의 지워버렸다. 한 명의 고객이 "이들 말하는 책의 아름다운 낭독자들은 전혀 지치지 않고 따지지 않고 서두르지도 않으니 축복받아야 한다"라고 찬양했다.[74] 청자들은 말하는 책 기계가 나오기 전에 알게 모르게 받아들여 왔던 불편함을 깨달았다. 전문 배우가 읽는 것을 듣자마자 가족이 읽어주는 것은 매력을 잃었다.

NIB는 말하는 책을 역사적 중요성 면에서도 점자와 비교했다.[75] 여러 가지 형태의 점자는 문해력이 가져다주는 문화적 이점을 일부 시각장애인들이 공유할 수 있게 했다. 말하는 책 지지자들은 점자가 제공하는 것을 침해하지 않도록 신경 쓰면서 동시에 비슷한 독립성을 지지했다. 여전히 작긴 하지만 소수의 목소리는 말하는 책이 이미 제한되어 있는 자금을 고갈시키며 점자를 읽는 힘든 학습 과정으로부터 독자들을 멀어지게 할까 염려했다(이는 다음 절에서 논의할 그룹이다).

말하는 책에 대한 적개심은 특히 미국 점자 독자들 사이에서 심했는데 프레이저는 그들에 대해 "점자에 대해 거의 종교적 확신"을 가진 것 같다고 표현했다.[76] 반면에 영국의 많은 손가락 독자들은 말하는 책을 기존의 읽기 방식을 보완하고 손가락이 쉬어야 할 때 사용하는 대체 오락으로 환영했다. NIB는 후원자들에게 두 매체가 경합하는 것이 아니라고 확인해 주었다. 점자는 교과서처럼 조용히 읽기를 원하거나 쓰기의 수단으로 읽을 때는 꼭 필요한 것이므로 "말하는 책은 전혀 점자의 경쟁자가 아니다."[77] 독자들이 자기 속도로 읽도록 하는 것은 점자뿐이었다.[78]

그러나 문제는 대부분의 사람들이 점자를 읽지 못한다는 것이었다. 말하는 책은 다른 대안이 없었던 시각장애 인구의 80%까지 문해력을 확장시켰다.[79]

이들 대부분은 성인이 되어서 시각을 잃었고 손가락으로 읽는 것을 배우지 못했다. 성 던스턴 자선단체 회원 한 명은 말하는 책이 이런 문제를 해결한다고 칭찬했다. "나는 말하는 책이 우리의 가장 큰 문제를 해결했다고 확신한다."[80] 시각장애인을 위한 출판물은 점자의 이점과 한계를 알고 있었다. 어느 신문 사설에서는 "점자 학습 및 사용에 높은 고유 가치라는 지적·도덕적 수련법이 있다. 축음기나 영화 레코드를 듣는 것은 쉽다. 그래서 어느 정도는 가치가 덜하다. 그러나 디스크나 필름 레코드는 어떤 경우에는 모든 시각장애인에게, 많은 시각장애인에게는 모든 경우에 요긴한 것이 될 것이다"라고 했다.[81] 생각해 볼 수 있는 한 가지 사례는 류머티스 관절염을 앓는 시각장애인의 경우다.[82] 말하는 책은 점자 독자들에게 영향을 주었다. 그러나 그 영향은 다른 독자들에게 더 강하게 느껴졌다.

출판사들은 여러 가지 이유로 말하는 책을 반대했다. 말하는 책과 인쇄 사이의 분명한 차이에도 불구하고 그들은 유사성을 걱정했다. 출판사의 반대는 인쇄물을 재생한 것도 아니고 각색한 것도 아닌 말하는 책의 애매한 상태 때문이라고 강조했다. NIB의 음향녹음위원회는 처음에 저작권 문제가 없는 서적을 녹음하기로 결정했지만 저자 및 출판사와 성공적으로 협상한 후에는 입장을 번복했다.[83] 그러나 누구라도 음향 녹음은 들을 수 있기 때문에 출판사는 점자에 허용된 저작권 면제를 연장하는 데 주저했다.[84]

1936년 국제출판인회의International Congress of Publishers는 언론에서 언급한 "'말하는 책'의 등장"으로 출판산업이 직면한 잠재적 위험 요소에 대해 논의했다.[85] 그 회의는 총회 전체 기간을 저자의 권리를 보호하는 데 할애했다. 독립 출판사인 파버 앤 파버Faber and Faber의 대표인 제프리 파버Geoffrey Faber는 출판사는 그래머폰 회사와의 피할 수 없는 경쟁에 대비해야 한다고 경고하며 "상업적인 '말하는 책'이 반드시 나올 것이다"[86]라고 말했다. 이에 대한 반응으로 회의 참석자들은 저자들이 작품의 기계적 재생에 통제권을 행사해야 한다는 내용의 결의문을 승인했다.

영국출판협회The Publishers Association와 저자 및 극작가협회the Society of Authors and Playwrights는 회원들에게 저작권이 있는 작품은 엄격한 조건하에 NIB가 녹음하는 것을 허락하도록 권했다. 엄격한 조건이라는 것은 작품당 명목 비용으로 1파운드를 지급할 것, 매 녹음 개시 시 공지할 것, 저작권 계약서에 "시각장애인 전용"이라는 문구를 넣을 것, 레코드를 시각장애인에게만 판다는 계약서를 작성할 것, 녹음이 상업적 목적으로 쓰이지 않는다는 것을 확약할 것, 레코드는 300부 한도로 발행할 것 등이다.[87] 출판협회는 이 조건들이 말하는 책의 상업적 시장을 내다볼 때 자신의 권리를 보호하는 데 필요한 조건이라고 주장했다.[88] 미국에서의 시집 판매고는 이미 말로 하는 녹음에 대한 잠재 수요가 있음을 암시했다.

대부분의 저자들은 시각장애인을 위해 자기 소설을 녹음하도록 허용했다. 하지만 거절한 소수의 저자는 저자들이 저작권 침해에 대해 얼마나 취약하다고 느끼는지를 보여준다. 녹음을 불허한 회의론자 중 가장 유명한 인물은 러디어드 키플링이었다. 키플링은 비평가와 대중 양쪽 모두에게 잘 알려졌다는 점에서 말하는 책의 이상적인 대변인처럼 보였다. 또한 그는 군대에 몸담은 경험도 있었고, 성 던스턴 참전용사 문제와도 연관이 있었다. 그리고『꺼져버린 빛The Light That Failed』에서는 눈먼 것을 묘사하기도 했다.『스탤키와 친구들 Stalky and Co.』의 일부분은 말하는 책 시험 녹음에 사용되기도 했다. 그래서 첫해 녹음될 서적 목록에 키플링의『킴Kim』이 포함된 것은 당연하게 받아들여졌다. 그러나 이후에 이루어진 취소가 충격적이었다.[89] 키플링은 비합법적인 판매 또는 라디오 방송으로 인해 저작권료가 줄어들 수 있다는 염려 때문에 녹음 허가를 거절했다.[90] 키플링 재단은 1936년 저자 사후『킴』,『스탤키와 친구들』,『그날의 일과The Day's Work』를 녹음해 달라는 요청을 거절했다. NIB는 키플링의 미망인으로부터 녹음 허락을 얻는 데 실패하기도 했다.[91] 녹음 사용을 제한하는 구체적인 주의 사항을 적시한 공식 편지를 키플링 재단에 보낸 뒤에야 성공했다.[92] 법적 다툼으로 인해 시각장애 전역용사들은 키플링 작품을 스스로 읽으려면 다른 사람들보다 더 오래 기다려야 했다.

시각장애 세상의 혁명

첫 번째 말하는 책이 독자에게 전달된 후 프레이저는 말하는 책 도서관의 가장 후한 후원자인 너필드 경에게 감사 편지를 썼다. "당신은 '시각장애인을 위한 말하는 책 도서관'을 시작함으로써 브라유 이후 다시 시각장애의 세계에 혁명을 일으켰습니다. 더 깨어 있고 세상을 더 잘 느끼고 더욱 자신을 잘 표현할 수 있고 인생을 즐기는 시각장애인 사회의 행복과 앞으로의 유용성에 이런 발전이 가져올 장점은 다 헤아릴 수 없습니다."[93] 말하는 책은 두 가지 면에서 혁명이었다. 그것은 읽는 방법과 읽는 대상의 대격변이었다. 평생 동안 프레이저는 말하는 책이 시각장애인의 문해력 면에서 두 번째 혁명이라고 주장했다.[94] 그는 이들에 대해 "이 사람들은 책의 즐거움으로부터 단절되어 있었을 뿐 아니라 다른 오락거리를 가진 다른 사람들보다 이들에게 독서는 더 많은 것을 의미한다"[95]라고 말했다. 이것은 다른 사람들 또는 그들 스스로 '시각장애인을 다른 독자들과 다른 독특한 필요, 능력, 욕망을 가진 집단'이라고 생각했던 개념인 '시각장애인 예외주의'에 대한 호소였다.

시각장애인이 책과의 관계를 어떻게 생각했는지를 알아보는 가장 좋은 방법은 그들의 말을 통해서다. 전국적인 공개 시연과 가정에서 개별적인 모임을 한 후 NIB와 성 던스턴 자선단체가 받은 편지는 말하는 책에 대한 수용성을 보여준다. 나는 독서의 역사를 연구하는 학자들, 특히 독서와 관련된 세부 사항을 다루는 모든 학자가 직면하는 증거 부족의 문제를 겪긴 했지만, 기록 보

관소에서 시각장애인 목소리의 대표적인 예를 찾아냈다. NIB는 말하는 책 수
령자들과 주고받은 서신으로 초록을 발행했는데 프레이저는 첫 번째 기계가
출시된 후 거의 백 통의 편지를 받았다.[96] 이 편지는 프레이저가 주장하듯이
독서가 다른 사람들보다 시각장애인에게 더 큰 의미가 있다는 증거가 되지는
못했어도 적어도 말하는 책이 그들 인생에 미치는 영향을 담고 있었다. 앞으
로 살펴보겠지만 독자들은 말하는 책을 읽는 능력의 회복으로 인식했을 뿐만
아니라 완전히 새로운 독서 방식으로도 인식했다.

분명히 말하는 책은 다른 방법으로 읽을 수 없는 사람들에게 가장 큰 영향
을 미쳤다. 편지의 증언들이 문학에 접근하지 못한 사람들의 고충을 적나라하
게 보여주고 더 크게는 같은 처지의 미국 사람들에게도 울림이 되었다. 그 사
람들에게 책은 시각장애를 얻기 전의 삶과 관련된 것으로, 많은 경우 책을 다
시 즐길 수 있다는 희망을 버렸다. 한 사람은 "말하는 책으로부터 얼마나 큰
기쁨을 얻게 되었는지 말하고 싶습니다. 나는 평생 동안 병약했지만 책을 아
주 많이 읽었습니다. 그림도 그렸고 시도 썼는데 시력을 잃은 후엔 오직 시를
쓰는 것밖에 할 수 없었습니다. '말하는Talkie' 책은 내 삶에 기쁨과 재미를 가져
다주었습니다!'라고 증언했다.[97] 책은 이 병약한 이의 사라져가는 흥미를 되
살렸고 음향 기술에 의해 바뀐 또 다른 형태의 오락(유성 영화talkies)과 비교하도
록 만들었다.[98]

다른 사람들은 다시 책을 읽을 수 있게 된 것에 감사를 표했다. 너무 놀라
말문이 막힌 한 청자는 "말하는 책에 대한 내 감사를 전하기에 적당한 말이 없
습니다. 얼마나 고맙고 좋은 서비스인가요!"[99]라고 적었다. 많은 이들이 미국
인들과 마찬가지로 읽는 능력의 기적 같은 회복을 신의 섭리로 돌렸다. 한 독
자는 "책은 엄청난 축복입니다"라고 감사한 마음을 전했다.[100] 카샬턴에 사는
한 참전용사는 말하는 책을 "분명히 하나님이 우리에게 보낸 친구"라고 묘사
했다.[101] 비슷한 설명이 눈먼 것을 종교적 의미로 보는 성서적 전통을 촉발했

다. 말하는 책은 어둠을 빛으로 바꾼다는 이사야서의 약속을 실현시켰다.

기계적인 독서 기기는 시각장애인들이 학수고대하던 것을 가져왔다. 그것은 독립이었다. 말하는 책은 손가락 끝으로 그런 자유를 아직 갖지 못한 이들에게 책을 읽을 수 있는 자유를 주었다. 데버라 코언^{Deborah Cohen}이 보여주었듯이 많은 장애인들이 고용, 연금, 건강을 빼앗기고 의존이라는 치욕을 견뎌야만 했다.[102] 어느 한 독자는 사람들이 이 변화를 이해하는지 궁금해 했다. "시력이 정상인 독자나 점자를 능숙하게 읽을 수 있는 시각장애인들은 이제까지 친절한 친구나 유급 낭독자에게 정신적인 양식을 전적으로 의존해야 했던 우리같이 나이 든 시각장애인에게 말하는 책이 어떤 의미인지 거의 알지 못합니다."[103]

말하는 책은 다른 사람들과 함께 들을 수도 있고 혼자 들을 수도 있다. 한 광고는 성 던스턴 사람들에게 말하는 기계가 읽기를 하지만 작동하는 사람이 모든 것을 조정한다는 것을 확인해 주었다. "본인이 원하는 시간에 본인 집에서 작동할 겁니다."[104] 가족에게 부담되는 것을 불편하게 느끼는 시각장애인들을 프레이저가 과장한 것이 아니었다. 말하는 책의 첫 번째 수령자 중 한 사람은 "읽어줄 수 있는지 물어볼 필요도 없이 앉아서 읽어주는 것을 듣는 것은 대단히 멋진 일입니다"[105]라고 인정했다. 부담감을 없앤 것은 읽기 그 자체만큼이나 멋진 일이었다.

다른 사람들보다 시각장애인들은 오락 기회가 적다고 여겼기 때문에 그런 열광이 돋보였다. 켈러가 지적했듯이 무료함이 최대의 위협이었다.[106] 말하는 책은 지루하고 외로운 삶에 휴식을 주면서 즐겁게 해주었다. 한 여성은 자신에게 준 만족(친근감은 아니더라도) 면에서 결혼 다음으로 말하는 책을 꼽았다. "말하는 책은 내 남편을 제외하고 내 삶의 최고의 즐거움입니다."[107] 편지에는 말하는 책이 제공한 즐거움을 생생하게 표현하고 있었다. 한 사람은 우편함에서 말하는 책을 받아본 후 "오! 이것을 듣는 즐거움이여"라고 편지에 썼다. "너무 즐거워서 달까지 날아가는 듯했습니다."[108] 말하는 책의 영향은 질적인 면

뿐만 아니라 양적인 면도 측정할 수 있었다. 1948년에 한 여성은 말하는 책 도서관 장서의 거의 4분의 1에 해당하는 145권의 말하는 책을 읽었다고 했다.[109]

제1차 세계대전을 겪은 후의 즐거움은 특별한 의미를 가지고 있었다. 참전용사들은 프랑스 북부 참호전에 대한 고통스러운 기억에서 벗어나기 위해서뿐만 아니라 즐거움을 얻기 위해서도 말하는 책을 들었다. 전쟁 트라우마는 길퍼드에 사는 참전용사 브레이스웨이트가 1936년에 쓴 다음 편지에 암시되었다.

내가 말하는 책을 즐기는 방법은 다음과 같습니다.

매일 밤 10시 아내가 침대로 가고 나면 나는 불을 피우고 안락의자를 당겨 앉은 후 위싱턴 한 병을 들고 담배를 피우면서 말하는 책을 켭니다.

이것이 진정한 사치가 아닐까요?

책이 특별히 재미있다면 또 다른 디스크를 듣고 위싱턴 한 병을 더 마실 수도 있습니다. 한밤중에 자러 가면서 디스크를 제자리에 놓고 빈 병을 적당한 장소에 치웁니다. 단 두 권을 읽었을 뿐이지만 대단히 즐거웠습니다. 잠을 많이 자지 않고 점자에 약한 나에게 말하는 책이 얼마나 좋은지 상상할 수 있을 것입니다.[110]

마지막 문장으로 전쟁에서 시력을 잃은 후 점자를 배우는 데 고전했던 어느 군인의 중언임이 밝혀졌지만 누구라도 쓸 수 있는 편지다. 셀 쇼크Shell Shock[포탄 충격_옮긴이]에서 셸락으로(즉, 전쟁 트라우마에서 말하는 책으로), 말하는 책은 술과 담배와 함께 참전용사들의 밤을 달래주는 진정제가 되었다.[111] 말하는 책 기계는 많은 장애 참전용사들이 가정생활에 참여할 수 없을 때 혼자 책을 읽을 수 있게 했다. 가정에서 참전용사는 맥주, 흡연, 결혼의 즐거움과 함께 자신의 남성다움을 확고히 했다.[112] 참전용사는 부상에도 불구하고 여러 사람에게서 부정되었던 가정에서의 위안을 다시 느낄 수 있었다.

말하는 책은 혼자만의 오락을 즐길 수 있게 해주었고 사색하는 개인 장소를 제공했다. 한 은퇴 교사는 말하는 책을 세 가지 오락거리 중 하나로 꼽았다. "말하는 책, 무선통신, 담배가 나의 유일한 즐거움입니다. 나는 나이 든 교사이고 시력을 잃기 전에는 대단한 독서가였습니다. 이제 더 이상 과거의 지루했던 그 저녁 시간이 두렵지 않습니다."[113] 시간 보내는 방법을 알게 된 또 다른 독자는 "도서관은 엄청난 보상이며, 앞을 볼 수 없는 삶의 단조로움을 없애 줍니다"라고 적었다.[114] 또 사람들은 바깥출입을 하지 못할 때 기분을 전환할 거리를 기대했다. 헐에 사는 한 남자는 "내 기계에 대단히 만족합니다. 특히 내가 외출할 수 없는 겨울에 따분한 시간을 보내는 데 도움이 될 것입니다"라고 말했다.[115] 많은 시각장애인 독자들에게 실생활에서의 소일거리는 상상으로라도 생활에서 도피하는 것만큼 중요했다.

미국에서처럼 말하는 책은 미적 목적뿐만 아니라 사회적인 목적도 가지고 있었다. NIB는 시각장애인들이 사회적으로 소외되지 않도록 라디오와 말하는 책을 활용했다.[116] 말하는 책은 사회적 상호작용을 제공하며, 최소한 유사한 것을 제공했다. 한 독자는 "여러분의 책은 우리를 방문해 주는 신실한 친구다"라고 NIB에 편지했다.[117] 독서를 친구라고 말하는 오래된 비유는 사회적 접촉이 제한된 장애인 독자층에 감동을 가져다주었다. 누구보다 고립되어 있던 고객은 이 이야기를 글자 그대로 이해했다. 이런 이유로 NIB는 말하는 책 기계 음성을 "친구의 목소리 같은" 것으로 특징지었다.[118] 나중에는 말하는 책을 "늙고 외로운 사람들을 위한 특별하고 믿음직한 위안"이라고 묘사했다.[119] 가상의 친구가 시력을 잃기 전에 사람들과 유지한 사회적 유대를 되살리는 격이었다.

NIB는 말하는 책이 정신 건강 문제에도 해법이 될 수 있다고 생각했다. 어떤 경우에는 독서를 통해 타인의 삶을 살펴보면서 자기 삶의 가치를 발견하기도 했다. 다중 장애가 있는 한 독자가 말하는 책을 듣는 것이 바깥세상에 대한 흥미를 새롭게 해주었다고 말했다. "시각, 후각, 미각을 잃은 한 남자의 삶이 다시 흥미로워졌습니다."[120] 이 독자의 반응으로 NIB는 주목적을 이룬 것이었다. 그것은 바로 삶을 견딜 만하게 하고(이것이 중요하긴 하지만) 사람들을 주변 세상과 교류하게 하는 것이었다.

시각장애인들이 사용하는 과장된 용어는 문제의 심각성을 지적한다. 데이비드 코퍼필드가 말한 "목숨이 걸린 독서reading as if for life"라는 유명한 언급을 여러 가지 정신 건강 문제로 고통 받는 장애인 독자에게 적용하면 상황은 더 시급해졌다.[121] "눈먼 것을 견딜 만하게 하는 것이 바로 말하는 책"이라고 한 독자가 털어놓았다.[122] 그에게 말하는 책은 시간을 보내는 방법이라기보다는 반드시 해야만 하는 것이었다. 다른 사람들은 책을 더 극단적인 용어로 묘사했다. "내 기계는 종종 내게 삶과 죽음의 차이 같습니다."[123] 고통 받았던 독자들은 한때 나빠진 건강 또는 사회적 접촉 상실로 손상되었던 삶에 위안을 얻기 위해 말하는 책에 의지했다.

가족들도 감사 편지를 보내왔다. 한 사람은 90세 생일을 맞는 할머니에게 레코드가 가져다준 "위안과 즐거움"을 묘사했다.[124] 특히 다른 사람이 낭독해주는 것에 의존했던 사람들에게 말하는 책이 미친 영향을 가족 구성원들은 직접 보았다. 어느 여성은 "말하는 책이 없었다면 내 남편이 무엇을 했을지 전혀 감이 안 잡힙니다"[125]라고 말했다. 가족들은 말하는 책이 없는 삶을 상상하기 어려웠다. 한 엄마는 "말하는 책이 내 아들에게 얼마나 요긴한 것이었는지 말하고 싶어요. 그것이 없었으면 지금 그 아이가 무엇을 하고 있을지 모르겠습니다"라고 말했다.[126] 라디오 같은 다른 오락 형식처럼 처음에는 낯선 집안 분위기를 만들었던 기술이 곧 필수불가결한 것으로 보이게 되었다.[127] 편지는 프레이저에게 최소한 말하는 책의 가치를 확신하게 해주었다. 편지는 적은 수의 수령자가 쓴 것이었지만 사람들이 말하는 책에 대해 어떻게 느끼는지 전해주었다. 많은 이들은 편지를 쓰고 싶어도 NIB에 보낼 방법이 없어 쓰지 못했다. 하지만 시각장애인 군인들이 프레이저에게 보낸 축하 편지는 적어도 말하는 책의 가치를 확인시켜 주었다. "그들의 의사 표현을 읽으면서 이것이 우리가 한 일 중 가장 잘한 일이라고 생각했다"라고 프레이저가 결론지었다. "나는 수백 명의 우리 군인들이 여생 동안 이 서비스를 즐길 것이라고 생각한다."[128]

말하는 책? 아니면 읽는 책?

녹음 책의 정통성에 대한 논란은 오랜 역사를 가지고 있다. 오늘날의 논란은 인쇄된 이야기를 읽는 것과 낭독되는 것 중 고를 수 있는 독자 사이에서 일어난다. 예를 들어 클리게는 녹음 책에 대한 회의론을 정상 시력인의 편견이라고 묘사했다.[129] 그러나 말하는 책은 1930년대에 등장한 이후 반대에 부딪혔다. 사실 처음에 가장 강경하게 반대한 사람은 애서가가 아니고 읽기, 기술, 자립심 간의 관계에 대한 질문을 처음으로 제기한 시각장애인들이었다.

가장 맹렬한 논란은 시각장애인과 부분 시각장애인을 지원하는 교사들, 요양보호사들에게 정보를 제공하기 위해 NIB가 만든 ≪뉴 비콘New Beacon≫에서 일어났다. 이 잡지는 장애의 속성 때문에 거의 흔적을 남기지 않는 독자 중에서 반대 견해를 보여준다. 잡지에 남겨진 말하는 책에 대한 활발한 공격과 방어는 지지 그룹의 홍보나 상투적 미사여구를 넘어 점자 이후 가장 큰 문해력의 발전에 대해 시각장애인들이 느꼈던 바를 보여준다.

논쟁은 1937년 2월 아서 코플런드Arthur Copland가 쓴 '말하는 책? 아니면 읽는 책?Talking-Book or Reading-Book?'이라는 사설에서 시작되었다.[130] 에든버러 시각장애인 학교의 졸업생인 코플런드는 새로운 점자 출판 전망에 대해 쓴 편지로 상을 받고 나서 ≪뉴 비콘≫에 기고하기 시작했다. 그는 시각장애인의 경력 관리와 시각장애인의 심리 같은 문제를 다루었다. 코플런드가 말하는 책에 돈을 쓸 가치가 있는지에 대해 의문을 제기할 때까지 그의 글이 논란이 될 것을 예상하지 못했다.

'말하는 책? 아니면 읽는 책?'이라는 기고문은 말하는 책에 대한 열광을 인정했다. 프레이저는 점자 이후 최대의 개가라고 홍보했고 ≪뉴 비콘≫은 그 중요성을 널리 알렸다.[131] 하지만 열광에 동참하는 대신 코플런드는 그 홍보가 진짜로 시각장애인에게 유익한지를 물었다. 그는 점자에 대한 공적 지원을 없애도록 위협하는 "무분별한 선전"이라고 홍보 활동을 비난했다. 두 세기에 걸쳐 양각 글쓰기를 사용해 왔음에도 불구하고 말하는 책이 문학 영역에서 "열려라 참깨처럼 손쉬운 지름길"로 환영받았다고 불평했다. 시간과 금전적 비용이 다른 측면의 시각장애인 복지에 슬기롭게 쓰일 수는 없을까?

코플런드는 새로운 기술이 이미 위험에 처해 있는 점자 공동체에 앞으로 위협이 될 것이라는 우려를 표명했다.[132] 동시에 기존의 미디어와 새로운 미디어를 함께 사용하는 대신 대체할 가능성에 대한 걱정 때문에 말하는 책이 점자 사용자와 비사용자 모두에게 줄 수 있는 잠재적 이점을 인정하기 어려웠다.[133] 사설에서 가장 논란이 된 내용은 말하는 책을 독서에 부적합한 형식으로 표현한 것이었다. 코플런드는 혼자 읽는 것을 남이 읽어주는 것보다(특히 기계가 읽어주는 것보다) 더 나은 것으로 생각했다. 묵독은 낭독되는 것을 듣는 "인공적 편의"와 견줄 수 없는 "자립"을 의미했다. 점자 같은 양각 문자를 읽을 때 독자는 단어를 소리 내어 말했다. 반면에 "누가 읽어주는 것은 완벽하게 읽어준다 해도 저자와 독자 사이에 제삼자의 개입이 반드시 수반된다." 그 사설에서는 시각장애인이 낭독 책을 들었던 방대한 역사나, 두 미디어가 공존할 가능성에 대해 전혀 언급하지 않았다. 코플런드의 목적은 점자를 모든 경쟁자로부터 방어하는 것이었다.

≪뉴 비콘≫의 다음 호는 코플런드의 글이 그 주제에 대해서 "생생한 감정 표현"을 일으켰다고 비꼬는 투로 적었다.[134] "말하는 책? 아니면 읽는 책? 이 질문에 대한 몇 가지 의견"이라는 제목의 포럼은 수많은 답변의 요약본을 재인쇄

했다. 이 제목에 담긴 잘못된 반대가 통신원들이 항의했던 첫 번째 항목이었다. 셰퍼턴에 사는 퍼시 메릭은 포럼을 열면서 "읽기와 쓰기에 말하는 책과 점자 모두 사용할 수 있다"라고 선언했다. 노스 데본 윙클리에서 온 한 남자는 비슷한 문제를 제기하면서 "코플런드는 어째서 말하는 책을 점자의 경쟁자로 만들었는가?"라고 물었다. 사실 말하는 책에 대한 가장 확실한 방어는 점자에 능통한 독자들로부터 왔다. 한 예로 체스터에 사는 킬링벡은 독자가 두 가지 매체 모두를 쓸 수 없다는 가정에 반대했다. 귀로만 듣는 사람은 읽을 수 있는 다른 방법이 없기 때문에 통상 그렇게 한다고 말했다. "말하는 책은 읽을 수 없는 사람들에게 문학을 제공할 수 있으므로 말하는 책이 분명히 이깁니다." 통신원이 지적했듯이 읽을 방법이 없는 사람은 대부분 시각장애인이었다.

　말하는 책의 신뢰도를 약화시키려는 코플런드의 노력은 잡지 구독자층을 화나게 했던 전제에 근거를 두었다. 믿을 수 없다는 반응부터 ("아서 코플런드의 기고문은 나에게 충격이었습니다") 분개하는 반응("웃기는 얘기입니다")까지 다양했다. 첫째, 코플런드는 말하는 책의 대상을 인생 후반에 시력을 잃은 나이 든 사람들로 소수자라고 규정했다.[135] 사실상 이 집단이 시각장애인의 대다수를 구성했다. 그들 중 많은 수가 점자 읽는 법을 배운 적이 없었다. 어느 독자가 지적했듯이 대략 3만 명의 시각장애 인구 중 국립도서관에 등록된 점자 독자는 1만 1000명에 불과했다.[136] 둘째, 노약자들이 기기를 작동할 수 있을지 의심했다. 하지만 그래머폰은 사용이 간편했다. 한번 해본 사람들은 책을 듣는 것으로 많은 이득을 볼 수 있었다. 셋째, 코플런드는 헤드폰이 있었음에도 불구하고 사생활 보호 문제로 많은 사람이 책을 듣지 않을 것이라고 주장했다(〈그림 5.6〉). 마지막으로 점자는 여러 해 동안의 개발과 정부 지원을 필요로 했다. 말하는 책 재생기를 받았던 첫 번째 성 던스턴 자선단체의 회원이 썼듯이, "이것이 그들이 이야기하는 기계의 '유아기'라면 영광입니다! 만약 기계가 완성되면 어떨까요?"[137] 도전 받지 않았던 유일한 주장은 전쟁에서 시각장애

그림 5.6 이어폰으로 말하는 책을 듣고 있는 여성

인이 된 엄청난 숫자의 군인은 다시 생기지 않는다는 것뿐이었다.

코플런드에게 지지자가 없지는 않았다. 몇몇 응답자들은 말하는 책이 점자에 위협이 된다는 데 동의했다. 헤이즐 윈터는 미래 독자들을 걱정했다. 시각장애인이 된 사람들이 우울증에 가장 취약한 초기에 새로운 언어를 배우는 것은 어려운 일이었다. 점자 지지자들은 말하는 책이 잠재적인 손가락 독자들이 촉감으로 읽는 것을 배우는 힘든 다짐 대신 기계가 낭독해 주는 쉬운 선택을 하는 것으로 유혹해 갈까 봐 걱정했다. 윈터는 "말하는 책은 게으름으로의 유혹 아니면 단순한 사치일 것입니다"라고 말했다. 그녀는 인쇄물을 직접 읽는 기기에 대한 수요를 포함해서 시각장애인들이 마주한 여러 문제로부터 자원이 옮겨지는 것에 대한 코플런드의 걱정에 동조했다. 시각장애인들이 독서 자료에서 선택의 자유를 가지려면 그래머폰 이상의 것이 필요했다.

프레이저가 직접 논란에 끼어들었다. 그는 점자의 대안을 개발하느라 지난 10년을 보냈다. 그럼에도 불구하고 그는 점자에 전념했고, 여전히 어렵게 읽고 있었다. "점자에 너무 능숙해서 읽는 데 전혀 문제가 없는 사람은 분명히 거의 없다."[138] 매일 점자를 읽어도 한 시간 이상 읽으면 지친다는 것을 프레이저는 알고 있었다. "정신이 빠르게 움직이기 때문에 말하는 책조차도 너무 느린데 점자는 얼마나 더 그런가."

여기서 핵심 문제는 책의 정체성이 다른 미디어에서도 동일하게 유지되는지에 대한 것이었다. 도서 역사학자는 미디어가 그 수용에 영향을 미치는 것을 알고 있지만 하나의 독서 방식이 다른 방식보다 우월하다고 하지는 않았다.[139] ≪뉴 비콘≫에서 베이츠E. Bates는 미디어 자체가 내용은 아니라고 얘기했다. "일반 책, 점자책, 유성기 레코드는 사실상 모두 기록물이다. 단지 차이점은 그 메시지가 시각, 촉각, 청각 등 다른 감각기관을 통해 이해하도록 만들어졌다는 것이다."[140] 이런 입장은 논란의 여지가 있었다. 이야기는 이 세 가지 형식에서 모두 동일했다. 그러나 독자들은 메시지가 한 매체에서 다른 매체로, 인쇄에서 소리로 바뀐 후에도 같다는 것에 동의하지 않았다. 조용한 활동으로서 독서를 옹호하는 사람들은 감각 인지의 문제가 결정적이라고 믿었다.

코플런드가 좌절한 데는 낭독자의 책임이 컸다. 그는 책을 낭독한 낭독자의 "발음 특성vocal idiosyncrasies"과 연관 지었다. 예를 들어 그는 낭독자가 "The Cattle began it"이라고 말했는지, "The Kettle began it"이라고 말했는지 판별하는 것이 불가능하다고 했다(어느 쪽도 아닌 것으로 판명되었다).[141] 1920년대 최초 실험 때부터 NIB는 낭독자의 음성에 따른 문제를 알고 있었다. NIB의 음향녹음위원회에서 최적의 읽는 방법을 정하기 위해 기술 실험과 함께 읽기 시도를 했다. 극장식 또는 단조로운 식 모두 적합하지 않아서 가장 좋은 낭독자는 일반적으로 눈에 덜 띄는 사람이었다. "이상적인 녹음자는 자신의 개성을 죽이고 기계적인 효과 없이 기계의 한 부분이 되는 사람이다."[142] 프레이저는 코플런드에게 답하면서 그런 중립적인 음성을 지지했다. "나는 낭독자가 나와 저자 사이에 끼어 있다고 생각하지 않는다. 나는 좋은 낭독자를 높이 평가하지만 그를 위한 것은 아니다. 우리는 성격이 유쾌하지만 산만하지 않은 낭독자 선택을 목표로 하고 있으며, 어느 정도는 성공하고 있기를 바란다."[143] 하지만 아무리 기술이 뛰어나더라도 낭독자라는 존재 때문에 침해당했다고 느꼈던 사람들의 마음을 거의 바꾸지는 못했다.

다른 사람들은 낭독하는 것의 장점을 지적했다. 그리녹에 사는 제임스 와들은 심한 스코틀랜드 억양에 대한 불만을 일축했다. "물론 읽는 것이 고약할 때 낭독자의 특이함이 보입니다. 그러나 말하는 책에서 내가 즐겨 듣는 낭독자들은(그들 중 한 명은 스코틀랜드식 이름을 가지고 있습니다) 아주 완벽해서 자기 개성을 지우고 제삼자에 대해서도 전혀 느끼지 않게 합니다."[144] 다른 사람들은 문장을 듣는 것의 장점을 열거했다. 바나드 목사는 요한복음의 네 가지의 다른 점자 사본을 읽었지만 "말하는 책이 오래된 복음을 전달하는 것은 완벽한 즐거움의 원천이고 이득입니다"라고 느꼈다. 책을 듣는 것은 즐거움뿐 아니라 위험도 가지고 있었다. 다른 응답자는 "스스로 읽을 때에는 어떤 페이지(예를 들면 시)를 전혀 이해하지 못했는데 능력 있는 낭독자의 음성과 해석으로 들었을 때에는 이해하게 된 많은 사람들이 있음을 지적해야 합니다"라고 적었다. 역설적으로는 낭독하는 것이 페이지를 알기 쉽게 만들 수 있다.

말하는 책은 더 많은 장점을 가지고 있었다. 앞 장에서 인용된 많은 미국 독자들처럼 앱 라이스는 다른 일을 위해 손을 놓아둘 수 있으므로 점자보다 말하는 책을 선호했다. "담배도 피울 수 있고 방을 왔다 갔다 하면서, 간단히 말하면 완벽한 즐거움을 향유하면서 같은 것을 얻을 수 있는 다른 방법이 있다면 어느 누가 담배도 못 피우고 책에 붙어 앉아 있는 것을 선택하겠습니까?"(〈그림 5.7〉) 덜 매력적이긴 하지만 사람들은 집안일을 하면서도 들을 수 있었다. '함께 듣기'는 턴테이블이 만들어낸 또 다른 오락거리였는데 고객들은 친

그림 5.7 말하는 책을 들으며 담배를 피우고 있는 존 자비스John Jarvis

구나 가족과 함께 레코드를 들었다(〈그림 5.8〉).[145] 그런 장면은 모든 독자의 오
락 형식으로서 말하는 책의 미래를 언뜻 보여주었다. 한 남자의 친구들은 디
킨스와 새커리의 작품을 클리턴-배들리Clinton-Baddley가 무선통신으로 낭독하
는 것을 즐겨 들었다.[146]

　코플런드는 여전히 설득되지 않았으며 양쪽은 타협하지 못했다. 낭독자의
질과 기계의 효과성을 논하면서 코플런드는 ≪뉴 비콘≫의 후속판을 통해 자신
이 주장한 주요 반대 이유였던 말하는 책이 불러왔다는 타성을 피해 나갔다. 말
하는 책은 교육이 아닌 오락에는 적합했다. 시각장애인 독자들을 "쏟아 부어지
기만 기다리는 수동적 양동이"(토머스 칼라일Thomas Carlyle로부터 빌려온 문구)로 만
드는 것이 자립을 향한 그들의 열망에 해를 입힐 것이라는 코플런드의 주요 주
장에 아무도 이의를 제기하지 않았고, 코플런드는 계속했다.[147] 이것은 엄밀히

그림 5.8 야외에서 즐기는 말하는 책

말하면 사실이 아니었다. 응답자들은 사실상 자립과 점자를 동일시하는 데 이의를 제기했다. 한 예로 베이츠는 코플런드가 발전을 희생시키면서 자립에 "집착하고" 있다고 비난했다.[148] 또 다른 독자는 "캑스턴Caxton의 초기 목판 인쇄판"처럼 점자가 고물이 되는 것을 결코 향수로 막지 못한다고 주장했다.[149]

심지어 코플런드가 "문명화 자체"를 방해한다고 비난받았다.[150] 달리 말하면 양쪽은 말하는 책이 독립성 면에서 일보 후퇴인지, 코플런드가 자랑한 자립을 향한 일보 전진인지에 대해 동의하지 않았다. 그리고 논란은 계속되었다.

전쟁의 여파로 책, 미디어, 장애가 합쳐져서 독서의 본질에 대해 아직도 풀어야 하는 성가신 질문을 제기했다. 이 의문에서 가장 문제가 되는 것은 문해력에 대한 대체 형식의 정통성, 인쇄 매체와 새로운 매체의 경합, 자기 충족의 정의에 대한 것이었다. 비슷한 질문은 인쇄된 도서의 위상이 점점 더 멀티미디어화한 환경 속에서 논의되고 있는 오늘날에도 존재한다. 하지만 다른 방법으로는 책에 접근할 수 없는 장애인 독자 그룹과 관련해 이런 질문을 생각하면 더 급해진다. 말하는 책 서비스는 다른 사람들이 책을 읽어줄 수 없을 때도 시각장애 군인과 민간인으로 하여금 책을 읽을 수 있게 해주었다. 다양한 형식의 적합성은 시각장애인과 비장애인들 사이에서 치열하게 논의되어야겠지만 책이 여러 형식을 가질 수 있다는 점을 확인했다.

책을 다루는 데 익숙한 사람들에게는 레코드가 책일 수 없다고 잘못 생각하기 쉬웠다. 하지만 제2차 세계대전 발발로, 말하는 책 역시 공습 기간에 런던에 떨어진 폭탄으로 부서질 수도 있었기 때문에 다른 책처럼 물건이라는 것을 생생하게 일깨워주었다. 말하는 책 서비스는 부서지기 쉬운 셸락 레코드를 온전하게 보관하는 건물형 도서관에 의지하고 있었다. 전쟁의 발발로 NIB는 새로운 문제를 겪게 되었는데, 그것은 미학적, 재정적, 기술적인 문제가 아니라 '말하는 책을 어떻게 전쟁의 피해로부터 벗어나게 할까'라는 전술적인 문제였다.[151] 영국전쟁구호협회British War Relief Society와 NIB의 기부금은 전쟁 기간 스튜디오가 폭격으로 두 번이나 부서졌음에도 불구하고 서비스를 계속 운영할 수 있게 해주었고, 전쟁이 끝난 후 시각장애인이 된 군인과 민간인의 새로운 세대를 계속 관리할 수 있게 해주었다.[152]

제2차 세계대전 후의 말하는 책 서비스 이야기는 덜 극적이긴 하지만 그 전의 혼란스러운 10년보다 문서화가 더 잘되어 있다. 이 프로그램의 첫 10년 동안 축적된 전문성, 인프라, 자원이 향후 수십 년 동안 시각장애인들의 수요를 만족시키도록 보장했다. 말하는 책 서비스가 처음에는 인쇄 도서에 대한 자생력 있는 대안을 찾는 데 집중했다면, 현대의 말하는 책 서비스의 이야기는 보유, 회원권, 시각장애인 외 다른 장애인의 접근성 측면에서 그 확대와 더 관련이 있다. 3부에서 다루겠지만, 후속 형식(장시간 재생 유성기 레코드에서부터 릴 테이프, 카세트테이프, CD, 디지털 파일에 이르기까지)이 1950년대 이후 녹음 문학에 점점 더 관심을 갖게 된 상업 녹음 사업과 말하는 책 서비스의 보조를 맞추게 했다.

말하는 책 서비스는 전쟁에서 부상 당한 군인들에게 읽을거리를 제공하면서 소박하게 출발했지만 이후 상당한 발전을 이루었다. 제2차 세계대전 말에 말하는 책 도서관은 1700명의 회원과 500종의 책을 보유했다.[153] 2005년 1월에는 4만 명의 회원과 2만 종 이상의 장서를 보유했다. 이 서비스는 현재 하루에 1만 종의 책을 내보내고 있다. 도서에 대한 접근이 계속 문제가 되기는 하지만 제1차 세계대전에서 돌아온 군인들이 겪은 상황에 비하면 극적으로 발전했다.[154] 영국의 시각장애인 또는 부분 시각장애인들은 오늘날에도 많은 어려움을 겪고 있다. 말하는 책 서비스는 도서에 대한 접근이 이런 어려움 중의 하나가 아니라는 것을 확실히 하는 지속적인 운동의 일환이다.

제6장
───

녹음 불가 도서

영국 말하는 책 도서관의 회원들은 예상대로 다음과 같이 질문했다. "누가 도서를 선정합니까?" 도서관 예산이 변변치 않아 인쇄 책 일부만을 녹음할 수 있었기 때문에 도서 선정 문제는 더욱 중요했다. 다른 도서관과 달리 대부분의 이용자가 책을 접할 수 있는 다른 길이 없었다. 말하는 책이 그들의 유일한 읽을거리였다. 영국의 도서 선정 정책은 미국과 마찬가지로 무엇을 읽을 것인지 스스로 결정하고 싶어 했던 독자들에게는 논쟁거리였다. 청중은 어느 책이 녹음되었는지만큼이나 누가 책을 고르는지에 관심이 많았다.

녹음하기로 지정된 책 중에 문제가 없는 것은 거의 없었다. 그러나 가끔 말하는 책 도서관에 어울리지 않는 책이 들어오기도 했다. 『판당고 록Fandango Rock』이 그중 하나였다. 존 마스터스John Masters의 1959년 소설인 이 책은 미국인 조종사가 스페인에서 벌인 연애 사건을 생생한 투우 장면과 함께 그렸다. 말하는 책 도서관 사서인 게이 애슈턴Gay Ashton은 다음과 같이 결론지었다.

책 내용이 전부 욕망, 피, 폭력으로 가득 차서 빅토리아 후기 아니면 에드워드 시대가 기준인 우리 도서관 사람들은 불쾌하게 느낄 수밖에 없다. 우리에게 "이상적인" 책은 듣는 사람들이 노년의 고통(시각장애는 여러 장애 중 하나일 뿐이다)을 잊을 정도로 기쁘고 즐겁게 만드는 책이다.[1]

『판당고 록』은 그들에게 이상적인 책이 아니었다. 그래서 애슈턴은 그 책을 녹음하는 데 반대했다. "소리가 많이 역겨울 것이다."[2]

불쾌할 수 있는 내용 때문에 다른 책 또한 거부되었다. 그중 하나는 리처드 고든Richard Gordon의 익살스러운 소설 『바닷가의 의사Doctor at Sea』였는데, 선원들이 사창가에서 매독에 걸렸다는 내용이 나온다. 매독의 증상은 시각 상실을 포함하고 있었다. "웃자고 하는 얘기라 하더라도 우리 시각장애인들이 재미있다고 생각할 리 없습니다."[3] 또 다른 것은 존 브레인John Braine의 『꼭대기 방Room at the Top』이었는데 전후 영국 참전용사의 야망을 그려 좋은 평을 받은 소설이었다. 성에 대한 생생한 묘사는 비슷한 우려를 일으켰다. "이 책의 성 묘사는 낭독하기에 아주 많이 거칩니다."[4] 이러한 책은 어느 것도 녹음되지 않았다.

NIB(RNIB였다가 1953년 NIB가 된)의 자금 조달은 공적·사적 후원자들에게 의존했기 때문에 외설에 대한 항의를 심각하게 받아들였다. 항의가 기관 상부나 후원자들에게 들어간다면 더 심각한 영향을 미칠 수 있었다. 애슈턴은 "우리가 기억해야 할 것은 청자들의 불만 가능성이다. 이런 일이 과거에도 있었는데 사무총장, 회장, 심지어 너필드 경에게까지 불만이 전달된 것을 기억하고 있다"라고 적었다.[5] 아무도 말하는 책 도서관을 설립하게 한 후원자들과의 관계를 위태롭게 만들고 싶지 않았다. 도서 선정을 책임지는 직원들은 공적 자금이 "시각장애인들을 위한 음란물"에 쓰인다는 비난이 후원자들에게 전달되는 것을 특히 걱정했다.[6]

외설적인 내용은 스스로 조용히 읽는 것보다 낭독으로 듣는 것이 더 자극적이어서 더 불쾌하게 여겨지므로 말하는 책 도서관은 외설에 특히 민감하게 반응했다. 도서관의 총괄자인 버넌 발로Vernon Barlow는 책을 선정할 때 주의가 필요하다는 애슈턴의 의견에 동의했다. 동시에 책이 반대할 만한 것인지를 스스로 결정하는 성인으로서 시각장애인을 존중할 필요성에 대해 강조했다. 애슈턴의 보고서를 읽은 후 발로는 "당신이 말한 많은 것에 동의한다. 그리고 성적인 내용 때문에 인쇄는 할 수 있지만 녹음할 수 없는 책이 있음을 분명히 알고 있다. 또한 우리는 마음속에서 어떤 형태의 검열도 작동하지 않도록 조심해야만 한다"라고 말했다.[7] "마음속의 검열"이라는 표현은 단순히 도서의 적절성을 결정하는 것 이상임을 보여준다. 사람들에게 불쾌감을 주지 않고 검열도 피하면서 도서를 선정하려는 발로의 의도는 말하는 책 도서관이 직면한 곤경을 반영했다.

이 장은 영국의 말하는 책 도서관의 장서를 녹음할 때 누가 책을 골랐고, 무엇을 근거로 결정했는지 보여준다. 또한 도서관의 선정 정책이 고전문학을 선호하는 옥스퍼드와 케임브리지 출신의 문필가들로 이루어진 위원회를 임명하면서 시작된 것을 보여준다. 이 그룹이 시각장애인 독자들의 취향을 반영하기까지는 여러 해에 걸친 통신원들의 압력이 필요했다. 그때까지 도서관 회원들은 다른 사람들이 읽는 것과 같은 책이 아니라 위원회가 시각장애인에게 유익한 도서로 선정한 목록에서 선택해야만 했다.

취향, 표현, 외설에 대한 여러 차례의 논란 끝에 도서관은 시각장애인들이 어떤 책을 읽을지 스스로 결정하도록 했다. 그런 논란(미국에서도 같은 시기에 있었던)은 독자층을 즐겁게 하고 교육하고 심지어 보호하려는 NIB의 노력이 시각장애인의 자율 결정을 허용해야 하는 그들의 임무와 반복적으로 충돌하면서 발생했다. 도서관 장서에 동시대 문학이 어느 정도 있어야 하는지에 대한 초기 논란에서부터 시각장애인을 아이처럼 취급한다는 항의를 불러온 검열에 대한 논란에 이르기까지 이런 긴장은 분명하게 드러났다.

다음의 설명은 도서관으로부터 "녹음 불가"로 판명된 책에 대한 면밀한 조

표 6-1 녹음 불가 도서(1959~1962)

녹음 승인을 받고도 제작하지 못한 이유	
악센트와 사투리가 너무 어려워서	제작비가 많이 들어서
저자가 낭독을 거절해서	너무 공상적이어서
이미 책이 구식이라서	너무 잔인해서
국민 의료보험을 비판해서	등장인물이 너무 많이 나와서
책의 배경이 외국이라서	외국인이 너무 많이 나와서
역사적 사실이 부정확해서	서브플롯이 복잡해서
낭독하기가 불가능해서	발음할 수 없는 단어가 많아서
수요가 부족해서	목소리가 너무 많이 나와서
기분을 상하게 할 우려가 있어서	모욕적인 말이 많아서
소수 집단의 요청으로	대화가 너무 많아서
적합한 낭독자가 없어서	여행 안내서 같아서
여성 낭독자가 없어서	중병을 앓는 청자의 기분을 상하게 해서
특별한 차별점이 없어서	너무 정치적이어서
절판되어서	너무 기술적이어서
내용이 조악해서	시각장애인에 대한 태도가 무신경해서
성적인 내용이 나와서	녹음 허가를 얻지 못해서
조잡해서	즐거움을 줄 수 없을 듯해서
너무 오래되어서	녹음할 수 없어서
너무 어려워서	부적합한 소재라서
너무 충격적이어서	

사를 통해 복잡한 검열 문제를 다룬다. 녹음이 승인된 어떤 책은 그래프의 사용, 비표준어, 실험적 형식((표 6.1)) 때문에 녹음이 어려운 것으로 판명되기도 했다. 그러나 목록에서 빠진 여러 책은 도서관이 공공 도덕의 보호자인 양 행동한다는 의혹을 불러일으켰다. 통신원들은 종종 많은 서적이 목록에서 누락되었다는 이유로 또는 논란을 피하고자 어떤 식으로든 변형되었다는 이유로 종종 도서관의 검열을 비난했다. 앞으로 살펴보겠지만 도서관은 시각장애인

도 다른 사람과 동일한 책을 이용할 수 있도록 노력하는 동시에, 장애가 있는 독자들의 필요를 충족시키기 위해 비난을 무릅썼다. 그 결과 신성모독, 불경, 폭력, 성 등 논란이 될 만한 도서를 골라내면서도 공식적으로는 검열에 반대하는 도서 선정 정책을 고수했다.

우수 도서 100종

녹음 전에, NIB의 말하는 책 도서관은 누가 책을 고를지 결정해야 했다. 레코드 제작을 담당하는 기술자들은 무엇을 녹음할지에 대한 논란을 다루고 싶어 하지 않았다. 도서 선정이라는 화근 덩어리를 다루기 위해 말하는 책 선정 위원회가 구성되었다. 프레이저가 회장을 맡았고 최초의 위원회에는 사무총장 월도 이거Waldo Eagar, 총 편집장 데라메어 롤리J. de la Mare Rowley, 사서장 블랙모어J.S. Blackmore와 함께 NIB의 회원이 참가했다. 위원회에는 왕립사범대학 및 시각장애인 아카데미Royal Normal College and Academy for the Blind의 한 시각장애인 졸업생과 변호사이자 ≪타임스 문예 부록Times Literary Supplement≫에 자주 기고하는 마브로고르다토E.E. Mavrogordato도 포함되었다. 성 던스턴 자선단체 쪽은 완성된 레코드의 '확인 청자' 역할을 하는 시각장애인 전역 장교가 대표했다.

도서 선정위원회는 초기에 만든 세 가지 규칙을 따랐다. 도서는 ① 저작권을 침해하지 않을 것(출판인협회와 저자 및 극작가협회가 허가하기 전에는 해결되지 않는 법적 문제이다), ② 다양한 주제와 장르를 다룰 것, ③ 독자의 취향에 맞출 것이다. 이 중 세 번째 규칙은 앞으로 여러 해 동안 위원회 위원들과 독자들이 부딪칠 문제였다. 처음부터 시각장애인 독자들에게서 도서 선정 관련 조언을 받았다. 예를 들어 퍼시 메릭은 책을 고를 때 "병과 관련된 주제를 다루지 않고 즐거운 기억을 남기는" 것을 선정하도록 권했다.[8] 하지만 위원회 구성에서 비장애인 대비 시각장애인의 비율이 또 다른 논쟁거리였다.

모든 도서관은 한정된 예산 내에서 도서를 선정하는 어려움이 있다.[9] 그러나 말하는 책 제작비가 너무 비싸고 예산이 적어서 말하는 책 도서관에서는 문제가 더 심각했다(말하는 책 한 권을 녹음하는 데 대략 100파운드가 들었고 복사하는 데는 1파운드가 들었다). 대부분의 경우 이 말하는 책은 대개 점자도 읽지 못하고 다른 독자들처럼 상업 시장을 활용할 수도 없는 고객들에게 제공되는 유일한 책이었다. 1936년 6월, 도서관이 24권의 말하는 책을 성공적으로 만들었다. 선정자들은 "시간을 통해 입증된" 도서를 선호했다(새커리의 『헨리 에즈먼드 이야기』, 토머스 하디Thomas Hardy의 『녹음 속에서Under the Greenwood Tree』, 에마 오르시Emma Orcy 남작 부인의 『스칼릿 핌퍼넬Scarlet Pimpernel』, 존 뷰캔John Buchan의 『39계단The Thirty-Nine Steps』 같은 작품이었다). 대부분의 시각장애인이 비장애인과 같은 책을 읽고 싶어 했기 때문에 위원회는 아직 "지속력"이 검증되지 않았지만 최신 인기작인 몇 권(『브라질 모험Brazilian Adventure』, 『굿바이 미스터 칩스Goodbye Mr. Chips』, 『주인의 발걸음In the Steps of master』)도 섞어 넣었다.[10] 하지만 단 12권으로 모든 취향을 대표하기는 어려웠다.

말하는 책 선정위원회의 첫 과제는 첫해의 프로그램(월 한 권씩 녹음)을 고르는 것이었다. 위원회는 말하는 책의 75%는 고전으로 나머지 25%는 당대의 인기작으로 채운다고 결정했다. 처칠의 『위대한 동시대인들Great Contemporaries』 같이 드문, 예외의 책은 지체 없이 출판되었다. 선정위원회는 희곡도 제외하고 단편에 우선권을 주기로 결정했다(녹음할 수 있는 디스크 숫자가 예산의 제약을 받았기 때문이다). 위원회 위원과 통신원들이 제출한 제안과 목록을 근거로 유명 고전과 최근의 베스트셀러 목록, "최신 도서"를 선택했다.[11] 소설(고전, 탐정소설, 스릴러 등)과 비소설(역사, 전기, 여행, 종교 등)로 구분된 미리 배포된 도서목록에서 선택되었다.

존 비스John Beith 소령은 말하는 책 선정위원회의 곤경을 다음과 같이 묘사했다. "영어로 쓰인 최고의 책 100종은 무엇인가? 내가 어떻게 고를 수 있는가?"[12] '이언 헤이'라는 필명으로 대중에게 알려진 바이스는 케임브리지대학교에서 교육받은 교사로서 육군에서의 생활을 재미있게 묘사한 이야기로 명성을 얻었다. 그는 자신의 책 『첫 번째 십만The First Hundred thousand』을 스스로 낭독한, 말하는 책의 첫 저자였다. 1936년 11월에는 그가 위원회 의장이 되었다. 바이스에 따르면 위원회는 적은 수량의 녹음할 책을 선택해 어느 책이 오래 두고 읽을 만한지, 어느 책이 다양한 청중을 만족시킬지 판단해야 하는 어려운 입장에 있었다.

회의에서는 대략 50종 중 20종의 도서를 녹음용으로 걸러내는 일을 했다. 평균 대략 70%의 도서는 소설이었다. 나머지 30%는 전기, 역사, 정치, 종교, 과학, 여행, 기타 종류 중에서 경쟁으로 결정되었다. 심판관들이 각자의 의제를 가지고 있었기 때문에 선정은 훨씬 더 치열했다. 예를 들어서 마브로고르다토는 키플링 같은 동시대 작가 대신 시대를 초월한 고전의 저자(셰익스피어와 밀턴)를 선택했다. 다른 이들은 '고전'에 대해 다른 생각을 가지고 있었다. 프린스O.I. Prince 양은 로버트 스티븐슨Robert Stevenson의 『밸런트래 경The Master of Ballantrae』, 하디의 『귀향The return of the Native』, 아놀드 베넷Arnold Bennett의 『늙은 아내들의 이야기The old wives' Tale』는 요즘 책이므로 "더 오래된 옛날 고전 도서"[13]와 헷갈리지 말라는 얘기를 들었다.

도서 선정에 대한 논란은 필연적으로 위원회에 대한 조사로 이어질 수밖에 없었다. 많은 이들이 위원회가 도서관의 독자를 대표하지 않는다고 항의했다. 그 결과, 위원회는 특히 계급 면에서 다양성의 결여를 고치고 시각장애인이 된 군인과 민간인의 비율을 높이기 위해 새로운 회원을 추가했다. 대부분 시각 장애가 없는 옥스브리지 출신 선정위원을 지나치게 강조했기 때문에 초기의 말하는 책 선정위원회는 그 대상과는 유사성이 거의 없었다. 선정위원으로

리처드슨^{F.R. Richardson}을 지명한 것은 계급 문제 때문이었다. 영국 전역의 약국을 통해 인기 있는 책 구독 서비스 '부츠 애서가 도서관^{Boots Booklovers' Library}'을 운영한 리처드슨이 일반 대중의 취향을 알고 있다고 본 것이다.[14] 하지만 리처드슨이 원래 생각했던 것과 달리 옥스퍼드대학교 출신이 아니라고 알려진 후 "위원회의 다른 위원들과 격이 맞지 않는 위험을 피하고자" 또는 한 위원의 말에 따르면 "옥스퍼드 수준 이하인가" 확인하기 위해 면담을 해야만 했다.[15]

위원회의 대표성을 두고 내부의 논란도 있었다. 1943년에는 누구에게 우선권을 주어야 하는지에 대해 토론했다. 문학 비평가와 시각장애인 중 누가 먼저인가. 프레이저가 NIB, 성 던스턴 자선단체와 국립도서관, 부츠 도서관, 타임스 도서관의 담당자, 호더 스터프턴^{Hodder & Stoughton} 출판사 대표와 골란츠^{Gollancz} 출판사 대표, 그리고 ≪타임스 문예 부록≫ 편집자를 포함시키기 위해 말하는 책 선정위원회를 재구성할 것을 제안했다. 도서관과 출판사의 담당자들이 세련된 취향을 가진 비평가보다 대중의 취향을 더 잘 감지할 수 있다는 제안이었다.[16]

데라메어 롤리(시인 월터 데라메어의 조카)는 변화에 저항했다. 그 대신, 위원회가 전문 비평가들의 추천을 승인하는 "등록 기관" 같은 성격으로 활동하기를 기대했다. 상업적 전문성을 선호하는 프레이저를 반대해 롤리는 세 가지 필수 자격 요건인 문학에 대한 사랑, 최근 출판물에 친숙함, 모범적인 비평 능력을 제시했다. 프레이저의 상업적으로 기울어진 그룹은 저명한 작가와 함께 ≪월드 다이제스트^{World Digest}≫, ≪타임스 문예 부록≫, ≪뉴스 크로니클^{News Chronicle}≫, ≪존 오런던 위클리^{John O'London's Weekly}≫의 편집자로 구성된 롤리의 "순수한 문학인"과는 많이 달라 보였다.[17] 사서들은 그들의 판단을 대중의 수요에 근거하는 경우가 너무 많았고 관리자들은 감성보다 사업성에 더 치중한다고 롤리가 반대했다.

롤리 편이 논쟁에서 이겼다. 롤리가 "위대한 문화인이자 도서 선정 달인이

라고 했던 73세의 ≪월드 다이제스트≫ 편집자 존 해머턴 경Sir John Hammerton
이 회장이 되었다. 결국 '일인 위원회'일 수밖에 없는 전문가 소집단이 규정한
엘리트 문학 취향을 시각장애인 독자의 선호보다 우선시했다.[18] 롤리는 베스
트셀러와 대중들이 요구하는 책을 선정에서 배제해 대중 취향에서 벗어나는
경향을 분명하게 드러냈는데, 그는 이러한 책이 인기를 끄는 이유를 문학적
가치보다는 마케팅의 힘 때문이라고 봤다.[19] 새로 정리된 구조에서는 도서 선
택에 토론과 독자들의 의견이 최소한도로 반영되었다.

외부 지원이 선정된 도서목록을 더욱 왜곡시켰다. 바이스의 목표는 100종
의 가장 좋은 책을 고르는 것이었지만 실제 목록은 취향보다는 예산 제약에
더 좌우되었다. 목록을 확장하기 위해 위원회는 선정되지 않은 도서에 대한
후원을 환영했다. 예를 들어서 영국성서공회는 성 비드Venerable Bede의 1200주
기에 말하는 책 도서관이 개관된 것을 기념해 요한복음의 말하는 책 제작비
를 후원했다[20](마브로고르다토는 대신 주교에게 뇌물을 주고 성 누가를 홍보하는 광고를
실행하자고 농담 삼아 제안하기도 했다[21]). 엄밀히 따지면, 이것이 NIB와 성 던스
턴 자선단체가 말하는 책 선정위원회를 만들기 전에 녹음을 위해 선정한 첫
번째 책이었다. 영국성서공회는 BBC 아나운서 스튜어트 히버드Stuart Hibberd의
다른 복음서 녹음도 후원했다.[22] 개인 후원자들도 마찬가지로 지정 도서를 후
원했다. 예를 들면 해군 장교 스티븐 킹홀Stephen King-Hall은 에베소서를 사비
로 녹음했으며, 신문사 사주인 윌리엄 렁William Leng은 『모든 이의 성서Every
Man's Bible』와 『픽윅 클럽의 기록Pickwick Papers』을 녹음하기 위해 200파운드를
냈다.

도서관의 목록은 1930년에 영국인 생활의 질 향상을 위해 창립된 자선단체
인 청교도 재단Pilgrim Trust 때문에 대중의 취향으로부터 더 멀어지게 되었다. 청
교도 재단은 "교육받은 독자들을 위한 책"을 지원하겠다고 했다.[23] 트리벨리언
G.M. Trevelyan의 『영국 역사History of England』, 아서 에딩턴Arthur Eddington의 『팽

창하는 우주The Expanding Universe』, 앨프리드 화이트헤드Alfred Whitehead의 『과학과 근대 세계Science and the Modern World』 같은 "잘 교육 받은, 학자풍의 시각장애인들에게 특별한 가치를 지닌 종류의 책"을 위해 자금을 지원했다.[24] 청교도 재단의 사명은 문학을 자기 계발과 인격 형성의 수단으로 보는 이전 세기의 관점을 상기시켰다. 이 목적을 이루기 위해 재단은 그 길이 때문에 평균 150파운드씩 비용이 드는 진지한 책을 위해(예를 들면 『모든 이의 성서』는 16개의 디스크에 녹음하는 데 170파운드가 들었다) 1500파운드를 제공했다. 기부 소식을 듣고 NIB의 사무총장은 "상류층 만세"라고 환호했다.[25]

NIB는 대부분의 시각장애인들이 진지한 작품보다 가벼운 오락물을 좋아하는 것을 조심스럽게 염두에 두면서도 후원을 환영했다. 게다가 청교도 재단이 지원하기 적합하다고 생각하는 책은 예상한 것보다 훨씬 적었다. 재단은 홀데인J.S. Haldane의 『생물학자의 철학The Philosophy of a Biologist』, 디킨슨G. Lowes Dickinson의 『그리스인의 인생관The Greek View of Life』, 월터 랜도Walter Landor의 『가상의 대화Imaginary Conversation』를 지원하기로 결정했지만, 디킨스, 새커리, 월터 스콧의 소설에 대한 후원은 거절했다. 한 재단 관계자는 전화 통화에서 소설은 지원 도서로 적당치 않고, 적어도 『데이비드 코퍼필드』류의 소설은 적절치 않다고 말했다.[26] 스콧의 전기가 그의 소설 대신 녹음되었다. 재단의 후원은 평균적인 독자 취향과 더 멀어졌고 그 결과 독자들은 말하는 책 레코드를 거의 이용하지 않았다.

시는 독자들보다 선정위원들이 더 가치 있다고 생각했기 때문에 어려운 상황이 되었다. NIB에 위임된 첫 작품 중 하나는 스피치와 드라마 센트럴 스쿨Central School of Speech Training and Dramatic Art 창립자인 엘시 포거티Elsie Fogerty가 만든 『말하는 책 시 선집Talking Book Anthology of Verse』이었다.[27] 독자들은 아무리 전문가처럼 낭독해도 시에 거의 관심을 보이지 않았다. 롤리의 예상에 따르면 "시에 관심 있는 시각장애인의 숫자는 적으며 아마도 비장애인들보다도 비율적으로 적을 것이다."[28] 1947년에는 독자 1800명 중 대략 60명(약 3%)이 시를 신청했다.[29] 1961년에 나온 두 번째 선집은 이 소수의 신청자들이 고른 시들로 구성되었고, 많은 이들이 반복 청취를 즐겼기 때문에 구매할 수 있게 되었다(레코드당 3펜스). 선집에는 주로 브라우닝, 하디, 키플링, 테니슨, 워즈워스의 시와 교과서에 실린 주요 시 같은 '오래된 애송시'가 실렸다. 개인 시인의 앨범은 목록에 없었다. 자기 시들을 포함시켜 달라는 어느 독자의 요청은 "시간과 돈의 쓸데없는 낭비"라고 거절당했다.[30]

베스트셀러보다 고전을 강조하는 도서관의 방침은 1940년대와 1950년대 들어 공격 받았다. 독자들이 주어진 책보다 다른 책을 선호한다는 증거가 쌓여가면서 그 입장을 고수하기가 갈수록 곤란해졌다. 설문조사를 통해서 최신 인기 소설에 대한 독자들의 선호를 확인했다. 예를 들어 1956년 5만 건의 요청을 대상으로 조사한 연구 결과, 책의 인기도는 출간 첫해에 가장 높았다.[31] 이러한 발견은 책 발간 후 녹음하기까지 적어도 일 년은 기다려야 한다는, 말하는 책 선정위원회의 원칙을 흔들었다(프레이저는 "녹음할 가치가 있는지 책이 스스로 입증해야 한다"라고 말했다[32]).

두 번째 조사는 또한 독서 취향이 위원회의 기대와 맞지 않다는 증거를 제시했다. 그 대신 가장 인기 있는 도서는 현대의 영국을 배경으로 펼쳐지는 탐정 소설이나 스릴러 같은 장르 소설임을 확인해 주었다. 시, 에세이, 오락적 역사물에 대해서는 최소한의 수요만 있었다. 사실 제작비를 고려했을 때 최소 생산량인 50부의 수요를 만족시키는 비소설은 거의 없었다(높은 일반 관리비와 레코드 제작비용 때문에 더 적은 양을 생산하는 것은 더 비쌌다). 게다가 사용되지 않은 레코드는 재고 문제를 일으켰다. 이 보고서는 "소수가 선호하는" 도서는 이런 제약 조건을 염두에 두고 선정해야 한다고 결론지었다.[33]

거의 20년 동안 NIB 말하는 책 도서관 사서로 일했던 애슈턴은 1959년에 말하는 책 선정위원회가 회원의 수요를 고려해야 한다고 촉구했다. 그녀는 "수

준 높은 문학 취향을 가진 시각장애인 독자는 소수이고 다수는 오락물을 찾는 다"[34]라고 잘라 말했다. 고전문학에 대한 기관의 강조 때문에 시각장애인 독자 들은 다른 모든 사람들이 읽는 책을 접하지 못했다. 베스트셀러를 배제한 것 은 최소한 애슈턴의 경험에 비추어 보면 실패였다. "이것은 유효한 견해이긴 하지만, 말하는 책 대출자들에게 이 문제가 통하는 것을 18년 동안 본 적이 없 다. 우리 도서관 대출의 대다수는 베스트셀러에 몰려 있었다."[35] 크로닌[A.J. Cronin]의 『성채[The Citadel]』나 대프니 듀 모리에[Daphne du Maurier]의 『레베카[Rebecca]』 같은 베스트셀러는 제작하는 데 400파운드가 들었지만 수천 명의 회원이 읽 었기 때문에 대출자 한 명당 1실링밖에 안 들게 되므로 동시대 소설을 제외하 는 것은 경제적 관점에서도 이치에 맞지 않았다. 애슈턴은 큰 인기를 얻은 고 든의 『우리집 주치의[Doctor in the House]』에 대해 "문학적으로는 쓰레기일지 모 르나 수천 명의 시각장애인을 즐겁게 만들었고 지금도 여전히 그러하다"라고 말했다.[36] NIB는 왜 즐거울 뿐 아니라 교육적이기도 한 책을 보장해야 하는가?

독자들의 압력 때문에 말하는 책 선정위원회는 결국 그 정책을 바꾸게 되었 다. 1960년대에 들어 사무총장은 선정위원에게 너무 많은 재량권을 주었다고 공개적으로 이전 정책의 문제점을 인정했다. 그 결과로 많은 책이 읽히지 않 게 되었다. 독자들은 지속적으로 책 목록이 독자 취향과 다르다고 불평했다. "선정위원회에 나 같은 평범한 시각장애인 위원이 있는지 알고 싶습니다. 만 약 위원 중에 시각장애인이 없다면 우리가 좋아하는 책이 선정되리라는 보장 이 어디 있습니까?"라는 독자 문의가 흔했다. 그 편지에는 "어느 불만에 찬 독 자"라고 사인되어 있었다.[37]

1957년이 되어 상황이 변했는데, 독자가 요청한 통계적 분석을 선택 기준 으로 삼은 소규모 선정 패널(편집자, 사서, 수석 녹음 기술자, 시각장애인 서점, 던스턴 자선단체로 이루어진)이 구성되었다. 이것은 위원회가 독자에게 가장 좋은 책을 정해주는 이전의 정책과는 완전히 달랐다. 이제 그 반대가 되었다. "다시 말하면 도서 선정은 독자들이 원하는 것을 기초로 해야 한다."[38] 한 추정치에 따르면 새로운 정책이 평균 독서율을 46% 증가시켜서 연간 17권에서 27권이 되었다.[39] 그해 녹음이 결정된 소설 목록에는 "너무 고상하지 않게"라는 메모가 포함되어 있었다.[40] 말하는 책 도서관을 설립한 지 20년 후, 처음에 독자의 취향을 끌어올리려고 했던 선정 정책은 지식수준에 관계없이 독자의 실제 취향을 수용하는 것에 우선을 두는 방향으로 바뀌었다.

고약한 억양

말하는 책 도서관에서 빠진 모든 책이 선정위원회 때문에 제외되었던 것은 아니었다. 어떤 책은 녹음하기가 너무 어려웠다. 스턴의 『트리스트럼 샌디』나 조이스의 『피네건의 경야Finnegan's Wake』를 어떻게 낭독할 수 있을까? 이런 책을 요청하면 "당신이 제안한 한두 가지는 녹음이 불가능할 듯합니다"라는 답을 들어야 했다.[41]

1943년 말하는 책 선정위원회는 인쇄물과 녹음 책 사이의 차이점을 논의하기 위해 만났다. 그 결과로 나온 지침은 시각장애인들은 다른 사람들과 비슷한 취향을 가지고 있으므로 비장애인이 읽는 도서를 선정해야 한다는 것을 확인시켜 주었다. 동시에 인쇄물을 음향으로 바꾸는 과정에는 항상 극복할 수 없는 독특한 어려움이 있었다. 녹음에 적당치 않다고 여겨지는 책은 도표, 방언, 지도, 통계가 많은 책, 매우 기술적인 책, 시각 예술을 다루는 이미지가 많은 책, 내용이 너무 길어 제작비용이 많이 드는 책이다. 스튜디오는 원칙적으로 요약본은 제작하지 않는다는 입장이었다(요약본을 원했던 독자는 스튜디오 책임자에게 다음과 같은 대답을 들었다. "우리는 어느 작품이든지 축약하지 않고 완전하게 녹음해야 한다고 믿는 분명한 입장을 가졌다(나는 변조된 작품을 읽는 느낌을 싫어한다)"[42]. 노골적인 성격의 책은 낭독하는 책으로 녹음하기에 적당치 않다(이것은 나중에 다시 살펴볼 것이다[43]). 내용이 아주 우수하거나 비장애인 사이에 화제가 되는 책을 시각장애인들이 녹음 이외의 방법으로는 접근할 수 없는 경우가 아니라면, 위원회는 어려운 책을 녹음하지 않는 것으로 합의했다. 녹음이 불가한 이유들은 위원회의 보고서에서뿐 아니라 독자의 항의 편지에서도 찾아볼 수 있다.

낭독자 부족은 가장 흔한 이유다. 도서관은 주로 BBC 아나운서로 구성된 전문 낭독자를 썼는데 거의 대부분 남자였다.[44] 실라 보럿Sheila Borrett과 페이스 로링Faith Loring만 여자였다. 여성의 음성이 남성의 음성보다 녹음하기 어려운 것도 한 이유였다. 어떤 편지에서는 "고음이 윙윙대는 소리"라고 묘사했다.[45] 목소리가 높든 아니든 간에, 여성 작가가 썼거나 여성이 주인공인 책을 낭독할 때, 특히 브론테가 쓴 『제인 에어』나 다이애나 쿠퍼Diana Cooper의 『자서전』 같은 일인칭시점의 이야기에 여성 낭독자는 필수였다. 결과적으로 적절한 여성 낭독자를 찾기 위해 제작이 늦어지기도 했다. 예를 들면 NIB는 베릴 마일스Beryl Miles의 『덴마크의 촛불Candles in Denmark』을 녹음하려고 덴마크어를 발음할 수 있는 여성 낭독자를 찾는 데 일 년을 허비한 후에 결국 남성 낭독자를 기용했다. 실제로 협회는 주요 인물이 아닌, 여성, 아이, 소수민족을 포함해 어떤 음성이든 낼 수 있는 낭독자를 찾으려고 애썼다. 유일한 미국인 낭독자가 십대의 음성을 낼 수 없었기 때문에 스튜디오는 샐린저J.D. Salinger의 『호밀밭의 파수꾼』을 녹음하지 못했다.

독자들은 낭독자의 음성이 싫으면 불평했다. 말하는 책이 읽을거리의 유일한 원천인 사람은 특히 더 그랬다. 예를 들어, 구독자 리로J. Le Roux는 점자를 읽을 수 없고 인쇄물을 읽으려면 질 좋은 확대경이 필요했기 때문에 책을 들었다. 그는 혼자 살았는데 남아프리카 케이프타운에 있는 호텔에서 종종 아파서 누워 지냈다. "나는 종종 끔찍하게 외롭다고 느낀다. 이럴 때 날 구해주는 것은 말하는 책뿐이다"라고 NIB에 편지했다.[46] 리로는 잭 디매니오Jack de

Manio, 로버트 글래드웰Robert Gladwell, 앤드루 티모시Andrew Timothy 같은 낭독자
들을 칭찬했다. 그러나 세 페이지짜리 편지의 대부분은 다른 낭독자들의 단점
을 비판했는데, 그의 말에 따르면 "나쁜 낭독자가 좋은 책을 망칠 수도 있다"
는 것이다. 그는 '볼품없는 것의 순서'로 목록을 적었다. 첫 번째 낭독자는 "끔
찍한 목소리"를 가졌다. 두 번째는 "삐걱거리는, 까르륵거리는, 삑삑대는, 그
르렁대는, 지독하게 쏟아내는 낭독자다!" 세 번째는 젊은 연인의 연애편지를
"좌절한 늙은 소의 울음소리"처럼 읽었다. 독자들이 낭독자에 대해 느끼는 감
정을 강하게 표현한 후, 도서관 목록에 낭독자 이름을 기록하기 시작했다.

낭독자와 작품 사이의 적합성은 거침없이 의견을 얘기하는 말하는 책 도서
관 독자들에게 갈수록 중요해졌다. 낭독자의 억양 또는 방언은 자주 항의를
불러일으켰다. NIB의 많은 녹음본이 미국에서 제작되었기 때문에 미국식 억
양은 지속적으로 문제가 되었다. 양국의 녹음 책 공유가 말하는 책 컬렉션을
만드는 가장 경제적인 방법이었다. 그리고 두 도서관은 예외적 상황이 아니면
말하는 책을 복사하지 않기로 합의했다. "당신들은 우리의 옥스퍼드 억양을
싫어하고 우리는 당신네 양키 억양을 좋아하지 않는다"[47]라고 하며 양국 모두
외국 억양의 책을 듣기 싫어했지만, 그렇게 함으로써 돈을 절약했다. 영국 소
설을 미국인이 녹음하면서 NIB 독자들의 인내는 시험대에 올랐다. AFB는 우
드하우스P.G. Wodehouse의 『아주 좋아, 지브스Very good Jeeves』를 읽으면서 낭독
자가 영국 억양을 한심스럽게 흉내 낸 것을 마지못해 인정했다.[48]

스티븐슨의 『보물섬Treasure Island』과 골즈워디의 『포사이트가의 이야기Forsyte
Saga』를 미국에서 녹음한 것을 두고 두 나라는 정책을 재고했다. 양측은 낭독
자의 국적이 문제가 되면 복제를 고려한다는 데 동의했다. 영국은 특히 유명
한 영국 작가의 작품을 미국이 녹음하는 것에 반대했다. "솔직히 셰익스피어
독점권을 주는 데 조금 망설여졌다. 셰익스피어가 세계 유산이라는 것을 알고
있지만 영국에서 태어나고 글을 쓰는 좋은 (또는 나쁜) 취향을 가졌으며 그의

글이 비영국 억양으로 들리면 열정적인 애호가들이 줄어들지 모른다."[49] 한 프로듀서가 타협안으로 성서의 절반은 미국 억양으로, 나머지 절반은 영국 억양으로 녹음하는 것을 제안했다.

그럼에도 불구하고 영국 독자들은 양키 억양으로 녹음한 미국 책을 환영했다. 1957년에 제작된 말하는 책의 대여 상황을 분석한 애슈턴은 "이곳 도서관의 많은 회원들이 미국 억양으로 낭독한 것을 좋아하지 않아서, 우리가 구매하는 서적은 주로 원래 억양이 어울리는 미국에서 출판된 도서들이거나 억양이 핵심인 서부극이나 총잡이 스릴러 책이다"[50]라고 설명했다. 1960년대에는 카우보이 이야기와 서부극 "키스 키스 뱅뱅kiss-kiss-bang-bang"이 젊은 군인들에게 인기를 끌면서, 정통 억양으로 제공하기 위해 두 명의 미국인이 고용되었다.[51]

사투리는 영국 내 녹음에서도 성가신 문제였다. 특정 지역 억양으로 녹음된 책(특히 요크셔, 조르디, 스코틀랜드)은 꼭 항의를 받았다. 선정위원회는 어느 낭독자도 스코틀랜드 억양을 감당할 수 없었기 때문에 스콧과 스티븐슨의 작품을 피했다. 진정성보다 명료함이 더 중요하다는 비판을 받아들인 사람도 마찬가지였다.[52] 스코틀랜드 억양으로 녹음한 『붉은 장갑Redgauntlet』에 대한 불평이 있은 후, 한 선정위원은 "이해할 수 없는 사투리"로 된 책은 앞으로 피하자고 제안했다.[53] 책의 내용에 따라 때로는 지역 억양이 필요하다는 것을 인정하면서도 사투리를 사용하는 도서를 고르는 데 조심하기로 합의했다. 스코틀랜드 소설을 잉글랜드 발음으로 만드는 것은 대상 청자들에게 받아들여지지 않았다.

자격 없는 낭독자들이 너무 빈번하게 외국 억양을 망쳤다. 어느 낭독자는 프랑스식 발음으로 인해 "인구가 많은 영국에서는 고약한 억양 없이 낭독할 수 있는 좋은 낭독자를 충분히 구할 수 있을 텐데요?"[54]라고 불평했다. 그런데도 NIB는 갈피를 잡지 못했다. 1960년대 후반에 들어서야 외국을 배경으로 하는 소설은 너무 어렵다는 이유로 종종 거절당했다. 예를 들어서 나이오

마시Ngaio Marsh의 『울에서 죽다Died in the wool』와 네빌 슈트Nevil Shute의 『나의 도시를 앨리스처럼A Town like Alice』에는 뉴질랜드와 오스트레일리아의 등장인물이 너무 많이 나왔는데 그들 중 일부는 원주민이었다. 비디아다르 나이폴V.S. Naipaul의 『중간의 길: 서인도제도와 남미의 영국, 프랑스, 네덜란드, 5개 사회의 인상The Middle passage: Impression of Five Societies, Britisch, French and Dutch, in the west Indies and South America』은 언어를 통해 계급적 편견을 드러내는 많은 외국 캐릭터 때문에 마찬가지로 거절당했다. 위원회는 결국 이런 류의 책은 연기를 하기보다는 "쓰인 그대로" 읽어야 한다고 결정했다.[55]

또 다른 책은 취향과 관련 없는 이유 때문에 녹음 불가 판정을 받았다. 인쇄 책에서는 좋았던 이야기가 녹음에는 잘 맞지 않는 경우가 있었다. 글로리아 밴더빌트Gloria Vanderbilt와 셀마 레이디 퍼니스Thelma Lady Furness의 『이중 노출: 쌍둥이 자서전Double Exposure: A Twin Autobiography』을 예로 들어보면 이 책은 화자가 32번 바뀐다. 스튜디오에서는 매 트랙의 시작에 화자의 이름을 녹음하거나 화자별로 다른 낭독자가 녹음하더라도 청자들이 구분하기 어려울 것이라고 걱정했다. 또 다른 이야기는 한 사람의 낭독자가 녹음하기에 너무 많은 인물이 나왔다. 조지프 헬러Joseph Heller의 『캐치-22 Catch-22』에 대한 보고서는 50명 이상이 등장하는 소설 속 인물을 쓰여 있는 대로 낭독하기 위해 경험 많은 낭독자 고용을 권고했다. 여전히 많은 책이 연기보다는 상상하기 쉽게 되어 있었다. 예를 들어 피터 마천트Peter Marchant 『예스라고 말해줘GIve me your answer, Do』의 젊은 여성 화자는 상상 속 말에게 속삭이면서 동시에 실제 사람에게 말을 했다.

"너무 '여행 가이드북' 같다"는 것은 시각장애인이 아닌 비장애인들에게 유용하다고 생각되는 책에 붙여진 비판이었다.[56] 여행 가이드북은 풍경의 시각적인 면(그림 같은 관점을 포함해서)에 너무 치중해서 시각장애인이 볼 수 없는 책이다. 많은 여행 가이드북이 효과를 위해 삽화에 의존했다. 일례로 랠프 더턴

Ralph Dutton의 『프랑스 시골The Land of France』은 시골에 대한 정서를 불러일으키기보다는 시골 여행 계획 세우기에 초점을 맞추었기 때문에 거절당했다. 그 대신 말하는 책 도서관이 원한 것은 "그곳에 가봤던 사람들로 하여금 즐겁게 향수를 느낄 수 있게 하면서도 주로 집에 갇혀 있어서 그곳에 가본 적이 없고 현재로서는 갈 수 없는 사람들에게 프랑스의 정수인 사람과 장소에 대해 전달하는 책"이었다. 요컨대 『프랑스 시골』은 "팔걸이의자에 앉아서 '상상하기'에는 너무 어려웠다."[57]

녹음 불가 소설은 장르 소설부터 걸작까지 걸쳐 있었다. 딱딱 끊어지는 대화, 끔찍함, 스릴러에서의 잔인함은 인쇄물에서 잘 작동되었다. "이런 요소가 조용히 혼자 읽을 때는 문제되지 않지만 낭독에서는 사람들이 쉽게 특별한 감정을 가질 수 있다."[58] 크리스티의 『그리고 아무도 없었다And Then There Were None』(원래 제목이 '열 명의 검둥이Ten Little Niggers'였던)는 긴장감 넘치는 베스트셀러를 비시각적 형식으로 개작하기가 얼마나 어려운지 보여준다. 소설 속 회상 장면과 이탤릭체의 방백은 녹음으로 표현하기 어려웠다. "혼자 생각했다" 또는 "그녀는 조용히 생각해 보았다" 같은 구절이 대본에 들어가야 했고 녹음 기술자들은 '그대로 읽기'를 추천했다.[59]

위원회는 녹음하기에 너무 어렵다고 여겨진 위고의 『노트르담의 꼽추The Hunchback of Notre-Dame』, 마르셀 프루스트Marcel Proust의 『잃어버린 시간을 찾아서』, 볼드윈의 『기차가 떠난 지 얼마나 되었나Tell me How Long the Train's Been Gone』 같은 책의 문학적 가치를 인정했다. 사실 헨리 제임스Henry James와 버지니아 울프Virginia Woolf 같은 실험적 유형의 작가들이 통상 가장 큰 어려움을 주었다. "물론 제임스의 스타일은 낭독하기 쉽지 않다"라고 『여인의 초상The Portrait of a Lady』에 대한 보고서에 기록되어 있었다. 스튜디오는 이미 『비둘기의 날개The Wings of the Dove』를 너무 어렵다고 거절했고 녹음 감독 도널드 벨 Donald Bell은 제임스의 후기 소설을 "현실적으로 녹음 불가"라고 표현했다.[60]

울프의 『등대로To the Light house』는 의식의 흐름 또는 내면 독백 때문에 비슷한 정도의 어려움을 제기했다. 스튜디오는 『파도The Waves』의 녹음을 이미 시도했다가 실패했다. 편집자는 특히 램지 부인의 암시적인 내면세계와 사회적 상호작용 사이의 움직임에 대해 우려했다. 청자에게 필요하다고 여겨서 덧붙인 '도입'과 '도출' 문구의 폭넓은 활용은 책을 망칠 수도 있었고 저작권을 위반하는 위험도 안고 있었다.

이제까지 나열한 모든 사례는 녹음이 승인되었으나 그중 대다수는 실제 녹음되지 않았다. 그 책의 녹음을 막는 시도는 없었다. 의구심에도 불구하고 벨은 제임스의 『여인의 초상』 녹음을 승인했다. "일반 정책의 문제로서 시도하지 않고서 어려울 것이라 예상되는 책을 미리부터 거절해서는 안 된다고 생각한다."[61] 내면을 다룬 이야기임에도 불구하고 울프의 소설도 동등한 지지를 받았다. 벨은 "청자들에게 어렵다면 인쇄를 해도 똑같이 어렵다. 이것은 녹음하지 않을 이유가 없다"라고 썼다.[62] 또한 벨은 이해하기 쉽게 대본을 수정하는 데 반대했다. 그는 BBC가 내면 독백이 있는 이야기를 자주 방송한 것을 알고 있었고 원작 소설에 삽입된 지침이 있다면 개인적으로 "끔찍하게 생각할 것이다"라고 적었다. 더 넓게 말해서 소수 집단의 관심 도서를 가끔 녹음하면서도 다수의 취향을 대변하는 것이 말하는 책 도서관의 의무라고 주장했다. 또한 책은 "쓰인 대로 녹음되어야 한다"라고 했다.

시각장애인들의 포르노그래피

어떤 책은 녹음하기가 너무 어려웠다면, 또 다른 책은 청자의 불쾌감을 고려해 녹음 불가로 간주되었다.[63] 앞부분에서 보았듯이 말하는 책 선정위원회의 지침은 노골적인 책은 언제나 적합하지 않다고 규정했다. 불쾌할 가능성이

그림 6.1 말하는 책을 듣고 있는 노령의 여성

있는 것은 신성모독, 불경, 폭력, 성으로서, 대개 눈으로 읽을 때보다 귀로 들을 때 거슬리는 것이다. 독자층이 외설을 싫어하는 나이 지긋한 여성이 대다수였기 때문에 위원회는 불평을 심각하게 받아들였다(〈그림 6.1〉).[64] 영국의 공공도서관은 소설을 검열하는 것에 관한 한 오랫동안 공중도덕의 수호자 역할을 맡아왔다.[65] 동시에 위원회는 이해관계를 폭넓게 수용하고 시각장애인들을 모든 종류의 온정주의로부터 보호하기 위해 검열에 반대했다. 예를 들어, 자신의 '빅토리아 시대' 견해와 맞지 않는 책에 대해 불평했던 90세의 노인은 이 기관이 엘리자베스 시대, 조지 시대, 에드워드 시대의 취향에도 맞춰야 한다는 설명을 들었다.[66]

NIB의 이런 너그러운 접근은 시각장애인 자신들로부터 가장 큰 도전을 받았다. "더러운" 또는 "추잡한" 책은 불만의 대상이었다. 예를 들면, 조이스 캐리Joyce Cary의 『무서운 즐거움A fearful Joy』은 "추잡한 성향" 때문에 비판받았고, 아이리스 머독Iris Murdoch의 『공인되지 않은 장미An Unofficial Rose』는 "더러운 책"이라고 욕을 먹었다.[67] 어떤 부부는 이언 플레밍Ian Fleming의 제임스 본드James Bond 시리즈를 "현대의, 추잡한, 성적인 책"이라고 폄하했다.[68] 분노한 독자들은 비도덕적인 책이 모든 사람에게 합당한 책에 쓰여야만 하는 자원을 낭비했다고 항의했다.

불쾌한 내용은 지면보다 녹음에서 더욱 거슬렸다. 1943년, 말하는 책 선정 위원회의 신임 회장은 "일부 독자들이 제기하는 노골적인 표현에 대한 반감, 이것이 글로 되어 있을 때보다 말로 되어 있을 때 더 노골적으로 보이는 특별한 문제"에 대해 경고를 받았다.[69] 달리 말하면 다른 사람이 불쾌하게 말하는 것을 들을 때, 그와 똑같은 말을 혼자 상상할 때보다 더 강하게 느껴진다는 것이다. 스튜디오 책임자에 따르면 이러한 책은 "인쇄본을 읽는 것과 낭독을 듣는 것 사이의 분명한 차이가 있기 때문에"[70] 일반적으로는 점자로 나왔다. 신성모독은 낭독될 때 특히 불편함을 초래했다.

말하는 책과 인쇄 책을 동등하게 취급하자는 NIB의 오랜 캠페인에도 불구하고, 노골적인 것에 대한 경고가 같은 말이라도 두 매체에서 사람들이 다르게 느끼는 차이점을 인정했다. 청자들은 인쇄 책보다 레코드에 장악력이 적었고 낭독자 앞에서는 무방비 상태라고, 심지어 상처받기 쉽다고 느꼈다. 레코드의 극적인 힘은 어떤 사람에게는 너무 벅찼다. 존 이스트우드John Eastwood

의 『중국인 방문객The Chinese Visitor』에 대해 불평한 사람은 "물론 우리는 말하는 책이 인쇄 책과 전혀 다르다는 것을 잘 알고 있습니다. 그리고 어떤 경우에 인쇄물에서는 받아들일 수 있는 것도 낭독되면 대단히 당황스러울 수 있기 때문에 도서 녹음 목록에서 지워버려야만 했습니다"라고 말했다.[71] 독자들의 불편함을 없애고자 브레인의 『꼭대기 방』과 제프리 코터럴Geoffrey Cotterell의 『가라, 새가 말했다Go, Said the Bird』가 둘 다 제외되었다.

인쇄 책으로는 괜찮은 내용도 낭독되면 받아들이기 힘들 수 있다. 위서E.L. Wither의 『해변의 집The House on the Beach』은 스릴러로 분류되는데 "청자가 불편할 정도로 너무 사실적인 낭독이라고 불평한 유형"이었다.[72] 마찬가지로 앤 트레거Anne Treger의 『수습 간호사Probationer Nurse』("비위 약한 사람들을 위한 책은 아니다"라고 책표지에 적어 놓은)에서 외과 수술의 구체성은 점자에만 적당했다.[73] 아서 케스틀러Arthur Koestler의 『연꽃과 로봇The Lotus and the Robot』에 나오는 하타 요가hatha yoga에 대한 묘사는 듣는 이들, 특히 밥을 먹고 있는 사람들을 토하게 할 수도 있었으므로 낭독에 어울리지 않았다. 앨런 실리토Alan Sillitoe의 『토요일 밤과 일요일 아침Saturday Night and Sunday Morning』은 결혼한 여성과 그녀의 연인이 스스로 임신 중절을 시도하는 것을 묘사하고 있었으므로 "낭독이 불가능한" 책이었다.[74]

많은 사람들은 비속어가 낭독되는 것을 불쾌하게 여겼다. 1970년대 후반, 한 여자가 마리오 푸조Mario Puzo의 『대부』와 로버트 레이트Robert Lait의 『구덩이Pit』에 대해 언어가 구역질난다고 불평했다.[75] 인쇄본을 읽을 때는 노골적인 언어를 편하게 받아들이는 독자들도 같은 글을 낭독으로 들으면 불편하게 느꼈다. 어떤 이들은 거친 말을 개인적인 모욕으로 받아들였다. 어떤 사람은 실리토의 소설에 대해 "집 안에서 그런 말을 낭독하는 것(아마도 부인 앞에서)은 모멸적입니다"라고 말했다.[76] 비속어를 사려 깊게 이용한 소설도 비난을 면하지 못했다. 한 여성은 존 업다이크John Updike의 『농장Of the Farm』에 나오는 "추잡한

네 글자로 된 말"을 지우고 점잖은 말로 고쳐야 한다고 불평했다.[77]

하지만 가장 논란이 많은 주제는 성이었다. 성에 대한 묘사는 "시각장애인들을 위한 포르노"에 예산이 낭비된다는 이의 제기를 불러왔다.[78] 그런 편지를 쓰는 이들은 말하는 책 선정위원회가 문지기 역할을 할 의무가 있다고 주장했다. 나이 먹은 청자들이 특히 자신은 아니더라도 젊은 사람들 또는 다른 상처 받기 쉬운 사람들을 외설로부터 보호해야 한다고 주장했다. 예를 들어 글래스고에 사는 어떤 나이 든 여성은 『꼭두각시The Manchurian Candidate』를 들은 후 다음과 같이 항의했다. "다시 한번 추잡한 책을 받았는데, 이 책은 성과 폭력이 난무했습니다. 선정 패널 중 누군가가 포르노 문학을 좋아한다고 생각할 수밖에 없습니다."[79] 이 여성은 더 많은 검열을 요구했다. "나는 이런 쓰레기가 말하는 책 도서관에 들어오게 된 모든 책임을 선정위원회에 돌립니다."[80] 그녀의 편지는 포르노 책이 한 권이라도 더 오면 언론에 연락하겠다는 협박으로 끝났고, 애초에 그녀를 불쾌하게 했던 같은 작가의 다른 소설에 대한 요청이 이어졌다. 스릴러는 금기시되는 주제를 몰래 취급했는데 성에 대한 우아하고 예술적인 묘사 역시 적대감에 부딪혔다. 또 다른 분개한 독자는 프루스트의『소돔과 고모라The Cities of the Plain』를 "매춘, 동성애, 레즈비언에 대한 에세이"[81]라고 저주했다.

성에 대한 묘사를 듣는 것은 특히 더 불쾌하게 여겨졌다. 앨리슨 루리Alison Lurie의 『사랑과 우정Love and Friendship』은 "낭독될 때 불쾌함을 불러올 수 있는" 성 묘사를 담고 있었고,『캐치-22』는 혼자서 조용히 읽는 데 적당하다고 판정되었다.[82] 뮤리얼 스파크Muriel Spark가 쓴『진 브로디 선생의 전성기The Prime of Miss Jean Brodie』의 성 묘사는 "낭독할 수 없는 것"으로 설명되어 있었다.[83] 스파크는 성 묘사를 섬세하게 다루었지만 이것 역시 크게 낭독하면 너무 노골적이었다. 어느 보고서는 소설 속의 젊은 여성들이 그 의미를 충분히 모른 채 성인 용어를 사용하고 있어서 "성적 풍자"에 대한 우려를 드러냈다. "혼자 조용히 읽을 때는 괜찮은데 청자의 마음에 성인 '이미지'를 만들지 않은 채 저자의 의도를 낭독으로 전달하는 것은 대단히 어렵다고 생각합니다."[84] 도서관의 노령화되어 가는 독자층이 성에 대한 태도에서 세대 차이를 극복하기 힘들게 했다. 도서관 회원의 평균 연령이 80세였기 때문에 성 교육 매뉴얼을 녹음하겠다는 자원봉사자의 제안은 정중히 거절당했다.

다른 사람들과 함께 있을 때 성과 관련된 것이 낭독되면 특히 더 당황스럽다. 존 데이비스는 서머싯 몸의 『과자와 맥주Cakes and Ale』를 가족과 함께 듣는 실수를 저질렀다. "저자의 여자친구와 잠자리에서의 모험을 친밀하고 상세하게 설명하는 전체 트랙(14트랙)을 들어야만 하는 것은 상당히 곤혹스러웠습니다." 데이비스는 성적 내용에 반대하는 것이 아니라 그것을 통제할 수 없는 상황에 반대할 뿐이었다. "내가 강력히 반대하는 것은 나나 다른 누군가에게 특정 내용이 들려올 때 듣는 것 이외에 다른 방안이 없는 것입니다."[85] 인쇄책에서는 쉽게 그 내용을 건너뛸 수 있지만 레코드의 경우에는 그것이 어렵다. 게다가 외설적인 내용은 예고 없이 나온다. "다른 성별의 사람과 같이 있을 때 그런 책을 듣는 시각장애인이 얼마나 당황스러울지 상상해 보십시오"라고 어느 청자가 편지에 썼다. "언제 이런 끔찍한 일이 생길지 항상 알 수 있는 것은 아닙니다."[86] 불편하게도 부적절한 내용에 대한 경고 표시에도 이 내용이 정확히 어디서부터 나오는지 구체적으로 표시되어 있지 않다.

1937년에는 말하는 책 도서관 목록에 각 도서에 대한 짧은 설명이 들어가기 시작했다. 얼마 지나지 않아 '가족 독서에 부적합'이라는 안내문을 명시해 사용자들에게 불쾌감을 줄 수 있는 자료에 대한 경고 목적으로 도입되었다. 프리모 레비Primo Levi의 『휴전Truce』을 비롯해 충격적인 내용을 포함한 책은 더욱 분명하게 안내문을 붙였다. 경고 표시는 여럿이 섞여서 책을 듣는 사람들뿐 아니라 도덕적, 종교적 이유로 성적인 내용에 반대하는 사람에게도 사전 경고하는 두 가지 목적을 가졌다. 고객들이 일반적으로 경고 표시를 무시하거나 경고 표시를 붙여야 하는 도서의 존재 자체를 반대했기 때문에 경고 표시는 부분적으로만 성공적이었다. 그러나 적어도 도서 선정위원회는 불만에 대응할 때 경고를 인용할 수 있었다. 『윌리엄 포스터의 죽음The Death of William Posters』을 "구역질 난다", "고의적인 외설", "쓰레기 같은 책"이라고 묘사한 한 남자는 경고 표시를 보았지만 말하는 책을 들었다고 인정했다.[87]

아무도 이용자에게 말하는 책 듣기를 강요하지 않았다. 어느 독자가 앨런 무어헤드Alan Moorehead의 『여름밤A Summer Night』에 나오는 간통에 대해 불평하자 도서관 사서는 "당신이 말한 어려움을 해결하는 가장 좋은 방법은 라디오를 들을 때 당신이나 나나 자주하는 일, 즉 꺼버리는 것임을 알려주고 싶다"라고 말했다.[88] 위원회는 시각장애인 독자들을 스스로 의사결정을 할 수 있는 독립된 성인으로 취급하면서 동시에 자신들의 잘못을 인정하려 했다. 어느 낙담한 직원은 "책이 싫다면 기계를 끄고 그냥 반납하라. 끝까지 읽지 말고 외설적이라고 평가하면 된다. 하지만 나는 이 책이 다 좋았다"[89]라고 노트를 덧붙였다.

경고 표시가 외설 문제에 대한 제대로 된 해결책으로 보였지만 한 위원은 이 조치가 부당하게 독자의 자율권에 영향을 미치는 우를 범한다고 걱정했다. '가족 도서에 부적합함'이라는 안내문은 문학적인 장점이 있는 책에도 적용되므로 벨의 생각으로는 너무 지나친 판단이었다. 1967년 벨은 "오래도록 지속한 합의된 공식이지만, 이것이 너무 규범적이지 않은지 생각한다"라고 적었다. "결국 누구에게 말해야 하나?"[90] 그는 "이 녹음의 일부분은 가족 독서에 부적절하다고 생각될지 모른다"라고 명시한 문구로 변경하라고 권유했다. 소소한 문구 변경으로 도서관 고객들의 의견 차이를 인정하면서 동시에 목록의 책이 적절한 책과 부적절한 책으로 나뉘는 것을 피할 수 있다.

말하는 책 선정위원회는 시각장애인들이 어떤 책을 읽을지 스스로 선택해야 한다는 원칙하에 운영되었다. 서적을 고를 때 취향, 흥미, 연령에 따른 차이를 반영하고자 했다. 이것은 다수의(주로 노년 여성인) 취향에 맞게 도서를 선정하는 동시에 (성 던스턴 자선단체의 젊은 군인부터 대학 졸업자까지) 여러 소수집단의 관심사를 만족시키는 것을 의미했다. 말하는 책 도서관은 다른 도서관과 동일한 책을 시각장애인도 이용할 수 있도록 노력하면서 장애 때문에 특별한 애로를 겪는 독자를 위해 봉사하려 했다. 그 결과 도서관의 좋은 의도는 모든 독자를 만족시키려는 목표와 자주 부딪히게 되었다.

독자들의 압력에도 불구하고 영국 말하는 책 도서관은 1930년대 창립 이후 줄곧 검열을 반대했다. 도서관의 정책은 겉으로 드러나게 밝혀진 적은 없었지만 초기부터 널리 이해되었다. 그러므로 독자들의 불평이 NIB의 불안하고 일관성 없는 검열에 대한 입장을 공식화하고 수정 및 개선하는 기회를 제공했다. 가끔은 편집인들이 하는 원고의 미미한 수정에는 동의했으나 대부분은 어떤 변경도 허용하지 않았다. 검열에 대한 입장은 1968년까지는 공식적인 정책이 아니었으나, 독자들의 불평과 논란 대처 방법을 묻는 도서 선정위원들에 대한 답변으로, NIB의 집행위원회는 검열 반대를 공식 승인했다.[91]

말하는 책 도서관을 검열하는 것은 심각한 반대를 불러일으켰다. 많은 시각장애인들은 어떤 책을 읽고 어떤 책을 읽지 않아야 하는지 선정하는 위원회를 원치 않았다. 사람들은 이미 경고 표시로 책의 적절성을 스스로 판단했다. 개인적인 불평 때문에 도서를 제외시키려는 시도는 새로운 반대를 불러올 뿐이었다. "만약 말하는 책 도서관에 들어가는 자료를 검열하는 시도를 하기만 해도 굉장히 많은 불평을 들을 거라 생각한다"라고 벨이 주장했다.[92] 대출에서 제외하고 거부할 만한 책에 대한 요청 역시 똑같이 거절당했다. 프리스틀리J.B. Priestley의 『오래된 마을It's an old country』의 제외를 요청한 어느 독자는 벨로부터 "대다수 시각장애인은 그들이 듣기에 부적절하다고 판단한 서적을 우리가 보류했다고 느끼면 검열한다고 생각해서 당연히 불쾌함을 느낄 것이다"[93]라는 답변을 들었다. 게다가 어느 누구도 불쾌하게 만들지 않을 책만 소장한다면 도서관 장서는 거의 없을 것이다.

하지만 우리가 살펴본 것처럼 NIB는 불쾌감을 주는 자료들로부터 독자를 보호하고, 심지어는 시각장애를 묘사한 자료에서 보호하려는 조치를 취했다. 어떤 사람들은 시각장애로부터 도피하기 위해 독서에 매진한 반면, 다른 사람들은 시각장애인, 등장인물, 이슈 위주의 독서를 했기 때문에 이는 복잡한 문제였다. 도서관은 프레이저의 『나는 눈이 멀었지만Whereas I was Blind』, 러셀 크리들Russel Criddle의 『사랑은 눈멀지 않았다Love is not Blind』, 제임스 킨로스James Kinross의 『그리스 소년The Boy from Greece』, 켈러의 『선생님Teacher』처럼 시각장애를 다룬 많은 책을 소장하고 있었다. 한 예로 월리 토머스Wally Thomas 의 『내 손 안의 삶Life in my Hands』은 평가가 엇갈렸지만 녹음을 허락받았다. "시각장애에 대항하는 용기 있는 싸움으로서 분명히 어떤 독자들에게 매력적일 것이다. 물론 다른 독자들은 자신의 시각장애 외에 그것에 대해 더 알고 싶지 않을 것이다"[94](1936년 설문조사에서는 '장님'이라는 단어가 레코드에 너무 많이 반복된다는 불평이 있었다). 말하는 책 선정위원회는 시각장애를 둔감하게 취급하는 것이 청자들을 괴롭힐 것이라고 걱정했다. 린든 스노Lyndon Snow의 『달빛 마법Moonlight Witchery』과 호더윌리엄C. Hodder-William의 『연쇄 반응Chain Reaction』은 둘 다 이러한 이유로 거절당했다. 스노의 소설에는 동정심으로 시각장애인과 결혼한 여성이 나오고, 『연쇄 반응』은 방사능 우유에 노출된 엄마에게서 아기가 장님으로 태어나면서 끝난다.

선정위원회는 소수의 관심을 무시하지 않으면서 다수에게 매력적인 책을 고르려고 애썼다. 그렇게 하지 않으면 시각장애인이 어떤 책을 읽어야 하는지 정해주는 잘못된 정책으로 되돌아갈 수 있었다. 벨은 검열관 후보에게 "내가 아는 대부분의 시각장애인은 자신이 아이처럼 취급되어 그들에게 좋다고 생각되는 책만 제공받는다는 생각에 크게 화를 낼 것이다!"라고 말했다.[95] 그러므로 말하는 책은 다양한 독자의 취향을 만족시키기 위해 건전한 가족 대하소설부터 전위적인 실험물까지의 폭넓은 서적을 포함했다. 위원회는 낭독하기에 부적절한 책을 판단하기 위해 말과 글의 차이점을 고려했다. 그러나 NIB는 시각장애인에게 제공되는 도서가 다른 모든 사람이 읽는 책과 다르지 않게 하려고 노력했다.

검열은 서적을 불합격 결정하는 것 그 이상이었다. 우리가 살펴본 것처럼 고전문학으로 가득한 목록은 원하는 책(즉, 최근의 베스트셀러)에 대한 독자의 접근을 실질적으로 금하기 때문에 책 선정은 마찬가지로 중요한 문제였다.[96] 도서관의 예산 제약 때문에 겨우 몇 권의 책만 녹음되는 정도였다. 그러므로 녹음하기 위해 선택된 책은 회귀한 자원을 사용하기 때문에 선택되시 않은 책만큼 중요했다. 일부 회원은 "누락으로 하는 검열"이라며 도서관을 비판했다.[97] 확실히 제외되지 않고 논란이 되는 책은 더 매력적인 도서 때문에 보류되었다. NIB가 논란이 되는 책을 점자로만 인쇄하기로 결정한 것도 동시에 문제가 되었다. 촉감으로 읽는 것이 자료를 더 잘 통제할 수 있다고 판단했지만, 점자로 발간된 책은 점자를 읽을 수 없는 대다수의 시각장애인에게는 분명히 출입 금지 구역이었다.

검열을 반대했음에도 불구하고 NIB는 종종 검열로 해석될 수 있는 방식으로 원고를 '정화'했다. 어떤 경우에는 폭넓은 독자층에 적절하게 만들기 위해 책의 노골적인 내용을 낭독자가 소소하게 바꾸었다. 스튜디오의 책임자는 변경에 재량권을 가지고 있었다. 예를 들어 헌터 데이비스Hunter Davies의 『다른 한쪽The Other Half』과 스탠리 윈체스터Stanley Winchester의 『관행The Practice』에서 "불필요한 음담패설과 욕설"을 포함한 문장을 삭제하라는 요청을 승인했다.[98]

하지만 책 문구 수정은 사람들을 불편하게 했다. 이 관행은 1964년 위원회가 모든 편집된 녹음물에 다음과 같은 공지를 넣기로 합의할 때까지 인정받지 못했다. "이 녹음에는 글과 낭독 사이의 차이를 고려해 저자의 원문을 적절하게 수정한 표현이 포함되어 있다."[99] 여전히 벨과 여러 도서관 사서들은 마지막 수단 외에 책 수정을 반대했다. 예를 들어 벨은 1965년에 조이스 포터Joyce

Porter가 쓴 『도버 투Dover Two』의 변경 사항 승인을 거부했다.

당신이 이 책의 일부를 삭제하고 정정한 이유를 이해할 수 없다. 결국 검열이나 다름없고, 우리는 검열을 해서는 안 된다. 회원 중 노년 여성의 비율이 높지만 우리는 평균적인 성 본능을 가진 사람을 기준 삼아야 한다. 여러분이 듣게 될 어떤 불만에도 나는 대응할 준비가 되어 있다. 그들을 위해 작가들의 책을 다시 쓸 수는 없다.[100]

이 말은 미국에서 악명 높았던 조이스의 『율리시스』 재판을 강하게 암시하고 있다. 『율리시스』를 진지한 문학 작업이라고 한 울시John Woolsey 판사는 이 소설을 옹호하면서 "평균적 성 본능을 가진 사람l'homme moyen sensuel"을 외설 판단의 기준으로 삼게 했다.[101] 1936년까지 영국에서 금지되었던 책의 재판을 은근히 언급하면서 벨은 노골적으로 검열을 비난하고 외부 간섭으로부터 시각장애인들의 책을 보호하는 것이 얼마나 힘든지 보여준다.

『도버 투』를 수정하는 책임을 가진 사서와의 비밀스러운 대화에서 벨은 독자들로 하여금 어느 책을 읽을지 스스로 결정하도록 해야 한다는 도서관의 다짐을 재확인했다. 벨은 "우리는 여전히 일부 독자의 잠재적인 불쾌함을 예상하면서 책을 수정하는 일을 할 수 없다"라고 했다. 또한 그는 "우리는 독자들을 무엇을 읽을지 스스로 판단할 수 있는 책임 있는 성인으로 (설령 몇몇은 아니라 하더라도) 대접해야 한다. 어쨌든 독자는 불쾌함을 일으킬 수 있는 책을 들어야 할 필요가 없다."[102] 개인의 자율성에 대한 강조 이면에는 여성, 아이, 그리고 비장애인보다 자기 통제가 덜 된다고 여겨지는 장애인 등 감수성이 예민한 집단을 보호하려는 외설법이 있었다.

과거에 도서관은 시각장애인이 어떤 책을 읽어야 할지 결정했다는 이유로 회원들로부터 가장 격렬하게 비판받았고, 만약 도서관이 온정주의적 조직으로서 이전의 역할로 돌아간다고 인식한다면 도서관의 평판은 다시 타격을 입게 될 것이다. 벨은 "나는 시각장애인들이 불평할 충분한 이유가 있다고 확신한다"라고 결론지으며 "그들이 읽으면 좋은 것을 우리가 결정한다고 느끼는 것, 바로 이것이 내가 우려하는 기관의 이미지다"[103]라고 했다. 세간의 이목을 끈『채털리 부인의 연인Lady Chatterley's Lover』에 대한 외설 재판 이후 벨이 검열에 관심을 갖는 것은 당연했다.[104] 1967년 7월, ≪데일리 스케치Daily Sketch≫는 "검열에 관한 성가신 질문"으로 RNIB를 접촉했다. 그 기자는 '욕설'이 말하는 책에서 제거되었는지 알고 싶어 했다.[105] 기자는 무슨 말을 들었을까? RNIB는 절대 책을 검열하지 않는다고 했다.

이 장에서는 말하는 책 도서관이 녹음한 책을 누가 결정했는지 알아보려고 했다. 100종의 가장 좋은 책을 선정하기 위한 위원회 임명으로 시작해서 제임스와 울프의 실험적 문학부터 성, 폭력, 비속어, 외설, 신성모독 등 여러 반대할 만한 자료를 담은 노골적인 책까지 "녹음할 수 없는" 책을 살펴보았다. RNIB는 경고 표시를 사용하고 혐오스러운 책을 제외하며 논란이 되는 이야기는 점자로만 인쇄하거나 책의 표현을 수정해서 일반 독자에게 적절하도록 만드는, 즉 어느 사서가 "정신적인 검열"이라고 요약한 행위들로 외설에 조심스럽게 접근하면서 검열에는 반대한다고 공언하고 있었다.

말하는 책 선정위원회는 오랫동안 시각장애인들이 스스로 무엇을 읽을지 결정하도록 보장해 왔다. 하지만 위원회의 역사를 통해 보면 시각장애인 독자들이 몇 년간이나 항의한 후에야 그들의 취향을 대변했다. 1950년대 들어 낭독 레코드의 상업적 시장이 등장했고, 이는 시각장애인이 원하는 책을 얻을 수 있는 대안이 되었다.

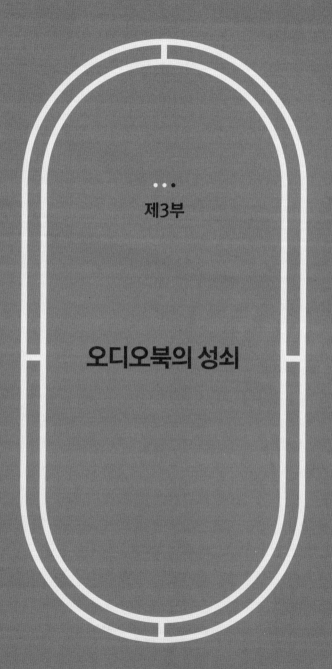

• • •

제3부

오디오북의 성쇠

제7장

캐드먼 레코드의 3차원

말하는 책 덕분에 수많은 시각장애인과 부분 시각장애인이 다시 독서를 할 수 있게 되었다. 1930년대 이후 의회도서관은 전문 연기자가 소설 전권을 장시간 낭독한 것을 축음기 레코드에 녹음했다. 낭독 녹음은 특히 제1차 세계대전의 참전용사부터 눈병 걸린 노령인구까지, 인생 중반에 시각을 잃어서 점자를 배우기 어려운 사람들에게 유용했다. 더 이상 눈으로 책을 읽을 수 없는 사람들이라고 해도 귀로 읽을 수 있었다. 사실 이런 움직임이 성공적이어서 대중은 말하는 책과 장애를 연관 지어 떠올렸다. 눈으로 읽을 수 있다면 왜 책을 듣겠는가?

상업적인 음향 출판사는 그 후 줄곧 시각장애인과 낭독 녹음 사이의 연계를 풀려고 노력해 왔다. 다른 독자들은 그것을 이해하는 데 느렸다. 낭독 녹음을 인쇄물의 대안으로 전망한 사람들조차도 그런 행동이 독서라고 할 수 있는지 회의적으로 보고 있었다. 1935년이 되어서 시인 세실 데이루이스^{Cecil Day-Lewis}는 책의 기술적 변신을 떠올렸다. 그는 『글쓰기 혁명^{Revolution in Writing}』이라는 저서에서 "우리가 축음기 위에 레코드를 얹듯이 책을 기계 위에 올리고 모든 것이 자동으로 움직이는 날을 상상할 수 있다"라고 썼다. 기술은 멀티미디어 오락의 신세계 또는 아날로그 매체 융합으로 보이는 대단한 신세계로 우리를 밀어 넣을 것이다. 하지만 또한 데이루이스는 필연적인 반발도 내다보았다. "그러나 이 행위를 '문학'이나 '독서'라고 부를 수 있는지는 내 상상을 넘어서는 문제다."[1] 앞 장에서 살펴보았듯이 말하는 책의 정통성에 대한 논란은 녹음 기술만큼 오래되었다.

낭독 녹음 판매를 원하는 출판사는 녹음 책이 (장애인뿐만 아니라) 모든 사람들에게 매력적이고 독서의 바람직한 형식이며 유서 깊은 인쇄 전통을 뛰어넘는 확실한 장점을 지니고 있다는 것을 청중에게 설득해야 했다. 낭독 녹음이 성공하려면 인쇄물의 등가물이라는 것만으로는 충분치 않았다. 오락성에서 인쇄물을 뛰어넘어야 했다. 이것이 캐드먼 레코드가 저자와 연기자들의 낭독으로 문학작품녹음을 시작할 때의 분위기였다.

캐드먼의 이야기는 잘 알려져 있다.[2] 1952년 1월 바버라 홀드리지Barbara Holdridge와 메리앤 맨텔Marianne Mantell은 뉴욕시 92번가에서 열린 딜런 토머스 낭독회에 갔다. 이제 막 헌터대학교를 졸업한 22세의 청년들은 출판사와 녹음 회사에서의 작은 역할에 지루해하고 있었다. 그들은 1800달러를 모아서 캐드먼 레코드를 설립했다. 그들은 중세 음악과 셰익스피어 작품의 발매를 잠깐 고려한 후에, 대신 동시대 시인 시리즈를 시작했다. 토머스는 ≪애틀랜틱 Atlantic≫에 「하얀 거인의 허벅지In the White Giant's Thigh」라는 관능적인 시를 발표하자, 수백 명의 구독자가 잡지 구독을 취소했다. 그 시는 홀드리지와 맨텔에게는 반대의 효과를 냈고 그 낭독회에 참석한, 대부분 젊은 여성인, 많은 대중에게도 그랬다. 그날 밤에는 그들이 다른 팬들을 뚫고 시인에게 사업 제안을 할 수가 없었다. 홀드리지는 어느 날 새벽 5시에, 파티에서 돌아온 보헤미안 시인에게 전화 연락을 취했다. 그들은 일주일 후 동네 식당에서 만났다. 거기서 사업 제안을 했다. 토머스가 한 시간 동안 자신의 시를 낭독하는 것에 대한 대가로 초도 발매 레코드 1000장에 대해 500달러를 선금으로 주고 이후에는 10%에 해당하는 인세를 지급하는 조건이었다.

토머스는 1952년 2월 22일 스타인웨이홀Steinway Hall에서 「하얀 거인의 허벅지」와 다른 시 네 편을 녹음했다. 하지만 문제가 하나 있었다. 낭독한 시로는 디스크의 한 면만 채울 수 있었다. 즉, 캐드먼의 첫 레코드는 A면만 있고 B면은 없었다. 꼼짝 못하게 된 토머스는 그가 얼마 전에 ≪하퍼스 바자Harper's Bazaar≫에 발표했던 감상적인 크리스마스 이야기를 낭독하자고 제안했다. 낭독 앨범은 4월 2일에 발매되었고, 초기에는 소소한 매출이었지만 1960년까지 40만 장이 팔렸다.[3] 『한 웨일스 아이의 크리스마스A Child's Christmas in Wales』는 20세기 가장 인기 있는 낭독 레코드 중 하나가 되었다. 오늘날 토머스에 대한 이야기만으로도 그 레코드를 들으며 자란 이들의 얼굴에 미소가 번진다. 낭독 레코드는 상업적으로 실행 가능하고 문화적으로도 중요할 수 있음을 입증했다.

토머스의 낭독은 책으로는 거의 인기가 없던 이야기를 접하는 새로운 독자들을 만들어냈다. 홀드리지는 후에 이 이야기가 성공한 까닭을 매체의 전환에서 찾았다. "우리가 레코드로 녹음하지 않았다면 무슨 일이 일어났을지 모르겠다. ≪하퍼스 바자≫에서 시들해졌을 것이다. 아마 누군가가 그걸 찾아냈을 수도 있을 것이다."[4] 캐드먼의 즉흥 레코드 모임은 오디오북 산업을 만든 공을 인정받았다.[5] 2002년 미국 오디오출판업자협회는 홀드리지와 맨텔의 평생의 공로에 대해 오디상Audie Award를 수여하며 캐드먼 창립 50주년을 기념했다.[6]

캐드먼은 문학작품 낭독만 전문으로 하는 최초의 레코드사였다.[7] 그 회사는 오든W.H. Auden, 알베르 카뮈Albert Camus, 콜레트Collette, 커밍스E.E. Cummings, 엘리엇T.S. Eliot, 포크너, 로버트 프로스트Robert Frost, 랭스턴 휴스Langston Hughes, 조이스, 만, 메리앤 무어Marianne Moore, 실비아 플라스Sylvia Plath, 캐서린 앤 포터Katherine Anne Porter, 에즈라 파운드Ezra Pound, 앤 섹스턴Anne Sexton, 거트루드 스

타인Gertrude Stein, 월리스 스티븐스Wallace Stevens, 메리 스웬슨Mary Swenson, 웰티, 테너시 윌리엄스Tennessee Williams, 윌리엄 윌리엄스William Williams, 예이츠W.B. Yeats 등을 포함해 20세기 가장 영향력 있는 많은 작가들의 작품을 녹음했다. 이 명단은 세계 최고의 작가들의 목소리를 재현하고자 한 토머스 에디슨의 음성 도서관에 가장 근접한 것이었다. 캐드먼은 경쟁사인 아르고Argo와 포크웨이스Folkways보다 규모도 크고 인지도도 더 높았다.[8] 1959년에는 연매출 50만 달러를 기록했다.[9]

전후 기술 발전은 캐드먼의 성공을 가능하게 했다. 첫째, 1948년 LP레코드가 상품화되었다.[10] 1934년 이후부터 시각장애인을 위한 소설 완본이 녹음되었는데 이제는 사업용 상표로도 똑같이 책을 녹음할 수 있었다. 78rpm(분당 회전 수) 레코드가 겨우 몇 분의 이야기를 담은 것에 비해 LP레코드는 한 면에 22분 정도를 담았다. 또한 가볍고 강해서 이전 레코드보다 더 좋은 소리를 냈다. 둘째, 1949년 스튜디오는 자기 테이프 레코드를 사용하기 시작했다. 테이프는 선명도를 향상시키고 음향효과 삽입을 위해 편집이 가능한 데 반해, 아세테이트 마스터로 제작한 축음기 레코드는 수정이 불가능했다.[11] 레코드사들은 결국 스테레오 음향효과도 사용했다. 이러한 음향 기술 발전으로 캐드먼은 이전의 라디오용 시리즈 또는 1930~1940년대의 78rpm레코드와 함께 1950~1960년대 작가의 낭독 레코드를 시장에 내놓을 수 있었다.

캐드먼이라는 유산을 둘러싼 논란은 녹음 책이 문화적 정통성을 얻기 위해 벌였던 해묵은 투쟁을 보여준다. 미국공영라디오National Public Radio는 캐드먼을 '높은 안목을 가진 작은 회사'라고 소개했다.[12] 캐드먼의 낭독 레코드는 특히 어려운 모더니즘 작가(베케트, 조이스, 프로스트, 스타인)들을 이해하는 코즈모폴리턴 뉴요커의 취향을 보여준다. 캐드먼은 시, 희곡, 산문에 특화되었던 많은 후속 회사들과 달리 모든 종류의 글을 출판했다. 뒤돌아보면 이 회사의 목록은 노턴Norton 문학 선집을 가장 닮았다.

동시에 캐드먼은 고급문화의 전통적인 형식을 현대 대중문화의 미디어 형식으로 번역하는 중간자 역할을 했다. 제이콥 스미스Jacob Smith에 따르면 캐드먼은 "고급문화의 대량생산"에 성공했다.[13] 캐드먼은 이달의 도서 클럽Book of-the-Month과 전후 일반 대중에게 문학을 보급하려는 여러 조직과 함께 중간자 역할을 맡았다.[14] 이들 그룹은 고급문화의 명성을 노력 없이 누리려는 소비자의 구미에 맞게 예술 작품을 가공하는 까다로운 작업을 한다는 평가를 받았다. 결정적인 요소는 내용인가 아니면 전달 방식인가? 이것이 바로 녹음 책이 직면한 딜레마였다.

캐드먼은 애서가들의 레코드 구매를 설득하는, 엄청나게 어려운 과제에 직면했다. 캐드먼이 낭독 앨범을 내기 시작했을 때 오디오북은 익숙하지 않았다. 그 대신, 홀드리지는 "낭독 레코드" 같은 용어를 사용하거나 공식적으로는 "낭독 녹음"이라고 했다.[15] 회사의 첫 번째 과제는 낭독 녹음을 나름의 존중할 만한 문학 장르로 정립하는 것이었다. 즉, 인쇄 책과 음향 녹음 사이의 관계를 명확하게 밝히는 것이었다. 한쪽이 다른 쪽의 정확한 복제인지 또는 각 형식에 뚜렷한 장점이 있는지는 앞으로 살펴보겠지만, 캐드먼은 레코드를 원서와 동등하면서도 음성, 음악, 다른 음향효과가 들어가기 때문에 개선된 것으로 마케팅했다. 그래서 캐드먼의 슬로건은 "캐드먼: 3차원화된 인쇄 지면"이었다.[16]

캐드먼 레코드는 도서의 명성을 공유할 만큼 책에 가깝게 접근했고, 동시에 축음기로 바꾸는 것을 정당화할 만큼 혁신적이었다. 이 목적을 위해 캐드먼은 앨범재킷에 교양과 오락 면에서 새로운 형식의 매력을 청중에게 어떻게 설득할지 분명히 드러내고 있었다. 레코드 해설에서 편집자나 낭독자는 고객들에게 캐드먼의 앨범이 복제된 예술 작품(예를 들면 울프의 소설)이면서 동시에 나름의 진본 예술 작품임을 다시 한번 강조했다. 낭독은 책보다 레코드를 더 좋게 만든다고 캐드먼은 주장했다. 그런 언급을 하는 중에 캐드먼은 앞으로 수십 년간 만들어갈 문학, 음성, 기술과 낭독 녹음 간의 관계에 대한 의문을 제기했다.

음유의 전통

말하는 책의 첫 광고 중 하나가 1919년 5월 15일 자 ≪토킹 머신 월드Talking Machine World≫에 실렸다. 광고는 말하는 책이 다른 책과 비슷하거나 더 좋다고 다음과 같이 독자들에게 확인해 주었다. "말하는 책은 실제 책인데 그림, 이야기, 노래, 시도 들어가 있다."[17] 사실상 그것은 레코드에 들어가 있는 실제 책인데 책 전권이 턴테이블 위에서 재생되었다.

1917년 이후 에머슨 축음기 회사Emerson Phonograph Company는 그림책에 플라스틱 디스크를 끼워 넣었다. 2년 후에는 동물이나 여러 모양의 다이컷 카드보드die-cut cardboard에 묶인 4인치 디스크로 만든 어린이용 책을 만들기 시작했다 (〈그림 7.1〉). 이 책은 귀뿐만 아니라 눈을 위해 디자인되어 있었다. 전문가가 낭독했지만 대부분의 책은 글이 아닌 노래를 강조했다. 회사는 이 책의 장점으로 아이들을 즐겁게 하고 낭송하도록 가르치고 부모를 가게로 들어가도록 유도한다는 것을 꼽았다. 하지만 대중은 아직 말하는 책을, 적어도 하마 모양이나 우는 아이 모양으로 장식된 것을 받아들일 준비가 되지 않았다. 1921년 그 회사는 도산했다.[18]

캐드먼은 문학을 녹음한 최초의 회사는 아니었다. 1장에서 보았듯이 에디슨의 축음기는 정치가, 연기자, 테니슨, 브라우닝 같은 시인의 음성을 녹음하는 데 이용되었다. 밀턴부터 존 휘티어John Whittier까지 모든 사람의 시는 캐드먼 시대 이전에 만들어진 레코드에서 찾을 수 있다. 예를 들어 빅터Victor 레코드사는 1912년 거의 20장의 제임스 라일리James Riley 녹음 레코드를 발매했다.[19] 같은 해에 로버트 힐러드Robert Hillard는 『구빈원의 크리스마스Christmas Day in the Workhouse』를 녹음했는데, 이는 연극배우가 낭독했던 무수히 많은 일인극 중 하나였다.[20] 1950년대에 비평가들은 라디오 유행 가수와 영화배우가 너무 많은 '시 레코드'를 낭독한다고 불평했다.[21]

그림 7.1 The Talking Book Corporation, "I Am a Dancing Girl"

하버드대학교는 1933년에 시 녹음을 시작했는데, 가장 유명한 것은 엘리엇이었다.[22] 의회도서관, 전미 영어교사협의회, 컬럼비아대학교, 예일대학교는 모두 1940년대와 1950년대에 비슷한 시리즈를 만들었다. 팬들은 이 시리즈에서 78rpm 레코드를 살 수 있었다[23](캐드먼은 이 녹음 중 많은 앨범을 재발매했다). 이 레코드는 실제 공연에 참석할 수 없는 청중에게 시를 들려주었다. 예를 들어서 로이드 프랭켄버그Lloyd Frankenberg는 시 낭독을 들어본 적이 없는 사람을 위한 앨범을 만들었다. 그의 야망은 책이 말하게 하는 것이었다. "책이 하나의 목소리만 가진다면 따옴표 대신, 노래가 흐른다. 시인의 목소리를 들으면 마법처럼 문장이 이해된다. 또는 유아용 레코드처럼 작은 레코드가 제본된 주름 사이로 미끄러져 나온다. 그리고 조그만 기계가 각 권에 같이 들어갈 수도 있을까?"[24] 이것은 캐드먼 시대에 유명해진 시 낭송 선집을 보고 희망에 가득 차 묘사한 것이었다.

LP레코드가 나오기 전까지는 짧긴 했지만 산문도 들을 수 있었다. 밀른[A.A. Milne]의 『곰돌이 푸Winnie the Pooh』는 1929년 도미니온Dominion사가 내놓은 12명의 유명 작가의 낭독에 들어 있었다.[25] 조이스가 『율리시스』와 『피네건의 경야』 발췌본을 녹음했으며, 디킨스의 『크리스마스 캐럴』은 프랭크 페팅엘Frank Pettingell, 어니스트 셔펠Ernest Chappell, 라이어널 배리모어Lionel Barrymore, 로턴, 브랜스비 윌리엄스Bransby Williams, 엠린 윌리엄스Emlyn Williams 같은 연기자가 낭독한 것을 들을 수 있었다. 소설은 조노폰Zonophone이 1913년에 『어린 넬의 죽음Little Nell's death』을 녹음할 때처럼 발췌되어야 했다.

수십 년 동안 청중은 낭독 오락물을 라디오를 통해 즐겼다. 문학은 자주 낭독되었다.[26] 오슨 웰스Orson Welles의 머큐리 라디오 극장The Mercury Theater on the air이 고전 소설을 각색해 방송했다. 웰스는 심지어 자신이 좋아하는 소설의 문장을 방송 중단 시에 넣기도 했다.[27] 1941년 NBC는 펄벅Pearl Buck의 『자랑스러운 마음This Proud Heart』, 제임스 힐턴James Hilton의 『굿바이 미스터 칩스 Goodbye Mr. Chips』, 존 스타인벡의 『생쥐와 인간Of Mice and Men』, 케네스 로버츠 Kenneth Roberts의 『북서쪽 통로Northwest Passage』와 여러 베스트셀러 소설을 한 시간짜리 라디오 방송용으로 각색했다.[28] 〈시인 코너Poet's Corner〉, 〈시인의 보물Poet's Gold〉, 〈책꽂이 사이Between the Bookends〉, 〈듣고 있어요?R Yuh Listenin?〉 같은 프로그램들이 시 취향에 맞춰졌다.[29] 영국에서 낭독은 BBC의 사명인 교육과 오락에서 핵심 요소였다. BBC는 라디오를 위해 소설을 정기적으로 개작했고 1946년부터 저자가 〈세 번째 프로그램Third Program〉에서 낭독하는 것을 특집으로 다루었다.[30]

당시 캐드먼은 문학작품을 녹음한 최초의 회사는 아니었다. 하지만 대중에게 문학 레코드를 소개한 초기 회사 중 하나로서, 도서와 레코드 사이의 친밀감을 정립하는 역할을 맡았다. 캐드먼은 낭독 레코드가 고대의 낭독 전통의 부활인 동시에 20세기 기술 발전의 결과라고 청중을 설득했다.

음유시인이 그리스인에게 이야기를 들려주던 때를 환기시킨 것은 캐드먼이 전통 가치의 수호자이자 앞서 있는 선구자의 역할을 하는 데 도움이 되었다.[31] 한 고전 연구자가 캐드먼의 『헤라클레스의 12가지 노역Twelve Labors of Hercules』에 대해 "오래전, 책이나 인쇄에 대해 알기도 전에 그리스 사람들은 이전 시대 영웅들의 이야기를 들려주고 듣는 것을 즐겼다"라는 주석과 함께 소개했다.[32] 이 언급은 레코드가 현대 청중이 다시 한번 음유 전통으로 돌아갈 수 있다는 것을 시사했다. 호메로스 『일리아드』의 레코드 해설에는 "저자는 원래 낭독되는 것을 의도하고 작품을 썼다"[33]라고 쓰여 있다. 또 다른 레코드에서 "서사시인 『일리아드』나 『오디세이Odyssey』는 독자가 아닌 청자를 위한 작품"이라고 선언했다.[34] 이런 생각의 연장선에서는 레코드가 아닌 책이 돌연변이 기술이었다. 음향 녹음은 단지 청중이 여러 세기 동안 들어왔던 것처럼 문학 청취를 가능하게 했을 뿐이었다. 캐드먼의 레코드를 듣는 것은 직감과는 반대로, 전통적인 몸짓으로서 청중으로 하여금 아주 오래전에 사라진 구어 전통 사고에 참여하게 했다. 캐드먼의 몇몇 레코드가 그렇게 만들었듯이, 원 그리스어로 된 이야기를 듣는 것이 호메로스와의 가장 정통적인 만남을 가능하게 했다.

캐드먼사는 시의 구어 전통을 통해 정통성을 얻으려 했다. 카툴루스Catullus, 키케로Cicero, 호라티우스Horace의 운문이, 마치 감동적인 문장에 박수 치며 환호하는 활기찬 청중 앞에서 이야기를 발표했던 로마제국 내내 행해진 대중 낭독회를 환기시키듯이, 라틴어 원어로 낭독되었다. 그리스어와 라틴어의 동사 중 '읽다 to read'는 '낭독하다 to read aloud'를 의미한다. 한 레코드는 로마 시의 아버지 퀸투스 엔니우스Quintus Ennius에 대해, 그는 시를 조용히 읽는 것이 아니라 낭독하는 것으로 생각했기 때문에 "언어를 혀와 귀에 맞췄다"라고 평가했다.[35] 4세기에도 혼자 묵독하는 것은 여전히 드물었으므로, 아우구스티누스는 그의 스승 성 암브로시우스가 혼자 읽는 것을 보고 놀라움을 표한 것으로 유명하다.[36]

캐드먼은 음유시인들을 통해서도 인정받으려 했다. 결국 그 회사의 이름은 8세기 성령의 계시로 노래를 부른 소몰이꾼의 이름에서 따왔다(홀드리지와 맨텔 두 사람 모두 헌터대학교에서 고전문학을 공부했다). 회사명의 유래가 된 캐드먼은 성경을 음악적 운문으로 바꾼 최초의 영국 시인으로서 명성을 얻었다. 그러나 1950년대에는 종이에 적힌 복잡한 문장을 수정하는 외로운 작가의 이미지가 방랑하는 음유시인의 이미지를 대체했다. 캐드먼은 게일어Gaelic의 전통으로 되돌아가 낭독을 연계함으로써 음유시인을 되살리려 노력했다. 예를 들면『트리스탄과 이졸데Tristan and Iseult』레코드 앞에 "이 이야기는 12세기부터 전해 내려온 것인데, 귀족의 연회에서 방랑 음유시인이 했던 이야기를 …… 드디어 이제 전설은 완전히 다시 돌아 이곳에서 예전처럼 음유시인의 전통으로 들려준다"라는 설명을 넣었다.[37] '현대 기술로 고대의 전통을 되살린다'라는 문장은 캐드먼의 정신을 압축해서 보여준다.

앨범 재킷의 설명은 고대문학이 묵독 때문에 소멸되었다는 것을 시사한다. 『캔터베리 이야기Canterbury Tales』의 레코드 해설은 대부분의 사람들이 시장, 교회, 집에서 이야기를 들었던 구어 문화 가운데 등장했음을 반복적으로 언급한다. 중세인들에게 독서는 대중적인 행위였지 사적인 행위가 아니었다. 초서Chaucer의 이야기를 중세 영어로 낭독하는 것은 "여러분들이 들은 것처럼as ye may heere"이라고 하면서 중세의 청중에게 직접 읽어주는 낭독자 흉내를 내는 데 도움이 되었다.[38] 낭독자들은 수도사의 혀 짧은 소리부터 수녀들의 콧노래, 면죄부 파는 사람의 염소 소리까지 '다양한 목소리'를 각각 특색을 살려 표현하려고 했다.[39] 여기에는 이런 차이는 귀로 들어야만 완전히 감상할 수 있다는 뜻이 함축되어 있다.

많은 경우에 정통성을 내세우기 위해 학자들이 고용되었다. 텍사스대학교 고전학과의 참여자들이 라틴어 시를 읽었고, 또 다른 사례로는 한 뉴욕대학교 교수가 『베어울프Beowulf』를 낭독했다. 하지만 다른 앨범에서는 연기자를 고용해 그들의 상업적 성향을 보여주었다. "초서 본인이 읽는 것처럼" 중세 영어로 『캔터베리 이야기』를 몇 번 읽었음에도 불구하고, 레코드에서 로버트 로스Robert Ross를 두고 "학자가 아닌 연기자"로 지칭하면서 발음 실수가 초서 이야기를 흐트러뜨리면 안 된다고 했다.[40] 역사적 정확성 여부로 오락을 방해할 필요는 없었다.

턴테이블은 동화, 우화, 전설, 신화 그리고 여러 세기에 걸쳐 구전되어 온 여러 이야기에 이상적으로 어울렸다. 이전 세기의 민속학자들이 구전의 전통을 글로 바꾼 반면, 20세기에는 거꾸로 글이 말로 바뀌는 것을 보게 되었다. 음향 기술은 멀리 있는 이야기꾼을 가정으로 불러들였다. 한 레코드는 난롯가에서 들려주는 영국 민간 설화를 수집했고, 다른 레코드는 아일랜드 시골 전역의 이야기를 수록했다. 푸에블로족Pueblo, 나바호족Navajos과 여러 미국 원주민으로부터 수집된 이야기는 미국 원주민의 민속자료를 보존하기 위해 축음기를 사용한 민속음악학자들을 떠오르게 했다.[41] 사실상 캐드먼의 이야기는 중국, 인도, 러시아, 서인도제도, 아프리카 촌락 등 전 세계에서 왔다. 『알리바바와 40인의 도둑』의 녹음은 카이로의 시장에서 현대의 파키스탄 국경까지 퍼져 있는 '말로 전해지는 이야기'라는 아랍 전통을 따른 것이었다.[42]

발터 베냐민Walter Benjamin이 『이야기꾼The storyteller』에서 상기시키듯이, 몇 번이고 반복되는 이야기는 책으로 된 소설과는 다른 것이었다.[43] 베냐민은 도덕적 상담은 특히 말로 할 때 가장 크게 영향을 준다고 생각했다. 마찬가지로 캐드먼은 "이솝 우화가 낭독될 때 특히 효과적인 것"이라고 했다.[44] 그 앨범들은 제이콥 그림Jacob Grimm과 빌헬름 그림Wilhelm Grimm이 이야기를 외우고 있던 농촌 여성들에게서 어떻게 이야기를 수집했는지 강조하고 있다. 『헨젤과 그레텔』과 여러 앨범은 가족 오락이 화롯가 옆에서 들려주는 이야기로 이루어지던 때를 떠오르게 한다. "오래전, 사람들을 매혹시켜 조용하게 만드는 텔레비전이 없던 시절, 부모들은 그림Grimm의 재미있는 이야기를 아이들에게 들려주곤 했다."[45] 이런 향수가 깃든 장면에 텔레비전이 들어온 것은 우연이 아니었다. 1950년대에는 낭독이 특히 TV의 대안으로서 매력적이었다.[46] 최면술이라고 비난한 캐드먼의 암시대로 책을 좋아하는 사람들은 할리우드의 로턴의 노력에도 불구하고 텔레비전을 의심스럽게 바라보았다.[47]

캐드먼은 인쇄기 이전에 말과 글 사이에 존재했던 밀접한 관계를 활용하기 위해 온갖 노력을 다했다. 그러나 귀 대신 눈으로 조용히 읽는 용도로 쓰인 책의 경우는 어떨까? 캐드먼은 구어 문화가 묵독으로 진화했다는 역사적 서술에 암묵적으로 도전했다.[48] 그 대신, 캐드먼의 낭독 앨범 목록은 글쓰기가 한참 성장한 후에도 말이 지속적으로 예술에 영향을 끼친 방법을 보여주는 구두 또는 혼합 장르(설교, 동화, 라디오극 등)를 과시하고 있었다. 낭독은 19세기 그리고 20세기 동안 시들지 않았고 포도나무에 매달린 채 죽지도 않았다. 그것은 견뎌냈고 때로는 번성했다.[49]

고대의 글만 낭독해야 되는 것은 아니었다. 현대의 시도 사운드트랙용이 있다. 토머스, 예이츠, 휘트먼은 모두 음유시인으로 불렸고, 그들의 시는 낭독되어야 했다.[50] 휘트먼의 앨범은 휘트먼을 다음과 같이 소개했다.

외로운 가수처럼, 그의 시는 등불 밑에서 읽는 외로운 눈만을 위한 것이 아니다. 휘트먼의 시는 함성, 아우성, 북소리, 돌 사이에서 노래하는 조수의 썰물, 한밤중의 비탄, 황홀감의 울부짖음이다. 그러나 그것은 음성을 위한 것이며 낭독되거나 또는 고대 음유시인의 감각으로 시인이 동사를 사용하듯 읊어져야 하는 것이다.[51]

호메로스의 서사시와 비슷하게 휘트먼의 시를 묵독하면 놓칠 위험이 있었다. 캐드먼은 마찬가지로 마크 트웨인의 독특한 어조를 지적했다. 구어체로 글을 쓰는 트웨인의 "실을 짜는 듯한 긴 문체"를 제대로 살리기 위해 낭독이 필요하다는 것을 이 앨범은 말과 사투리를 강조하며 상기시켜 주었다.[52] 캐드먼은 많은 서적을 위대한 문학이어서가 아니라 연기에 적당하기 때문에 선택했다. 『미시시피강의 생활Life on the Mississippi』의 "옛 시절" 구절은 기량이 뛰어난 낭독자가 "낭독을 위해 귀를 기울여 썼기" 때문에 레코드가 성공했다.[53]

캐드먼의 마케팅 캠페인은 저자들의 힘을 빌렸다. 제2차 세계대전에 참전한 지 거의 20년 후에 만들어진 레코드인 랜들 재럴Randall Jarrell의 「전쟁 반대 시Poems against War」에 다음과 같은 글이 쓰여 있다. "내 시는 낭독하고 듣는 시다. 즉, 그냥 종이에만 인쇄되어 있는 그런 것이 아니다."[54] 레코드가 인쇄물로는 만날 수 없는 사람들에게 닿을 수 있는 방법을 그에게 제공했다.

희곡은 캐드먼의 레코드 목록에 최적이었다. 희곡 녹음은 셰익스피어 작품 전집을 녹음한 캐드먼의 셰익스피어 레코딩 소사이어티Shakespeare Recording Society부터 장 콕토Jean Cocteau의 일인극으로서 잉그리드 버그만Ingrid Bergman을 기용해 연인에게 전화로 이야기하도록 했던 『사람 목소리The Human Voice』까지 제작되었다. 캐드먼 시리즈는 셰익스피어 레코드의 신망 있는 전통에 합류해 독백부터 1944년 78rpm 레코드 18장으로 구성된 『오셀로Othello』 전권까지 포함하고 있었다. LP레코드는 캐드먼이 이전 시대의 기술에서는 필수였던 하이라이트와 발췌의 전통을 뛰어넘도록 했다.

세 개의 야심적인 레코드 시리즈가 1964년 셰익스피어 탄생 250주년을 장식했다. 캐드먼의 '셰익스피어 레코딩 소사이어티', 아르고Argo의 '말로 드라마틱 소사이어티Marlow Dramatic Society', 오드햄Odham의 '살아 있는 셰익스피어 Living Shakespeare'가 그것이다. 더글러스 러니어Douglas Lanier는 1950년대와 1960 년대를 셰익스피어 녹음의 황금기로 그리고 있는데, 작은 시장에서 생산하던 것이 경제성이 생겼으며 라디오가 사람들을 구어 제품에 익숙해지도록 했고 가정은 오락 매체의 실연장이 되었다. 축음기 레코드는 실제 극장에서의 불편 함 없이 집에서 재생할 수 있는 "셰익스피어의 공연을 개인 청자들의 경험으 로 전환"한 것이었다.[55] 축음기 레코드는 책과 무대 중간쯤에 존재했다.

동시에 캐드먼의 셰익스피어 녹음은 목록에 있는 다른 작품의 연극성에도 의도치 않은 관심을 끌게 했다. 미국 극작가인 하워드 새클러Howard Sackler는 축음기에 맞게 극작하기 위해 최초로 스테레오 음향과 여러 무대 기술을 사용 한 첫 번째 셰익스피어 연출가였다. 새클러의 녹음은 음향효과와 음악 신호의 활용으로 잘 알려져 있고 이와 동일한 자원을 캐드먼 문학 시리즈 제품에 활 용했다. 그 앨범에는 종종 낭독자("~가 읽었다", "~가 낭독했다" "~가 연기했다")와 함께 새클러 감독("~가 감독했다")의 이름이 표시되었다. 그의 역할은 무대와 음 향 녹음이라는 경쟁 매체 간의 밀접한 관계를 인정한 것이었다.

설교는 읽기보다 듣기가 더 좋은 또 다른 장르다. 캐드먼의 자료는 존 돈 John Donne부터 베트남 전쟁에 항의한 후 연방 교도소에 수감된 대니얼 베리건 Daniel Berrigan 신부까지 다양하다. 또한 〈애덤 아저씨와 그의 아이들Ol' Man Adam an' His Chillun〉도 녹음했는데 로아크 브래드퍼드Roark Bradford가 남부에서 자랄 때 아프리카 출신 미국 사제로부터 들은 성경 이야기를 다시 낭독한 것 이다.[56] 복음주의 열정이 교회 신도들에게 테이프 재생기를 꺼내어 말씀을 전 파하도록 자극했다. 예를 들어 1947년에 두 남성이 신도들 중 노인과 '바깥출 입을 하지 못하는' 이들을 위해 피터 마셜Peter Marshall의 설교를 녹음했다.[57] 그 들은 마셜이 미 상원 목사로 임명되기 전 워싱턴 DC의 한 장로교 교회에서 매 주 일요일 설교했던 내용을 녹음했다. 후에 어느 교인은 그에게 "내가 원할 때마다 목사님 설교를 들을 수 있었습니다"라고 말했다.[58] 말하는 사람의 음성과 전달 방식에 이야기 이상으로 의존하는 장르를 위해서 그 레코드는 실황 분위기(마셜의 스코틀랜드식 억양, 링컨 차임Lincoln chimes, 간헐적인 사이렌 등)를 담았다. 그 테이프는 후에『피터 마셜의 기도The Prayers of Peter Marshall』와 영화〈피터라는 사나이A man called Peter〉의 기초가 되었다.[59]

또한 아이들을 대상으로 한 낭독 인기에 편승해, 캐드먼은 어미 거위Mother Goose의 동요부터 한스 안데르센Hans Andersen의 동화, 루트비히 베멜만스Ludwig Bemelmans의 매들린Madeline 시리즈까지 다양한 모음집으로 돈을 벌었다. 특히 『루터바가 이야기Rootabaga Stories』는 칼 샌드버그Carl Sandberg가 자녀들에게 어떻게 낭독해 주는지 설명하는 노트로 시작한다.[60] 묵독을 지향하는 변화가 계속되는 중에도 아동 도서는 예외였다. 벤저민 스폭Benjamin Spock 박사가 1946년에 발간한『아이 교육 상식집The Common Sense Book of Baby and Child Care』은 낭독의 중요성에 대한 단락을 싣기도 했다(캐드먼이 후에〈스폭 박사와의 대화Dr. Spock Talks with the New Mother〉라는 제목의 앨범을 낸 것은 우연이 아니었다).

캐드먼의 마케팅 캠페인은 책을 읽어주는 부모님에 대한 향수 어린 추억이 있는 성인에게도 확대되었다. 예를 들어 오스카 와일드의 동화 녹음은 어린이와 성인에게 똑같이 매력적이었다. "낭독해 주는 즐거움을 알고 있는 모든 사람, 그리고 그 즐거움을 그리워하는 모든 사람은 캐드먼의 어린이 문학 걸작 시리즈를 즐길 것이라고 생각한다."[61] 다른 앨범은 부모들에게 직접적으로 호소했고 피곤한 사람들을 위해서 대리 낭독을 자원하기도 했다. 브루클린의 도서관 사서는 "『호기심 많은 조지Curious George』를 50번 낭독하는 것에 자신이 없는 모든 부모, 선생님, 사서, 보모는 드디어 안도의 숨을 쉴 수 있게 되었다. 이제 줄리 해리스가 대신 낭독해 줄 것이다"라고 확실히 말했다.[62] 낭독과 기술의 조합은 너무 피곤하거나 바쁘거나 읽어주는 게 너무 지루하지만 아이들에게 독서를 권장하고 싶은 부모들에게 유혹적이었다.

귀로 읽기

제2차 세계대전 후 낭독이 점점 더 유행했다. 대학과 비공식적인 힙합[Beat] 무대에서 시 낭독이 많아졌고 인기를 얻고 있었다[63](도널드 홀[Donald Hall]은 한때 시 낭독을 "미국 시인들의 주요 출판 형식"이라고 말했다[64]). 하지만 많은 사람들은 시는 인쇄용이라고 생각했다. 그들에게는 인쇄물만이 구텐베르크 이후 가능해진 조판술, 언어적 복잡성, 시운을 감상하게 하는 것이었다. 스페인의 노벨상 수상자 후안 라몬 히메네스[Juan Ramón Jiménez]는 캐드먼의 낭독 제안에 대답하기를 "시는 소리내어 읽는 것이 아니다"라고 답했다.[65]

캐드먼 레코드는 시를 읽어야 하는지 들어야 하는지에 대한 격렬한 논쟁에 개입했다. 일례로 오스버트 시트웰[Osbert Sitwell]의 앨범은 그와 이디스 시트웰[Edith Sitwell]이 30년 전 런던 에올리언 홀[Aeolian Hall]에서 했던 악명 높은 공연을 떠올리게 했다. 거기서 시인들은 커튼 뒤에서 분홍색, 하얀색으로 분장한 얼굴로 센저폰[Sengerphone]이라고 부르는 종이 트럼펫을 이용해 이야기했다.[66] 이것은 오랜 논쟁에서 가장 최근의 기습 공격이었다. "시는 눈으로 보기만 해야 한다고 생각했던 사람들은 저자가 낭독하는 시에 대한 이해도가 늘어난 사람들에게 반박당했다."[67] 캐드먼 시리즈는 무대 밖에서도 시를 들을 수 있다는 것을 확인해 주었다. 운율과 말장난을 즐기는 시트웰의 시는 특히 공개적 낭독 정신을 간직한 듣는 형식에 잘 맞았다.

캐드먼의 청자 대부분은 시를 읽는 것과 듣는 것의 차이점을 느끼고 있었다. 낭독은 시의 의미를 더해주기도 하고 망치기도 했다. 아무런 차이가 없다고 느끼는 사람은 없었다. 낭독의 장점으로는 친근함, 생생함, 극적인 힘, 이해력 향상, 저자의 해설 접근성, 문학에 참여하는 대안 등이 있었다. 캐드먼의 팬들은 극장에서 파생된 어휘를 사용해 낭독을 설명했다. 예를 들어 배질 래스본[Basil Rathbone]의 「까마귀[The Raven]」 연기는 그들에게 익숙한 시를 새롭게 보여주었다. [68] "생명을 불어넣었다"라는 말은 낭독자가 버나드 쇼^{Bernard Shaw}와 엘렌 테리^{Ellen Terry} 사이의 편지를 "가장 즐거운 방식으로 생생하게 들리게" 만들었다고 말한 것과 같이 녹음을 묘사하는 데 자주 사용되는 표현이다. [69]

녹음은 작가들이 자신의 작품이 어떻게 들려야 한다고 생각하는지를 분명히 해주었다. 캐드먼의 목록에는 "이제 편한 시간 아무 때나 저자 자신의 해설을 다시 듣는 것이 가능해졌다"라고 쓰여 있었다. [70] 대부분의 청자들은 이미 시에 익숙해 있었으므로 레코드는 그것에 참여하는 추가 방식을 제공했다. 페이지에서는 놓쳤던 느낌을 저자의 음성으로 들을 수 있었다. 『저자 낭송 현대 시인 캐드먼 선집The Caedmon Treasury of Modern Poets Reading their Own Poetry』은 "시를 완벽하게 이해하는 데 그들의 해석이 얼마나 중요한지 알기 위해 저자가 직접 읽는 시를 들어야만 한다"라고 주장했다. "엘리엇의 관료 같은 억양, 토머스의 정열적인 합주, 커밍스의 정확한 구성, 프로스트의 쉬운 대화체는 인쇄본이 보여줄 수 없는 섬세한 해설이었다." [71] "완벽한 이해"라는 말은 인쇄와의 만남만으로는 부분적이라는 것, 심지어 시를 제대로 이해하지 못하는 위험이 있다는 것을 의미했다.

그 당시 사람들은 지금처럼 눈을 문학의 가장 믿음직한 안내자로 생각하는 경향이 있었다. 캐드먼은 대신 귀를 내세웠다. 한 앨범에 따르면, 카프카^{Kafka}의 이야기를 듣는 것은 청자의 주의를 기울이게 함으로써 친밀도를 높여주었다. "눈은 건너뛸 수 있으므로 언어 이미지를 통해 저자가 공들여 구성한 예술성의 많은 부분을 놓칠 수 있다. 그러나 귀는 아무것도 놓치지 않고 카프카의 암울한 상상의 모든 세밀한 부분까지 정확하게 좇아갈 수 있다." [72] 그런 표현은 자세히 듣기가, 자세히 읽기나 동시대 비평가들이 말한 '느린 읽기'를 뛰어넘지는 않더라도, 경쟁하는 방식이라고 지지했다. [73]

자세히 듣는 것이 인쇄본을 이해하기 어려웠던 일부 독자들을 어려운 글에 접근하게 해주었다. 제라드 홉킨스^{Gerard Hopkins}의 운율학을 듣는 것은 홉킨스

스스로 자기 시가 낭독되기를 바랐으므로 일리가 있었다. 시의 리듬이 이상하고 정이 안 간다고 생각하는 로버트 브리지스Robert Bridges는 앨범에서 "맞다. '극적인' 낭독만이 내 예술을 훨씬 알아듣기 쉽게 만든다"라고 주장했다.[74] 이것이 홉킨스가 그의 시를 귀로 읽으라고 했을 때의 의도였다. 캐드먼은 몰랐지만, 홉킨스는 심지어 음향 녹음 기술이 그의 시를 어떻게 읽어야 하는지 가르치는 시대를 고대했다. 에디슨이 발명한 지 얼마 되지 않아서 홉킨스는 서정시를 위한 그 잠재적 용도에 대해 "축음기의 도움이 있으면 모든 구절을 노래처럼 마음속에 담아두고 외울 수 있을 텐데"[75]라고 말했다. 모범적인 레코드는 시의 올바른 낭독법을 (온라인 보관으로 오늘날 할 수 있는 것처럼) 보여줄 수 있었다. 그는 자기가 쓴 시에서 어디를 강조해야 하는지 알려주기 위해 음악에서 차용한 복잡한 첨자와 기호에 이미 의존하고 있었기 때문에 권위 있는 낭독은 홉킨스에게 매력적이었다.[76]

『피네건의 경야』는 캐드먼이 엄선한 또 다른 위협적인 작품이었다. 앨범 해설에 따르면, 낭독은 독자들이 조이스의 언어적 울림을 이해할 수 있게 도와주는 "콘서트"와 "목발" 같은 역할을 했다. "『피네건의 경야』 같은 작품은 낭독이 그 책을 경험하는 유일한 방법이라고 할 만했다. 조이스는 언어를 순수 음악으로 환원했고, 들으면 황홀해서 글이 아니라 소리의 변화만 듣게 된다. 낭독은 문장 정글로 들어가는 데 도움이 되는 또 하나의 도구가 아니라, 문장의 일부다."[77] 이야기를 들으면 책의 언어적 밀도에서 음악성으로 관심이 전환된다. 약속된 "황홀함"은 첫눈에 이해되지 않는 산문도 관심 갖게 하는 다른 방법이었다.

그러나 황홀감 속에서 잃어버린 것은 없을까? 낭독 문학의 회의론자들은 형식을 문제 삼았는데 전환 과정에서 길을 잃을까 염려했다. 오든에게 시의 형식은 몸과 영혼처럼 그 의미와 밀접하게 묶여 있는 것이었다. 그는 "책에서 시를 읽으면 그 형식을 바로 파악하지만 낭독을 들으면 그 '구조'를 분별하기가 아주 어렵다"[78]라고 하며, 그런 기술은 들리지 않는다고 경고했다. 이것을 방지하기 위해 오든의 앨범 해설에는 시가 애가(哀歌)인지, 운율이 있는 전원 시인지, 운율이 없는 자유시인지, 발라드인지를 명시했다. 시의 셋째, 넷째 줄에 있는 단어의 반복을 드러나게도 했다(물론 귀로 알아낼 수 있는 효과도 있었다). 오든은 지침이 "교장선생님 풍"인 점을 사과하면서 동시에 그것을 포함할 필요성을 주장했다.

시의 모양에 대한 실험은 특히 다른 매체로 재생하기 까다로웠다. 1950년대의 시 유행을 구체적인 예로 들어보자.[79] 메이 스웬슨May Swenson의 앨범 재킷에 인쇄되어 있는 운문은 글자의 배치에서 많은 의미를 이끌어낸다. 예를 들어 「번개Lightning」라는 시에는 문장을 대각선으로 가로지르는 흰색 여백의 줄무늬가 있다. 그러나 녹음은 소실된 시각 효과를 보완하기 위해 음성을 추가한다. 두 개의 검정 선이 문장을 가로지르는, 무너진 사랑에 관한 스웬슨의 시를 낭독하는 음성은 연인을 '지구'와 '꽃', '보트'와 '바다'로 비교할 때 강해진다. 낭독자는 마지막 줄에서 크게 소리를 지르는데, 레코드 재킷에 따르면 이는 "초기 시의 전통적인 저주를 형상화한"것이었다.[80] 이렇게 하면 녹음은 매우 사실적인 구절도 말로 바꾼다.

어떤 시는 듣기가 좀 더 쉬울 수 있었다. 공개적인 낭독과 전통 운문 사이의 연관에도 불구하고 20세기 운문 낭독 운동의 부활은 사람들이 형식적인 시험을 이해하도록 도왔던 낭독의 유용성을 강조했다.[81] 한 앨범은 초심자들에게 제임스 디키James Dickey의 운문은 읽지 말고 듣도록 권했는데 "이 시의 지면 위에서의 모양이 당황스럽기" 때문이었다.[82] 해체 형식의 사용, 흰 공간, 디킨스가 "공중의 긴 줄"이라고 부른 자유시, 즉 낭독하기에는 함축성이 풍부한 구절, 이 모든 것이 독자들의 시를 이해하려는 노력을 방해했다.

여전히 매체를 넘어서 전달되는 것에 한계가 있었다. 어떤 시는 지면에서만 좋았다. 캐드먼에서 발행한 앨범 해설 중에 장음과 온음이 번갈아 물고기 형태로 배열된 크리스티안 모르겐슈테른Christian Morgenstern의 구상적 시「물고기 노래Fisches Nachtgesang」가 실렸다.[83] 이 시를 녹음하려는 시도는 없었다. 소리 없는 시로 낭독자가 무엇을 할 수 있었겠는가?

모든 책이 손실 없이 번역되는 것(오늘날의 기술이 말하는 것처럼)은 불가능했다. 동화 속의 형상을 전달하는 방법이 필요했다. 예를 들어『베렌슈타인 베어스Berenstain Bears』의 저자는 "그림책에서 음향 녹음으로 전환하면서 무언가 빠진 것 같다"는 사람들을 위해서 추가 자료를 썼다.[84]

성인을 위한 멀티미디어 작품에서는 더 심각한 문제가 나타났다. 남부 지방 소작인 가족의 사진에 크게 의존한 제임스 에이지James Agee와 워커 에번스Walker Evans의『이제 훌륭한 사람들을 찬양하자Let us now Praise Famous Men』를 생각해 보라. 책에 실린 사진의 파리한 얼굴은 이야기만큼이나 반향을 일으켰다. 하지만 캐드먼 레코드는 이 이미지에 대한 시늉 이상을 하지 못했다. 그 앨범은 당초부터 에번스가 빠진 에이지만의 것이었다. 레코드 해설이 인정하듯이 "이 사진의 강력한 영향과 책에 대해 충분한 효과는 재킷에 실린 조지George와 애니 매 굿저Annie Mae Gudger 두 사람의 초상으로만 청자에게 전달될 수 있다."[85] 에이지가 "눈으로 포착할 수 없는" 미묘함을 담아내는 낭독을 위해 글을 썼다고 주장했지만 앨범 해설은 책을 완전히 전달하는 것이 불가능하다고 포기했다.[86]

여러 앨범이 인쇄 책과 낭독 레코드 사이의 경계를 허물기 위해 노력했다. 결국 이 둘은 서로 배타적일 필요가 없는 것이다. 왜 둘 다 즐길 수 없는가? 커트 보니것Kurt Vonnegut의『몽키 하우스에 오신 것을 환영합니다Welcome to the Monkey House』낭독 앨범은 청자들이 낭독을 듣기 전에 인쇄물로 읽도록 권했다. 게다가 좋아하는 문학작품을 레코드를 이용해 "다시 읽는" 것이 좋다는 경험담이 나오기도 했다. 예를 들어 홀드리지와 맨텔은 이런 방법으로 로버트 브라우닝 작품에 접근하는 새로운 차원을 발견했다. "오랫동안 시를 즐겨왔던 우리는 그 시들을 다시 읽는 것이 우리가 기억하는 것보다 훨씬 많은 것을 보여준다는 것을 믿을 수 없었다."[87] '다시 듣기' 역시 권장되었다. 편집자들은 매번 들을 때마다 새로운 것을 느낄 수 있으니 포크너를 여러 번 반복해서 듣는 것을 추천했다.

청자에게 책을 같이 따라 읽도록 초대하는 것이 지면과 레코드의 간격을 메우는 또 다른 방법이었다. 캐드먼의 편집자들은 다음과 같이 격려했다. "저자들이 읽을 때 문장을 따라가면서 책을 손에 꼭 쥐고 듣는 것이 적절한 시작 절차다. 이렇게 주의를 기울이지 않으면 소설에 이미 익숙한 사람들에게도 문장이나 음성의 뉘앙스가 모르는 사이에 새어 나가기 때문이다."[88] 오늘날의 오디오북은 들으면서 운전하거나 운동하는 자유를 광고하는 데 반해 캐드먼은 청중이 레코드에 온 신경을 집중해야 한다고 했다(내가 이야기해 본 사람들 대부분은 집이나 도서관에서 이런 식으로 낭독 레코드를 듣고 있었다[89]). 그렇지 않으면, 많은 소비자들이 취향이 사회적 이동성과도 연계된 시기에 믿어야 했던 것처럼, 낭독 레코드가 고급 예술이 아니라는 것을 인정할 위험부담을 안고 있었다.

청자들은 앨범에 따라오는 책자로 같이 따라 읽었다. 군중에게 공연 중에 책을 함께 볼 것을 권장한 베이첼 린지의 레코드는 "청자가 시의 언어를 더 잘 이해하게 돕는" 인쇄본을 같이 제공했다.[90] 마찬가지로 『피네건의 경야』 앨범도 인쇄 텍스트를 같이 제공했으며 마셜의 팬들은 그의 설교 사본을 캐드먼에서 25센트에 살 수 있었다. 모든 경우 글쓰기가 녹음보다 선행했다. 이 시기에 만들어진 상업용 레코드의 경우는 그 순서가 보통 반대였다. 예를 들어 타임라이프Time-Life의 『위대한 음악 이야기』The Story of Great Music 11개 앨범 각각은 아무도 혼자서는 읽을 수 없을 것으로 예상되는 64쪽의 하드커버 책자를 함께 제공했다. 다른 출판사들은 별도로 구매할 수 없는 "거의 책"과 같은 심도 있는 해설과 삽화를 넣은 비싸게 포장된 레코드를 전문으로 제작했다.[91]

녹음 책의 정통성에 대한 지속적이며 해결되지 않은 논란에도 불구하고 낭독의 매력을 부정하는 사람은 거의 없었다. 캐드먼의 앨범에 적혀 있는 증언들은 개개인 독자에게 미친 낭독의 영향을 강조했다. 많은 이들이 돌아섰다. WNET/PBS 시리즈인 『미국의 작가The Writer in America』를 제작한 리처드 무어 Richard Moore는 웰티의 소설을 들었던 것이 남부와의 대화의 중요성을 이해하는 데 도움이 되었음을 되새겼다.

내가 웰티의 단편을 처음 들었을 때 내 음치 양키 귀는 이야기를 이해하지 못했다고 고백해야겠다. 이야기의 생생한 인물, 단단한 구조, '해설'이 인상 깊었지만 마침 나는 "겁먹은 남자Petrified Man"를 듣고 있었고, 읽는 것만으로는 이야기 근처에도 가지 못했다. 그런데 웰티 양의 영화를 준비하면서 "내가 우체국에서 사는 이유Why I Live at the P.O."라는 이전에 많이 읽었던 웰티 낭독 레코드(바로 캐드먼의 레코드!)를 들었다. 들으면서 그 이야기를 새롭게 "읽기" 시작했다. 완전히 새로운 소리의 세계, 그리고 드물게 좋은 이야기가 내게 펼쳐졌다. 이제 나는 모든 이야기를 모든 좋은 독자가 해야 하듯이 눈뿐만 아니라 귀로도 읽으려고 한다.[92]

무어는 핵심 이점을 알아차렸다. 모든 사람들이 어떤 문화에 대해서는 '음치' 귀를 가지고 있으므로 청자들을 낯선 소리 환경에 익숙해지도록 돕는다. 그런 경우에는 독자의 상상 속 음성이 실제 말의 떨림과 맞는 경우가 드물다. 눈 대신 귀로 "읽는" 것이 무어에게 이야기에 대해 독특하고 뛰어난 이해를 제공했다. 그는 웰티의 작품을 듣고 나서 웰티가 미시시피주 잭슨시에서 자라는 동안 그녀 주변에서 떠돌던 대화를 끌어다 쓴 이야기꾼일 것이라고 생각했다. 더 중요한 것은 그러한 설명은 캐드먼 앨범이 들을 만한지 의심하는 다른 청자, "음치 양키 귀를 지닌 누군가"가 전향할 수 있는 선례가 되었다는 것이다.

EP레코드 위의 문학 세상

캐드먼은 그들의 앨범 목록을 명작 도서관이라고 광고했다. 어느 비평가는 그것을 "EP레코드 위의 문학 세상"이라고 평가했다.[93] 고전을 읽기 원하는 이들에게 캐드먼 레코드는 고전을 그대로 재생해 주었다. 그러나 캐드먼은 문장을 복제하는 것 이상의 일을 했다. 시각장애인들을 위한 자선단체가 충실하지 않은 재생 레코드가 하급으로 취급될까 걱정했다면 캐드먼은 책의 모든 세세한 구석까지 그대로 보존하는 것을 덜 중요하게 여겼다. 많은 레코드는 원본을 고수했다. 하지만 캐드먼은 극적인 배역과 음향효과를 통해 인쇄된 문장을 요약, 개작, 개선함으로써 그러한 충실함을 가볍게 무시했다.[94]

요약의 유령은 오늘날에도 오디오북 산업에 떠돌고 있다. 실린더, 레코드, 카세트, CD의 한정된 재생 시간 때문에 출판사들이 책을 짧게 만들어 비용을 줄이고 청자의 주의를 끌려는 유혹을 받아왔다. 그 영향으로 오디오북의 평판은 상처를 입었다. 이는 책을 듣는 것이 읽는 것보다 덜 어렵다는 의혹을 요약이 확인해 주는 것 같았다. 이런 생각에 따르면 오디오북의 소비자들은 다른 사람이 읽어주기를 원할 뿐만 아니라 모든 페이지를 읽지도 않았다.

AFB와 RNIB 모두, 협회 구성원들이 책을 읽을 때 비장애인들과 동일하게 취급되도록 요약을 금했다. 그렇지 않으면 문학적인 면에서 저급한 것으로 여겨질 위험이 있었다. 하지만 캐드먼은 통상적으로 저자의 작품을 줄이면서도 심각하게 받아들이는 고심을 거의 보이지 않았다. 회사는 이야기를 짧게 하는 것이 상업적 필요 때문이지, 미학적 선호 때문은 아니었다고 변명했다. 캐드먼은 간결함을 판매 소구점으로 과시했다.

1950년대의 모든 출판사가 책을 줄이려 하지는 않았다. 사실 경쟁사들은 소설 전권을 녹음할 수 있는 재생 시간이 긴 LP레코드를 사용했다. 예를 들면, 오디오북 컴퍼니Audio Book Company는 16rpm 디스크를 기술적 개가로 선전해

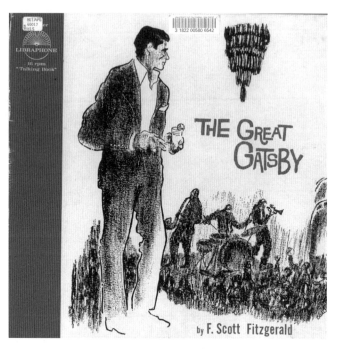

그림 7.2 알렉산더 스커비가 낭독한 리브라폰의 『위대한 개츠비』(1953)

서 청자들로 하여금 처음으로 요약되지 않은 책을 들을 수 있도록 했다. 그 회사는 플라톤의 『크리턴Criton』부터 『벤저민 프랭클린의 자서전The Autobiography of Benjamin Franklin』 같은 고전문학을 전문으로 했다. 회사의 슬로건은 '하이파이 음질로 위대한 문학을Great Literature in High-Fidelity'이었다.[95] 앨범은 책은 아니었지만 책처럼 생겼다. 책 표지, 지면, 지도 등을 복제해 책 같은 느낌을 냈다. 26개의 레코드로 구성된 신약 성경은 금박 가죽 표지 덕분에 성경 책 같은 냄새가 났다.[96]

리브라폰Libraphone 역시 문학 전집을 광고했다. 1953년 원문을 전부 녹음한 『위대한 개츠비The Great Gatsby』를 출판하면서(〈그림 7.2〉) 예술 작품의 새 시대를 선언했다("'말하는 책'은 모든 이를 위한 새로운 문학 매체다"[97]). 캐드먼과 다른 상업적 회사들처럼 리브라폰 역시 시각장애인을 넘어 시장을 확대하는 데 목표를 두었다. 이를 위해 앨범 재킷은 "귀로 읽는" 것이 친근하면서 지나치지 않다고 묘사했다. "그 효과는 친구의 낭독 같지만, 결점 없이 지치지 않고 극적인 느낌으로, 그러나 당신과 저자 사이에 자신의 개성을 집어넣지 않는 것이다."[98] 그런 광고는 인쇄 책 또는 다른 오락물과 함께 녹음 책을 위한 자리를 만들기 위한 것이었다.

캐드먼의 레코드는 디스크당 4.95달러에 팔리는 한 장 또는 두 장 앨범에 일반적으로 잘 맞았다. 33⅓ rpm 레코드에는 대략 20분 분량이 실렸다. 이것은 5분 이내로 재생되었던 78rpm 디스크보다 진전된 것이었다. 그러나 앨범에 싣기 위해서는 대부분의 소설은 상당량을 잘라내야 했다. 남은 것은 『올리버 트위스트』의 첫 네 장, 『안나 카레니나』의 초록, 『율리시즈』의 독백뿐이다. 배우이자 저자인 앨리 시디Alley Sheedy는 그 과정에 대해 솔직히 말했다. "레코드에 책을 맞추려면 몇 군데를 잘라내야 했다."[99] 스티븐 크레인Stephen Crane의 『붉은 무공 훈장The Red Badge of Courage』과 다른 앨범의 이야기 전체를 듣고 싶어 하는 청자는 랜덤하우스Random House의 모던 라이브러리Modern Library를 선택했다.

더 일반적으로, 앨범은 일종의 큐레이션으로서 요약본을 활용했다. 『몰 플랜더스Moll Flanders』는 "솜씨 있는 축약"으로, 『채털리 부인의 연인Lady Chatterley's Lover』은 "정제된 선택"으로 요약본을 소개했다.[100] 로런스Lawrence의 앨범은 선정적이라는 공격에 방어하기 위해 저자가 내세웠던 소설의 글 솜씨가 요약으로 인해 손상될 수 있는 위험을 인정했다. 하지만 캐드먼의 "정제"는 논란이 되는 문장을 악용하거나 회피하지는 않겠다고 맹세했다. 콘스턴스 채털리Constance Chatterley에 대한 견해를 제한하는 것이 로런스의 시적 스타일의 느낌과 주제를 살려낼 수 있다고 편집자가 제안했다. 다른 말로 하면 요약본 녹음은 아무것도 희생시키지 않으면서 줄이는 것 때문에 혜택을 받기도 했다.

　다른 앨범은 문장은 아니더라도 책의 정신만은 유지한다고 주장했다. 셰익스피어 선집은 "단절된 이야기의 토막 난 시리즈"가 아닌 "『맥베스Macbeth』의 진정한 요체"를 제공하고 있었다.[101] 오스카 와일드의 『도리언 그레이의 초상 The Picture of Dorian Gray』도 마찬가지였다. "필요에 따라 축약되었지만 책의 요체는 완벽하게 전달되고 있다."[102] 다시 말하지만, 녹음은 아무것도 희생하지 않았다(또는 그렇다고 한다). 편집자가 보기에 불필요한 것들을 절제하는 것은 청자로 하여금 정말 중요한 것에 초점을 맞추도록 했다. "그가 말하기를"이라는 구절을 성경 욥기에서 생략하면 진행이 빨라지고 남은 대화의 좋은 점을 부각시켰다.[103]

　캐드먼은 축약과 각색의 선을 넘은 것을 거의 후회하지 않았다. 사실은 그 반대였다. 원고를 벗어나는 것을 과시했다. 의회도서관의 말하는 책은 말 그대로 녹음인데 가끔은 원본의 실수까지 녹음했던 데 반해 캐드먼은 기회가 주어질 때마다 다른 레코드를 만들었다. 예를 들어 골웨이 키넬Galway Kinnell의 시는 낭송 중에 줄을 수정하는 시인의 성향을 강조했다. 키넬의 서문은 이를 개선이라고 평가했다.

　이 변화의 대부분은 내가 청중에게 시를 읽어주는 동안에 만들어진다. 연단에 서서 막 한 줄을 읽으려 할 때, 나는 써 있는 대로 말할 기분이 내키지 않는다. 점차 나는 이 내키지 않는 마음을 믿게 되었다. 나는 한 줄을 모두 빼거나(삭제해서 시가 이상해지지 않고 좋아진다는 것을 알고), 현장에서 수정하기도 한다. 나는 이 수정을 책의 원고에 쓰고 다음 낭송회에서는 변경된 판을 사용한다.[104]

　캐드먼의 마케팅 활동은 나머지 목록의 신뢰도를 망칠 위험에도 불구하고 그런 차이를 즐겼다. 번스타인이 주장했듯이 시인의 낭송은 그 자체로 두드러지고 원작에 대해 다르게 생각하게 만든다.[105] 시인의 낭송은 시를 완성된 작품이 아닌 진화하고 탐색하는 과정으로 생각하는 방식—많은 이들에게 논란이 된 새로운 방식—을 부추겼다.

극화는 캐드먼이 원작에서 벗어나는 또 다른 방법이었다. 연극, 영화, 뮤지컬, 여러 극작에서는 배역을 사용하는 것이 흔했다. 그러나 문학적 각색도 했다. 예를 들면 8명의 배역이 우드하우스의 『지브스』에 출연했고 쥐, 거북이, 애벌레가 『이상한 나라의 앨리스Alice in Wonderland』에 나왔는데 "책 앞뒤 장 사이에 해왔던 어떤 것보다 더 정신없는 음향이었다."[106] 『거울 나라의 앨리스Through the Looking-Glass』 역시 배역을 말하는 타이거 릴리, 트위들덤, 트위들디, 험프티덤프티로 채웠다.[107]

시도 극화를 흔하게 했다. 캐드먼은 에드거 매스터스Edgar Masters의 『스푼 강 선집Spoon River Anthology』에 실린 244편의 시 원작 중 56편을 녹음했다. 모든 목소리를 한 명이 낭독하는 대신 다른 음성이 각각의 시를 낭독했다. "그러나 시를 중서부 억양으로 낭독할 수 있도록 훈련 받은, 그렇게 많은 배우를 어디서 찾을 수 있는가?"라고 앨범이 지적했다. "중서부 억양을 가진 56명의 사람을 찾아 시를 읽을 수 있게 가르치는 것이 좋다." 실제 밀워키 시민들이 대부분의 역할을 맡았다(위스콘신대학교 교수가 이들을 선발했다). 실제 은행가, 이발사, 농부, 장관, 증권업자도 낭독에 참여했는데 모두 브로드웨이 무대 배우와 대조되는 선하고 정직한 사람들이다. 앨범 크레디트에는 낭독자를 "밀워키의 동네 사람"이라고 기재했다.[108]

캐드먼의 레코드는 새로운 매체를 활용하려고 노력하면서 성실하게 그들의 문학 유산을 재생했다. 그들은 텍스트 내용을 음향효과로 장식하는 것으로 그렇게 했다. 시각장애인을 위한 말하는 책이 인쇄 책을 복제하려고 했다면 상업적 회사들은 더 큰 실험을 할 수 있는 자유가 있었다. 전통주의자들은 어떤 경우에도 인쇄에 집착했다.

이런 관점에서 캐드먼은 1917년 미국과 영국에서 만들어진 어린이 레코드 시리즈인 『버블북스Bubble Books』 같은 다른 상업적 사업과 닮았다. 짧지만 삽화를 포함한 이 책은 세 장의 5.5인치 레코드와 함께 포장되어 나왔다. 그 시리즈는 외로운 소년이 주인공인데, 그는 거품을 타고 온 어미 거위 캐릭터에게 마법 파이프를 얻는다. 그래서 앨범의 제목은 『노래하는 하퍼 컬럼비아 북스The Harper-Columbia Book That sings』로 붙여졌다.[109] 편집자는 축음기를 들으면서 아이들을 위한 노래를 작곡할 때 영감을 받았다. 광고는 책을 다른 매체와 결합하는 참신함을 강조했다. "여러분의 아이들은 이야기, 그림, 음악을 가지고 있다. 그러나 이 셋을 다 가진 적은 없다."[110] 버블북스는 책과 장난감 사이쯤 있는 오락물을 대표했다.[111]

어린이 레코드는 엄마가 불러주던 자장가의 풍부한 구전 전통을 시작했다. 그리고 앨범과의 경쟁에서 부모들은 이길 수 없었다. 캐럴 채닝Carol Channing은 『매들린 이야기』를 읽으면서 손가락으로 리듬을 넣으며 노래를 불렀고 보리스 칼로프Boris Karloff의 『피리 부는 사나이The Pied Piper』는 포크웨이Folkway 앨범의 "미끈미끈한 피리 음악"을 실었다.[112] 캐드먼의 『어미 거위 선집』은 브로드웨이에서 활동하는 허시 케이Hershy Kay가 작곡한 자장가 음악을 실었는데 그는 쉬운 노래, 콩가 리듬, 재즈를 변형해 전통 멜로디에 담았다. 「반짝반짝 작은별」을 연주하기 전에는 "그런데 별빛 소리를 들어본 사람이 있어요?"라고 묻는다.[113]

성인을 위한 책 역시 음악 반주를 사용했다. 모든 배역을 캐스팅해 녹음한 레코드는 디킨스 시대의 런던의 분위기를 일깨워주었다. "여러 음성, 종소리, 음악, 웃음, 유령의 전율로 상상력 풍부하게 그리고 제대로 녹음된 『크리스마스 캐럴』보다 무엇이 더 좋을 수 있는가?"[114] 시대성 레코드가 번성했다. 예를 들어 웨일스의 하피스트 오시안 엘리스Osian Ellis는 『트리스탄과 이졸데Tristan and Iseult』에서 연주했고, 『캐드먼의 찬가Caedmon's Hymn』는 캐드먼 시대의 이스트앵글리아East Anglian 왕의 하프를 본뜬, 소형 6현 하프로 연주한 음악을 특징으로 했다(어떤 음악이 실제로 연주되었는지 아무도 모른다는 것에서는 거의 차이가 없었다[115]). 물론 가장 중요한 소리는 인간의 음성이었다.

낭독계의 카루소

작가들은 캐드먼을 위해 자신의 작품을 자주 낭독했다. 작가의 목소리를 듣는 것은 출판사가 문학 녹음을 시작하기 전에 작가 목소리를 들을 기회가 거의 없었던 팬들에게 매력적인 상상이었다. 데릭 퍼Derek Furr는 "캐드먼의 목적은 오락으로서의 시적인 음성을 통해 돈을 버는 것이다"라고 했다.[116] 『아서 클라크가 자신의 '2001: 스페이스 오디세이'를 읽다Arthur C. Clarke Reads His "2001: A Space Odyssey"』 또는 『마거릿 애트우드의 시와 목소리The Poetry and Voice of Margaret Atwood』라는 제목의 책은 1960년대와 1970년대를 걸쳐 등장하는 작가의 발판을 깔았다.[117] 종이책과 달리 작가의 음성이 문학과의 관계를 발전시키고 이해하도록 도왔다고 느끼는 사람들에게 레코드는 매력적이었다.

음성은 작가가 눈앞에 있는 듯한 느낌을 주었다. 일례로 ≪새터데이 리뷰The Saturday Review≫는 "작가와 독자 사이의 거리를 줄이려는" 노력에 박수를 보냈다.[118] 청자들은 저자가 직접 이야기하듯이 녹음한 음성에 반응했다. 종이책 독자들은 저자와의 직접적인 접촉을 갈망했는데 낭독 레코드가 그런 직접 접촉을 해주는 것 같았다. 레코드는 또 다른 형식의 매체였음에도 친근하게 느껴졌다.

약삭빠른 작가들은 이런 정서를 최대한 활용했다. 예를 들어 리처드 바흐Richard Bach는 한 앨범을 통해, 책은 독자들과 직접 소통하는 것을 막는다고 불평했다. "소리로 책을 녹음하는 것은 다르다. 어쨌든 낭독하면 여러분과

한 시간 동안 같이 있을 수 있고, 책의 저자들이 실제로 음성과 몸을 가졌는지, 그리고 따뜻한 말과 멋진 모습 사이의 공간을 건너뛸 수 있는지와 같은 오래된 질문을 잠재울 수 있다."[119] 그렇다. 작가는 실제로 음성과 몸을 가지고 있었다. 토머스의 비속어로 가득한 재담에서부터 샌드버그의 분노한 언어 각주까지, 개인적인 과장은 실제 사람과 접촉하는 느낌을 강화했다. 마치 월터 데라메어Walter de la Mare가 캐드먼 기술자인 피터 버르토크Peter Bartók와 담소를 나누는 동안 마이크를 켜놓고 얻은 "이야기 초상화word-portrait"가 그랬던 것처럼 말이다.[120] 실황의 느낌을 살리기 위해 레코드를 스튜디오 밖에서 녹음하기도 했다. "안토니우스 형제Brother Antoninus(William Everson)"가 웨슬리언대학교에서 즉석 명상록을 읽는 동안에는 트럭이 지나가는 소리가 들린다.[121]

토마스 만의 딸 모니카는 낭독 녹음이 어쩐지 다른 매체보다 더 친근하게 느껴진다고 했다. "사진 또는 육필이 사람의 개성을 드러낸다면 사람의 음성을 재현하는 것은 더욱 더 그렇다."[122] 그녀가 생각하기에 대중은 진짜에 매료되어 레코드에 이끌린 것이었다. 앨범 재킷 해설이 이러한 개인적 접근에 대한 견해를 더욱 강화했다. 그녀의 아버지인 토머스 만의 낭독을 그리워하는 사람들을 위해, 그녀는 마술처럼 그림을 만들어냈다. 안경을 쓴 작가가 벨벳으로 치장한 의자에 다리를 꼬고 앉아서 한 손에는 원고를 들고 다른 손에는 시가를 든 채, 산문의 리듬에 따라 다리를 흔들고 관자놀이를 쓰다듬으면서 고개를 한쪽으로 기울이고 있다. 낭독은 개인적 움직임, 즉 만의 웃음소리로 끝난다고 그녀는 말한다.

캐드먼은 모든 사람이 작가들에게 다가갈 수 있도록 하는 동시에 친밀한 일대일 접촉을 제공하는 축음기의 역할을 강조했다. 전국적인 강연 시리즈에서 보여준 샌드버그의 편한 대화와 순수한 이야기가 그를 녹음에서 인기 있는 후보로 만들었다.[123] 캐드먼은 그를 보지 못한 사람들의 가정으로 강연을 보냈다. "이제 이 레코드를 통해 그는 모든 사람의 것이다."[124] 샌드버그는 성인과 어린이에게 똑같이 이야기할 수 있는 이야기꾼이었다. 어떤 앨범 표지에 할리우드 영화 대본가 벤 헥트Ben Hecht는 샌드버그에 대해 "낭독할 때나 말할 때나 내가 들어본 목소리 중 가장 좋은 목소리를 가졌다"라고 회상했다.[125] 캐드먼의 실황 녹음은 무대 위 행사가 아닌 우연히 듣는 대화 같은 분위기를 만들기 위해 두 사람이 번갈아 낭독했다. 링컨 앨범은 샌드버그의 연기를 "친구를 회상하고 있는 남자의 매너"로 묘사했다.[126] 또 다른 앨범은 동료들과 밤늦게 남아 있는 샌드버그를 묘사했는데 기타를 치고 노래하면서 버번을 홀짝거리고 있다고 했다. 이 묘사가 청취 경험의 틀을 만들었다. "이 앨범 낭독에 그 모임 같은 느낌이 있다"라고 약속했다.[127] 청자들은 공연의 일부라도 느끼게 된다는 뜻이었다.

캐드먼은 많은 독자들의 마음에 있는 의문에 답했다. 작가는 어떤 목소리를 가졌을까? 1950년대에는 작가의 말을 들을 기회가 거의 없었다. 캐드먼의 레코드는 많은 독자들로 하여금 처음으로 작가의 목소리를 들을 수 있게 했다. 작가의 목소리는 많은 사실을 알려주었다. 상상 속의 음성은 선천적으로 중립적이며 특정 지역의 음성이 아닌 것에 반해 작가의 실제 음성은 그들이 자란 환경에서 나온 특징 때문에 또는 롤랑 바르트Roland Barthes가 "알갱이"라고 부른 것 때문에 표시가 났다.[128]

도날드 홀Donald Hall은 그가 1947년 하버드대학교에 도착했을 때 들었던 시 레코드를 회상했다. 그것이 시인의 목소리와 처음으로 만나는 것이었고 결과적으로 자신이 상상했던 목소리를 수정해야 했다. 그는 특히 오든과 세계적 시인들의 영국식 억양에 충격을 받았는데, 홀이 "마음속의 귀"와 "귀의 귀"라고 불렀던 것 사이의 거슬리는 대비였다.[129] 그는 실제 음성을 듣고 지면상에서 생각했던 음성을 조정했다.

캐드먼 레코드는 독자들에게 비슷한 영향을 끼쳤다. 스펙트럼의 한쪽 끝에 있는 오그던 내시Ogden Nash의 보스니아식 예절이 풍자적인 가벼운 시를 더욱 즐겁게 만들었다.[130] 스펙트럼의 다른 끝은 포크너의 느릿한 미시시피 말투로, "차분한, 진짜 남부 스타일의 말투, 포크너가 요크나파타우파Yoknapatawpha 사투리로 끌고 가는 꾸밈없는 편안함이었다." 그리고 포크너의 특징인 몇 페이지씩 이어지는 긴 문장이었다.[131] 이것이 항상 잘 받아들여진 것은 아니었다. 모리슨은 포크너의 낭독을 "끔찍하다"라고 생각했다.[132]

작가들은 종종 작품을 인쇄와 아주 다르게 독특한 방식으로 읽었다. 톨킨 J.R.R. Tolkien이 그런 공연을 한번 했다. 1952년, 조지 세이어George Sayer의 집에 머물면서 사람들에게 어떻게 들리는지 들어보기 위해 페로그래프Ferrograph 테이프 레코더에 미출간 원고인 『반지의 제왕The Lord of the Rings』을 녹음했다.[133] 캐드먼에서 나온 『호빗The Hobbit』은 그날 톨킨이 말번Malvern에서 읽은 수수께끼 장면을 복제했다. 더욱 중요한 것은 앨범에 엘프어Elvish 시와 「트롤이 혼자 앉아 있다Troll Sat Alone」(「여우와 암탉The Fox and Hens」이라는 영국 민요에 엉성하게 맞춘) 같은 노래가 수록되었다는 점이다. 그래서 앨범의 제목은 〈톨킨이 『호빗』과 『반지 원정대』를 읽고 노래한다J.R.R. Tolkien Reads and Sings His "The Hobbit" and "The Fellowship of the Ring"〉였다.[134] 마찬가지로 캐드먼의 『반지의 제왕』은 엘프어 문장을 평성으로 부른 것을 싣고 있다. 책의 부록은 톨킨이 만들어낸 언어를 어떻게 읽어야 하는지 지침을 포함하고 있지만, 앨범은 팬들에게 작가의 낭독을 듣는 기회를 준다. 오든은 톨킨의 앨범을 들어야 하는 이유로 (그 역시 로한의 시를 듣지 못해 실망했음에도 불구하고) 엘프어 시를 꼽았다.[135]

엘프어는 캐드먼 목록의 여러 언어 중 하나였다. 캐드먼은 음향 녹음 기술로 고급문화를 대중화했다는 비난을 받고 있었다. 그러나 여전히 많은 책이 접근 불가능 상태였다. 원래의 언어로 녹음한 문학은 캐드먼이 예술적 순수성을 타협해 그 자료가 접근 가능해지도록 하는 것을 거절했던 예를 보여준다. 예를 들면 청자들은 로테 레만Lotte Lehmann이 〈장미의 기사Rosenkavalier〉 오페라 대본을 독일어로 낭독한 것 또는 카티나 팍시누Katina Paxinou가 『오이디프스 왕Oedipus Rex』를 그리스어로 낭독한 것을 들을 수 있었다. 만의 독일어 낭독을 포함해 번역하지 않고 원문으로 낭독한 작가는 프랑스어로 낭독한 장 콕토Jean Cocteau, 장 쥬네Jean Genet, 알베르 카뮈Albert Camus, 콜레트Colette가 있고, 디에고 리베라Diego Rivera, 파블로 네루다Pablo Neruda, 후안 라몬 히메네스Juan ramon Jimenez는 스페인어로, 조지 세페리스George Seferis는 그리스어로, 예브게니 옙투셴코Yevgeny Yevtushenko는 러시아어로 읽었다. 캐드먼의 청자들은 소포클레스Sophocles, 볼테르Voltaire, 괴테Goethe, 보들레르Baudelaire, 릴케Rilke, 로르카Lorca, 파스테르나크Pasternak 낭독을 영어가 아닌 언어로 들을 수 있었다.

원어로 낭독한 앨범은 상업적 고려 사항 또는 대학 도서관 같은 후원자에 대해 명백한 무시를 보여준다. 그럼에도 편집자들은 고객들에게 위대한 문학작품은 번역이 필요 없다는 것을 설득하려 했다. 한 앨범은 옙투셴코의 낭독을 듣고 미국 청자가 "이야기를 이해하지 못하는데도 어떻게 그의 낭독 열정에 반응했는지"를 보여주었다.[136] 다른 사람들은 서정적인 시가 언어 장벽에도 불구하고 청자를 감동시킬 수 있다고 말한다. 한 편집자는 "비독일어권 독자에게 릴케의 이런 연기가 여전히 영향이 있다"라면서 "서정시란 들려야 하는 것이다. 많은 정서적인 의미는 그냥 공연으로부터도 분명해지기 때문이다"라고 말했다.[137] 평균적인 미국인의 단일 언어주의에 대한 약간의 배려로 적어도 일부 앨범은 영어로도 시를 낭독했다.

캐드먼은 독자들에게 낭독이 명작을 읽는 경험을 더 좋게 할 거라고 설득하고 싶어 했다. 앨범은 말만이 보여줄 수 있는 숨겨진 차원을 암시하려고 '계시적' 단어를 사용했다. 그래서 매클리시의 업힐 농장에서의 공연에서 "책 속에서 완벽히 생생한 시가 요술처럼 강해진다"라고 이야기했다.[138] 한 신문 기사는 이 낭송회를 "1953년 첫 번째 실제 축음기 행사"라고 보도했고, 이는 캐드먼으로 하여금 앨범을 실황 공연이자 불멸의 예술로 홍보하는 데 도움을 주었었다.[139] 캐드먼의 여러 앨범 재킷에 새겨진 우호적인 평들 또한 저자의 극적

인 자격을 강화했다. ≪뉴욕타임스≫, ≪하이 피델리티$^{High\ Fidelity}$≫, ≪하퍼스
$^{Harper's}$≫ 모두 엘리엇을 공연자로서 칭찬했다. "엘리엇은 금세기 최고 위대한
낭송가다."[140] 이 말은 과장된 것이 아니었다. 엘리엇은 언젠가 거의 1만 4000
명이 모인 체육관에서 강연을 한 적도 있었다.[141]

여전히 저자의 낭독을 듣는 것은 간단한 일이 결코 아니었다. 저자의 낭독
을 듣는 것에 반대하는 가장 강력한 주장은 그들이 형편없는 낭독자라는 것이
었다. 첫 번째 시 시리즈 녹음을 시작했던 하버드대학교 교수가 똑같은 주장
을 했다. 그의 의견으로는 사람들은 좋은 것을 들을 기회가 거의 없었기 때문
에 문학을 거의 듣지 않았다.[142] 어니스트 헤밍웨이의 캐드먼 앨범 설명이 이
것을 가장 잘 설명했다. "작가가 낭독에 익숙해지기를 기대할 수는 없다."[143]

마찬가지로 다른 앨범들도 작가들이 좋은 낭독자가 아닐 수 있다는 것을 인
정했다. 한 사람은 "글을 쓴 사람 모두가 낭독할 수 있는 건 아니다. 종종 글에
낭독을 덧붙여도 별로다"[144]라고 인정했다. 주디스 메릴$^{Judith\ Merrill}$ 앨범의 해
설은 이것이 매우 드문 경우라는 것은 인정하지 않은 채 이야기를 읽는 것보
다 듣는 것이 더 좋다는 일상적인 이야기로 시작했다. "이 말은 자신의 작품을
읽는 작가들에게 항상 할 수 있는 말은 아니다. 좋은 작가 중 많은 이들이 더듬
거나 우물거리고 또는 지면에 그토록 잘 쓴 글을 어떻게 낭독할지 모르는 것
같다."[145] 모든 이들이 딜런 토머스 같을 수는 없다. 우르줄라 르귄$^{Ursula\ Le\ guin}$
은 캐드먼의 유명인 명단에 들어가는 것에 그녀가 신경 썼다는 것을 밝혔다.
그녀는 『그윌런 하프$^{Gwilan's\ Harp}$』에 대해 다음과 같이 고백했다. "나는 하나
님이 내게 주신 꺽꺽거리는 소리로 읽어야 했다. 하지만 내 마음 한구석에서
는 딜런 토머스가 내내 조용히 읊고 있었다."[146]

토머스는 부인할 수 없는 캐드먼 레코드의 대표 목소리였다. 어느 저자도
낭독의 아름다움으로(그리고 그 반대로) 관심을 끌지는 못했다. 토머스는 시리
즈를 최초로 녹음한 작가였다. 그의 레코드는 지속적으로 캐드먼의 베스트셀

러였다. 토머스의 생활 방식은 그의 시만큼이나 인기를 끌었다. 그리고 시인의 때 이른 죽음은 그를 전설적인 위치로 승격시켰다. 결과적으로 캐드먼은 토머스 작품을 23개 레코드로 내놓았다.

토머스의 높은 예술적 기교는 시각장애인을 위해 만들어진 레코드와 대중에게 팔리는 상업적 레코드의 고려 사항에 대한 차이를 전형적으로 보여주었다. 말하는 책은 지나치게 극적인 것을 부끄러워하는 스타일인 그대로 읽는 것을 선호한 반면 상업적 레코드사들은 인쇄물보다 재미있게 하려고 작가, 배우, 연기자들을 동원했다. 토머스는 연기자 중 하나였다. 그는 낭독하는 것을 좋아했으므로 인쇄는 시가 되는지 여부를 확인하는 것이었고 무대는 시를 작동시키는 것이었다.[147] ≪새터데이 리뷰≫는 토머스의 고도의 기교를 보여주는 낭독이 인쇄되어 있는 시를 상대적으로 재미없어 보이게 만들었다고 느꼈다.[148] 뛰어난 음악 평론가 에드워드 캔비Edward Canby는 『한 웨일스 아이의 크리스마스』가 "들어본 것 중에서 잊을 수 없는 경험"이며, 분명히 이 크리스마스 이야기는 (적어도 낭독된 것으로는) 위대한 언어 작품일 것이다"라고 말했다.[149] 이 이야기는 토머스가 낭독하기 전에는 별 관심을 끌지 못했다. 그것은 캐드먼의 레코드가 나온 후에야 책으로 출간되었고 그 후 절판된 적이 없다.

토머스는 미국을 순회할 당시 이미 경험 많은 낭독자였다. 그는 정기적으로 BBC 라디오의 〈시집Book of Verse〉과 〈제3 프로그램Third Programme〉 같은 시리즈에 출연하고 있었다. 전체적으로 그는 BBC에서 150개 이상의 방송을 했다. 토머스는 1950년부터 1953년 11월 39세의 나이로 사망할 때까지 미국을 네 번 방문해 깊은 인상을 남겼다. 이 기간 동안 그는 자기 작품을 대학과 여러 장소에서 낭독했다. 전형적인 낭독회는 비공식 연설로 시작했고 토머스 하디와 여러 시인들이 쓴 시가 뒤따랐다(본인 시 같은 '약'보다는 '달콤한' 시가 먼저라고 토머스는 얘기하고는 했다). 토머스의 스튜디오 공연을 자세히 묘사하면서도 대부분의 캐드먼 앨범은 대학, 라디오 스튜디오, 의회도서관, 현대 미술관, BBC

에서 만든 이전 녹음에서 사후에 수집되었다.

토머스의 지인들은 무엇이 그를 그렇게 특별하게 만들었는지를 특징 지려고 노력했다. 그들은 모두 루이스 맥니스^{Louis Macneice}가 "오르간 음성^{organ voice}"이라고 묘사한 바로 그것으로 정했다.[150] 어린 시절 웅변 교실에서 배운 앵글로 억양, 그리고 멜로디가 있는 시에 완벽하게 맞는 미세한 웨일스의 억양과 함께 유명해진 낭독은 그 시만큼이나 유명했다. 오늘날 우리 중 많은 이들은 우리 기억 속의 캐드먼 음성을 듣지 않고 토머스의 시를 읽는 것이 어렵다고 생각한다. 이런 점에서 그는 완벽한 광고였다. 《뉴욕타임스》의 서평은 토머스가 작가이자 시의 낭독자로서 기억되는 첫 번째 현대 저자일 것이라고 예측한 적이 있다.[151]

읊조리는 것이 당신이 시를 듣고 있다는 것을 분명히 보여준다. 토머스는 "나도 시를 읽을 때면 낭랑한 목소리로 크게 읊조린다"라고 친구에게 털어놓았다.[152] 그렇게 함으로써, 시구를 읊조리는 사라진 예술을 되살리려고 했던 예이츠를 모방했다. 예이츠는 사람들이 시 낭송을 알게 되면 책을 다시 열어보지 않을 거라고 한때 주장했다.[153] 예이츠 이후 가장 훌륭한 시 낭송자라고 불렸음에도 불구하고 토머스는 자신의 전달 방식에 대해 "나는 이류 찰스 로턴이다"라고 자신의 재주를 낮추어 말했다.[154]

캐드먼의 편집자들은 그를 "잊을 수 없는 목소리로 말하는" 무대 위 통통하고 자그마한 존재라고 묘사했다.[155] 폴 크레시^{Paul Kresh}는 그를 "낭독계의 카루소"라고 불렀다.[156] 청중이 그의 목소리에 얼마나 넋을 빼앗겼는지 전달하기 위해 낭독회를 "매혹적인", "황홀한" 같은 마법사의 용어를 써서 묘사했다. 시인과 시는 모두 음악과 자주 비교되는데, 그들의 말놀이와 서정성은 듣는 즐거움으로 꼽힌다. 누군가에게는 너무 즐겁다. 비평가들은 토머스의 시가 어여쁜 소리 이상인지에 대해 오랫동안 논쟁해 왔다. 일례로 로버트 그레이브스^{Robert Graves}는 토머스의 시가 말이 무슨 뜻인지 모를 정도로 너무 "멜로디에

취해 있다"라고 비난했다.[157] 반대하는 사람들은 그의 낭독 스타일을 과장되고 구닥다리라고 했다.[158] 토머스의 충만한 발성 전달 방식은 분명 절제된 표현을 선호하는 오늘날의 시 낭송과는 달랐다.

토머스 이전에도 재주 있는 낭독자들이 있었지만, 토머스는 음향 녹음 기술로 많은 청중이 음성을 들었던 첫 사례였다.[159] 한 광고 문구에 따르면 "딜런 토머스의 레코드에 대해 무언가를 쓴 모든 사람은 그 목소리가 이야기의 절대적인 열쇠를 갖고 있다는 데 동의한다. 그리고 천재적인 그의 작품은, 듣고 읽는 사람들에게 깊은 감동을 주고 있다. 역사적으로 이전에는 시인 고유의 목소리가 그렇게까지 수많은 가정에서 귀중히 여겨지거나 친근하지 않았다."[160] 그 마지막 말은 토머스의 앨범이 사실상 미국 소비자의 대중 청자에게 도달되었던 첫 번째 낭독 레코드라는 것을 제외하고는 과장으로 이해된다.[161] 전국의 교외에 있는 가정들도 필요에 따라 그의 시를 켤 수 있었다.

홀드리지와 맨텔은 자신들의 목적은 시가 가진 영감의 순간을 재창조하는 것이라고 인터뷰하는 이들에게 말했다.[162] 이런 생각에 따르면 (미국 대학의 언어 관련 학과에서 널리 공유하고 있는) 작가의 낭독이 프로스트 풍으로 창작 예술을 이끄는 본래 정서를 불러일으켰다. 하지만 자주 이 생각을 했던 토머스는 정반대의 결론에 도달했다. 한 라디오 방송에서 그는 자기 시에 담겨 있는 원래의 충동을 기억해 낼 수 없다면서 기억할 수 있다 하더라도 낭독은 그것을 "흉내 낼" 뿐이라고 말했다. 다음의 발췌에서 토머스는 고매한 목적을 망가뜨리고 말았다.

"자기 시를 낭독하는 이가 바라는 것은 그 시에 깔려 있는 원래의 충동에 대한 기억을 전달하려는 것이고, 지면상의 문장 속뜻까지도 잠시나마, 어쩌면 더 깊게 이해하는 것이다." 그것을 이루기를 바란 것은 말할 것도 없고 전심으로 동의하기를 얼마나 원했던가![163]

그 대신 토머스는 한편으로는 감상적이거나 과장된 드라마라는, 또 다른 한편으로는 평이하고 무심한 낭독이라는 두 가지 위험을 경고했다. 이것은 낭독하는 모든 사람이 직면하는 진퇴양난이다.

과장되게 낭독하려고 해도 모든 사람이 토머스 같은 멋진 목소리를 가진 것은 아니었다. 이러한 이유로, 캐드먼은 사망한 작가, 낭독을 꺼리는 작가, 낭독이 서툰 작가의 작품을 대신 읽어줄 사람을 찾았다. 작가의 음성뿐만 아니라 전문 연기자의 목소리로도 문학이 발전할 수 있다고 도서 애호가들을 설득하려고 했다. 조지 6세에게 바친 "아름답게 쓰였고 게다가 더욱 아름답게 낭독되었다"[164]라고 묘사한 헌사를 로런스 올리비에Laurence Olivier가 낭독한 것이 캐드먼의 첫 번째 녹음이었다는 것을 생각하면 놀랄 일이 아니었다.

연기자들은 에디슨 시대부터 문학을 연기해 왔다. 예를 들면 테니슨은 시를 녹음했지만 헨리 에인리Henry Ainley, 로즈 코글런Rose Coughlan, 캐논 플레밍 Canon Fleming, 루이스 월러Lewis Waller를 포함한 배우, 웅변가들도 그의 작품을 낭독했다. 캐드먼은 이 전통을 되살려, 배우들에게 저자가 낭독하는 것처럼 낭독하게 했다. 『듣는 시집Hearing Poetry』이라는 시 선집에서는 "저자 자신이 자신의 시를 읽지 않으면 그 뜻과 느낌을 확실히 할 수 없다"라고 설명한다. "가장 좋은 생각은 특별한 감수성과 지성을 가진 배우를 찾아서 시에 완전히 몰두하고 있는 감독과 그들이 모든 의문을 논의하도록 하는 것이다."[165]

동시대의 시로 시작된 시리즈는 초서부터 프로스트까지의 고전을 계속 녹음했는데 모두 배우들이 녹음했다. 여성 팬이 많은 배우 타이론 파워Tyrone Power 는 『차일드 해럴드의 순례Childe Harold's Pilgrimage』를 낭독할 때 바이런의 시를 낭독한 것이 아니고 바이런을 연기했다고 알려졌다. 이 시 시리즈가 저자의 의도를 강조한 것은 전통주의자들을 안심시키는 동시에 배우들에게 편견 없는 청중을 즐겁게 하는 기회를 주었다. 시릴 큐잭Cyril Cusack의 『젊은 예술가의 초상』은 적당히 감상적인 방식으로 낭독되었고 허드 햇필드Hurd Hatfield의 『도리언 그레이의 초상』은 소설의 세기말적인 분위기를 충실하게 재창조했다고 말했다.

연기자들이 그들 고유의 독창적인 직관을 보여주면서도 저자 의도에 대한 솜씨 좋은 해독자로서 그려져야 하는 모순에는 아무도 신경 쓰는 것 같지 않았다. 캐드먼으로서는 연기자의 녹음이 그 나름의 예술 작업이었다. 그 레코드들은 어느 사람이 각각 자기만의 매력을 지닌 여러 극단이 공연하는 『햄릿』을 음미하듯이 사람들이 좋아하는 작품들을 여러 번 반복해서 듣게 했다. ≪보스턴 글로브Boston Globe≫는 래스본이 『까마귀』 같은 익숙한 작품에 "극적인 긴장감을 입혀 새롭게 보일 수 있게 했다"[166]라고 칭송했다. 캐드먼은 캐럴 채닝Carol Channing과 폴 스코필드Paul Scofield 같은 연기자들의 작품을 묘사할 때는 '해석'이라는 단어를 강조했다.

무엇보다도 연기자들은 사람들을 즐겁게 해주었다. 그들은 귀로 읽는 데 익숙지 않은 청중의 주의를 끄는 방식으로 책을 낭독했다. 시각장애인을 위해 만들어진 말하는 책은 독자의 해석을 방해하지 않으려고 중립적 낭독 방식의 필요성을 오랫동안 강조해 왔다. 상업적 출판사는 낭독자들이 이러한 염려 없이 자신들의 작업을 하도록 했다. 내가 홀드리지에게 극화에 대해 어떻게 느꼈는지 물었을 때 "나는 '심심한' 목소리로 소설을 녹음할 생각은 해본 적이 없다. 이탤릭체, 줄표, 줄임표, 느낌표가 인쇄면 위에서 하는 역할을 녹음 버전에서는 음성이 해야 한다."[167] 낭독자들은 책의 신호를 원고대로 따라 하면서, 동시에 그것을 마이크에 맞추었다. 낭독 레코드가 여러 오락 형식, 즉 라디오, 텔레비전, 영화 등과 경쟁을 시작하면서 그런 결정은 오디오북 산업 전반에 걸쳐 점점 더 중요해졌지만 동시에 인쇄된 글의 오래된 전통과의 연계를 유지하도록 노력했다.

문학을 듣는다는 것에 대해 생각해 본 독자가 거의 없던 때에, 캐드먼은 낭독 레코드를 만들기 시작했다. 특이한 시 레코드를 제외하고는 그렇게 할 기회가 거의 없었다. 음향 녹음 기술의 발전이 캐드먼 및 여러 회사로 하여금 책과 그 계승자 사이의 관계에 대해 당황스러운 질문을 제기할 정도로 상당한 문학 레코드를 만들 수 있게 했다. 캐드먼의 사명은 잠재적인 고객들에게 낭독 레코드가 위대한 문학을 그대로 재창조할 뿐만 아니라 그것들을 읽는 경험을 향상시킨다고 설득하는 것이었다. 캐드먼은 그리스 서사시부터 「풀잎Leaves of Grass」, 『곰돌이 푸』까지 많은 이야기를 읽는 것보다 듣는 것이 낫다고 주장했다. 고대의 이야기는 원래 구술 공연을 위해 만들어졌고, 정확한 목소리는 현대의 인쇄용으로 계획된 이야기 역시 더 풍부하게 즐길 수 있게 했다. 어떤 사람들은 여러 해 동안 읽기만 해온 책을 캐드먼의 레코드를 통해 작가의 음성으로 처음 듣게 되었다. 또 다른 사람들은 글 속의 숨은 깊이를 느끼게 하는 음성 재주를 사용하는 숙련된 연기자들의 낭독을 들었다. 캐드먼은 책을 보존해야 할 문화유산으로 보는 시각과 무언가 새로운 것으로 바꾸는 입장 사이에서 균형을 찾았다.

캐드먼은 재무적으로 회사를 성공시키기 위해서 충분한 수의 사람들이 책을 듣도록 설득했다. 이 작은 레코드회사는 토머스 시집 레코드가 발매된 이후에 수백만 달러 가치의 회사로 성장했다. 홀드리지와 맨텔은 1970년 히스D.C. Heath(레이시언Raytheon 소유)에 회사를 팔았고, 그 회사는 1987년 다시 하퍼 앤 로Harper&Row(지금의 하퍼콜린스HarperCollins)에 팔렸는데, 그 회사는 캐드먼이 발행한 기존 레코드와 함께 새로운 레코드를 계속 발행했다. 하지만 1960~1970년대에 캐드먼의 상업적 성공과 산업의 성장에도 불구하고 회의론자들은 세실 데이루이스Cecil Day-Lewis가 1935년에 예측했듯이 낭독 앨범의 정통성에.대해 지속적으로 의문을 던졌다.

거의 반세기 뒤, 죽음기라는 주제로 뉴욕에서 열린 100주년 컨퍼런스에서 출판인 클레어 브룩Claire Brook은 읽기가 듣기로 대체된다는 전망에 대한 개인적인 불편함을 언급하면서 발표를 끝냈다. 그녀에게 낭독 레코드는 "소리 장난"과 다를 바 없었지만 학교에서는 그것이 이미 너무도 일상화되어 버렸다. "1977년 캐드먼 레코드 톱 10 목록에 다섯 권의 SF소설이 있다는 것의 의미는 낭독이 친밀한 가족 관습 또는 시각장애인을 위한 복지를 넘어서서 읽지 않는 사람들을 위한 사업으로 번창했다는 것이다."[168] 브룩의 외침은 낭독 레코드의 확산을 인정하는 것임과 동시에, 읽는 습관의 변화에 대한 사람들의 점증하는 불편함을 표현한 것이었다. 독서가 집 밖으로 이동하고 음향 녹음에서 그다음 큰 사건인 카세트테이프로 새로운 청자들을 만나게 되면서, 그러한 고뇌는 그다음 수십 년 동안 더욱 극심해졌다.

제8장

테이프 책

듀발 헥트$^{Duvall\ Hecht}$는 교통체증으로 도로에 갇혀 있을 때 아이디어를 떠올렸다. 그는 매일 뉴포트 해변에 있는 집에서 로스앤젤레스의 증권회사까지 100마일을 운전해 출근했다. 2시간이 걸렸다. 그는 "출근 때문에 미치겠다. 이것은 엄청나게 지루한 일이다"[1]라고 말했다. 라디오는 도움이 되지 않았다. 그는 인기 음악 40선, 뉴스, 광고가 주는 것 이상의 정신적 자극을 원했다. "뇌가 코티지치즈로 변해가는 것 같았다."[2] 시간을 보낼 더 좋은 방법이 있으면 좋을 텐데……

헥트는 운전하면서 들을 수 있는 것을 구하기 위해 생각나는 모든 기관에 편지를 보냈다. 그가 찾아낸 것은 동기부여 강연, 마케팅 세미나, 명상 과정, 언어 강의, 그리고 시 같은 것이었다. 캐드먼은 문학작품 요약을 전문적으로 했고 다른 회사는 몇 권의 다른 고전과 함께 플라톤의 『파이드로스^{Phaedrus}』를 팔았다. 보통 60분 길이의 레코드가 10달러였지만 이것은 출퇴근족에게는 실용적이지 않았다. 그가 찾아낸 책 전체를 녹음한 자료는 의회도서관이 시각장애인을 위해 특별히 만든 것뿐이었다. 헥트는 이런 필요를 느끼는 사람이 자기 혼자는 아닐 것이라고 확신하고 있었다. 과연 다른 출퇴근족들도 헥트처럼 마음을 채울 만한 것을 바라고 있었을까?

1975년 헥트가 창업한 회사인 BOT는 세계에서 가장 큰 오디오 출판사로 성장했다. 헥트의 회사는 요약되지 않은 책을 오직 원문 그대로 녹음하는 데 집중한 최초의 회사였다. 회사의 도서목록은 다른 곳보다 많은 전권 도서를 싣고 있었고 전국의 운전자들에게 머리를 식힐 수 있는 수많은 시간을 제공했다. 이 회사의 설립 원칙은, 미국인들은 더 많은 책을 읽고 싶어 하지만 책 읽을 시간이 부족하다는 것이었다. 그래서 BOT는 사람들이 바쁜 일정을 소화하면서 읽을 수 있는 방법을 찾아냈다. 운전이라는 머리 쓸 필요가 없는 활동을 낭독되는 책을 듣는 기회로 바꾸었던 것이다.

회사는 조그맣게 시작했다. 헥트와 그의 아내 지그리드Sigrid는 처음에 집에서 테이프를 대여해 주었다(〈그림 8.1〉). 첫 해 매출은 1만 7000달러였다. 8년 후에는 연 매출 150만 달러를 기록했고 1987년에는 그 3배가 되었다. 그때까지, 6만 명 이상의 구독자를 보유하고 있었다. 길 위의 다른 사람들도 친구를 찾고 있었다는 헥트의 예감이 맞았다. 조지 윌George Will은 한 전국지 칼럼에서 헥트를 에디슨이나 포드 같은 진정한 미국 기업가에 비유했다. 그들은 세상에서 느끼는 불만을 다른 사람들에게 혜택을 주는 발명품으로 전환했다.[3] 윌은 이 회사의 회원이었다.

BOT는 이 산업 전체와 함께 성장했다. 1980년 중반에는 테이프 책의 우편 주문과 소매 매출이 대략 1억 7000만 달러에 달했고 매년 성장률은 10~15% 였다.[4] 최초의 산업 전문지인 ≪온 카세트On Cassette≫는 250개의 다른 회사가 생산한 거의 2만 2000개의 서적을 소개하고 있었다.[5] 책을 읽는 미국인의 수가 5%씩 줄던 기간에 오디오 출판사들은 책을 접하는 사람의 수를 늘릴 방법을 찾아냈다.[6]

BOT와 다른 오디오 출판사들은, 테이프 책이 시각장애인만을 위한 독서

그림 8. 1 BOT 사무실에서 듀발 헥트와 지그리드 헥트

방법이라는 평판을 점차 바꾸었다. 시 외곽 지역이 성장하면서 출퇴근 거리가 늘어났고 테이프 재생기가 널리 보급되면서 1970년대와 1980년대에 테이프 책의 독자가 극적으로 늘어났다. 언론은 "시각장애인과 바쁜 사람들을 위한 책"[7]과 같은 제목으로 그 추세를 보도했다. 1984년 ≪세인트 피터즈버그 타임스St. Petersburg Times≫는 녹음된 책의 불과 2%만 시각장애인들이 사용한다고 보도했다. 보는 데 불편함이 없는 사람이 나머지 98%를 사용했다.[8] 듣기는 한때 게으른 사람의 독서 방식이라고 조롱받았다. 오늘날 녹음 책은 여유 시간

이 거의 없는, 열심히 일하는 사람들을 위한 것이다.

하지만 녹음 책에 대한 사람들의 마음을 바꾸는 것은 쉬운 과제가 아니었다. BOT의 선배들은 독서에 대한 태도를 변화시키는 데 있어 비슷한 어려움에 직면했었다. 의회도서관은 독서가 눈과 손가락뿐만 아니라 귀로도 가능하다고 사람들을 설득해야만 했다. 마찬가지로 캐드먼도 음향 기술이 진지한 문학과 양립할 수 있다고 청중을 설득할 필요가 있었다. BOT 역시 가장 큰 도전에 직면했다. 그것은 다른 일을 하면서 동시에 책을 읽을 수 있다고 대중을 설득하는 것이었다. 당신은 운전대를 잡고 책을 읽을 수 있는가?

소리 대여 도서관

헥트는 BOT를 시작하기 전에는 출판업 경험이 없었다. 애독자도 아니었다. 그는 동창회 잡지에서 "나는 스탠퍼드대학교를 졸업한 후 25년 동안 책을 읽지 않았다"라고 말했다.[9] 하루 종일 일하느라 지쳐 단 두 쪽도 못 읽을 정도였다. 헥트가 가진 것은 목표 달성했던 인상적인 실적이었다. 그는 스탠퍼드대학교를 졸업하고, 1956년 조정으로 올림픽 금메달을 땄다. 그러나 45세의 헥트에게는 새로운 도전을 하지 말아야 할 수많은 이유가 있었다. 그는 베이트먼 아이흘러Bateman Eichler, 힐 리처즈Hill Richards 증권회사의 관리직으로 일하면서, UCLA 조정팀의 코치를 맡고 있었다. 아내와 세 아이가 있었고 주택담보대출을 갚아야 했다.[10] 하지만 이 중에 그 무엇도 1965년형 포르셰를 4500달러에 팔아 회사를 시작하는 것을 막지는 못했다.

첫 단계는 실제로 헥트의 예상만큼 지친 출퇴근자들이 많은지를 확인하는 것이었다. 1973년 오렌지 카운티 외곽에 사는 500명의 사람들에게 "책 읽을 시간이 더 있었으면 좋겠습니까?"라는 제목의 편지를 보냈다. 그 편지에서는

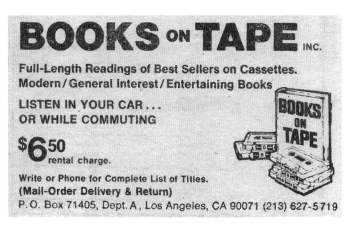

그림 8.2 전국 신문과 잡지에 실린 안내 광고

BOT를 카세트테이프에 녹음된 베스트셀러 책은 우편 대여할 수 있는 도서관으로 묘사했다. 유망한 5% 정도의 수령자들이 추가 정보를 요청했다. 이 요청이, 독서에 흥미는 있지만 만족하지 못하는 운전자들의 잠재적인 시장이 실제로 있음을 확인해 주었다. 미국 출퇴근자들 중의 적은 비율로도 사업 유지는 충분했다. 다음 단계는 동업자를 구하고 자본금으로 1만 달러를 만들고 장기간의 녹음권을 확보하는 것이었다.[11] BOT는 1974년 2월 11일에 설립되었다.[12] 이후 이 회사의 우편물 발송 캠페인은 도서목록으로 3만 5000명의 로스앤젤레스와 오렌지 카운티 출퇴근자들의 관심을 끌었다.

헥트는 BOT를 '소리 대여 도서관'이라고 보았다.[13] 그의 사업 모델은 대부분의 사람들이 너무 비싸서 책을 사지 못했던 때인 18, 19세기의 회원제 도서관을 닮았다.[14] 운영 방식은 다음과 같다. 고객은 수신자 부담 번호로 전화해서 가입하거나 캘리포니아 신문에 게재된 조그만 광고에 우편으로 답장해서 가입한다(〈그림 8.2〉). 가입자는 회비나 입회비를 내지 않았고, BOT 도서목록에서 선택한 테이프는 쉽게 반송할 수 있도록 우표를 미리 붙인 판지 상자에

그림 8.3 1983년 BOT 목록 표지의 삽화

담겨 문 앞에 도착했다(〈그림 8.3〉). 대여료는 하드커버 책 가격과 경쟁하기 위해 6.5달러에서 16달러 사이였다. 책의 평균 청취 시간은 8~12시간이었고 위약금 없이 30일 동안 대여해 청취할 수 있었다. 긴 책은 90분짜리 테이프 세트로 나누어졌다(『전쟁과 평화』는 4세트가 필요했다). 즉시 판매하기에는 테이프가 너무 비쌌기 때문에 대여하기로 결정했다. 녹음된 책의 평균 가격은 50달러에 가까웠고, 대여료의 거의 4~5배였다. BOT가 도서관과 고객에게 직접 판매하긴 했지만 대부분(85% 이상)의 사람들은 대여했다. 헥트의 계산에 따르면 책대여료가 시간당 1달러 미만으로 극장 관람료보다 약간 더 저렴했다.

BOT는 자신들의 오디오 사업이 미국에서 가장 유명한 우편 주문 도서 사업과 동등하다고 여겼다. 헥트는 1974년, 친구에게 보내는 편지에 "나는 내 사업이 '이달의 책 클럽Book-of-the-Month Club'의 초기와 같다고 생각한다"라고 적었다.[15] 이달의 책 클럽은 우편 주문으로 도서를 유통하는 성공적인 사업 모델을 대표했다.[16] 1926년 이후 이달의 책 클럽은 마케팅 기법을 재빨리 활용해서 대중 시장에 문학작품을 공급했다.[17] 여러 면에서 헥트가 옳았다. 두 회사 모두 전통적인 출판사가 등한시한 독자들에게 책을 팔았다. 정신없이 바쁜 현대 생활의 속도에도 불구하고 고객들이 최신작에 보조를 맞출 수 있도록 다른 방법을 제공했다. 그리고 이달의 책 클럽처럼, BOT는 스스로를 세련된 사람으로 보이기 원하는 사람들에게 매력적이었다. 책을 듣는 것은 이 사람들로 하여금 비즈니스 세계에서 경쟁력 요소인 것처럼 느끼게 했을 뿐만 아니라, 교육을 받는 것처럼 느끼게도 했다. BOT의 마케팅 캠페인은 책을 듣는 것이 그 고객을 파티에서 현명하고 더욱 재미난 사람으로 그리고 사업에서 더 성공적으로 만든다고 암시했다. 이 회사가 제시한 모토 가운데 하나는 다음과 같다. "성공한 사람들은 BOT와 함께한다."[18]

BOT의 고객층은 모든 면에서 1980년대의 전형적인 소설 독자들을 닮았다.[19] 이 그룹의 눈에 띄는 성격은 읽고자 하는 욕구와 자원은 있지만, 책을 읽을 시간이 없다는 것이었다. 소식지에서는 전형적인 고객 프로필을 다음과 같이 묘사했다.

> BOT의 구독자는 학사 또는 석사 학위를 10~20년 전에 받았으며, 대학원을 다니거나 법률이나 의학 분야에 종사할 가능성이 있으며, 지금은 독립 사업가이거나 기업 활동에서 상급 임원이 되었을 가능성이 높다. 직장에서 52분 거리에 살며 하루에 14시간을 일한다.
> BOT를 구독하기 전에는 책을 읽을 시간이 전혀 없었으며, 그 때문에 약간 우울했다. "책 읽을 시간이 더 많았으면 좋겠다"라고 여러 번 말했다.[20]

1986년 이 회사는 시장조사를 통해 소득, 자산 가치, 교육 수준이 전국 평균을 웃도는 지역에 사는 부유한 고객층을 확인했다.[21] 경쟁자들도 비슷하게 자신들의 시장을 묘사했다. 부유하며 고등교육을 받은 40대의 전문직이며 운전을 많이 한다.[22] 워싱턴 DC의 한 사서는 이런 사람을 "여피족yuppie 유형"이라고 묘사했다.[23] 그들은 힘든 업무에 대처하기 위해 기술로 눈을 돌린 전문직 종사자였다.

BOT의 첫 번째 책은 조지 플림턴George Plimpton의 『라이언의 영웅Paper Lion』이었다. 디트로이트 라이언스Detroit Lions의 쿼터백에 지원하려는 어느 작가를 다룬 우스개 이야기가 처음에는 《스포츠 일러스트레이티드Sports Illustrated》에 실렸고 그 후에 영화로 만들어졌다. BOT는 로스앤젤레스의 연기 지망생 중에서 낭독자를 찾았다. 오디오북의 낭독이 아직 일반적이지 않아서 헥트는 지방지뿐만 아니라 가까운 사우스 코스트 레퍼토리 극장South Coast Repertory Theater까지 광고를 붙였는데 그것을 잭 가디너Jack Gardiner가 보았고 그는 시간당 5달러에 낭독하기로 계약했다.[24] 헥트의 회고에 따르면 첫 번째 책은 작은 개방식 릴 테이프 녹음기로 그의 집 거실에서 만들어졌다[25](실수와 음량 조작 미숙으로 점철된 아마추어 생산 방식은, 초라하게 시작한 이 산업의 기념물이다). 그 후에 이 회사는 미국 서점협회 박람회에서 부스를 하나 예약하고 첫 책을 광고했다. 『라이언의 영웅』, H.L. 멘컨H.L. Mencken의 『행복한 날들Happy Days』, 낸시 밀퍼드Nancy Milford의 『젤다Zelda』, 에드워드 카원Edward Cowan의 『기름과 물Oil and Water』이다. 이 네 작품은 모두 널리 인정받아야 하고, 다양한 취향에 다가설 수 있어야 하며, 300페이지 이하여야 한다는 BOT의 기준에 맞았다. 가장 중요한 것은 이 회사가 법적 권한을 얻을 수 있는 책을 선택했다는 것이었다.[26]

사업을 시작하는 데 가장 큰 장애물은 출판 허가를 얻는 것이었다. 20세기에 출판된 거의 모든 책은 권리 동의를 필요로 했다. 하지만 출판사들은 시장이 작았기 때문에 음향 녹음권에 대해 거의 신경 쓰지 않았다. 헥트는 협상을 회상하면서 "출판업에 종사하는 사람들은 녹음권에 대해 몰랐다"라고 말했다.[27] 녹음권은 종종 테이프를 만들 의향이 없는 다른 영화 스튜디오가 사들인 부수적인 권리들과 묶여 있었다. 프레더릭 포사이스Frederick Forsyth의 스릴러는 이런 이유로 나오지 않았다.

저자, 대리인, 출판사, 재단 등 누가 권리를 가지고 있는지 확인하는 것도 시간이 많이 걸렸다. 헥트는 처칠의 『회고록Memoirs』에 대한 권리를 확보하는 데 3년이 걸렸다. 이 회사는 윌리엄 포크너, 스콧 피츠제럴드, 어니스트 헤밍웨이, 제임스 조이스, 하퍼 리, 제임스 미치너, 마거릿 미첼, 대니얼 스틸의 출판권을 확보하는 데도 몇 년이 걸렸다. 1993년 헥트는 "우리가 BOT를 시작한 날부터 프루스트의 작품에 대한 권리를 얻으려고 노력하고 있다"라고 불평했다.[28] 이 회사는 이들 저자 몇과는 계약을 맺었으나 다른 저자들과는 끝까지 계약하지 못했다. 윌라 캐더는 유언으로 자기 책이 인쇄 아닌 다른 형식으로 재발행되는 것을 금지했으며, 아인 랜드$^{Ayn\ Rand}$ 재단은 BOT 고객의 정치적 성향에 대한 정보를 요구해 녹음권 확보를 중단했다.

헥트는 10권에 1권꼴로 허가를 받을 수 있다고 추정했다.[29] 그러나 BOT 라이선싱 계약의 자유주의 조항은 많은 출판사를 설득해 녹음권을 양도하도록 했다. 계약은 독점적이지 않았고, 언제라도 취소할 수 있었으며, 라디오와 텔레비전 또는 영화 제작 같은 권리와 충돌하지 않았다. 저자들은 모든 대여와 판매분에서 10%의 인세 수입과 100달러의 선금을 받았다. 작가길드가 1975년 조건을 승인했다. 하지만 어느 출판사도 BOT와 첫 번째로 계약하고 싶어 하지 않았다. BOT는 베스트셀러 범죄 실화인 조지프 웜보$^{Joseph\ Wambaugh}$의 『양파밭$^{The\ Onion\ Field}$』 판권을 획득하고 나서야 출판사에 믿음직하게 보였고 이를 극복할 수 있었다(〈그림 8.4〉).

도서 선정 때가 되면 BOT는 오락만큼이나 교육에 가치를 둔다는 인상을 가꾸었다. 헥트는 회사의 목적을 상업 용어보다는 문학 용어로 표현했다. "우리가 노력하고 있는 것은 19세기와 20세기의 모든 중요한 작가들의 낭독 출판물의 원천이 되는 것입니다."[30] 그는 2000년까지 대략 5000종 출간을 갈망했다. 좋은 작품들은 인기가 있을 뿐 아니라 문화적으로도 중요했다. 이 회사는 출퇴근 시간대의 교통체증 해결책으로 가장 많이 요청되는, 헨리 소로^{Henry} ^{Thoreau}의 『월든^{Walden}』 같은 고전으로도 성공을 거두었다.

폭넓은 독자층을 위한 멋진 도서 선정에 대한 헥트의 관심은 모던 라이브러

그림 8.4 본인 책의 녹음을 최초로 허락한 BOT의 주요 저자 조지프 웜보의 『합창단The Choirboys』 광고

리 같은 인쇄물 시리즈에 신세를 졌다.[31] 하지만 BOT의 고상한 목표는 테이프 책에 대한 중간급 정도의 평판과 책상 앞이 아닌 운전대를 잡고 앉아 있는 고객층에 어울리지 않았다. 헥트는 구성이 엉성하거나 그가 "읽기 어려운" 책이라고 표현한 몇몇 책은 거부했다.[32] 그야말로 어떤 장르는 상업적으로 성공할 수 없었다. 헥트는 시가 팔리지 않는다는 이유로 캐드먼이 가장 좋아했던 에드나 세인트 빈센트 밀레이Edna St. Vincent Millay를 거절했다. 또한 불가리아의 페르디난트Ferdinand 1세를 다룬 책은 너무 전문적이라고 거절했다. 어느 구독자가 문학 비평서 출간을 요구하자 헥트는 그런 책은 내놓지 않는다고 설명했다.[33] 가치는 있지만 잘 안 팔릴 책을 "우수 도서merit book"라고 불렀지만 도서 목록에는 거의 넣지 않았다.[34]

몇몇 구독자들은 BOT의 도서목록이 베스트셀러 주류에만 치우쳐 있다고 불평했다. 독자들은 편지로 좀 더 많은 여성, 아프리카계 미국인, 미국 원주민, 동성애 작가의 작품을 요구했다. 다른 불만 사항들은 진지한 문학과 상업적 베스트셀러를 모두 제공하려는 시도의 위험성을 강조했다. 노골적인 성 묘사로 처음 XX등급을 받은 『관능적인 여자The Sensuous Woman』는 도서목록이 여자들을 하찮게 여긴다고 느낀 사람들의 분노를 샀다. 설상가상으로 언론에서는 운전자들이 곤란한 순간을 겪을 거라 예측하면서, 남자들에게 격렬한 운동을 하면서 들으라며 이 책을 농담거리로 취급했다. 남녀 모두(일부 BOT 직원을 포함해) 그것은 성차별적이고 문학적 장점이 전혀 없으며 과거로 회귀하는 것이라고 불평했다. 헥트는 독자들에게 도서 선정 과정에 "성적 편견"이 없으며, 향후 도서목록에서는 여성 작가가 덜 소개되고 있는 것을 개선하겠다고 약속했다.[35]

자동차 학습

BOT는 미국의 출퇴근 붐으로 탄생했다. 개인 차량을 이용하는 출퇴근족의 숫자가 1960년 4300만 명에서 1980년 8300만 명으로 두 배가 되었다.[36] 미국 자동차협회에 따르면 미국인들은 일주일 평균 세 시간 반을 일터로 출퇴근하는 데 보내고, 남부 캘리포니아에서는 일주일에 평균 4시간이었다.[37] 캘리포니아 사람들은 거의 1900만 대의 차량과 세계에서 가장 넓은 고속도로 시스템을 가지고 있었다. 로스앤젤레스의 도시 외곽 지역이 확산되는 현상은 자동차와 함께 만들어진 미국의 전후 교외 생활 방식을 잘 보여주고 있었다.[38]

미국의 다른 지역 역시 크게 뒤처지지 않았다. 1980년대 중반, 신문 기사에서는 데이비드 다사로David Dassaro 같은 "슈퍼 출퇴근자"에 대해 보도했는데, 그는 펜실베이니아 셰이버타운에 있는 집에서 뉴욕 브루클린에 있는 은행까지 거의 250마일을 운전하고 있었다.[39] 출퇴근족의 대다수는 스스로 운전했다. 미국인들은 어느 때보다 더 많은 시간을 차에서 홀로 보냈다. 레이먼드 윌리엄스Raymond Williams는 이 추세를 '이동적 개인화mobile privatisation'라고 묘사했다.[40] 그렇게 많은 사업가들이 교통이 막혀 있는 동안 창업을 결심한 것은 우연이 아니었다.

BOT의 사업 모델은 가정, 차, 심지어 벨트에서도 테이프 재생기의 폭넓은 가용성에 달려 있었다. 카세트테이프는 1960년대부터 존재했는데 원래는 8트랙 카트리지와 경쟁하고 있었다. 1977년에는 카세트테이프가 승리했다.[41] 특히 자동차에서 사용할 때 카세트테이프가 8트랙보다 몇 가지 우위를 가졌다. 좀 더 간편했고 더 안정적이고 수리하기 쉬웠다. 자동차 제조업체들은 오디오 출판사들이 시장 성장을 막는다며 '하드웨어 장벽'이라고 불렀던 난관을 빨리 극복했다.[42] ≪트래블 앤 레저Travel and Leisure≫는 1977년 미국에서 거의 370만 대의 카세트테이프 재생기가 팔렸다고 보도했다.[43] 전기산업협회에 따르면 1978년에 1000만 대 이상의 자동차 카세트테이프 재생기가 팔렸다.[44] ≪월스트리트 저널Wall Street Journal≫은 사람들이 자동차를 셰익스피어를 듣는 "이동도서관"으로 바꾸고 있다고 보도했다.[45]

사람들은 항상 차 안에서 독서할 방법을 찾아왔다는 데 주목해야 한다. 어떤 이들은 옛날 방식으로 책을 읽었다. 소설가인 워커 퍼시Walker Percy와 그의 부인인 번트Bunt는 차량 이동 중에 서로 번갈아 소설을 낭독해 주었다.[46] 차에 묶인 또 다른 부부는 디킨스 전권을 번갈아 낭독해 6년 만에 모두 읽었다.[47] 혼자 운전하는 이들도 책을 듣는 방법을 찾아냈다. BOT의 첫 구독자들은 자신들의 카세트테이프 재생기를 가지고 여행했다. ≪엘파소 타임스El Paso Times≫의 도서 편집인인 데일 워커Dale Walker는 자동차 조수석에서 소니 카세트테이프 재생기로 『하얀 나일강The White Nile』을 들었다.[48]

그동안 스테레오 장치 시장은 계속 성장했다. 1975년에는 불과 3%의 자동차만이 카세트테이프 재생기를 장착하고 있었다.[49] 전자산업협회는 1980년대 중반까지 4250만 대의 자동차가 카세트테이프 재생기를 장착할 것이라고 예측했다.[50] 지금은 60%의 가정이 자동차 카세트테이프 재생기를 소유하고 있다.[51] 사람들은 불량 카세트테이프가 골칫거리임에도 불구하고 카세트테이프 재생기 사용이 쉽다고 생각했다. BOT의 고객 서비스 팀은 고객들과 기계 문제를 상담하느라 많은 시간을 할애했다. 1979년에는 카세트테이프 결함에 대해 하루 최대 5건의 불만사항이 접수되었다.

미국의 출퇴근족이 BOT 시장의 대부분을 차지하고 있었다. 한 칼럼니스트는 테이프 책이 미국 95번 고속도로를 위해 만들어졌다고 보았다.[52] 출판사들은 90% 이상의 고객이 운전하면서 책을 듣는다고 추정했다.[53] ≪노스이스트 우먼Northeast Woman≫의 "거듭난 출퇴근족Born-again commuter" 기사에서는 BOT 신문 광고에 한 번이라도 응답했던 운전자들이 들었던 모든 도서를 열거했다.[54] 출퇴근족은 낭독 녹음을 시간 활용의 방편으로서 생각했다. 헥트는 지루해하는 운전자들을 설득할 필요가 없다고 예상했다. 그들은 스스로 필사적으로 가입할 것이었다.

BOT의 마케팅 캠페인은 꽉 막힌 고속도로에서 라디오 광고와 광고판을 접하는 불만스러운 출퇴근족을 목표로 삼았다(〈그림 8.5〉). 게다가 이 회사는 캠페인을 ≪북 리뷰Book Review≫부터 ≪모터랜드Motorland≫, ≪트레일러 라이프Trailer Life≫, ≪온 더 로드On the Road≫를 비롯해 다른 여행 잡지까지 확대했다. 1986년 BOT는 신규 고객 모집 광고에 월 3만 달러를 썼다.[55] 기억에 남는 한 라디오 광고는 한 출퇴근족이 시간 낭비에 대해 불평하는 것으로 시작하는데 BOT의 낭독자 중 한 명인 질 매스터스Jill Masters가 끼어들어 그에게 『안나 카레니나』를 읽어주겠다고 약속한다.[56]

출퇴근족은 운전하는 시간을 유용하게 보내려고 BOT에 가입했다. BOT의 첫 번째 질문은 자신이 길에서 보낸 1만 8000마일은 "낭비한" 시간이라고 쓴

그림 8.5 BOT의 캘리포니아 고속도로 광고판

운전자에게서 나왔다.[57] 반면 다른 구독자는 매일 2시간 운전하는 것을 "생산적"인 시간이라고 규정했다.[58] 테이프 책은 이 시간을 자기 계발을 위해 보낼 수 있게 했다. 이 떠오르는 산업에 《월스트리트 저널》이 붙인 이름이 '자동차 학습'이었다.[59] 구독자들은 테이프 책이 문화적 풍부함에서 라디오보다 우월하다고 보았다. 롱아일랜드의 한 심장 전문의는 대학 시절에 읽지 못한 디킨스, 허먼 멜빌Herman Melville, 콘래드와 다른 여러 작가의 책 20권을 1년 만에 들었다.[60] 마찬가지로 샌프란시스코 골든게이트대학교 학장은 캘리포니아주와 네바다주 군부대를 방문하면서 500권 이상의 소설을 들었다.[61]

책은 지루한 도로에서 즐거운 오락거리가 되었다. 어떤 운전자들은 신경쇠약에 걸릴 지경이라고 느끼고 있었다. 매년 3만 5000마일을 운전했던 한 남자는 BOT 테이프가 "이 기간에 나를 미치지 않게 했다"라고 말했다.[62] 패서디나에서 센추리 시티까지 매일 운전하는 또 다른 출퇴근자는 이것 없이는 견딜 수 없었을 것이라고 했다.[63] 테이프 책은 여러 운전자로 하여금 도로 위의 분노를 피할 수 있게 했다.[64] 코로나델마의 57세 판매원은 책을 들고 있을 때 "출근 중임에 신경 쓰지 않게 되고 교통체증 때문에 좌절하지 않게 된다"라고 했다.[65] 책을 듣는 것이 교통체증으로부터 운전자를 보호했다. 또 다른 출퇴근족은 책을 들을 수 있었으므로 더 이상 롱아일랜드 고속도로가 자신을 괴롭지 않았다고 했다.[66]

테이프 책은 운전을 재미있게도 만들 수 있었다. 한 남자가 "러시아워 운전이 내 하루의 최고의 시간이 되었다"라고 썼다. 적어도 본인 생각에는 책이 제공한 도피가 로스앤젤레스 고속도로에서의 여행을 가능하게 했다. "가다 서다 하는 교통체증 속에 화가 난 운전자들로 둘러싸여 있지만 나는 조지프 콘래드와 함께 동양에 가 있는 거다."[67] 운전자들은 책을 도피의 방법으로 생각했다. 어느 오클랜드의 판매원은 더크 보가드Dirk Bogarde의 자서전을 듣는 동안은 다른 세상으로 옮겨간 것 같다고 묘사했다.[68] 외국 배경은 운전자들에게 특별한 매력을 지니고 있었다. 켄 폴릿Ken Follett의 『대지의 기둥The pillars of the Earth』을 들은 한 여성은 "끝없는 길 위에서 지루해하지 않고 초기 영국으로 날아갈 수 있었다"라고 환호했다.[69]

운전자들 중 출퇴근족만 BOT에 가입한 것은 아니었다. 사람들은 휴가 중에도 테이프 책을 들었다. 테이프 책은 서부 해안을 관광한 어느 부부 역시 생기 있게 만들었다.[70] 어느 아버지가 『모비딕Moby Dick』을 들은 것은 열두 살짜리 아들과 더 가까워지는 데 도움이 되었다.[71] 그리고 스탠리 가족은 전국을 드라이브 여행하는 동안 『윈스럽 여인The Winthrop Woman』에 흠뻑 빠져서, 그들이 다음 머물 곳인 나이아가라 폭포로 두 번째 테이프 세트를 배달하도록 요청했다.[72] 가족이 다 같은 책을 들을 필요는 없었다. 글래스먼 가족 네 식구는 긴 여행 중에 휴대용 카세트로 각자 책을 들었다.[73] 테이프 책은 운전자에게 단기 여행 중에도 개인적 여유를 만들어주었다. BOT 도서목록 요청서에 손 글씨 메모가 달려 있었다. "6명의 어린아이들과 카풀로 운전합니다. 도와주세요!"[74]

운전하면서 책을 듣는 것은 이전 세대가 겪지 않은 문제를 일으켰다. 첫째, 어떤 구독자는 엔진 소음 때문에 낭독자의 음성을 들을 수 없었다.[75] 헥트는 청자들이 운전을 할 것이므로 낭독자에게 크게 읽도록 상기시켰다. 여성의 음성은 특히 듣기 어려웠다. 1977년 어느 구독자가 앤절라 체인Angela Cheyne에 대해 불평했다. "그녀의 목소리는 강력한 모터 소리, 바퀴 소리, 창문을 닫았음에도 불구하고 밀려드는 바람 소리 등의 운전 소음에 대처할 수 없었다."[76] 낮은 음성 역시 듣기 어려웠다. 차 안에서 베이스 음성을 알아들을 수 없었기 때문에 한 남자의 녹음을 중단했다.

둘째, 신문에서는 안전성 우려를 제기했다. 운전자들이 소설에 빠져들면 도로 위에서 운전에 정말 집중할 수 있을까? 책이 관심을 끌긴 했지만 운전자 부주의의 공포를 확인할 수 있는 증거는 거의 없었다. ≪워싱턴 포스트Washington Post≫는 교통 당국이 테이프 책과 연계된 사고를 한 건도 받지 않았다고 지적했다.[77] 단지 위험 요인은 출구를 놓치거나 연착하는 것 정도였다. 테이프 책은 분명히 라디오보다 더 위험하지 않았는데, 라디오는 몇십 년 먼저 자동차에 도입된 이후 비슷한 고민거리를 만들었다.[78] 사실상 많은 사람들은 책을 듣는 것이 그들을 더 안전한 운전자로 만든다고 주장했다. ≪오하이오 모터리스트Ohio Motorist≫의 편집인인 머리A.K. Murray는 이야기가 운전자를 각성시키는 데 도움이 된다고 말했다.[79]

대부분의 BOT 고객들은 운전 중에 책을 들었고, 적지만 열광적인 소수는 다른 일을 하면서도 들었다. 순전히 활동의 범위는 제한된 시간을 최대한 활용하고자 하는 열망을 표현하는데, 이 경우는 한 번에 두 가지 일을 하려는 것이다. 다중 작업자들은 편안한 안락의자에서 이루어지는 2차적 활동으로서의 전통적인 독서 이미지에 도전했다. 고객들은 그런 독서 방법을 선호했을 수도 있지만 사치라고 생각했다.

운 좋게도 소니 워크맨은 카스테레오가 운전자들에게 한 것을 보행자들에게도 해주었다. 소니는 1980년 6월에 워크맨(원래는 '사운드 어바웃'이라고 불렸다)을 미국에 소개했다.[80] 열광적으로 인기를 얻었던 소형 기기와 이후 나온 도시

바의 워키, 아이와의 카세트보이 같은 경쟁자들은 어디에서건 테이프를 들을 수 있게 했다. 캐드먼 레코드가 스테레오 또는 텔레비전처럼 가정용으로 설계되었다면 휴대용 카세트테이프 재생기는 낭독 녹음을 집 밖으로 꺼냈다. 1985년에는 미국인의 절반이 이 기기를 하나씩 가졌다.[81] 메릴랜드주 록빌의 오디오 출판사인 테이프웜Tape-Worm이 워크맨을 가진 달리는 사람들을 고객으로 잡기 위해 스포츠용품 판매점에서 카세트테이프를 팔기 시작했다. 많은 비평가는 사람들이 버스를 타거나 공원에서 조깅을 하면서 테이프를 듣는 것이 공적인 환경 속에서 사적인 공간을 구성하는 워크맨의 능력에 대해 논평했다.[82] 예를 들면 어떤 청자는 요크셔 데일즈에서 브론테의 『제인 에어』를 들음으로써 주변 환경에 맞춰 그들의 선택을 조정하기도 했다.[83]

테이프는 눈과 손을 쓰고 있으나 마음은 그렇지 않은 사람들에게 이상적이었다. BOT 구독자에는 목수, 요리사, 정원사, 보석 가공사, 편직공, 기계공, 화가, 사진사, 도자기 조각가, 직공이 포함되었다. 메인주에서 옷을 만드는 한 여성은 스스로를 오랜 전통에 참여한다고 생각했다. "과거에는 일하는 동안 누군가가 읽어주어야 했던 모자 만드는 사람과 담배 마는 사람 같은 손기술을 쓰는 노무자들의 발자취를 따라서, 나는 행복하게 내 옷을 박으면서 테이프 책을 듣는다."[84]

주부들도 테이프 책에 의지했다. 버지니아주 페어팩스 카운티에서 일하는 어느 사서가 출퇴근족과 바쁜 엄마들이 요약 없이 원문 그대로인 녹음 책을 대출한 것을 발견했다.[85] 이 엄마들 중 일부는 가정 외의 세상과 접촉하는 방법으로 또는 적어도 자기 일정의 일부를 개인적 흥미로 재분배하는 방법으로 오디오북을 활용했다.[86] 〈그림 8.6〉은 여성들이 설거지, 다리미질, 청소 등의 가사일을 하면서 듣는 것을 묘사하고 있다. 한 어머니는 매일 저녁 두 아이와 산책하면서 책을 들었다.[87]

손으로 일을 하지 않는 사람들도 책을 들을 수 있는 방법을 찾았다. 켄터키

The Audiobook Belt
The No-Bounce Portable Cassette Carrier

Strap on this com-
fortable, lightweight
Audiobook Belt and
enjoy listening to
books while moving
about: cleaning,
gardening, exercising,
cooking, etc.

...For the Avid Book Listener

Cooking

Gardening

Exercising

Book listening can be enjoyed while cleaning house

Audiobook Belts have an adjustable waist band and the pouch stretches to
fit all standard-sized, Walkman-style cassette players. Also included is a
reflective strip sewn to the pocket flap. For those who wish to increase their
book-listening time, the Audiobook Belt is the answer.
BLACK
Item number (A136)   Purchase........ $15.95

그림 8.6 블랙스톤 오디오북이 광고했던 오디오북 벨트

주 할런의 장의사 지배인은 "조용한 시체 안치실의 의자 그리고 작은 이어폰을
제외하고는 어느 것도 긴 밤샘이 더 빨리 가게 할 수 없을 것이다"라고 했다.[88]
열정적인 독자들은 일정이 아무리 바빠도 책을 들었다. 플로리다주의 한 상원
의원은 사슴 사냥 중에 들었고 오리건주의 여성은 농장 트랙터에서도 들었
다.[89]

1980년대에는 강박적으로 청취하거나 오디오북에 빠져드는 사례가 점점 일상화되었다. 시카고 루즈벨트대학교의 영어 교사인 리넷 퍼터먼은 카세트 테이프 없이 절대 다니지 않는다고 주장했다. "나는 카세트테이프 재생기용 주머니가 붙은 허리 벨트를 갖고 있어서, 내 손을 자유롭게 하고 어디서든 들을 수 있다. 치과 의자에 앉아서, 무엇인가를 기다리면서, 공항에서, 책을 읽을 수 없는 어두운 조명이 켜진 비행기 안에서, 해변을 산책하면서, 운전하면서, 얼굴 마사지를 받으면서, 매니큐어를 칠하면서도 듣는다는 말이다(많은 손톱이 상했다)."[90]

스스로 '중독자'라고 표현한 퍼터먼은 달리 읽을 방법이 없을 때도 독서를 계속하기 위해 기술을 활용했다.

테이프 책이 다룬 내용

오디오 출판사가 너무 많아서 출판사 개별적으로는 알려진 게 많지 않다. ≪워즈 온 테이프Words on Tape≫는 1988년 낭독 녹음을 만드는 600개에서 800개의 회사를 확인했다.[91] 이들 중 40여 개 회사는 일반 분야의 녹음을 만들었다. 나머지는 좁은 전문 분야를 다루었고 당황스러울 정도로 비슷한 이름을 가진 작은 집단이었다.[92] 많은 회사들이 동기 부여 테이프를 팔거나, 업계에서 잠재학습이라고 일컬었던, 독자의 마음에 스며드는 자기 계발 책을 팔았다.[93] 그래도 이 출판 부문에 우리가 주목할 가치가 있다. 스튜디오들이 통상의 출판사보다 책의 수용에 큰 영향을 끼쳤기 때문이다. 극화, 요약, 여러 논란이 있는 편집 기술과 관련한 그들의 입장은, 녹음이 원래의 책이나 다른 형식의 오락과 닮았는지를 결정지었다.

캐드먼, 포크웨이, 스포큰 아트Spoken Arts, 오디오북 컴퍼니, 리스닝 라이브러리Listening Library는 BOT가 나오기 전 여러 해 동안 작가들의 작품을 녹음해왔다. 그들은 녹음을 바로 테이프에 옮겼다. 다른 회사들은 대략 BOT와 비슷한 시점에 등장했다. '보이스 오버 북스Voice Over Books'는 1974년까지 23종의 도서를 녹음했다. 그다음 해 '굿윈 토킹 북스Goodwin Talking Books'는 영국의 주유소에서 테이프를 팔기 시작했다.[94] 몇몇 회사들은 번성했다. 1984년 캐드먼은 2000만 달러의 매출을 기록했다.[95] 그러나 헥트가 개인적 경험으로 알았듯이 캐드먼은 출퇴근족을 상대하지 않았다. 캐드먼은 교육용 시장에 집중했고 요약본이나 초록을 선호했으며 높은 명성의 저자와 연기자를 선호했다. 반면에 헥트는 무명의 연기자에게 운전자들의 관심을 끈 『가시나무새』 같은 베스트셀러를 낭독시켰다. BOT는 캐드먼과 취향 문제에서 구별되었는데 캐드먼의 마케팅 이사는 "우리는 『가시나무새』를 절대로 취급하지 않을 것이다"[96]라고 비웃었다.

새로 생긴 회사들은 특수 분야로 전문화했다. 더 마인즈 아이The Mind's Eye는 음악과 음향효과를 넣어 극화했으며(『보물섬』에서는 해적들의 고함을 들을 수 있다), 그것을 국립공영라디오NPR와 그 계열사에서 방송했다.[97] 이어 리터러처 Ear Literature는 모든 배역을 다른 성우가 연기하는 레코드를 팔았다. 리슨 포 플레저Listen for Pleasure는 영국의 작품을 '카세트테이프 위의 명작 극장 사업'으로 소개했다.[98] 밸리모트 테이프 라이브러리Ballymote Tape Library는 주로 운전자들에게 여전히 인기 있는 오래된 라디오 쇼를 주로 팔았다.

도서관에서 흔쾌히 사주었기 때문에 출판사 몇몇은 고전을 전문으로 했다. 일례로 플로 깁슨Flo Gibson이 이디스 휘턴Edith Wharton의 이야기를 녹음했을 때 도서관이 매출의 90%를 차지했다. 깁슨의 오디오북 컨트랙터Audio Book Contractors와 클래식 북스 온 카세트Classic Books on Cassettes는 BBC 라디오 성우들이 낭독하는 영국 소설에 특화된 커버 투 커버Cover to Cover와 마찬가지로 오래된 인기작들을 녹음했다. 이 회사들은 20세기 이전 서적이 공유저작물이었기 때문에 판권 확보를 위해서는 다투지 않았지만, 그 대신 경쟁이 치열했고 낮은 이익률을 견뎌야 했다. 1990년까지 적어도 22개의 디킨스『크리스마스 캐럴』녹음이 존재했다. 여전히 도서관 판매가 상당한 매출을 차지했고 신규 시장을 떠받쳐 주었다. ≪라이브러리 저널Library Journal≫이 1985년에 행한 조사에 따르면 공공도서관과 학술 도서관의 절반 이상이 테이프 책 선집을 가지고 있었다. 그들은 매년 5종에서 100종의 테이프 책을 여러 곳으로부터 구입했다. 이들 중 가장 많이 구입한 도서관은 테이프 책 200종을 사는 데 7만 7000달러를 썼다.[99]

다른 출판사들은 특별한 장르 또는 카테고리를 전문화했다. 얼터네이트 월드 레코딩Alternate World Recordings은 과학 소설과 판타지를, 오디오 북스Audio Books는 공포물과 초능력물을, 오디오 프레스Audio Press는 자연과 환경 이야기를, 오디오 르네상스 테이프Audio Renaissance Tapes는 심령물을, 키디 카세트Kiddy Kassettes는 어린이 문학을, 밸리 오브 더 선 퍼블리싱Valley of the Sun Publishing은 뉴에이지를, 월드 인코퍼레이션World Inc.은 종교를 전문으로 했다. 성경을 전파하지 않았던 사람들은 자기 식의 말씀을 들고 나왔다. 엠버시 카세트 컴퍼니Embassy Cassette Company와 메타콤Metacom은 원작을 개발했다. 오디오북 컴퍼니는 성경 전권과 함께 미발표 원고로 직접 만든 "사랑을 듣기Listen to Love"라는 낭독을 시장에 내놓았다.

BOT는 주로 우편으로 책을 대여해 주는 모방 회사와 경쟁했다. 주 경쟁자는 1979년 동부 해안 쪽에 BOT의 대체 회사로 설립된 리코디드 북스Recorded Books였다. 그 회사는 똑같이 도로 위에서 착안했다. 헨리 트렌트먼Henry Trentman이라는 이름의 한 제조업체 대표는 고객들을 만나러 서너 시간씩 운전하고 있었다. 지루함을 덜기 위해 캐드먼 레코드와 오래된 라디오 쇼를 테이프에 담아서 휴대용 카세트테이프 플레이어로 재생했다. 하지만 재생 시간은 오랜 운전 시간에 비해 너무 짧았다. 그는 아멕스 카드 영수증에 있는 회사의 광고를 보고 BOT에 시험적으로 가입해 보았고 곧 비슷한 회사를 시작했다.[100] 처음에는 리코디드 북스가 지역 내 극장식 식당에서 낭독자를 뽑았다. 워싱턴 D.C.의 아레나 스테이지 목록에 올라간 것이 프랭크 멀러Frank Muller의 눈을 끌었는데 그는 고전적으로 훈련된 연기자로서 이 사업에서 가장 유명한 낭독자 가운데 한 사람이 되었다. 멀러는 그 회사의 첫 녹음인 잭 런던Jack London의 『바다 늑대The Sea-Wolf』를 낭독했다.

BOT와 리코디드 북스는 미국의 비요약 레코드 제공 회사 중에서 앞서갔다(치버스Chivers는 영국의 시장을 맡았다). 그들은 거의 모든 면에서 서로 닮았다. 두 회사 광고는 같은 간행물에 나란히 실렸고 도서목록에는 같은 책을 많이 담고 있었다. 양사의 주요 판매 시장은 남부 캘리포니아와 뉴욕시, 시카고였다. 규모가 주요 차이점이었다. 1988년 BOT 목록에는 2500종의 도서가 실려 있었다. 리코디드 북스는 300종을 보유하고 있었다. 사실상 BOT는 녹음 시간으로 보면 가장 규모가 큰 오디오 출판사였다. BOT는 1986년 ≪온 카세트≫가 조사한 목록에 오른 2만 2000개의 대략 15%를 차지했다. 앞서가기 위해 BOT와 리코디드 북스는 베스트셀러의 독점판매권을 놓고 경쟁했다. 고객들은 『허클베리 핀의 모험』을 두 회사 가운데 한 곳에서 주문할 수 있었다. 그러나 톰 클랜시Tom Clancy의 소설은 한 군데에서만 빌릴 수 있었다. BOT 마케팅팀의 조사는 이 접근 방식의 이점을 확인해 주었다. "베스트셀러! 이것이 리코디드 북스를 이기는 진정한 방법이다!"[101]

모든 테이프 책을 일반적으로 지칭하는 데 그 이름이 사용되는 것을 어느 회사도 막지 못했다. B.돌턴서점B. Dalton Booksellers에서는 경쟁사들이 만든 녹음 레코드를 같이 진열해 두었는데 서가 이름을 '북스 온 테이프'라고 했다. 브랜드를 보호하기 위해 BOT는 잡동사니 주머니처럼 회사명이 쓰이지 않도록 싸웠다. 1973년 이 회사의 변호사들이 "Best Books on Tape, Inc."라는 상표의 활용도 조사를 통해 유사한 이름을 많이 찾아냈다. 애니메이티드북Animated

Book, 오디오북스Audiobooks, 북 테이프Book Tape, 북 댓 톡Books That Talk, 북 앤 테이프웜Book 'N Tapeworm, 카북스Carbooks, 마이 보이스북스My Voicebooks, 포노북Phonobook, 싱잉 북Singing Book, 텔레북Telebook 등이었다.[102] 이후 BOT라는 성공한 상표는 BOT에 '북스 온 테이프'에 대한 사용 독점권을 부여했다. '도브 북 온 테이프Dove Book on Tape', '북스 온 시디Books on CD', '노벨라스 온 테이프Novellas on Tape'가 사용 금지 판결을 받았다. 법원은 '밴텀 오디오Bantam Audio'에 역시 자사 제품에 대해 '북스 온 테이프'라고 부르는 것을 중지시켰다.

하지만 이 판결이 경쟁자의 '상품'을 '북스 온 테이프'라고 묘사하는 언론을 멈추게 하지는 못했다. 산업 기준의 부재는 혼란을 가중시켰다. 헥트는 언론인들에게 '오디오 카세트audio cassettes', '낭독 카세트spoken cassettes' 또는 '녹음된 읽기recorded readings', 그리고 사서들이 지지했던 용어인 '북카세트bookcassette' 같은 대안을 사용하도록 권유했다.[103] 1990년대 초반이 되어서야 출판사들은 책의 길이, 스타일, 매체 형태를 모두 포괄하는 중립적 용어인 '오디오 북스audio books'로 합의했다(산업이 콤팩트디스크로 바뀌어가고 있었으므로 매체 형태가 특히 중요했다).

오디오 출판사 1세대가 직접 우편을 통해 고객들을 찾아 나선 것은, 서점들이 종이책 이상으로 확장하는 것을 망설였기 때문이다. 많은 서점이 테이프 책을 부수적인 상품으로 간주하거나 갖다 놓기를 거절했다. 하버드 서점의 한 점장은 "우리는 책만 팔고 싶다"라고 말했다.[104] 운전자들이 요즈음도 볼 수 있는, 고속도로를 따라 있는 휴게소나 주유소의 회전 진열장에서 돋보이는 것이 테이프 책의 명성에 도움이 되지 못했다.

서점에 진출하고 나서 오디오 출판사의 두 번째 물결이 시작되었다. 1981년 뉴먼 출판사Newman Publishing가 매장에서 카세트를 팔기 시작했다.[105] 그다음 해에 잉그램 도서회사Ingram Book Company는 테이프 책을 소매점에 내놓았다. 도매상의 매대에 테이프 책을 전시해 고객들에게 1분 샘플 듣기를 제공했다.

1980년대 중반 보통 서점들은 테이프 책 85종을 취급했는데, 1987년에는 그 수가 120종으로 늘었으며 이때쯤에는 지역 독립 서점의 거의 4분의 3이 테이프 책을 취급했다.[106] "이 책은 말을 합니다"라고 쓴 손 글씨가 어느 캘리포니아 서점의 판매에 관심을 불러왔다.[107] 유타주 로건의 데저트 서점Desert Books은 스피커를 통해 테이프 책을 틀었다. 낭독 레코드가 가게 매출의 3~12%를 차지할 수 있다는 것이 분명해지면서 샌프란시코의 에이 클린A Clean, 웰라이티드 플레이스 포 북스Well-Lighted Place for Books 같은 저항 세력들도 수그러들었다.[108] 더 좋은 점은 테이프가 도서 판매와 경쟁하지 않고 그것을 보완한다는 것이었다.

월든북스Waldenbooks는 자사 980개 매장 대부분에 '오디오 센터'를 설치해 카세트를 파는 최초의 대형 서점이었다. 500개의 테이프를 담는 진열장이 매장 앞에 세워져 있었다. 월든북스는 1982년 월든 테이프Walden Tapes라는 자체의 카세트 상품을 내놓았다. 소매 매출은 출판사에 중요했다. 1985년 한 분석가는 테이프 책의 63%가 돌턴 앤 브렌타노스Dalton and Brentano's 같은 가게를 통해 팔리거나 대여되었다고 계산했다.[109] 개리슨 케일러Garrison Keillor의 『워비곤 호수의 나날들Lake Wobegon Days』 같은 오래 사랑받은 작품은 이 분야의 인지도를 높이는 것을 도와주었다. 게다가 교차판매, 말하자면 밴텀은 팻 콘로이Pat Conroy의 『사랑과 추억The Prince of Tides』의 종이책과 테이프를 나란히 전시해 새로운 고객을 오디오로 유혹했다.

주요 출판사는 1980년대 중반까지 시장 진입을 기다리고 있었다. 테이프 책은 학교, 도서관, 그리고 장애인에 맞춘 저자세·저이익 사업으로 여러 해를 보낸 후에 큰 사업이 되었다. 1985년에 전환점이 왔는데 이때 워너 출판사Warner Publishing, 랜덤하우스, 사이먼 앤 슈스터Simon&Schuster 모두가 오디오 부문을 도입했다. 이 출판사들은 작은 규모의 경쟁자들은 꿈꿀 수 없는 수량으로 팔기 위해 권위 있는 저자와 연기자로 구성된 요약본에 집중했다. 랜덤하우스의 초

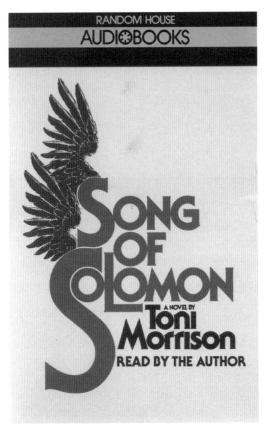

그림 8.7 토니 모리슨의 『솔로몬의 노래』는 랜덤하우스 오디
오북이 발행한 두 장의 카세트에 수록되어 있다.

기 라인은 토니 모리슨의 『솔로몬의 노래^{Song of Solomon}』, 고어 비달^{Gore Vidal}의
『링컨』, 업다이크의 『단편선^{Selected Stories}』 모두 저자가 직접 낭독한 것을 카
세트 두 장에 14.95달러에 팔았다(〈그림 8.7〉). 큰 회사들은 기존의 오디오 출
판사보다 장점을 가지고 있었다. 랜덤하우스의 다양한 브랜드(랜덤^{Random}, 크
노프^{Knopf}, 판테온^{Pantheon}, 빌라드^{Villard}, 팀 북스^{Tim Books})는 이미 많은 저자들의 판

권을 가지고 있었으며, 워너는 네트워크 포 러닝Network for Learning을 살 자금을 가지고 있었으므로 BBC 레코드 앤 테이프BBC Records and Tapes와 합작해 프로그램 50만 시간 이상을 보유할 것으로 예상되었다. 이후 시장은 히어-어-북 Hear-a-Book 같은 낯선 신생 회사가 아닌 익숙한 회사 이름이 장악하게 될 것이었다.

출판업계의 거물들은 판권에 즉각적인 영향을 끼쳤다. 출판사들은 그 시점에 여러 회사가 같은 책을 녹음하도록 허가해야 했다. 하지만 큰 출판사 간 독점권 경쟁이 가격을 상승시켰다. 예를 들어 워너 오디오Warner Audio는 엘모어 레너드Elmore Leonard의 『글리츠Glitz』에 1985년에는 큰 금액이었던 5000달러를 지불했다. 그런 규모의 선금은 손익분기점을 맞추려면 테이프 7만 개 이상을 팔아야 했다. 그다음 해 리슨 포 플레저가 19권의 애거사 크리스티의 미스터리에 대한 판권에 여섯 자리 금액을 지불했다.[110] 곧 다른 출판사들은 베스트셀러의 비독점 녹음권을 비슷한 금액을 지불해야 살 수 있었다.

그럼에도 불구하고 BOT와 전권 녹음 전문 출판사들은 주요 출판사를 경쟁자로 보지 않았다. 그들은 이 사업이 서점에서 팔리는 요약본과 우편으로 대여하는 전권 책[111] 모두 가능하다고 생각했다. 대형 출판사는 대중 시장에 진출할 필요가 있었다. 사이먼 앤 슈스터의 대변인은 "우리가 만일 BOT가 했던 일을 했다면 우리는 충분한 물량을 많은 고객에게 공급하지 못하고 있을 것이다. 그러면 우리는 망하게 될 것이다"라고 말했다.[112] 큰 출판사는 최대의 판매를 목표로 한다면 ≪퍼블리셔스 위클리Publishers Weekly≫는 테이프 책의 선구자들에 대해 시장 확대보다 제품 개발에 집중한, 제한된 자원밖에 없던 "오디오 사업의 작은 출판사들"이라고 묘사했다.[113] 대여 프로그램은 대규모 판매가 아니라 고객 관리를 통해서 붙잡을 수 있는 의리 있는 단골 고객에게 의존하고 있었다.

대실 해밋Dashiell Hammett의 『몰타의 매The Maltese Falcon』 판권에 대한 분란이

표 8-1 북스 온 테이프와 랜덤하우스 오디오 비교

특징	북스 온 테이프	랜덤하우스 오디오
형태	비요약	요약
낭독자	스태프	유명인
배경 음향	넣지 않음	넣음(음악, 추가 목소리)
패키지	장식 없는 포장	컬러, 세련된 스타일
유통	우편 주문	서점, 소매 매장
소비 형태	대여	구매
이용 가능 시간	상시	일정 시간 후 절판

일어났을 때 헥트는 랜덤하우스에게 두 회사가 경쟁하고 있는 게 아니라고 설득하려 했다(〈표 8.1〉). 두 상품을 나란히 비교하면 차이를 볼 수 있었다. 대부분의 출판사들은 고객들의 눈길을 끌기 위해 만든 화려한 삽화를 사용했지만 BOT의 소박한 양장은 변하지 않았다. 헥트는 시장에서 두 가지 모두를 출시하는 이점을 주장했다. 여러 출판사가 이 견해에 동의했다. 요약 테이프가 고객들을 전권 녹음으로, 심지어는 원래의 책으로 몰고 갈 수도 있었다. 한 장의 카세트에 자기들 고유의 판을 내놓는 출판사들의 비요약판에 BOT가 녹음 판권을 되파는 것은 이상한 일이 아니었다. 사실상 BOT의 도서목록은 경쟁사들의 요약본과 함께 전권 대여판을 열거하고 있었다. 여기에는 캐드먼의 테이프, 스페인어 강의, 드러커^{Drucker}의 경영학 책도 포함된다.

헥트에게 사업에 가장 큰 장애는 경쟁이 아니라 오디오북의 존재 자체를 들어보지 못한 소비자들이었다. 테이프 책 판매량은 전국 총도서 판매의 작은 부분에 불과했다. 오디오 출판사들은 사람들이 알기만 한다면, 또는 장애와 연관시키지 않으면 사람들이 제품에 달려들 것이라고 열렬히 믿었다.

BOT의 테이프는 대형 출판사의 책과 다르게 보였을 뿐만 아니라 소리도 달랐다. 요약 낭독은 극장식 과장 때문에 명성이 있었지만, BOT는 낭독에서 극적인 스타일을 피했다. 헥트는 비인쇄 매체를 못 믿는 저자들에게 그들의 책을 글자 그대로 녹음한다는 약속을 하고 다녔다. 극적인 솜씨 또는 음향효과 없는 '그대로 읽기'라는 이 회사의 정책은 책의 이야기에 집중하도록 했다.[114] 낭독은 멜로드라마가 아니어야 했고 단조롭지도 화려하지도 무미건조하지도 않아야 했다. 헥트는 연기자들에게 더 큰 효과를 내기 위해 "곱씹어 읽으라고 underread" 충고했다.[115]

낭독자가 청중과 페이지 사이를 방해하면 낭독은 실패로 간주되었다. 한 대변인이 사서들에게 "이것은 극화가 아니다"라고 확인해 주었다. "우리는 낭독을 저자가 낭독자의 개입 없이 청자에게 다가가게 하는 구두 출판물이라고 생각한다."[116] 이런 면에서 BOT는 다른 동시대의 경쟁자들보다 의회도서관의 말하는 책 서비스를 닮았다. 헥트는 낭독자들에게 극장식 억양 덕분에 오랫동안 캐드먼 도서목록의 붙박이였던 래스본처럼 읽지 말라고 말했다. 연기를 원한다면 다른 오락거리가 있었다.

≪라이브러리 저널≫은 BOT를 "해석 없이" 낭독하는 유일한 상업 오디오 출판사로 묘사한 적이 있다.[117] 낭독자는 독자가 해석할 수 있도록 스스로를 자제했다. 헥트에게 '그대로 읽기'는 인쇄본의 독서 경험을 떠올리게 해주었다. "소설을 읽을 때와 똑같이 이야기 속에 본인의 흥취를 넣게 된다."[118] 직원들은 독자들이 낭독자가 아닌 글에 주의를 집중할 수 있게 중립적인 장치를 만들었다. 극장식 드라마화를 피하는 것이 청중을 이야기 속에 빠져들게 한다고 헥트는 믿고 있었다.

청중의 주의를 끄는 유명 인사들도 없었다. 배우 로런스 올리비에는 작은 출판사가 비용을 감당하기엔 너무 비쌌고 비요약본 녹음을 하기에는 어쨌든 너무 바빴다. BOT에서 데이비드 케이스David Case가 했듯이, 유명 인사가 앤서니 트롤럽의 소설 전 시리즈를 300시간 넘게 낭독하는 것은 생각할 수 없을 것이다. 앤절라 체인Angela Cheyne, 완다 매캐던Wanda McCadden, 볼프람 칸딘스키Wolfram Kandinsky, 그리고 여러 낭독자들이 출판계 외에서는 이름이 알려지지 않았음에도 불구하고 수백 권의 도서를 녹음했다. 그들은 그 업계에서 '무명의 음성 연기자'라고 불렸다.[119]

적어도 일부 고객들은 책 중심의 접근법을 선호한다는 것을 편지들이 확인해 주었다. 한 사람은 BOT 직원에게 책을 '연기'하지 않고 읽는 것에 대해 칭찬했다.[120] 다른 사람들은 너무 몰입해서 낭독자의 목소리를 완전히 잊었다고 묘사했다. 트웨인의 『미시시피강의 생활』을 낭독한 사람은 원고를 섬세하게 다뤄서 칭찬을 받았다. "어쨌든 엉터리는 아니었다."[121] 이 책다운 접근법이 열성 구독자에게는 통했지만 비평가들에게 덜 성공적이었는데 이들 중 많은 이들이 테이프 간에 별 차이를 두지 않는 대신 테이프 자체를 겨냥했다.

켄터키 프라이드 문학

테이프 책은 장애인들과 출판업계 국외자들이 주로 이용하는 동안에는 관심을 끌지 못했다. 하지만 주요 출판사, 저자, 연기자들이 이 사업에 참여하면서 목표물이 되었다. 전통주의자들은 테이프 책을 "켄터키 프라이드 문학 Kentucky Fried literature"이라고, 즉 신속하고 간편하며 영양가 없는 것이라고 무시했다.[122] 그 비유는 단어 양면에서의 느낌을 일깨웠다. 그것은 패스트푸드 (소비에서 자동차의 역할 때문에 강화된 비교다)와 패스트푸드를 먹는 사람 유형을 의미한다. 테이프 책이 지름길 또는 부정행위라는 암시는 그 후부터 청자들을 방어적으로 만들었다. 서문에서 언급했듯이 책을 듣는 것은 사람들이 부끄러워하는 독서 방법이다.

요약이 최악의 범죄자였다. BOT와 리코디드 북스가 완권 녹음을 자랑스러워한 반면 대부분의 오디오 출판사는 원가를 낮추기 위해 낭독을 짧게 만들었다. 예를 들면 소비자들은 『모비딕』을 27시간(144달러) 버전과 3시간(15달러)

버전 중에서 선택할 수 있었다. 3시간이 너무 큰 부담이라면 10분 안에 10개의 고전을 단숨에 작업한 버전(4.95달러)도 있었다. 베스트셀러는 단순 구성으로 축소되었다. 예를 들어서 제임스 미치너의 868쪽짜리 『알래스카^Alaska』 (22.5달러)는 3시간 카세트(14.95달러)와 동시에 나왔다. 전형적인 요약본은 양장본 내용의 절반이 안 되었다. 사이먼 앤 슈스터에서 낸, 톰 클랜시의 543쪽 분량 『크레믈린의 추기경^The Cardinal of the Kremlin』의 녹음은 겨우 2만 5000단어였다.

문학적 이유와 상업적 이유로 BOT는 책 다듬기를 거절했다. 내가 얘기해본 직원들은 무삭제 낭독에 대한 개인적 선호를 표했지만, 시간을 아끼는 것이 아니라 시간을 때우려는 출퇴근족에게는 긴 책도 매력이 있었다. 『미들마치^Middlemarch』(33시간), 『반지의 제왕^The lord of the Rings』(53시간), 『전쟁과 평화^War and Peace』(70시간)는 장거리 운전에 이상적인 친구였다. 한 운전자는 처칠의 『제2차 세계대전』(147시간)을 들으며 행복한 10개월을 보냈다.[123] 비평가들은 집중력이 짧은 청자를 비난할 때 그런 인내의 승리는 거의 얘기하지 않았다.

이전 장에서 보여주었듯이 1930년대에 소리를 내기 시작하면서부터 녹음된 책은 그 정통성에 대해 질문을 받아왔다. 이전에는 장애가 있는 이들에게만 제한되었던 논란이 지금은 대중에게로 옮겨갔다. 너무 바쁘고 너무 지치고 너무 게으른 사람들이 독자를 구성한다는 인식이 1980, 1990년대를 걸쳐 지속되었다. 오디오 출판사들은 이 호소를 활용했다. 예를 들면 'E.A.R 북스^E.A.R. Books'는 '쉬운 오디오 독서^Easy Audio Reading'를 의미했다. 고객들 역시 신뢰를 잃었고 스스로를 "중독자"라고 부르고, 공급자들을 "테이프로 낚인 자"라고 불렀다.[124] 이 용어는 비록 애정을 가지고 사용되긴 했으나 테이프 책이 수동적 형식의 소비와 독서보다는 텔레비전에 가까운 것이라는 인식을 강화했다.

텔레비전 유령이 독서의 미래에 대한 걱정스러운 논의 뒤에 숨어 있는 것 같았다. 전통주의자들은 만약 과학기술이 독서를 아주 쉽게 만든다면 사람들은 독서를 완전히 중단할 수도 있다고 걱정했다. 그래서 테이프 책은 나라 전체의 독서 습관을 위협한 기술적 경쟁(가장 눈에 띄는 것은 텔레비전, 영화이고, 마지막은 컴퓨터인)의 긴 줄에서 가장 최근의 것으로 비난받았다. 한 보고서는 미국이 "시청자의 나라"가 되어가고 있다는 우려를 표했다.[125]

살펴본 것처럼 출판사들은 다른 매체로부터의 경쟁에 두 가지 방식으로 대응했다. 그들은 녹음을 최대한 책처럼 만들거나 또는 반대로 다른 오락 방식을 따라 만들었다. 여럿 가운데에 BOT, 리코디드 북스, 리스닝 라이브러리는 최대한 종이책에 가깝게 만들었다. 어떤 출판사는 양장본을 본떠 테이프를 포장하기도 했다. 헥트는 자신의 구독자들을 바쁜 일정 속에서도 문학 세계와 접촉을 유지하기 원하는 "도서인"이라고 묘사했다.[126] 많은 고객들은 여전히 스스로를 독서가로 생각하면서, 테이프 책을 텔레비전에 대한 대안으로서 의도적으로 들었다. BOT의 마케팅 캠페인은 "마음속으로 영화를 그려보세요"라는 슬로건을 통해 그런 정서에 호소했다.[127]

반대로 랜덤하우스, 사이먼 앤 슈스터, 밴텀, 워너, 그리고 다른 큰 출판사들은 책이 아니라 영화와 경쟁하려고 했다. 그들의 테이프는 평균적인 영화와 길이가 비슷했고 텔레비전 쇼 또는 영화로 이미 만들어졌던 책을 재생산하는 것을 선호했다. 그들에게 매체 간의 경계는 흐릿했다. 예를 들면 리처드 애튼버러Richard Attenborough의 영화에서 간디를 연기한 벤 킹즐리Ben Kingsley가 캐드먼의 〈마하트마 간디〉 레코드를 낭독했다. 음향효과는 책을 다른 형식의 오락물에 더욱 가깝게 했다. 일례를 든다면 클라이브 바커Clive Barker의 『비인간적 조건The Inhuman condition』을 녹음할 때 사이먼 앤 슈스터는 공포 분위기를 조성하기 위해 스테레오를 사용했다.[128] 한 가지 문제가 있었는데 교향곡이 이야기 집중을 방해했다.[129]

오늘날에도 여전히 그렇지만 독자들은 기술이 책을 대체하는 것을 걱정했다. 여전히 전반적인 도서 매출은 테이프 덕을 보고 있었다. 청자들은 종종 활발한 독자로서 낭독 녹음을 인쇄에 대한 대체물이 아닌 보완물로 이용했다. 사람들은 다른 방법으로 읽을 수 없을 때 책을 들었다. 독서 시간이 줄어드는 것은 안타까운 사실이었다. BOT 구독자의 다음 증언이 아주 잘 보여준다. "많은 독자가 나처럼 느낀다고 생각하는데 독서는 항상 삶의 한 방식이었고 좋은 책과 함께한 순간들은 아주 특별했다. 그런데 인생이 정신없이 바쁘고 독서를 위한 시간은 점점 더 적어졌다."[130] 열심히 일하는 사람들에게 테이프 책이 그 특별한 관계를 대신하지는 않았다. 그것을 지켰을 뿐이었다. 한 고객은 고마움을 (이전 세대의 시각장애인처럼) 다음과 같이 표현했다. "헥트 씨, 책 속의 훌륭한 세상을 다시 열어주셔서 감사합니다."[131]

도로 위에서의 시간은 출퇴근족에게 책과의 접촉을 유지하거나 심지어 늘리는 기회를 만들어주었다. 인디애나주의 한 여성은 "23권의 책을 주문했어요. …… 이것은 내가 같은 기간 읽은 것보다 22권이 더 많아요"라고 고백했다. [132] 버지니아주의 또 다른 여성은 이런 방식으로 최소한 일 년에 35권의 책을 추가로 읽는다고 추정했다.[133] 켄터키주의 한 여성은 테이프 재생기를 들고 다녔는데, "나는 독서를 좋아합니다. 이 방식으로 둘 다 할 수 있습니다. 집안일을 하고 여가 시간에 책을 읽을 수 있습니다. 그리고 테이프를 들을 수 있습니다. 이 방법으로 나는 더 많이 읽을 수 있습니다"라고 했다.[134] 다른 구독자처럼 그녀는 테이프를 대안이 아닌 책 읽기의 연장이라고 보았다.

물론 전혀 책을 읽지 않던 사람들에게도 테이프가 매력적이었다. 한 구독자는 시간 내서 읽지 않았을 책 160권을 들었다고 자랑했다.[135] 업무 관련 서류를 읽으며 살아가는 전문직들도 오락용 읽을거리로 테이프 책을 들었는데, 테이프 책은 그들의 일정이나 생활 방식에 방해가 되지 않았다. 어떤 사람들은 다른 방식으로 책 읽기를 거부했다. 펜실베이니아주 스크랜턴에 사는 존 프레이저는 밀턴Milton의 전기를 듣기 전까지 10년 동안 책을 읽지 않았다. (독서를 시도할 때마다 잠이 들었다.[136] 헥트는 지난 25년 동안 한 권도 읽지 않았는데 회사를 시작한 이후 50종의 책을 들었다고 주장했다.[137]

그러나 이들이 실제로 독서를 하고 있는가? 이 질문은 장애인들 사이에서 거의 반세기 동안 논란이 되었지만 이 산업의 성장은 문해력에 대한 뜨거운 논쟁을 불러일으켰다. 이제 다른 방식으로는 읽을 수 없는 사람들에게서 이 방식을 선택해서 읽는 사람에게로 정밀 조사가 옮겨갔다. 지지자들은 테이프 책을 바쁜 이들이 계속해서 독서할 수 있는 방법으로, 심지어 다른 책으로 가는 관문으로 그런 데 반해, 비방하는 사람들은 나라 전체 문해력 문제에 이바지하는 것이라고 비난했다. 신문은 『문맹 미국Illiterate America』의 저자인 코졸의 경고를 실었다. "위층으로 올라갔을 때, 우리 아이들이 헤드셋으로 마크 트웨인을 듣고 있는 것을 발견하게 된다면 미국 전통에서 무언가 대단히 신나는 것을 잃게 될 것이다. 테이프는 문해력에 또 하나의 장애물이다"라고 경고했다.[138] 그에게는 책을 듣는 것이 독서와는 별개의 활동으로 보였고, 따라서 읽을 수 없는 수백만 미국인들의 비난을 감당해야 했다. 진지한 예술은 침묵을 요구하는데 "빠른 처리, 고생 없이" 듣는 과정은 눈으로 느리게 애써서 읽는 것과 전혀 닮지 않았다.[139]

대부분의 독서 형태는 어느 수준의 명망 또는 문화적 자산을 축적한다. 반면에 책을 듣는 것으로는 독서에 주어지는 어떤 보상도 얻지 못했다. 청자들은 마치 책의 독자로서 존경받을 자격이 없는 듯한 부끄러운 느낌을 고백했다. 어느 플로리다 도서 리뷰의 편집인은 테이프 책을 즐겼다고 인정하면서 자기 잘못을 다음과 같이 고백했다. "적어도 내 자신이 부끄럽다."[140] 부끄러움은 출판업계와 전혀 관련 없는 사람들에게까지 미쳤다. 캘리포니아 알함브라Alhambra의 홍보 담당 임원은 그런 죄의식을 청교도적인 교육 때문이라고 말했다. "인생에서 의미 있는 것을 위해 일해야 한다고 배웠다. 이런 지름길을 택하는 것, 자유 시간을 포기하지 않은 채 그리고 읽는 노력 없이 독서하는 것은 거의 기만적인 것이다"라고 말했다.[141] 여하튼 그는 듣고 있었다.

테이프 책에 대한 언론 보도가 이 산업과 함께 늘어났다. 1980년대는 전반적으로 ≪퍼블리셔스 위클리≫와 ≪라이브러리 저널≫ 같은 잡지만이 이 형식을 보도했다. 1980년대 말에는 수백 개의 리뷰를 찾아볼 수 있었고 카세트로 나와 있는 3만 8000개 이상의 책을 안내했다. 비판을 예상하면서 비평가들이 우선 자신의 전향을 공개했다. ≪밀워키 저널≫의 편집인 리처드 캐니언Richard Kenyon은 양면성을 가지고 듣는다고 묘사했다.

개인적으로 항상 독서를 즐겨왔던 사람으로서 낭독되는 책을 듣고 싶은지 확신이 없다. 나는 글과 눈 사이의 설명할 수 없는 친근함을 잃게 할 거라고, 좋은 작가가 불러일으키는 상상력이 테이프에서는 발휘되지 않을 거라고, 의도적으로 선택된 단어의 울림과 소리가 깊고 고요한 마음속으로 읽을 때 들리듯이 들리지 않을 거라고 생각했다.[142]

듣는 것이 읽는 것과는 다른 방식으로 마음에 들었지만 캐니언은 결국 책 듣기를 좋아했다.

결국 칼럼니스트들은 책 듣는 것의 이점을 열거하느라 고백 이상으로 나아갔다. 이들은 글에 대한 공감의 고조, 느리지만 계산된 속도, 특히 헤드폰을 쓸 때 더 늘어난 친근함, 정확한 발음과 여러 억양을 내는 전문 연기자들의 해석, 심지어 다른 사람이 낭독하는 것을 듣는 어린이 같은 즐거움을 묘사했다. 어떤 비평가는 책으로는 별 매력이 없던 저자들(콘래드와 멜빌의 이름이 종종 거론된다)에게 사로잡힌 것을 깨달았다. 다른 이들은 얘기를 주고받기도 했다. 메릴랜드주 몽고메리대학교의 영문학 교수인 게일 포먼Gail Forman은 계속되는 자신과 낭독자의 대결에 대해서 ≪워싱턴 포스트≫에 다음과 같이 기고했다. "나는 가끔 그들의 소리를 흉내 내며 연습하거나, 특정 문장을 강조하는 다른 방식을 시도하기도 하는데, 모든 낭독이 해석이기 때문이다."[143] 포먼만은 아니었다. 한 조사에 따르면 BOT 구독자의 70%가 재미있다고 생각한 부분을 스스로 낭독했다.[144]

여전히 전국의 언론 보도는 이 형식의 정통성에 대체로 초점을 맞추고 있었다. 시각장애인이 책을 듣는 것과 일반 시민의 듣기는 다르다. 이 사업의 늘어나는 인기에 대한 거의 모든 보고서들이 비슷한 관심을 불러일으켰다. 예를 들어서 ≪월스트리트 저널≫은 오래된 질문을 하기 전에 테이프 책의 상업적인 성공에 주목했다. "듣는 것이 읽는 것만큼 좋은가?"[145] 늘어나는 판매액과 대중의 수용이 친숙한 낭독의 쇠퇴를 잠재우지 않고 유지시켰다. 테이프 책을 종이책의 경쟁자로 그리다 보니 독서가 변화하는 매체 환경 속에서 적응하고 있는지, 심지어 번성하고 있는지는 생각하지 않았다.

1990년대 초에 나온 두 사설은 지난 10년간의 상업적 성공이 의미 있는 평가로 이어질 것 같지 않다는 것을 보여주었다. "우리가 정말 귀로 읽을 수 있을까?"는 ≪뉴욕타임스≫가 제기한 질문이었다.[146] 독서와 음성화의 연계에 대한 랜드 리처즈 쿠퍼Rand Richards Cooper의 우려는 두 매체 사이에 선을 그은 ㅡ이야기가 정확히 같다 하더라도ㅡ훗날 비평가들의 우려를 뛰어넘었다. 그는 언어의 효과만큼이나 질감, 구문, 구성에 의존하는 책에 소리 자체가 적합한 매체인지에 대해 의문을 가졌다. 쿠퍼의 근본적인 반대는 듣는 것이 즐겁긴 하지만 수동적이라는 점이었다. 테이프의 실제 소리에 반해 소설의 가상적 음성은, 즉 지면 위의 표시들이 어떤 소리를 낼까 스스로 상상하는 것은 독서에 몰두하게 한다. 쿠퍼는 이것이 운전하면서 책을 읽을 수 없는 이유라고 봤다. 독자는 온 정신을 쏟아야 했다.

같은 해에 ≪하퍼스 매거진Harper's Magazine≫은 우리가 알고 있듯이 독서에 대한 애가를 출간했다. 이 에세이에는 스벤 버커츠가 인쇄 책을 열정적으로 방어하는 『구텐베르크 비가: 전자시대 독서의 운명The Gutenberg Elegies: The Fate of

Reading in an Electronic Age』의 일부 내용을 담았다. 그 에세이의 핵심 질문은 쿠퍼를 한 단계 더 넘어선다. "듣는 것은 읽는 것이 아니다. 그러면 무엇인가?"[147] 버커츠는 책이 독서 행위의 확장인지, 아니면 단순화인지를 파고들었다. '유혹된, 중독된, 진정된' 같은 많은 수동태 용어는 책을 듣는 것이 텔레비전을 보는 것과 같다는 버커츠의 가정을 확인하는 듯 보였다. 그는 특히 스스로 반추하는 기회를 거의 주지 않는 외부 낭독자에게 통제를 양도하는 것에 분노했다. 낯선 이의 음성이 버커츠가 "깊이 읽기deep reading"라고 일컫는 신비한 경계선을 넘나들며 인쇄된 지면에 즐겁게 몰입하는 것을 방해했고, 반면에 듣는 것은 책을 단순한 이야기로 격하시켰다.[148] "깊이 듣기deep listening"를 가능하게 만드는 너무 많은 것이 청자의 통제를 벗어나 있었다. 넓은 의미로 버커츠는 테이프 책이 던지는 주문을 즐겼다. 하지만 나쁜 영향에 대한 죄의식 때문에 그의 즐거움은 언제나 줄어들곤 했다. 그 에세이는 결국 더 쉬운 형식의 오락과의 경쟁에서 살아남을 수 없는, 몰두하는 형식의 독서에 대한 애가였다. 오디오북 이후의 독서는 결코 이전과 같지 않을 것이었다.

헥트는 미국 고속도로가 막혀서 지루해했던 수백만의 출퇴근족을 위해 BOT를 창업했다. 회사를 시작했을 때 낭독 녹음은 주로 장애인, 열성적 성경 독자, 예술 애호가가 이용하고 있었다. BOT는 전국의 늘어나는 출퇴근족 그리고 책을 읽기에는 너무 바쁜 여러 전문직 종사자에게 마케팅하면서 테이프 책의 명성을 바꾸었다. "미국인의 독서 방식을 바꾸자"는 것이 회사가 생각했던 하나의 슬로건이었다.[149] 길에서 낭비되는 시간에 대해 분노하던 운전자는 시간을 유용하게 쓰는 방법으로 테이프 책을 환영했다.

BOT는 전통적인 도서 출판사와 경쟁하는 성공적인 사업을 꾸리기 위해 매우 많은 운전자들에게 테이프로 녹음된 책의 장점을 설득시켰다. BOT 상표는 잘 알려져서 1980년대 말 카세트테이프에서 콤팩트디스크로 옮겨가도 차이가 없었다. 콤팩트디스크 위의 책도 사람들의 마음에는 "테이프 위의 책"이었다. 경쟁자들은 상표의 가치를 인정했다. 2001년 랜덤하우스는 BOT 회사와 약 5000권의 기간(旣刊)도서를 인수했다. 20년 전, 교통체증에 속에서 창업을 떠올렸던 헥트에게 해피엔딩은 베스트셀러로부터 곧바로 나온 것일 수도 있다.

그러나 이 회사의 성공은 비평가들을 설득시키는 데 도움이 되지 못했다. 테이프 책이 사기라는 의심은 여전했다. 그들은 음향 기술을 독서의 구세주로 보지 않았다. 독서에 필요한 침묵과 휴식에 대한 위협으로 보았다. BOT는 텔레비전, 영화, 컴퓨터와 경쟁하기 위해 오락물로 고안한 책의 요약본과 거의 닮은 점이 없는, 책에 아주 가까운 비요약본을 만듦으로써 비평가들의 지지를 받으려고 노력했다. 그 결과 스스로를 책 읽는 사람이라고 여기는 고객들을 얻었다. 하지만 사람들이 자동차를 운전하면서, 설거지를 하면서, 공원을 달리면서 독서하는 것을 본 인쇄물 옹호자들에게는 이것이 별 차이가 없었다. 그들에게 테이프 책은 독서의 본질에 대한 곤란한 질문을 불러일으켰다. 결과적으로 그 형식의 정통성에 대한 오래된 논쟁이 계속되었다. 테이프 책은 상당수의 독자들을 사로잡았을지도 모른다. 그러나 그들은 최소한, 미안했다.

제9장

오디오 혁명

2006년 출판 잡지 ≪북셀러Bookseller≫는 익숙한 주제로 출판산업 세미나를 개최했다. 주제는 '오디오북과 인쇄 책의 관계'였다. 반세기 동안 오디오북 출판사들은 어느 정도까지 원본에 충실한 책을 재생산해야 하는지를 결정할 때, 이 주제와 대면해 왔다. 대부분의 경우 출판사는 오디오북을 책으로 내놓으면서 문학 자격을 과시했다. 그들은 그 차이점을 일관되게 경시했다. ≪북셀러≫ 토론 참석자는 바로 그 차이점을 강조하며 반대편 입장을 옹호했다. 토론은 한 마케팅 전략가의 호소로 시작되었다. "오디오북을 마치 책의 녹음 버전인 것처럼 취급하지 마십시오. 이것은 책을 재창조하는 것이며 책을 읽지 않는 독자들에게 다가가는 엄청난 기회입니다."[1] 이 메시지는 디지털 시대의 많은 출판사에 적합했다. 이들은 레코드가 다른 책과 동등한 존중을 받는지 아닌지에 대해 걱정했던 이전 세대의 고민을 더 이상 보여주지 않았다. 세미나의 한 토론 참석자는 오디오북 출판사들에게 독립을 선언하라고 촉구했다. 그 세미나의 제목은 '오디오 혁명'[2]이었다.

지금까지 말하는 책 역사에 대한 나의 설명은 인쇄 책에 대한 충실도에 집중해 왔다. 하지만 마지막 장은 이 역사의 다른 면을 말한다. 이전에 서로 별개였던 매체의 융합이, 어떻게 출판사들로 하여금 오디오북을 종이책의 사본이 아닌 다른 것으로 재구성하게 했는지를 살펴본다. 그 대신 오더블Audible(세계 최대의 오디오북 소매업체) 같은 회사들은 오디오북을, 다른 책이 못하는 것을 하는 독립적인 예술 형태로 홍보하기 시작했다. 출판사들은 전통적으로 책 내용을 전달하는 데 산만함을 피하기 위해 중립적이고 절제된 화법을 장려해 온 반면에, 오늘날의 많은 출판사들은 배우들의 연기를 권장하고 있다. 오더블의 창업자이자 사장인 돈 캐츠Don Katz는 그중 한 사람이다. 그는 기자와의 인터뷰에서 다음과 같이 말했다. "대부분 도서관에 놓이게 될 오디오북을 만든 몇몇 회사의 연기자들은 뒤로 물러서서 단조롭게 읽도록 지시받았다. 얼마나 미친 짓인가? 그 사람들은 연기를 하지 않았다. 우리는 이야기에 연기를 투입했다."[3]

오더블은 오디오북이 마지못해 받아들여지고 적어도 용인된 시기에 시장에 진입했다(여전히 해럴드 브룸 같은 사람들로부터 불평을 종종 들었다[4]). 오디오출판업자협회Audio Publishers Association(이하 APA)는 1986년부터 이 업계를 대표해 캠페인을 벌여왔다. 사실, 우리는 '오디오북audiobook'이라는 용어에 감사해야 한다. APA의 초기 과제 중 하나는 많은 후보들(말하는 책talking books, 카세트 위의 책books on cassette, 낭독 이야기spoken word, 오디오 북audio books, 오디오북audiobooks, 오디오북스AudioBooks) 중에서 단 하나의 용어를 결정하는 것이었다.[5] APA가 선호하던 용어인 '오디오 북audio book'은 최소한 51%가 낭독으로 이루어진 콘텐츠이며, 어떤 매체(테이프 카세트, 콤팩트디스크, 디지털 파일)로도 보존되고, 인쇄 책이나 다른 매체 또는 원본으로부터 도출된 것들을 담은 모든 음향 녹음물을 말했다.[6] 역설적으로 용어의 통일은, 그런 녹음이 책에 뿌리를 둘 필요가 전혀 없다는 것을 공식적으로 확인해 주었다. 오늘날 할리우드 오스카상과 비견되는 오디오 산업의 '오디스Audies' 시상 부문은 책의 축소된 위상을 보여준다. 오디스는 1인 낭독, 저자 낭독, 다중 음성, 오디오북 각색, 오디오 드라마,

원작으로 나누어 시상한다.

책의 추락하는 권위가 오디오북의 운명 역전에 이바지했다. 음향 녹음의 초기에는 책이 성스러웠던 데 반해 오늘날의 인쇄물은 이야기를 경험하는 하나의 방편일 뿐이다. 어떤 사람들이 말하듯 우리 시대를 "인쇄의 후기"로 부르는 것은 복잡한 매체 생태계 안에서 책이 시들어가는 것을 표현하고 있다.[7] 이야기는 이제 여러 채널들을 옮겨 다니며, 그중 한 가지가 책일 뿐이다. 더욱이 오늘날 시장에서는 높은 수준의 매체 통합 특성으로 인해 책, 오디오북, 다른 매체를 이전처럼 깔끔하게 구별하기가 어렵다. 심지어 책을 읽는 것과 영화를 보는 것의 격차도 이전 세대에 비해 덜 적대적이다. 문학과 대중 매체는 오늘날 문학이라는 문화에서 숙적이 아닌 공모자로 여겨진다.[8]

이 책의 마지막 장은 다른 책과 오디오북을 구분하는 특성을 살펴본다. 다음에 나오는 예들은 오디오북의 독특한 능력과 제약 요인이 이야기 수용에 미친 영향을 드러내기 위해, 오디오북이 단순히 인쇄 책의 모방 이상이었음을 보여준다. 여기서 취한 접근법은 캐서린 헤일스N. Katherine Hayles가 '매체 특성 분석'이라고 불렀던 것인데, 이는 대체 독서 형식을 단순히 스크린으로 보는 책처럼, 이 경우에는 화자에게서 듣는 책처럼, 취급하지 않기 위함이다.[9] 오디오북은 이야기가 동일하다 해도 인쇄물로 축소될 수 없다. 그러므로 이 장은 오디오북이 어떻게 인간의 음성, 유명 인사 낭독, 음향효과, 악보, 여러 장치를 이용하여 책과 구별하고 라디오, 텔레비전, 영화, 다른 디지털 매체와 경쟁하는지 알아본다. 그런 실험은 인쇄 책의 파생 버전이 아닌, 독립된 하나의 예술 형식인 오디오북에 대해 출판사들의 자신감이 증가했음을 보여준다. 사실 많은 출판사들은 더 이상 자신들의 레코드가 '책'으로 여겨지는지 아닌지에 전혀 관심이 없다.

오더블 재생기

1990년대에 오디오북은 더 이상 신기한 것이 아니었다. 낭독 이야기 녹음은 모호한 틈새 상품에서 성숙한 산업으로 진화했다. 사람들은 실제로 들어본 적이 없더라도 오디오북에 대해 알고 있었다. 랜덤하우스의 오디오북 부문 사장이 설명하듯이 "우리는 더 이상 오디오가 무엇인지에 대해서 대중에게 팔지 않는다."[10] 랜덤하우스, 하퍼콜린스, 사이먼 앤 슈스터, 타임워너Time Warner를 포함한 주요 출판사가 운영하는 오디오 부문이 업계 매출의 대부분을 점유했고, 셀 수 없이 많은 소규모 출판사들은 독특한 장르와 스타일에 계속 집중했다. 대형 서점은 5만 권 판매를 성공 기준으로 봤는데, 10% 규칙에 따르면 오디오북은 도서 매출의 10분의 1을 달성할 수 있었다.[11]

오디오북을 찾을 수 있는 유일한 곳은 더 이상 우편 주문 도서목록에 국한되지 않았다. 서점에서도 일상적으로 오디오북을 취급했다.[12] 애틀랜타 옥스퍼드북스의 관리자는 "오디오는 이제 인정받은 서점 상품이다"라고 말했다.[13] 도서산업연구그룹Book Industry Study Group에 따르면 오디오북 매출 성장률은 일반 도서 성장률의 다섯 배에 달했다.[14] 심지어 오디오북 전문 매장도 생겼는데, 시카고의 워드 인 모션Words in Motion, 로스앤젤레스의 지미비스Jimmy B's, 롤리의 오디오북 월드Audio Book World, 오스틴의 이어풀 오브 북스Earful of Books와 런던의 토킹 북숍Talking Bookshop이었다. 애리조나주 스코츠데일의 레딩스 오디오북 슈퍼 스토어Redding's Audiobook Superstore는 1만 종에 이르는 오디오북을 보유하고 있었다.[15]

출판사들은 상품을 공항, 약국, 장난감 가게, 레코드 가게, 비디오 매장에서 팔면서 서점을 벗어나 고객들에게 다가갔다. 로맨스 얼라이브Romance Alive의 오디오북은 슈퍼마켓에서 5.99달러에 팔리고 있었고, '오디오 어드벤처와 크래커 배럴Audio Adventure and the Cracker Barrel' 식당 체인은 미국 고속도로를 달리는 트럭 운전사와 장거리 여행객을 겨냥했다. 그리고 사람들은 도서관과 우편으로 오디오북을 계속 접할 수 있었다. 이달의 책 클럽과 리터러리 길드Literary Guild는 종이책과 함께 오디오를 팔았고 컬럼비아 하우스Columbia House, 더블데이Doubleday, 헤릭 컴퍼니Herrick Company가 운영한 오디오북 클럽은 각각 회원 수가 15만 명 이상에 달했다.[16]

온라인 소매는 고객에 접근하는 또 다른 책 판매 방법을 제공했다. 최초의 녹음 책 전문 웹사이트인 'Audiobooks.com'이 1994년에 등장했다. 빅 라디오Big Radio, 플럼 초이시스Plum Choices와 스터프드 무스 오디오Stuffed Moose Audio 같은 작은 독립 회사들이 주요 출판사보다 먼저 웹사이트를 열었다. 소매점의 제한된 서가와 회전 진열장에 맞출 수 없었던 전체 상품(기간도서와 절판 서적을 포함한)을 온라인 목록으로 알릴 수 있었다. 1996년에는 거의 24개의 오디오북 웹사이트가 있었는데 그중 몇은 고객에게 요약본을 제공했고 거의 모든 오디오 출판사는 1990년대 말에 웹사이트를 개설했다. 아마존닷컴, 반스앤노블닷컴, 보더스닷컴 같은 주요 온라인 서점은 오디오북을 판매했다. 또한 아마존은 얼마 지나지 않아 모든 책을 다양한 포맷(하드커버와 페이퍼백, 카세트테이프와 CD, 요약본과 완본)으로 판매했다.

오늘날 오더블은 다운로드 오디오북의 세계 최대 유통업체다. 그러나 이 회사가 창업했을 때에는 인터넷 다운로드가 출판의 미래라는 것이 전혀 확실치 않았다. 오더블(오더블워즈AudibleWords가 원래 이름이었다)은 성장하는 낭독 시장과 인터넷으로 생겨난 상업적 기회를 활용하기 위해 1995년 뉴저지에 설립되었다.[17] 당시 디지털 음악의 온라인 유통이 이미 음악 소비의 패턴을 바꾸고 있었으며 가정용 컴퓨터를 가상 주크박스로 바꾸었다.[18] 오더블의 웹사이트는 최초로 낭독 이야기 녹음을 고객의 컴퓨터에 다운로드받게 했다.

오더블과 오디오 하이웨이Audio Highway는 온라인 시장 점유율을 놓고 서로 다른 전략을 구사하며 다투는 경쟁 회사다. 오더블은 주요 출판사와 독점 계약으로 책에 초점을 맞추는 데 반해, 오디오 하이웨이는 음악에서 전국 공용 라디오 방송에 이르기까지 모든 종류의 오디오를 특징으로 삼았다. 1998년, 오더블의 도서목록에는 1300권의 오디오북이 수록되었고, 오디오 하이웨이에는 90권(이 중 3권만 베스트셀러)이 수록되었다. 이 회사들은 서로 다른 사업 모델을 채택했다. 오더블은 책을 다운로드하는 데 15달러를 받았고 오디오 하이웨이는 각 녹음에 6분짜리 광고를 묶는 대신 녹음을 무료로 제공했다. 오디오하이웨이의 탁월한 음질의 대가로, 1시간 분량의 자료를 다운로드하는 데 거의 60분이 걸렸지만 오더블에서는 동일한 분량이 14분밖에 안 걸렸다.[19]

두 회사는 인터넷 다운로드 오디오북을 들을 수 있는 휴대용 재생기를 소개했다. 오더블의 재생기는 200달러였고 2시간 분량의 이야기를 담을 수 있었다(〈그림 9.1〉). 이 재생기의 수명은 짧았지만 다이아몬드 리오Diamond Rio 같은, 그리고 아이팟, 태블릿, 스마트폰—마침내 사용자들이 "음향 거품sound bubble"[20]에 둘러싸인 채 동네를 거닐 수 있게 해준—같은 더 정교한 장치로 연결하는 다리 역할을 했다. 디지털 기기의 확산으로 오더블은 더 이상 고객들에게 1회용 오디오북 재생기에 수백 달러를 지불하도록 설득할 필요가 없어졌다. 이제는 스마트폰을 가진 사람은 누구나 주머니 안에 잠재적 도서관이 있다.

인터넷 이전에는 BOT가 1970년대와 1980년대에 사업을 시작해 카세트테이프로 오디오북을 들었고, 인터넷 이후로는 콤팩트디스크로 오디오북을 들었다.[21] 워크맨이 디스크맨에게 길을 비켜주었다. 그다음 디지털 기술이 새로운 형식들을 추가했다. 다운로드 가능한 음향 파일, MP3 CD(한 장의 디스크에 전권의 책을 담는 혼합 포맷), 향상된 CD, 그리고 CD+(CD롬 재생기에서 사용될 때 문장, 영상, 그래픽을 넣는 또 다른 혼합 포맷) 등이 새로 나왔다.[22]

책과 컴퓨터가 섞인 것을 불편해하는 사람들을 위한 대안도 있었다. 2005년 이후 스토리가 미리 저장된 플레이어웨이Playaway 또는 '플러그 앤 플레이Plug and Play'라는 오디오북 재생기가 나왔는데, 기본적으로 책 한 권을 담은 일회용

그림 9.1 1995년에 출시된 오더블 재생기

MP3 장치다.[23] 플레이어웨이는 특히 공공도서관과 군 기지에서 인기를 끌었다. 그 회사는 2007년 4월 이라크와 아프가니스탄에 있는 미군들에게 공급을 시작했고 군대는 이것을 "사기 촉진제"라고 불렀다.[24] 제2차 세계대전에서 싸운 군인들이 페이퍼백 군대용 전집을 들고 다녔다면, 오늘날의 군인들은 오디오북으로 무장하고 전장에 간다.[25]

　다양한 선택지의 존재는 소비자(특히 새로운 기술을 받아들이는 것이 내키지 않는 이들)에게 이로웠지만, 복수의 형식으로 도서를 만들어야 하거나 잠재적인 고객을 놓칠 위험부담이 있는 출판사에게는 골칫거리였다. 이 산업은 하나의 표준 형식을 갈망했는데(이는 음악 산업과 영상 산업도 공유한 문제다), 인터넷 다운로드의 자생력에 대해서는 의견이 나뉘어 있었다. 한편에서는, 오더블이 오프라인 상점을 쓸모없게 만들려 했고, 1997년 디지털 형식으로 독점 출간한 최초의 비요약 오디오북인 레지스 매키나^{Regis Mckenna}의 『실시간^{Real Time}』을 내놓았다.[26] 『오디오 태생^{Born-audio}』이 그다음으로 나왔다.[27] 그사이 오버드라이브^{OverDrive}, 네트라이브러리^{Netlibrary}, 잉그램 디지털^{Ingram Digital}은 오디오북 다운로드를 도서관에 소개했다.[28]

다른 한편에서는 사이먼 앤 슈스터와 '밴텀 더블 데이 델 오디오^{Bantam Double day Dell Audio}'가 보상, 저작권, 해적판에 대한 염려 때문에 오디오북 출시를 보류했다. 이것은 모든 출판사를 오랫동안 괴롭힌 동일한 관심사였다. 소비자들이 다운로드 오디오북에 어떻게 반응할지 아무도 몰랐다. 1999년 출판사 사업 매출의 2%에 불과했던 인터넷 판매는, 그 점유율이 계속 증가하다가 2005년에는 9%에 머물렀다.[29] 그다음 해 CD 판매량은 여전히 하퍼콜린스가 거둔 오디오북 매출의 80%를 차지했다.[30] 대부분의 출판사들은 전통적 포맷과 다운로드 포맷의 출판물을 둘 다 발행함으로써 위험을 분산하려 했다. 출판사들은 계속 테이프와 디스크로부터 멀어지고 있었지만 2011년까지 어떤 대형 출판사도 디지털로 완전히 옮겨가지는 않았다.

디지털 파일은 분명한 장점을 갖고 있다. 구입하기 쉽고, 유통과정이 단순하며, 포장과 창고 비용을 줄일 수 있다. 그리고 다른 포맷보다 공간을 적게 차지한다. 사운드 룸^{Sound Room}에서 나온 성경은 CD 83개(495달러), 또는 MP3 CD 7개(75달러)가 필요한 반면, 다운로드 파일은 단일 장치에 들어간다. 그러나 전자책과 마찬가지로, 숨은 비용이 수익성을 제한한다. 출판사들은 작가 저작권료, 연기자 급여, 스튜디오 비용, 라이선스 비용, 디지털 저작권 운영비용을 지불해야 한다. 그 사업의 규모가 대략 비슷한 가격에 팔리는 DVD 같은 경쟁 매체와 오디오북 간 경쟁을 어렵게 했다. 소비자들은 CD에 녹음된 오디오북이 양장본 책보다 일반적으로 더 비싼 것을 오랫동안 당황스러워했다.

다운로드 오디오북의 미래에 대한 의심은, 2008년 아마존이 오더블을 3억 달러에 인수하면서 사라졌다. 세계 최대의 인터넷 소매업체인 아마존은 온라인 서점으로 시작해서 음악, 영화, 비디오 게임, 그리고 사실상 모든 상품으로 자신의 영역을 확장했다.[31] 아마존은 오더블 인수로 디지털 오디오북 시장의 선도자가 되었고, 오더블의 기본 구독자, 출판사 파트너십, 8만 개 이상의 이야기 녹음을 보유하게 되었다.

오더블의 성공은 지난 10년 동안 오디오 출판사의 엄청난 성장에 기여했으며 또한 그것을 보여주고 있다. 출판산업의 모든 부문이 줄어드는 때에 오디오북 연간 매출은 1990년대 4억 8000만 달러에서 2012년에는 12억 달러로 늘어났다.[32] 모바일 기기의 폭넓은 이용, 디지털 기술의 진전, 보유 목록의 확장, 줄어드는 제조 원가, 저렴해진 가격으로 인해 ≪북 비즈니스Book Business≫는 "오디오북이 대세"라고 했다.[33] BOT와 리코디드 북스가 너무 비쌌기 때문에 (50~60달러) 1970년대에는 테이프 책을 대여했음을 기억해야 한다. 오디오북의 평균 가격은 현재 20달러다.[34] 2005년 이후 리브리복스LibriVox에서는 저작권이 없는 오디오북 수천 권을 무료로 이용할 수 있었다.[35]

오더블의 성공을 목격한 출판사들은 감정이 복잡해졌다. 모든 이들은 오더블이 오디오북 시장을 확장했다고 인정한다. 2012년에는 다운로드가 오디오북 판매의 절반을 넘었고 연간 출간 종수가 2009년 4602종에서 2013년에는 거의 3만 6000종으로 늘었다.[36] 동시에 출판사들은, 오더블이 다운로드 판매를 거의 독점하는 것과 최근의 오디오북 제작 움직임에 대해 불편해하고 있다. 오더블은 오더블 스튜디오를 설립한 후 고유의 오디오북을 제작하기 시작했으며, 2011년 5월 오디오북 크리에이션 익스체인지Audiobook Creation Exchange(이하 ACX), 즉 책을 녹음하기 위해 온라인으로 저자, 대리인, 출판사, 모든 권리 소유자와 연기자, 제작자를 모으는 온라인 정보 센터를 만들었다. 참여자들은 제작비 지급 거래와 로열티 지분 거래 중에 선택할 수 있는데, 독점 유통권에 대해서는 오더블에 유리한 비율을 제공했다. 2013년에는 1만 종 이상의 ACX 도서가 생산되었다.[37]

출판사들은 가장 큰 고객이 그들의 가장 큰 경쟁사로 돌아서는 것을 보았다. 아마존의 지원을 받은 오더블은 자신들의 영향력을 이용해 이미 수익성이 낮은 산업을 점점 더 엄격한 조건으로 몰아넣었다.[38] 출판사들은 특히 오더블이 요구한 높은 할인율과 비우호적인 조건들에 반발했다[39](낙소스Naxos[레코드, 오디오북 출판사_옮긴이]의 이사는 온라인 소매업체를 러시아 가스 독점 회사인 가스프롬Gazprom에 비유했다[40]). 생산자들은 CD 매출보다 다운로드 매출이 적다고 지적했다. 2013년 스트래스모어Strathmore의 니컬러스 존스Nicholas Jones는 오디오 출판사의 수익이 40% 감소했다고 추정했다.[41] 또 다른 이들은 끊임없는 비용 절감 압력이 속도 장려와 직원 감소로 이어져, 품질이 저하될 것을 우려했다(연기자들이 홈스튜디오로 옮기면서 감독과 기술자들이 점점 더 드물어졌다[42]). 최근 오디오북 산업 회의에서 낭독자들은, 모두 알고 있지만 말하지 않고 있는 문제가 돈이라고 불평했다. 내가 얘기해 본 많은 낭독자들은 몇 년 전에 비해 더 많은 시간을 일하지만 시간당 덜 받고 있었다. 오디오북 낭독자로 돈을 버는 가장 확실한 방법은 모두 알고 있는 것처럼 유명해야 한다는 것이다.

A-리스트

요즈음 연기자들은 영화 촬영장만큼 녹음 스튜디오에서 많은 시간을 보내고 있다. 조니 뎁부터 메릴 스트립, 오프라 윈프리까지 모든 이들이 오디오북을 낭독했다. 오더블의 출연자 명단은 할리우드 영화랑 닮았다. 2013년 오더블은 톰 행크스와 영화 제작자 켄 번즈와 〈브레이킹 배드Breaking Bad〉의 브라이언 크랜스턴 같은 연기자가 낭독하는 소설을 합작하기로 했다. 그 시리즈는 케이트 윈즐릿이 에밀 졸라를 맡고 새뮤얼 잭슨이 『할렘의 분노A Rage in Harlem』를 낭독하고 니콜 키드먼이 울프의 『등대로』를 낭독한, 오더블의 A-리스트 선집이 나온 지 1년 후에 나왔다.[43] A-리스트는 케네스 브래나, 팀 커리, 릴리 소비스키와 오더블 시그니처 클래식Audible Signature Classics에 출연한 유명 인사가 낭독을 맡았다. 거의 매년 유명한 낭독자들의 새로운 시리즈가 나왔다.

유명인 낭독자는 오디오북이 인쇄물에서 독립을 선언했던 한 방법이다. 충실하게 책을 재생산하는 데 관심 있는 출판사들은 목소리가 이야기의 수용에 방해가 되지 않는 무명의 연기자를 좋아하는 경향이 있었다. 이런 사고의 과정을 따르면, 청자들은 누가 말하고 있는지 모를 때 책의 이야기에 좀 더 집중할 수 있을 것이다. 반면에 유명 인사들은 책과 독자 사이에 끼어들므로 독자는 즉시 그 음성을 알아듣게 되고, 책은 더 이상 관심의 중심이 아니게 된다. 유명 배우들의 녹음으로만 구성한 웹사이트인 실크사운드북스Silksoundbooks의 대표는 "우리는 책이 아니라 얼굴에 초점을 맞춘다"[44]라고 말했다. 전체 낭독이 아닌 요약본을 읽을 것 같은 유명 인사의 명성은, 오디오북이 예술이 아니라 저질 상업 형태라는 의혹을 더 강화시켰다. 사실 양편이 모두 옳았다. 유명 인사들로 인해 책에 관심을 두기도 하고 관심이 분산되기도 한다.

유명 낭독자들은 말하는 책만큼이나 오랫동안 주변에 있었다. 오더블의 마케팅 활동에 오도되어 이것이 새로운 아이디어라고 생각하면 안 된다. 토머스 에디슨은 1877년 축음기를 발명한 후 공인의 목소리를 녹음하자고 제안했다. 에디슨에 따르면 연기자, 웅변가, 성악가는 축음기를 통해 "자리에서 움직이지 않고"[45]도 외로운 독자를 즐겁게 할 수 있었다. 헨리 어빙, 허버트 트리, 엘런 테리, 사라 베르나르 등 여러 연기자가 모두 셰익스피어와 다른 희곡을 계속 녹음했다. 유명 인사를 활용하는 방식은 진저 로저스가 1944년 월트 디즈니를 위해 『이상한 나라의 앨리스Alice in Wonderland』를 녹음하면서 잘 정립되었다.

마찬가지로, 시각장애인을 위한 말하는 책 서비스에서도 유명 인사들은 두드러지는 역할을 했다. 영부인 엘리너 루스벨트, 스포츠 작가 레드 바버Red

Barber, 철학자 버트런드 러셀은 모두 처음 10년 동안에 책을 녹음했다. 쉽게 알아들을 수 있는 목소리는 녹음에 신뢰성을 주었고 홍보 효과가 배가되었다. 게다가 유명 인사의 목소리는 시각장애인 독자들에게 인기가 있었다. 말하는 책을 절제된 방식으로 읽음으로써 인쇄 책과 유사하게 만들려는 의회도서관의 사명에도 불구하고, 그 목소리의 주인은 주로 공인들이었다.[46] 미국 AFB와 영국 RNIB는 그 자선단체의 위상으로 자신의 목소리를 상업적 사업에 빌려주는 데 별 관심이 없던 거물급 인사들을 섭외할 수 있었다. 연극, 영화, 라디오 스타를 쓰는 전통은 오늘날에도 계속되고 있다. 말하는 책의 모금 운동은 예상대로 유명 인사가 주도했다.

유명 인사들에 대한 불평도 마찬가지로 오래되었다. 초창기 비평에서는 라디오의 유행가 가수와 영화배우들이 음악에 맞춰 감성적인 구절을 읽는 것에 반대했다.[47] 공식은 단순했다. 유명 인사를 활용해 청중에게 이것이 예술이라는 것을 알리는 것이었다. 일찍이 1950년대에도 적절한 낭독 방법을 두고 전선battle line이 그려진 것을 볼 수 있다. 한 대학 교수는 "유명인"이 그레이의 「애가Elegy」 같은 시를 읽는 대신, 연기하는 것에 대해 불평했다.[48] 문학 비평가들은 작품에 녹아들지 않는 유명인의 정체성 때문에 그들의 낭독을 싫어했다. 리비스F.R. Leavis는 연기자들이 문학을 희생시키면서 "웅변 인상주의elocutionary impressiveness"를 추구한다고 비난한 적이 있다.[49] 하지만 비평가들의 비판이 캐드먼과 여러 오디오 출판사의 유명인 기용을 막지는 못했다.

유명 인사 활용은 1980년대 주요 출판사들이 오디오북 사업에 뛰어든 후 더 많아졌다. ≪오디오파일Audiofile≫ 매거진에 따르면, 녹음된 책은 펭귄, 랜덤하우스, 사이먼 앤 슈스터에서 "유명인의 영역"이었다.[50] 이들은 출판물이나 최소한 요약본 낭독을 위해 유명 인사를 고용할 만한 재정 자본이 있었다. 유명 인사에게 배역을 맡기는 것은 독서 경험을 향상시키는 동시에 책에 관심이 없는 고객을 유혹하는 방법이었다. 영화와 텔레비전 스타는 그들의 팬을 불러올 수 있었다. 랜덤하우스의 첫 오디오북은 브룩 애덤스Brooke Adams 낭독의 『고향 식당에서의 저녁식사Dinner at the Homesick Restaurant』(14.95달러), 마리아 투치Maria Tucci 낭독의 『존 치버 이야기The Stories of John Cheever』(7.95달러), 대런 맥개빈Darren McGavin 낭독의 제임스 미치너James Michener의 『공간Space』(14.95달러)을 두 개의 카세트에 파격적으로 축소해서 내놓았다. 세 사람의 낭독자는 독자들에게 책이 아닌 영화를 통해 알려져 있었다. 다른 출판사도 이를 눈여겨보았다. 1987년 캐드먼의 카세트 부문 베스트셀러 두 권을 멜 깁슨(대프니 듀 모리에Daphne Du Maurier의 『나의 사촌 레이철My cousin Rachel』)과 캐슬린 터너(H. 라이더 해거드H. Rider Haggard의 『그녀She』)가 낭독했다.

유명인의 이름은 고전에 관심을 불러일으키는 쉬운 방법이었다. 사실 출판사들은 유명 인사 없이 열정을 불러일으키기가 거의 불가능하다고 말했다. 출판사들이 블랙스톤 오디오Blackstone Audio의 '유명인이 읽은 고전'(버트 레이놀즈가 낭독한 『모비딕』부터 제이미 리 커티스가 낭독한 『작은 아씨들』까지) 시리즈를 내놓는 것은 이제 일반적인 관행이 되었다. 20세기 이전의 문학은 저작권이 없는 이점을 가지고 있었고 그러므로 녹음이 자유로웠다. 하지만 이것은 극심한 경쟁을 의미했다. 1990년대 팬들은 마크 트웨인의 『허클베리 핀의 모험』을 에드 베글리Ed Begley, 딕 캐빗Dick Cavett, 재키 쿠퍼Jackie Cooper, 데이비드 크로퍼드David Crawford, 앨프리드 진골드Alfred Gingold, 할 홀브룩Hal Holbrook, 로버트 루이스Robert Lewis, 히람 셔만Hiram Sherman, 피터 토머스Peter Thomas, 잭 휘터커Jack Whitaker가 낭독한 버전으로 들을 수 있었다. 2000년 사이먼 앤 슈스터가 고전 시리즈를 시작했을 때 톰 소여(폴 뉴먼Paul Newman이 낭독한)와 허클베리 핀(잭 레먼Jack Lemmon이 낭독한)이 전통에 추가되었다. 유명인의 이름은 수없이 녹음된 출판물에 대한 관심을 얻는 데도 도움이 되었다. 2008년에만 토머스 하디의 『테스』 녹음본이 다섯 개나 나왔다.

주요 출판사도 저자가 책을 낭독하도록 설득할 수 있는(캐드먼이 1950년대 이

후 다른 방식으로 해오고 있듯이) 영향력이 있었다. 랜덤하우스가 1985년 오디오북 시장에 들어왔을 때 첫 출간은 토니 모리슨의 『솔로몬의 노래Song of Solomon』, 고어 비달Gore Vidal의 『대통령 링컨Lincoln』, 스터즈 터클Studs Terkel의 『선한 전쟁The Good War』, 업다이크의 『단편선』이었고, 이 작품은 모두 저자가 직접 낭독했다(그 타당한 이유에 대한 질문을 받자, 업다이크는 "이야기 낭독에 왜곡이 없어진다"[51]라고 수세적으로 대답했다). 언론은 오디오북의 인기가 커진 것은 업다이크, 스티븐 킹 등 작가들의 목소리를 듣는 매력 덕분이라고 보았다. 한 언론인은 "에리카 종Erica Jong이 내 귀에 속삭여주는데 내가 왜 섹시한 이야기를 인쇄본으로 읽어야 하는가?"[52]라고 물었다.

오디오 출판사들은 재정 상태가 더 좋은 다른 매체와 제휴해 그 인기를 활용했다. 1955년에 리스닝 라이브러리Listening Library는 쥘 베른의 『80일간의 세계일주』가 영화로 촬영되어 아카데미 각색상을 받는 시점에 이를 첫 오디오북으로 내놓았다. 그 이후 출판사들은 소설 판매에 다른 매체를 활용했다. 브릴리언스Brilliance, 도브Dove, 하이브리지HighBridge 모두 미라맥스사의 영화화에 앞서 제인 오스틴의 소설을 오디오북으로 출시해 '엠마의 전투'라고 불리기도 했다.[53] 거액의 예산과 베스트셀러 목록을 가진 주요 출판사들은 미디어 연계를 활용해 돈을 버는 유리한 위치에 있었다. 영화에 업혀 성공한 캐니Canny는 로스앤젤레스의 작은 출판사로, 히트 친 영화와 연계해 이 출판사의 첫 오디오북인 『늑대와 함께 춤을Dances with Wolves』을 출시해 2만 5000부나 팔았다.[54] 영화 또한 출판사 도서목록에 영향을 주었다. 2001년 톨킨의 〈반지의 제왕The Lord of the Rings〉 3부작 영화가 상영을 시작한 후, BBC 스포큰 워드BBC Spoken Word는 1981년에 방송되었던 12시간짜리 원작 시리즈를 새로 선보였다.

많은 배우들이 영화에서 스튜디오로 옮겨갔다. 1978년 헨리 폰다는 영화에 출연 후 거의 40년 만에 『분노의 포도』 발췌본을 낭독했다. 캐드먼의 앨범은 "1940년에 상영한 영화 버전에서 톰 조드를 연기한 헨리 폰다가 『분노의 포도』

발췌본을 낭독한 것은 아주 적절했다"[55]라고 설명했다. 그 후 10년에 걸쳐서 영화배우들이 정기적으로 마이크를 잡았다. 리슨 포 플레저는 영화에서 요사리안 대위를 연기한 앨런 아킨Alan Arkin을 『캐치-22』 낭독에 캐스팅했고, 톰 커트니Tom Courtenay는 콜린 스미스 역할을 맡은 데 이어 『장거리 주자의 고독The Loneliness of the Long Distance Runner』을 낭독했다. 오늘날의 독자들은 제임스 메이슨James Mason(스탠리 큐브릭Stanley Kubrick이 감독한 1962년도 버전에서 주연을 맡았던) 또는 제러미 아이언스(1997년에 만들어진 두 번째 판에 등장했던)가 녹음한 『로리타』를 같은 영화의 여러 버전에 연결된 오디오북 중에서 선택할 수 있는 사치도 누리고 있다.

마찬가지로 영화와 텔레비전 시리즈에서 역할과 관련된 연기자들은 이 특성을 낭독으로 이어갔다. 애거사 크리스티의 미스 마플, 레이먼드 챈들러의 필립 말로, 아서 코난 도일의 셜록 홈즈, 존 모티머의 호레이스 럼폴, 미키 스필레인의 마이크 해머 역을 맡았던 연기자들은, 모두 같은 역할로 오디오북을 낭독했다. 서로 다른 매체에 아는 목소리를 캐스팅함으로써 같은 인물이 다르게 느껴지는 인지 부조화를 막을 수 있었다. 이런 캐스팅은 시리즈 전체를 관통하는 상징적인 인물이나 어느 연기자가 특정 역할에 널리 연관되어 있는 장르 소설에서 가장 잘 통한다. 예를 들어서 스폭Spock으로 알려진 레너드 니모이Leonard Nimoy는 〈스타트랙Star Trek〉 시리즈의 일부를 낭독했으며, 〈월튼네 사람들The Waltons〉의 존 보이 역을 했던 배우는 텔레비전 시리즈의 원작인 얼 햄머 주니어Earl Hammer Jr.의 소설을 낭독했다.

이런 방식의 매력에도 불구하고 유명인이 항상 좋은 선택은 아니었다. 모든 배우가 좋은 낭독자는 아니다. 한 예로 평론가들은, 버트 레이놀즈가 그의 연기 재능이 아닌 가슴 뛰게 하는 외모 때문에 로버트 파커Robert Parker 탐정 시리즈 낭독에 고용되었다고 불평했다. 레이놀즈의 걸걸한 목소리는 젊은 탐정 역에 전혀 어울리지 않았고 'Library'의 첫 'r' 발음을 빠뜨리고 잘못 발음하기도 했다.[56] 여러 배우들은 분명히 특정 역할에 연결되어 있었다. 한 평론은 찰스 헤스턴이 낭독한 『킬리만자로의 눈The Snows of Kilimanjaro』을 들으면 산을 넘는 유인원을 상상하지 않으면서 듣기가 불가능했다고 불평했다(헤스턴은 영화 〈혹성 탈출〉에서 주연을 맡았다[57]). 더 심각한 것은 어떤 배우들은 준비 없이 등장했다는 것이었다. 그들이 즉석 낭독 능력을 과신한 것은, 발음 문제를 몇 시간씩 조사하는 전문 낭독자들의 직업윤리에 위배되었다. 예를 들어서 브래드 피트Brad Pitt가 코맥 매카시Cormac McCarthy의 소설을 낭독했을 때에는 그가 스페인어를 못한다는 것이 분명하게 드러났다('예페jefe'를 '제페'로 빌음하는 것은 거슬렸다). 이와 비교되는 사례로, 성우 스콧 브릭Scott Brick은 『듄Dune』에 나오는 가상의 언어 차콥사Chakobsa를 낭독하기 전에 2000개 이상의 단어를 모은 용어 사전을 만든 바 있었다.

출판사들은 유명인의 목소리에 대해 다른 견해를 가지고 있었다. 몇몇은 아직 성숙하지 않은 신흥시장과 관련지었다. 1987년 타임워너의 편집인은 유명인이 아닌 낭독자가 많아지고 녹음 시간이 길어지는 것을 이 산업이 성숙한 결과라고 보았다. "현재의 오디오북 청자들은 점점 수준이 높아지고 있다. 그들은 알려진 사람이 하는 평범한 낭독보다 이름도 들어본 적 없는 사람의 정말 훌륭한 낭독을 선호한다."[58] 그 밖의 다른 경향이 이 가정을 더 분명히 해주는 것처럼 보였다. 예를 들어, 디지털화가 녹음 시장을 비요약 쪽으로 이동시켰고 출판사는 원래 요약본으로 발매된 책을 어쩔 수 없이 재녹음하게 만들었다. 그러나 반대의 예측에도 불구하고 시장의 성장은 익명 낭독자의 단독 낭독에서 전 배역이 캐스팅된 할리우드 각색에 이르기까지 다양한 낭독 스타일을 이끌어냈다.

오디오 출판사들은 이제 다양한 배경의 배우들을 캐스팅하는 사치도 누리고 있다. 초기에 출판사들은 좁은 음성 범위에만 의존해 전형적으로 방송이나 브로드웨이에서 일한 경험이 있는 중년 백인을 캐스팅했지만, 더 이상은 그렇지 않다. 2012년 블랙스톤 오디오의 제작자는 "백인 남성 낭독자가 최고인 시대는 지나갔다"라고 말했다.[59] 오늘날 출판사들은 언론인들이 "오디오 지체audio drag"라고 부르는 것을 피하기 위해 나이, 계급, 민족, 성, 인종, 국적, 성별 면에서 책의 내용에 낭독자의 음성을 맞추려고 한다.[60] 최근 푸에르토리코 여배우 리타 모레노Rita Moreno는 소니아 소토마요르Sonia Sotomayor의 『나의 사랑하는 세계MY Beloved World』[우리말 번역본 제목은 『소토마요르, 희망의 자서전』_옮긴이]를 낭독했고, 남아공 배우 존 카니John Kani는 넬슨 만델라의 『나 자신과의 대화Conversation with Myself』를, 토러스해협 출신인 레이철 마자Rachael Maza는 도리스 필킹턴Doris Pilkington의 『토끼 울타리를 따라가라Follow the Rabbit-Proof Fence』를 낭독했다. 엠마 도너휴Emma Donoghue의 『방Room』은 다섯 살 남자아이가 또는 적어도 아이 목소리를 흉내 내는 숙달된 여배우가 낭독했다. 그리고 한 카운터테너는 이언 뱅크스Iain Banks의 『말벌 공장The Wasp Factory』을 낭독했는데, 이 남성 내레이터는 여자로 밝혀지기 때문에 만만치 않은 역할이었다.

복수의 목소리를 사용하는 것은 책으로부터 계속해서 멀어지고 있음을 반영한다. 이 업계의 표준은 한 명의 낭독자가 목소리 하나로 이야기 전체를 전달하는 것이었다. 한 명이라는 수는 책 안의 모든 목소리를 혼자서 감당해야 하는 외로운 낭독자를 떠올리게 한다. 하나의 목소리로 셀 수 없이 많은 등장인물을 흉내 낼 수 있기 때문에, 이론적으로는 추가 낭독자가 필요 없었다. 예를 들어 짐 데일은 『해리 포터』 책을 위해 134개의 음성을 만들어냈는데, 이 기록은 로이 도트라이스Roy Dotrice가 『왕좌의 게임A Game of Thrones』을 위해 224개의 음성을 내면서 교체되었다. 반면에 복수의 낭독자를 쓰면, 마치 단일 낭독자의 상상력이 모자란 듯, 이야기가 이들 음성의 숫자 그대로의 근사치로 나누어진다. 한때 오디오 드라마에 독점적으로 사용되던 이 기술은 한 명 이상의 낭독자가 나오는 모든 책에 일상적으로 사용된다.

캐스팅은 이전보다 더 야심차게 늘어났다. 스튜디오의 예산이 늘어나면서 캐스팅도 늘어났다. 두 명의 낭독자(한 명은 남성, 다른 한 명은 여성)가 길란 플린Gillan Flynn의 『나를 찾아줘Gone Girl』에서 나란히 낭독자 역할을 했다. 네 명의 남부 여성들이 복수 민족의 배역이 되어서 캐서린 스토킷Kathryn Stockett의 『헬프The Help』를 낭독했다. 12명의 다른 낭독자들이 던 프렌치Dawn French의 『실비아에게Oh Dear Silvia』에서 혼수상태의 여성을 감당했다. 23명이 『넬슨 만델라가 사랑하는 아프리카 민화Nelson Mandela's Favorite African Folktales Favorite African Folktales』를 낭독했다. 거의 80명의 연기자들이 갤럭시 프레스Galaxy Press의 『황금시대 이야기Stories from the Golden Age』를 낭독했다. 그리고 600명 넘는 연기자가 출연하는 '워드 오브 프로미스Word of Promise'의 오디오 바이블Audio Bible은 현재까지 가장 야심적으로 극화한 것이다. 그중 많은 이들이 친숙한 할리우드 배우들이다. 예를 들면 감독은 슈퍼맨 영화에서 조드 장군의 쩌렁쩌렁한 목소리를 들은 후 테런스 스탬프Terrence Stamp를 하나님의 음성으로 정했다. 이 오디오북 박스 세트는 "극적인 오디오 극장으로 생생하게 살아난 성경을 들으세요"라고 약속했다(〈그림 9.2〉).[61] 낭독은 악보 원본과 음향효과와 함께 이루어졌는데, 예를 들면 세례자 요한이 참수되는 쿵 소리가 함께 나온다.[62]

다른 녹음 역시 할리우드의 영향력을 반영하고 있었다. 2013년 랜덤하우스 오디오는 블록버스터 영화가 개봉되기 전에 "영화 개봉판Movie Tie-in Edition"이라는 부제를 붙인 『월드워ZWorld War Z』를 발매했다. 역사적으로 오디오 출판사들은 주요 배우를 확보할 수 있는 자금이 부족했다. 지금은 스타 한 명만으로는 부족하다. 『월드워Z』와 다른 대규모 예산의 제작물은 유명 연예인들과 계약하면서(이 경우는 마틴 스코세이지Martin Scorsese 감독, 래퍼 커먼Common, 〈스타트랙〉과 〈배틀스타 갤럭티카Battlestar Galactica〉 같은 공상 과학 텔레비전 시리즈의 출연진을 들 수 있다) 오디오북과 경쟁 매체 사이의 경계선을 흐릿하게 만들었다. 오디오판이 6만 부 이상 팔렸다. 이 호화로운 녹음은 그 자체가 할리우드의 제작이

그림 9.2 79장의 CD로 구성된 오디오 바이블 '워드 오브 프로미스The Word of Promise'

다. 책은 주요 경쟁 상대가 아니다. 그들은 라디오, 텔레비전, 영화, 온라인 비디오, 컴퓨터 게임과 경쟁하고 있다.

유명인 낭독자들은 오더블이 자신들을 기용하기 오래전부터 이 업계의 고정 장치였다. 이는 유명인이 낭독하지 않았다면 거의 주목받지 못할 작품의 홍보를 위해 유명인의 이름을 쓰는 오랜 전통으로 이어졌다. 그런데도 오더블의 A-리스트 낭독자(애넷 베닝Annette Bening, 클레어 데인즈Claire Danes, 콜린 퍼스Colin Firth, 앤 해서웨이Anne Hathaway, 더스틴 호프만Dustin Hoff man, 새뮤얼 엘 잭슨Samuel L. Jackson, 다이앤 키튼Diane Keaton, 니콜 키드먼Nicole Kidman, 맥 라이언Meg Ryan, 수전 서랜 던Susan Sarandon, 케이트 윈즐릿Kate Winslet) 규모는 상당한 변화를 보여주었다. 아마존의 자회사인 오더블은 작은 출판사들의 영향력이 미치지 않는 배우들과 계약하는 데서 그 선배들을 능가했다. A-리스트는 오더블의 커져가는 영향력뿐만 아니라 오디오북 시장 전반에 힘을 반영하고 있다. 한때 요약본조차 녹음을 거절했던 유명 배우들이 이제는 전체 소설을 낭독한다. 오디오북은 라디오, 텔레비전, 영화, 디지털 미디어와 함께 연기자들의 또 다른 일감이 되었는데, 다음에서는 경쟁자로서의 책을 따라잡으려 하는 것을 보게 될 것이다.

청각 등가물

오디오북은 언제나 한 번에 두 가지 방향, 즉 인쇄 책을 흉내 내는 것과 음향효과를 통해 인쇄 책을 향상시키는 것으로 나아갔다. 의회도서관의 말하는 책 도서관부터 출퇴근족을 위한 BOT까지 초기의 녹음 책 출판사들은 전통적인 독서 경험을 복제하기 위해 인쇄물을 꽉 붙잡았다. 트리베카 오디오Tribeca Audio 의 폴 루벤Paul Ruben은 오디오북을 되돌아보면서 "그것은 그냥 책을 강조하는 낭독된 책이다"[63]라고 말했다.

하지만 1990년대에 이르러 출판사들은 더 이상 전통에 신세를 진다고 느끼지 않았다. 다른 많은 형식들처럼, 오디오북은 이전 형식을 흉내 내는 것으로 시작했지만, 이후 독특한 정체성을 구축하는 것으로 옮겨갔다. 아세트 오디오Hachette Audio의 앤서니 고프Anthony Goff는 "오디오북은 단순히 낭독된 책이 아니다"라고 말했다. "오디오북은 별개의 합법적 형태의 오락이 되었다."[64] 시장의 성장, 취향의 진화, 기술의 진전은 모두 오디오북의 독립에 공헌했다. 일부 오디오 출판사(특히 시각장애인을 지원하는 출판사)가 계속 녹음을 책으로 취급했다면, 다른 이들은 이런 평가에 대한 관심 없이 오디오북을 재미있게 만드는 방법을 찾고 있다.

오디오 출판사들은 수십 년간 음향 기술을 실험해 왔다. AFB는 가급적 "책처럼" 유지하려고 노력하면서도 일부 녹음에 음향효과를 추가했다. 캐드먼, BOT, 리코디드 북스 같은 상업적 회사는 다른 조합도 시도했다. 여전히 강조점은 연기가 아닌 인쇄 책에 있었다. 출판사들은 일반적으로 극장식 낭독을 산만하다고 피했다. 한 사서가 오디오북의 큰 변화에 주목했다. "물론 오디오북의 품질은 1980년대 이후 말 그대로 '극적'으로 변해왔다. 어떤 오래된 녹음은 훌륭하긴 했지만, 일부 낭독은 저자의 의도를 손상하지 않기 위해 단조로운 톤으로 낭독되었다고 들었다. 맙소사! 고전은 거의 모두 듣기 힘들고 비소설은 더욱 나빴다. 지루하고 건조하고 매력이 없었다. 그러나 1990년대에 들어서면서 모든 것이 바뀌었다."[65] 극적인 연기가 녹음을 발전시켰는지에 대해서는 논쟁의 여지가 있다. 그럼에도 불구하고 (한 출판인이 "청각 등가물"이라고 부른) 시각 자료를 소리로 바꾸고 노래, 음악, 다른 음향효과를 추가해 지면에서 벗어난 오디오북의 발전을 추적할 수 있다.

음향 녹음의 주요 장애물은 책의 외형이다. 단순 낭독은 바꾸는 과정에서 거의 잃을 것이 없지만, 페이지의 레이아웃 각색은 어려움이 따른다. 다른 매체로의 각색을 완강하게 저항하는 실험적 글쓰기 그룹들이 있다.[66] 20세기의 문학은 영화화가 불가능하다는 키틀러의 말이 맞는다면 그중 상당수는 녹음 불가능한 것이기도 하다.[67] 그러나 이는 제임스 조이스, 버지니아 울프, 사뮈엘 베케트Samuel Beckett 같은 현대 작가의 작품을 오디오 출판사가 재구성하는 것을 막지 못했다.

형식적인 실험의 상징인 『트리스트럼 샌디』를 예로 들어보자. 스턴의 엉뚱

한 이야기는 전통적인 소설을 기이한 모양을 통해 와해시킨 것으로 유명하다. 지면이 어떻게 생겼는지가 그 속의 이야기만큼 중요하다.[68] 그러면 소설의 줄, 구불구불한 선, 얼룩덜룩한 페이지는 어떻게 낭독해야 할까? 녹음할 수 없는 소설로 판단하고 포기하기 전에, 스턴은 스스로 대리석 무늬로 된 페이지의 낭독을 고대했다는 것을 마음에 새겨야 했다.[69] 낙소스가 고객들에게 경고를 하지 않은 것은 아니지만, 스턴의 소설과 우스개와 모든 것을 녹음한 것은 이런 정신에서였다. 오더블의 웹사이트에는 다음과 같은 면책조항이 나온다. "이 오디오북은 여러 가지 방식으로 스턴의 발명품을 청각 등가물로 바꾸기 위해 노력하고 있다."[70] 다시 말하면 제작자들은 스턴의 책을 단순히 복제하는 이상의 것을 한다. 그들은 다른 매체에서 같은 결과를 얻기 위해 음향효과를 찾는다. 스턴은 안티-북을, 낙소스는 안티-오디오북을 우리에게 주었다.

스턴의 자기 반성적 언급은 우리가 실제 책을 읽고 있다는 것을 잊을 수 없게 한다. 녹음 스튜디오는 두 가지 선택권이 있다. 종이책의 형태를 유지하는 것(우리는 여전히 책을 듣는 게 아니라 읽는 척할 수 있다), 또는 오디오북의 형태에 적응하는 것이다. 그런 방법으로 소설을 패러디하는 데 사용된 장치들이 오디오북을 패러디하는 데에도 사용될 수 있다. 이 경우 낙소스의 음향효과는 실제 책이 낭독되고 있음을 일깨워준다. 책의 존재를 지우는 대신, 녹음이 버팀목으로서의 역할을 강조한다. 우리는 스턴이 열 페이지짜리 장을 모두 생략할 때 이것을 알게 된다. 책을 보는 독자는 책의 페이지 번호 차이로 하나의 장이 생략되었음을 추론하는 반면, 책을 듣는 청자는 바스락거리는 종이의 소음으로 그 장의 부재를 알게 된다. 소리는 낭독자의 존재를 일깨우는 동시에, 보통은 마지막 녹음 후에 이루어지는 스튜디오의 기술적 처리 과정을 언뜻 보여준다. 오늘날의 낭독자들은 태블릿 컴퓨터로 페이지를 넘긴다. 스턴이 우리가 책을 읽고 있다는 것을 잊을 수 없게 만든 것처럼, 낙소스는 무언가를 듣고 있다는 것을 잊지 못하게 했다.

여러 청각 등가물은 책의 조판typography을 전달한다. 여기서 낭독자의 '으흠' 하는 헛기침 소리와 중얼거림이 소설의 줄표와 별표를 대신한다. 소설 속에서 20개 넘는 줄표로 표현하고 있는 토비 아저씨의 콧노래를, 낭독자는 큰 소리로 흥얼거린다. 그리고 오디오북은 단어와 함께 삐 소리를 울려서 소설의 검열을 뜻하는 "Z———s!"를 표시한다. 검열 음향은 라디오에서 익숙하게 될 것이고, 이런 맥락에서 검열되지 않은 단어("제기랄Zounds!")는 금지된 단어 바로 앞에서 제대로 낭독하기 때문에 마찬가지로 재미있다. 마지막으로 레서Lesser는 트림 상병의 흔드는 막대기(원고에 구불구불한 선으로 그래픽으로 표현된 것)를 스튜디오에서 진짜 막대기를 실제로 휘저어 나는 획획 소리로 전달했다. 그런 효과는 오디오북의 통상적인 배경이 지닌 고요함과 대비되어 두드러진다.

스턴의 책에서 검은색 페이지는 파슨 요릭Parson Yorick의 죽음을 애도하고 있다. 눈에 띄는 시각 효과는 말하는 것이 아닌, 보여주기 위한 비정통적인 방식이다. 단순히 페이지를 묘사하는 것(어떤 낭독자들이 선택적으로 했듯이)은 원래 원고를 진실되게 재생하는 것이지만, 동시에 그 힘을 낭비하는 것이다. 낙소스의 녹음에서는 교회 종소리가 대신 세 번 울리고 언어적 낭독에 비언어 요소를 적절히 침투시킴으로써 장면의 심각성을 전달하고 있다. 낙소스는 좀 더 자기성찰적인 방식으로 매체에 어울리는 독특한 음향효과를 골라서 대리석 무늬 지면을 전달하고 있다. 이 경우 우리는 깨끗한 송신이 아닌 점점 커져가는 라디오 잡음을 듣는다. 즉, 대리석 무늬 페이지는 잘 알아들을 수 없는 페이지와 같다.

스턴은 20세기의 실험적인 글쓰기와 제멋대로인 탈선의 선구자로서 여겨지고 있다. 오디오 출판사들은 나보코프의 『창백한 불꽃Pale Fire』부터 케이트 앳킨슨Kate Atkinson의 『박물관 뒤 풍경Behind the Scenes at the Museum』과 주노 디아스Junot Diaz의 『오스카 와오의 짧고 놀라운 삶The Brief Wondrous Life of Oscar Wao』에 이르기까지 소설에 사용된 주석을 어떻게 처리할지 결정해야 한다. 데이비드 포스터 윌리스David Foster Wallace의 작품은 주석을 많이 사용한 것으로 유명한데, 주석에 다시 주석이 있을 정도다. 윌리스에게는 이 주석이 무관한 것이 아니라 소설이 진행되는 방식을 자각하기 위한 해설이다. 한때 그는 주석을 "머릿속에 두 번째 음성을 가진 것과 거의 같다"라고 묘사했다.[71] 그런 실험의 가치가 무엇이든 간에, 주석 없이 윌리스의 책을 녹음하는 것은 저자가 필수적이라고 느끼는 것을 놓치는 위험을 감수하는 것이다. 하지만 그런 단순한 서지학적 장치를 오디오로 옮기기는 극도로 어렵다고 판명되었다. 윌리스는 『재미있다고는 하지만 나는 두 번 다시 하지 않을 일Consider the Lobster and other Essays』의 서문에서, 주석이 "오디오북에서는 불쾌한 문젯거리"라고 인정했다. "주석들은 어디로 가야 하나? 오디오북에는 분명 페이지 하단이 없는데."[72]

윌리스의 출판사들은 두 가지 해결책을 시도했다. 한 가지는 '오디오'를, 다른 하나는 '책'을 강조했다. 첫 번째 해결책은 다음과 같다. 오디오북은 주석을 취급하는 일관성을 거의 보이지 않았다. 어떤 낭독자들은 낭독 흐름을 중단시키는 위험부담에도 불구하고 "주석"이라고 말한다. 다른 이들은 주석을 따로 녹음했다. 가장 쉬우면서도 완전히 일반적인 선택은 모두 빼는 것이었다. 윌리스는 두 가지 다른 음성으로 낭독함으로써 문제를 해결했다. 한 음성은 주 낭독용이고 다른 음성은 주석용이었다. 옛날 라디오 쇼에서 인기였던 필터 마이크를 사용함으로써 시각적 주석에 청각 등가물을 고안해 냈다. 이것은 그가 단순히 목소리를 잦아들게 하는 대신, "점, 점, 점dot, dot, dot"이라고 말해 생략을 다룬 엉성한 방식과 극명하게 대비된다.[73]

그다음으로는 '책' 해결책이 있었다. 아셰트 오디오는 388개의 주석(어느 허구의 감독에 대한 8페이지짜리 영화 목록 하나를 포함한)으로 잔뜩 채워진 1076페이지, 56시간짜리 『무한한 재미Infinite Jest』라는 맥시멀리즘 소설을 위해 다른 방법을 선택했다. 아셰트의 제작자들은 주석이 주 낭독을 따라가는 데 어려움을 주는 경우에는 주석 녹음을 하지 않기로 결정했다. 주석은 별도의 PDF로 배포되었다. 월리스의 고객들이 비요약본이라고 부르는 모든 녹음은 주석 역시 포함하는 것이 의무라고 반대했을 때, 아셰트는 다음과 같은 설명을 내놓았다.

일부 초기 청자들은 소설의 주석이 텍스트로만 제공된다는 사실에 실망했다. 주석을 낭독자가 낭독하지 않고 다운로드 가능한 PDF 파일로 제공하는 것은 관련된 모든 사람들에게 어려운 결정이었고 우리는 제작하기 전에 시간을 갖고 여러 다른 선택지를 논의했다. 오디오 형식은 우리에게 인물 간의 관계를 조명하고 작품 속에 내재된 독특한 유머를 끌어내는 월리스의 언어와 문법적 기교를 보여주는 대단한 기회를 허락했다. 그러나 형식에는 어느 정도의 제약이 있고 어떤 복잡한 작품을 오디오북으로 개작할 때 그렇듯이 『무한한 재미』의 형식에 대한 선입견들 일부를 내려놓을 필요가 있었다.[74]

아셰트의 입장에서 월리스의 작품을 각색하는 것은 월리스 자신이 했듯이 소설의 특색을 보존하기 위해 별도의 대안을 찾는 대신 소설에서 가장 특출한 면모를 제외시키는 것을 의미했다. 아셰트는 오디오북에는 없는 페이지 하단을 기회가 아닌 제약으로 보았다(아셰트는 결국 주석을 대부분의 책보다도 긴 거의 8시간의 별도 녹음으로 내놓았다).

오디오 출판사들만 복원 문제에 직면하고 있는 것은 아니다. 제니퍼 이건 Jennifer Egan의 『깡패단의 방문A Visit From the Goon Squad』에는 파워포인트만 있는 챕터가 있었다. 76장의 슬라이드는 오디오에 도전 과제를 던지지만, 그것은 지면을 차지하고 독자가 소설을 치워버리게 하는 것이었기에 종이책에도 역시 도전이었다는 것을 마음에 새겨야 한다. 비용을 최소화하기 위해 소설의 슬라이드는 흑백으로 인쇄된 반면, 이건의 웹사이트에는 컬러로 실려 있다. 다른 말로 하면 소설 자체가 이미 다른 매체와 어떻게 협력해야 하는지의 문제로 고심하고 있었던 것이다.

슬라이드가 오디오에서 작동되는지 질문받자, 이건은 자신의 글쓰기 모임에서 낭독했던 것을 떠올렸다. "이 이상하고 시적인 방식의 분위기에 걸려 있는 언어, 그것은 섬뜩한 힘을 가졌다"[75](많은 청자들은 오디오북의 흑백 PDF 부록과 지루한 그래프 읽기에 대해 불평하면서 여기에 동의하지 않았다). 우리는 이건의 프로젝트를 각각의 강점을 활용하는 복합 매체 스토리텔링으로 간주하는데, 이것은 다양한 미디어 포맷을 통해 다른 방식으로 이야기하는 것이었다. 소설에서의 산문, 오디오북의 음향, 파워포인트의 본래 환경인 웹사이트에서는 색·음·영상의 혼합 같은 각각의 강점을 활용했다.[76] 이건의 소설에서 파생된 앱(컨스터블 앤 로빈슨Constable & Robinson, 2.99파운드)은 록사나 오르테가Roxana Ortega의 오디오북 낭독과 텍스트를 동기화해 이런 구분조차 약화시켰다.

청각 등가물은 조금씩 실험하는 소설에서 똑같이 효과적일 수 있다. 제이디 스미스Zadie Smith의 『런던, NW』를 낭독할 때 겪는 주요 어려움은 런던 사투리와 억양을 통달하는 것이다. 단편으로 된, 의식 흐름 소설은 가끔씩 그림 도구를 사용한다. 낭독자는 소설 활자에서 벗어나는 것의 대부분을 음성 변화를 통해 전달한다. 예를 들어 그녀의 음성은 "극비: 네이선 보글Top-secret: Nathan Bogle"을 낭독할 때는 레아 한웰Leah Hanwell 목록의 다른 항목들보다 작은 글자로 입력되었음을 알리기 위해 속삭임으로 낮춘다.[77] 독자들이 한눈에 알아보는 인터넷 주소의 모든 글자를 읽는 것처럼 쓰여 있는 글을 너무 그대로 따라 읽으면 지루함이 발생한다. (다른 낭독자들은 웃길 목적으로 긴 숫자를 과장되게 빠른 속도로 읽으려 했다.[78])

한웰과 키샤 블레이크Keisha Blake의 인터넷 채팅은 폰트, 오타, 이모티콘을 볼 수 있기 때문에 듣는 것보다는 보는 게 더 쉽다. "Bye noe"(Bye Now의 오타) 제목의 장은 화자가 "!!!!!??????"를 "음?"으로 말해 합리화시킨 문맥으로, 페이지에서는 말이 된다.[79] 사실 타이핑 배경 소음이 없었다면 이 대화가 컴퓨터에서 일어난다는 것을 알기는 어렵다(지면에서는 분명히 알 수 있다). 사실상 소리는 이 점에서 서체와 유사하다. 그런 시각효과가 책답다면 음향효과는 오디오북답다. 특히 사과나무 모양으로 펼쳐져 있는 소설의 시에는 청각 등가물이 필요하다. 오디오북은 그런 시각효과를 전할 직접적인 방법이 없다. 그럼에도 불구하고 이 문장의 배경에 나온 새소리는 우리가 예외적인 언어를 다루고 있음을 암시하는 동시에, 나무의 개념을 떠올리게 한다.

몇몇 형식적인 장치는 오디오에서 더 잘 작동하는 것으로 밝혀졌다. 차이나 미에빌China Miéville의 『엠버시타운Embassytown』에서 아리키Ariekei 외계인들은 두 개의 입으로 말한다. 소설은 외계인의 이름을 설/테시-어서Surl/Tesh-echer처럼 단어의 동시 발음을 표현하기 위해 분할 표기 방식으로 보여주는데 소설을 속으로 조용히 읽을 때는 내가 여전히 배열된 순서로 이름을 살피고 나서 그것들을 제각각 별개로 발음하고 있음을 알아차렸다. 반면에 녹음은 두 이름을 동시에 발음한다. 이 사례가 보여주듯이 지면에서 허용하는 많은 형식적인 실험들은, 특히 소리가 포함될 때는 다른 경쟁 매체에서는 발휘하지 못하는 상상력을 어느 정도 요구한다.

저자들이 녹음에 완전히 새로운 것을 추가해도 아무도 막지 않는다. 희극 작가들은 더 뻔뻔해지면서 그렇게 하기 시작했다. 많은 이들은 두 가지 형식의 오락이 같은 것인 척하지도 않았다. 저자들이 책의 관례를 수세기 동안 실험해 온 반면 오디오북의 규약은 상대적으로 개발되지 않았다. 한 가지 예를 들자면 아지즈 안사리Aziz Ansari는 오디오북의 클리셰cliché인 입문자용 스무스 재즈smooth jazz를 낭독하는 내내 배경음악으로 사용하겠다고 위협했다. "제가 그렇게 오래 음악을 틀 줄은 몰랐죠?"라고 청자들에게 물었다.[80] 다른 예를 들면, 에이미 폴러Amy Poehler는 러시모어Rushmore산 밑에 지어졌다는 녹음 스튜디오에서 우리를 반겼는데, 그녀는 거기에서 챕터 사이에 넣은 유명 연예인의 인터뷰를 하고 있었다. 폴러 스스로 낭독해야 한다면서 캐슬린 터너가 1장에서 낭독을 중단하면서 폴러는 책을 대단한 배우가 낭독해 주는 환상이라는 또 다른 오디오 관행을 조롱했다.[81]

요즘에는 녹음 불가능한 책이 거의 없다. 닐 스티븐슨Neal Stephenson의 최근 소설 제목 속에 순서가 뒤바뀐 글자마저도 청자를 줄어들게 하지 않는다고 그는 장담한다. "『림드Reamde』는 100% 오디오북과 호환된다."[82] 출판사들은 인쇄에만 적당하다고 생각되던 멀티미디어 책 녹음 문제에 대한 상상력 풍부한 해결책을 도출했다. 예를 들어 오리온은 『놀라운 나무와의 만남Meetings with Remarkable Trees』의 사진 80장을 우표 크기 다섯 장의 조각판으로 바꾸었고 그 제작자들은 그래픽 묘사가 우리에게 나무를 떠올리게 하기 때문에 나무를 볼 필요가 없다고 주장한다. 오리온은 『남자는 듣지 않고 여자는 지도를 읽지 못하는 이유Why men Don't Listen and Women Can't Read Maps』의 그림 20장을 배우들이 연기한 20개의 언어 묘사로 바꾸었다. 어린이용 그림책은 단어가 별로 없어서 녹음하기가 특히 어렵다. 그 대안으로 펭귄 출판사는 『스팟Spot the Dog』에 음악, 추가 음성, 바람에 날리는 잎사귀 소리를 넣음으로써 "귀로 듣는 그림"이라고 부르는 것을 창조했다.[83]

영상, 지도, 차트, 그리고 시각 자료들을 취급하는 여러 가지 방법이 있다. 음성만으로도 어떤 경우에는 그래픽 콘텐츠를 전달할 수 있다. 버트런드 러셀의 『상대성 이론의 기초The ABC of Relativity』는 낭독자가 기차의 움직임을 원래의 그림 대신 유추를 이용해 묘사하도록 했다. "우리에게 사진이 없다는 것은 중요한 것이 아니다"라고 출판사가 주장했다. "적당한 열성이면 마음의 눈에 그림을 그릴 수 있다."[84] 다른 경우 출판사들은 제프 우드먼Jeff Woodman이 『한밤중 개에게 일어난 기묘한 사건The Curious Incident of the Dog in the Night-Time』 전체에 나오는 그림, 기호, 방정식을 마주할 때 했듯이 그냥 그래픽을 건너뛰었다. 안사리는 심지어 생략을 농담으로 바꾸기도 했다. 그는 오디오북을 산 사람들에게 "당신은 망한 거다"라고 말했다. "당신은 내 아름다운 목소리를 들어야 한단 말이지. …… 차트는 빼고."[85] 이런 노력을 하는 출판사들에게 멀티미디어 책은 낭독자들이 그림 자료를 청각 등가물로 어떻게 바꿀지 미리 따져야만 했기 때문에 녹음하는 데 엄청난 비용이 들 수도 있었다. 그러나 앞의 예가 보여주듯이 소리에 적응할 수 없는 책은 거의 없다. 심지어 『카마수트라』(뷰티풀 북스Beautiful Books, 8.99파운드)의 녹음본도 있다.

다른 출판사들은 이와 반대되는 시도를 했는데, 책과 오디오북 사이 어딘가에 있는 혼합형이었다. 오디오북 다운로드가 점점 더 부록 자료를 담고 있는 PDF 서류와 함께 나왔다. 경제학자 토마스 피케티Thomas Piketty의 『21세기의 자본Capital in the Twenty-First Century』을 듣는 것은 책의 그래프와 표를 담고 있는 별도의 106페이지 부록을 포함한다. 피케티는 출퇴근족용이 아니다. 이 처리 방식은 독자가 한때 서로 배타적이었던 매체들 사이를 왔다 갔다 할 용의가 있다는 것을 전제로 한다. 사실상 나는 보통 녹음만으로 얻을 수 있는 것을 얻고 첨부는 무시한다(도표를 읽을 수 있다면 책 역시 읽을 수 있다). 저자 인터뷰부터 책 원본의 표지 사진까지의 모든 것을 포함한 부록은 우리가 책과 상호작용했던 것이 이야기 그 자체 이상이었음을 다시 일깨워준다.

오디오북의 종말

책을 듣다 보면 책에 노래 가사가 담겨 있다는 것을 깨닫게 된다. 내 경험으로는 사람들은 이 가사를 시처럼 읽거나 그냥 뛰어넘는다. 그것을 듣기 전에는 얼마나 많은 책에 노래가 들어가 있는지 거의 깨닫지 못했다. 제인 에어를 흐느끼게 한 애절한 발라드는 줄리엣 스티븐슨이 노래하기 전까지는 내게 조금도 영향을 주지 못했다. 책을 읽을 때는 보통 내가 평생 들었던 노래들만 (팝 가사는 저작권 제약 때문에 거의 인용되지 않지만) 알아본다. 그러나 내가 모르는 노래들은 지면 위에서는 단지 단어일 뿐이다. 유명한 옛 노래들도 낭독자의 안내가 없으면 놓치게 된다. 린다 스티븐스Linda Stephens는 『바람과 함께 사라지다』에서 「보니 블루 플래그The Bonnie Blue Flag」, 「이 잔혹한 전쟁이 끝나면When this Cruel War Is Over」, 「켄터키 옛집My Old Kentucky Home」, 「올 댄 터커Ole Dan Tucker」, 「가거라 모세Go Down Moses」를 노래하면서 남부 연합의 음악적 풍경soundscape을 복원하고 있다.

음악은 다른 오디오북에도 자리를 잡았다. 코리나 클렌디넌Corrina Clendenen의 『더블타임Double Time』은 챕터 사이에 뱀파이어 위켄드와 여러 밴드가 연주를 한다.[86] 이 오디오북 청자들은 더 이상 본문에 쓰인 시 한 조각을 보고 마음속으로 노래를 부르거나 따로 연주할 필요가 없다. '음악을 보강한 오디오북'(≪오디오파일≫은 클렌디넌의 오디오북을 이렇게 묘사했다)은 음악 사용 허가를 받기 어렵고 돈이 많이 들기 때문에 희귀할 것이다.[87] 그럼에도 불구하고 『더블타임』은 오디오북이 인쇄물을 능가할 수 있는 한 가지 방법을 제시한다.

오디오북의 사운드트랙은 원고에 일반적으로 소스를 가지고 있지 않다. 그 대신, 내러티브를 소개하고 분위기를 만들고 설정을 환기시키고 전환을 알려주기 위해 음악이 입혀졌다. 소리는 또한 '음향 신호'로서의 역할을 하고 주요 순간을, 예를 들면 성적인 장면을 시사하기 위해 고조되는 음악을 사용함으로써 기록한다.[88] 낭독자들은 자기 고유의 음악을 넣는 것으로 알려져 왔다. 로브 잉글리스Rob Inglis는 『호빗』에서 톨킨의 녹음을 찾을 수 없을 때 그렇게 했다. 또는 출판사가 오리지널 음악 작곡을 의뢰할 수 있다. 게일 카슨 러빈Gail Carson Levine의 『페어리스트Fairest』는 아요르타라는 뮤지컬 왕국을 배경으로 하는 청소년 소설인데, 풀 캐스트 오디오는 이 책의 오디오북을 위해 전곡을 제작했다. 작곡가는 "브로드웨이 어느 뮤지컬보다도 『페어리스트』에 더 많은 노래가 있다"라고 자랑했다.[89] 여러분은 『홍수The Year of the Flood』에 나오는 종교 집단인 신의 정원사God's Gardeners를 위해 마거릿 애트우드Margaret Atwood가 직접 만든 14개의 찬송가가 불리는 것도 들을 수 있다.

실제 음악 책도 있다. 들을 수 없는 음악을 누가 읽으려 할까? 의회도서관의 시각장애인을 위한 말하는 책 서비스마저도 음악책을 고려할 때는 소리가 글쓰기보다 우월하다고 생각했다. 말하는 책의 첫 번째 모차르트 전기에서는 책의 주석을 피아노 음악으로 대체했다.[90] 상업 출판사들은 150곡의 음악 축약본을 담은 〈고전 음악의 역사History of Classical Music〉 같은 앨범 세트를 만들었다. 마찬가지로 음악가들은 월터 딘 마이어스Walter Dean Myers의 『블루스 여행Blues Journey』, 케이트 톰슨Kate Thomson의 『신임 경찰The New Policeman』, 빅터 우튼Victor Wooten의 『음악 수업The Music lesson』을 재미있게 만들었다. 메디치 현악 사중주단Medici String Quartet은 요크셔에서의 음악적 성장에 대한 회고록인 앨런 베넷Alan Bennett의 『찬송가Hymn』를 그와 함께 연주했다. 이것이야말로 진짜 노래하는 책이었다.

진지한 독자들은 음향효과가 책을 멍청하게 만들고 라디오, 텔레비전과 비슷하게 만드는 것이라고 오랫동안 눈살을 찌푸려왔다. 대부분의 출판사들은 그들의 녹음이 라디오 드라마가 아닌 책으로 확실히 인식되도록 음향효과를 조금씩만 사용했다.[91] 워너 오디오의 제작자 중 한 사람은 자갈 상자, 슬라이드 호각, 코코넛 껍질 같은 깡통 속 소리를 지나간 시대와 연계했다. "오늘날의 청자들은 옛 방식의 라디오 드라마가 감당하기에는 너무 세련되었다."[92] 그러나 음향효과로부터 멀어지는 대신 출판사들은 책을 좀 더 라디오같이 만들 기회를 잡았다. 호화로운 연출이 『그림자The Shadow』 같은 연재물을 들으며 자란 청중을 목표로 삼았다. 예를 들어 갤럭시 프레스Galaxy Press는 L. 론 허버드L. Ron Hubbard의 싸구려 통속소설을 녹음하면서 17만 5000개의 음향을 사용했다.[93] 끊임없이 계속되는 사운드트랙은 당신이 책을 듣고 있다는 것을 쉽게 잊게 만든다.

오디오북은 영화와 제휴할 가능성이 더 크다. 일부 녹음은 영화에서 직접 자료를 빌려온다. 1955년 로턴이 녹음한 『사냥꾼의 밤The Night of the Hunter』은 데이비스 그럽Davis Grub의 소설과 유나이티드 스테이츠 아티스트United States Artists 영화 사운드트랙에 기반을 두었다(사라 코즐로프Sarah Kozloff는 영화가 낭독 녹음으로 바뀐 것을 "오디오화audio-izations"라고 묘사했다[94]). 수십 년 후에 그레이엄 그린Graham Greene의 『제3의 사나이The Third man』(오디오판)는 영화의 잊을 수 없는 치터 연주로 시작했다. 이어 리터러처 사장은 "이것은 신기술을 가진 오래된 라디오다"라고 말했다.[95]

빈티지 라디오의 가정에서 만든 음향효과는 그 후 영화 산업의 음향 디자인으로 바뀌었다. 펭귄은 영국에서 가장 오래된 영화 스튜디오인 파인우드Pinewood에서 로알드 달Roald Dahl의 작품을 위한 소음을 녹음했고 독자들은 마침내 복숭아 위에서 춤추는 것이 어떤 소리를 내는지 알게 되었다. 갤럭시 프레스는 낭독 녹음에 "영화 같은 효과"를 만들기 위해 음악을 사용한다.[96] 그리고 그래픽오디오GraphicAudio는 "당신 마음속의 영화"라는 슬로건을 달고 오디오북을 출간했다.[97] 오디오 출판사들이 한때 본인들을 영화와 구분하기 위해 '화면이 아닌 당신의 상상력이 작동하도록 작업하라' 같은 서로 유사한 모토를 사용했는데, 그래픽오디오는 독서 경험에 영화적 요소(유명 배우 배역, 음향효과, 오리지널 스코어)를 도입하면서 반대 방향으로 움직이고 있다. 그 작품들은 원작을 경시하거나 책과 빈약한 관계만 가진 그래픽 소설에 기반을 두고 있다.

오디오 출판사 다수는 책이 아닌 비디오, 게임, 여러 비인쇄 매체를 경쟁자로 보고 있다. 그것을 보여주는 한 사례로, 오슨 스콧 카드Orson Scott Card는 자신의 소설 『엔더의 게임Ender's Game』을 거의 30명의 연기자가 연기한 "음향극audioplay" 〈엔더의 게임 얼라이브Ender's Game Alive〉로 바꾸었다. 소설의 전지전능한 화자를 대화, 배경음악, 음향효과로 대체했고 각색은 오디오북(여러 낭독자를 다시 사용하면서까지)과 영화 각색 사이 어딘가에 해당했다. 제작자들은 "이것은 일상적 의미의 오디오북이 아니다. 엄밀히 따지면 '라디오 드라마'도 아니다. …… 그것은 원본 책도 아니고 오디오북도 아니고 영화도 아니다. 그러나 그 복잡성과 규모로 볼 때 장편 극영화와 더 비슷하다"라고 말했다.[98] 재생시간이 7시간 이상이라는 것은 예외다.

매체 융합으로 텍스트와 소리의 새로운 결합이 가능해지고 있고, 책, 오디오북, 다른 매체 사이의 경계선이 더 없어지고 있다. 예를 들어 디지털 기술은 책을 모델로 삼으면서 텍스트에 게임, 하이퍼링크, 시청각 요소를 가미한 "고급 오디오북"을 만들어냈다.[99] 첫 번째 고급 오디오북으로 발간된 오디오북은 마크 보든Mark Bowden의 『킬링 파블로: 세계 최고 무법자 사냥Killing Pablo: The Hunt for the World's Greatest Outlaw』(사이먼 앤 슈스터 오디오, 32달러)이었다.[100] 『킬링 파블로』는 CD 재생기에서는 보통의 오디오북처럼 들리지만 컴퓨터로 틀어보면 법 집행 관리의 영상자료와 인터뷰까지 보여준다. 최근에는 터치프레스Touchpress의 아이패드용 〈황무지The Waste Land〉 앱(터치프레스, 7.99파운드)이 청자들이 원본 원고를 보는 동안 T.S. 엘리엇, 알렉 기네스Alec Guinness, 테드 휴스Ted Hughes, 비고 모르텐슨Viggo Mortensen, 피오나 쇼Fiona Shaw가 낭독해 주는 시를 들려준다.

그런 앱은 책만큼이나 멀티미디어 웹사이트와 닮았다. 오디오는 그냥 한 가지 요소일 뿐이다. 오디오는 보다 널리 활용되지만 점점 더 다른 매체와 구분되지 않는 미래가 다가옴을 보여준다. 오더블은 이야기를 오디오, 문장, 시각 매체로 무차별 소비하는 고객들 사이에서 "형식 무관 매체 소비"의 성장을 기대하는 많은 매체 회사 중 하나다.[101] 책을 읽었느냐는 질문은 점점 대답하기 어려운 질문이 되고 있다.

오늘날의 많은 오디오북은 더 이상 책을 기반으로 하지 않는다. 회사들은 오디오 전용 집필 작업을 맡기기 시작했다. 이러한 작품으로는 옛날 라디오 드라마를 연상시키는 전 배역 작품부터 책 가운데에서 본래 뿌리를 뛰어넘은 지 오래된 여러 편으로 이루어진 SF 서사극에 이르기까지 다양하다. 〈스타트랙〉, 〈스타워즈〉, 〈닥터 후〉를 포함한 인기 시리즈는 서로 간의 경계가 희미한 녹음된 책, 원고, 라디오 드라마, 소설 각본이 일관성 없이 혼재한다. 책 이외의 자료에서 파생된 "후기 문학 각색postliterary adaptations" 시대의 특징이다.[102] 내 원래의 정의에서 오디오북을 어떤 식으로든 녹음되어 있는 책이라고 한다면, 본래 책으로 존재한 적이 없는 극의 제작은 오디오북과 별개임을 의미한다. 우리는 '책'이 아닌 '오디오'만 가지고 있다.[103]

오늘날 많은 출판사는 그들의 제작물을 "오디오 오락"이라고 부름으로써, 책과 완전히 연계를 끊는 것을 목표로 한다.[104] 원본 내용물은 라디오 드라마와 팟캐스트에서부터 오더블이 "비도서 콘텐츠"라고 부르는 도서 출판을 목적으로 했지만 오디오로 바로 출시된 자료에 이르기까지 다양하다.[105] 오더블은 넷플릭스 같은 텔레비전 배급사를 좇아서 타사가 제공하는 콘텐츠에서 벗어나 자체 제작으로 전환한 데 이어, 원작을 위탁하는 방식을 주도해 왔다. 2014년에 오더블은 대략 30편의 자체 제작물을 의뢰 및 제작했다.

〈쇼팽 원고Chopin Manuscript〉는 그 가운데 하나다. 2008년 오디오출판업자협회의 올해의 오디오북 시상식Audiobook of the Year Award의 수상작은 책으로 존재했던 적이 없다. 오디오 다운로드로만 발간된 〈쇼팽 원고〉는 15명의 작가들이 같이 저술하고 후에 한 사람이 낭독한 스릴러 시리즈다.[106] 수석 작가인 제프리 디버Jeffrey Deaver는 오디오만을 위해 쓰인 또 다른 미스터리 소설 〈스탈링 프로젝트The Startling Project〉를 집필했다. 그는 이것을 "비시각극a nonvisual play"이라고 불렀다.[107] 디버의 이전 경력이 소설을 쓰는 일이 아니었다면 여기에서 책은 전혀 거론되지 않았을 것이었다. 사실상 〈스탈링 프로젝트〉를 들은 사람들은 책을 읽는다기보다는 영화를 보는 것 같았다고 했다.

이 책은 1877년 에디슨의 축음기 발명 후에 만들어진 낭독 녹음으로 시작했다. 왁스 실린더에 책을 녹음하려는 최초의 시도부터 북셀러 세미나에서 "오디오 혁명"이라고 여겨졌던 오디오북의 미래에, 더 이상 책이 필수가 아닌 것으로 보이는 현재까지의 전통을 모두 추적해 왔다. 오디오북 출판에는 두 가지 줄기가 있다. 하나는 인쇄 책에 가급적 가깝게 접근하는 것, 다른 하나는 책을 뛰어넘으려는 것이다. 책보다는 다른 매체와 관련되어 있는 유명인 낭독자, 복수의 낭독자, 전 배역, 악보, 음향효과의 활용은 모두 오디오북의 독립을 의미한다. 이것에 주의하라. 두 종류의 제작 모두 '오디오북'이라는 이름에 잘 어울리긴 하지만 단독 낭독자와 할리우드식 전 배역 극 사이에는 큰 차이가 있으므로 고객들은 조심스럽게 도서를 선택해야 한다. 우리는 경쟁 매체, 기술 발전, 변화하는 취향에 대응해서 이 형태가 진화하는 것—혁명은 아니더라도—을 목격하고 있다. 미래의 오디오북이 어떻게 변화할지는 아무도 모른다. 그러나 독서가 어떤 의미인지를 이해하는 것은 계속해서 어려워질 것이라고 확신한다.

빨리 듣기

당신은 이 책을 인쇄물로 읽거나 녹음으로 듣고 있을 것이다. 요즘은 음성 합성 기술 발전으로 사람의 음성에 가까워진 인공음성을 선택할 수 있지만, 이 책을 인공음성으로 듣고 있지는 않을 것이다. 컴퓨터 생성 음성을 사용하는 음성 합성Text-to-speech(TTS) 엔진은 우리 주변 어디에나 있다. 오늘날의 노트북, 태블릿, 스마트폰은 스크린의 콘텐츠를 낭독해 주는 합성음성을 장착하고 나온다. 시각장애인 또는 달리 인쇄물을 읽을 방법이 없는 사람들은 오랫동안 화면을 읽어주는 낭독자에게 의존해 왔다. 프로젝트 구텐베르크Project Gutenberg 웹사이트는 사람들에게 '사람이 읽어주는 낭독'과 '컴퓨터 생성' 오디오북 중에서 선택권을 제공한다.[1] 그리고 많은 전자책 리더기는 어떤 전자책이든 오디오북으로 전환하는 음성 합성 기능을 가지고 있다.

이 책은 책을 눈으로 읽는 것과 귀로 듣는 것에 어떤 차이가 있는지를 묻는 것으로 시작했다. 이것은 밀접하게 연결된 질문으로 끝이 난다. 즉, 사람이 책을 낭독하는 것과 로봇이 낭독하는 것에 어떤 차이가 있는가?

얼마 전까지만 해도 이것은 어리석은 질문처럼 보였다. 수백 년 동안 사람들은 인간의 음성을 모방해서 만들기 위해 노력해 왔으나 성공하지 못했다. 18~19세기 발명가들이 만든 말하는 오토마타automata─ 로저 베이컨Roger Bacon의 브라젠 헤드Brazen Head에서부터 볼프강 폰 켐펠렌Wolfgang von Kempelen의 프라흐마신Prachmaschine, 요하네스 파버Johannes Faber의 유포니아Euphonia에 이르기까지―는 인간의 발성 기관을 모델로 삼았고 나중에는 인간의 귀를 본떴다.[2] 하지만 아무도 이 기묘한 기계를 실제 인간으로 착각하지는 않을 것이다(어떤 것은 인간의 얼굴 또는 신체 부위를 가졌음에도 불구하고 말이다).

음성합성은 스티븐 호킹을 연상시키는 간신히 알아들을 수 있는 로봇 같은 음성 이후에 많이 발전했다. 인공음성을 만들려는 초기의 시도는 기껏해야 부자연스러운 음성을 만들어냈다. 1950년대에 컴퓨터 기반의 음성합성 시스템 개발로 음성은 점진적으로 향상되었다. 시각장애인, 특히 다른 대안이 없는 사람들이 인쇄물에 접근할 수 있는 대체 형식으로 텍스트-음성 전환 기술을 가장 먼저 채택했다.[3] 후속 연구를 통해 컴퓨터 생성 음성은 인간 음성과 비슷하게 만들려는 목표에 훨씬 더 근접했다.[4]

연구자들이 니힐로nihilo(무)에서 음성을 만드는 시도를 중단하고, 대신 실제 음성의 방대한 데이터베이스에서 문장을 조각내 새로운 문장으로 다시 이어붙여 합성(연결 음성합성으로 알려진)하기 시작하면서 돌파구가 마련되었다.[5] 최신 합성음성을 들어본 사람들은 실제 음성과 똑같이 재현한 데 대해 종종 깜짝 놀란다. 오늘날 이 합성음성은, 비록 가끔은 (말하자면) 혀가 꼬여 인간과 컴퓨터의 차이를 쉽게 구분할 수 있게 하지만, 기분 나쁠 정도로 사람 목소리처럼 들린다.

음성합성은 디지털 음성과 인간의 음성을 구분할 수 없는 미래가 예상될 수 있는 단계까지 향상되었다. 이제까지 인간의 말은 컴퓨터가 복제하기에는 너무 복잡하고 변화무쌍하고 미묘하다고 판명되었다. 지면 위의 이야기를 읽는 것이 비교적 단순한 일인 반면, 인간 목소리에 가까운 표현력으로 읽는 것은 또 다른 도전이다. 하지만 감성적 음성합성은 컴퓨터가 문장을 사람처럼 말하는 것을 목표로 한다.[6] 이 음성은 갈수록 더 자연스럽고 심지어 실제와 똑같다.

좋은 진보의 조짐이 보이고 있다. 2009년 IBM은 낭독자를 사람처럼 들리게 만드는 '음', '어', 기침, 한숨, 콧방귀를 갖춘 합성음성으로 특허를 받았다.[7] 다른 것은 어투(즐거운, 슬픈, 열정적인)를 고를 수도 있다.[8] 가장 최근의 것은 문장 사이의 심호흡도 들린다. 애나Anna부터 지기Ziggy까지의 음성 엔진이 각각의 이름으로 불리고 있다. 기술이 스칼릿 조핸슨Scarlett Johansson의 목소리에 버금가려면 아직 멀었지만, 휴대폰에서 나오는 음성과 사랑에 빠진다는 생각(스파이크 존즈Spike Jonze의 2013년 영화 〈그녀Her〉에 그려진)이 더 이상 믿기 어려운 일이 아니다.

그 영화에서 금기시하는 친근함은 합성음성을 듣는 것이 왜 사람들을 불편하게 만드는 생각인지 그 이유를 보여준다. 너무 실제 같은 말투는 인간과 로봇 사이의 경계를 넘어설 위험이 있다. 합성음성을 사용해서 전화기의 정보에 접근하는 것과 그 음성에 대한 감정을 발전시키는 것은 별개의 일이다. 불편함의 또 다른 원인은 인간과 기술의 경쟁이다. 이 디스토피아적 전통은 적어도 "국민의 목소리"를 희생시키면서 인간 연기자를 대체하는 말하는 기계에 반대한 존 필립 수자에게까지 거슬러 올라간다.[9] 사이보그 조핸슨 목소리에 아마추어 낭독자가 얼마나 대항할 수 있을까?

많은 이들에게 합성 내레이션은 고대 그리스 낭독 전통이나 어린 시절 잠자리에서 들었던 스토리텔링의 기원으로부터 멀어져 잘못된 방향으로 가는 단계로 보였다. 디지털 시대에는 아무도 이야기를 직접 하지 않는다. 그것은 코미디언 앤디 코프먼Andy Kaufman이 무대 위에서 『위대한 개츠비』 낭독을 중단하고 자신의 목소리로 녹음한 레코드를 틀어놓았던 행동을 상기시킨다. 오늘날 가장 중요한 것은 코프먼이 더 이상 책을 읽을 필요가 없다는 것이다.

로봇이 읽어주는 소설을 듣는 것은 매력적인 장면이 아니다. 대부분의 사람들은 비인간 낭독자를 1분 이상 듣는 것에 어려움을 느낀다. 이 음성에는 실제 인간의 풍부한 표현력이 너무 부족하다. 인간 낭독자는 그 이야기를 읽는 적절한 방식을 생각하지만 기계 낭독자는 모든 원고를 같은 방식으로 읽는다. 그들의 특이한 발음, 이상한 억양, 당황스러운 정지는 듣는 것을 매우 불편하게 한다. 한 기자는 이 목소리를 "동유럽에서 성장기를 보낸 난독증 로봇"에 비유했다.[10] 이상한 계곡 효과에 맞먹는 부자연스러운 소리가 청자로 하여금 기계 소리를 듣고 있다는 것을 바로 알아차리게 한다.[11]

하지만 다른 독자 그룹인 시각장애인 또는 부분 시각장애인은 이런 이유 때문에 합성음성을 선호한다(우연히 기계 낭독으로 이 책을 듣고 있다면 이 그룹의 일원일 것 같다). 이 독자들은 문장을 연기하지 않고 읽는다는 바로 그 이유로 컴퓨터 생성 음성을 선호한다. 인공음성은 책 내용으로부터 주의를 산만하게 하거나 낭독자의 기벽 때문에 신경 쓰이게 하지 않는다. 인공음성은 가능한 한 최소한의 감정을 표현한다. 더 중요한 것은 컴퓨터 생성 음성은 이야기에 대한 독자의 자체적인 해석을 방해하지 않는다. ≪뉴욕타임스≫는 "합성음성에는 해석이 없다"라고 한 시각장애인 여성의 주장을 인용했다.[12] 그녀에게는 인공음성을 듣는 것이 인쇄물을 읽는 경험에 가장 가깝게 다가갈 수 있는 방법이다.

다른 시각장애인 독자들도 합성음성에 대해 노골적으로 옹호하지는 않았어도 그와 비슷한 수준으로 받아들였다. 40대 후반에 시력을 잃은 존 헐이 합성음성을 인간 음성보다 뛰어나다고 생각하는 이유에 대해 다음과 같이 설명했다.

사람들은 컴퓨터 음성이 짜증스럽지 않은지 내게 묻고는 한다. 아니다. 그렇지 않다. 내가 듣는 것은 음성 그 자체가 아니고 그 언어의 의미다. 인간 낭독자들은 읽을 때 감정을 감추기 어렵다. 컴퓨터는 감정이 없고 문법을 맞추는 구문 억양만 있다. 컴퓨터는 절대 놀라거나 어리둥절해 하거나 변명하거나 당황하지 않는다. 컴퓨터의 비인간성이 장점이다.[13]

합성음성은 오디오북이 잘못된 것으로 비난하는 것 중 하나인, 즉 사이렌의 노래가 독자를 수동적인 복종 상태로 유혹한다는 가장 큰 비난에 대한 해결책이다. 아무도 로봇의 음성을 유혹적이라고 비난하지 않을 것이다. 사실 헐을 비롯한 시각장애인들은 훈련받지 않은 귀에는 횡설수설로 들리는 아주 빠른 속도로 합성음성을 듣는다. 이것은 속독이 아닌 빠른 듣기다. 나는 내가 만난 시력이 정상인 독자 가운데 합성음성을 듣는 사람의 수를 한 손에 꼽을 수 있는데, 이러한 증거는 이러한 음성이 개인적 선호가 아닌 후천적 취향이라는 것을 시사한다.[14] 거의 모든 독자는 처음에는 자연 음성을 선호한다. 단지 어쩔 수 없이 합성음성을 들었던 사람이 그 음성에 익숙해지는 것이고, 심지어는 합성음성을 좋아하게 되는 것이다.

합성음성은 인간 낭독자의 시간이나 노력을 들일 가치가 없는 책을 읽을 수 있는 또 다른 장점을 지니고 있다. 매년 인쇄로 출간된 책의 아주 적은 비율(5% 이하)만이 녹음된다. 시각장애인이나 부분적 시각장애인들은 나머지 95%의 책에 접근하기 위해 스크린 리더 같은 보조 기술에 의존한다. 그들에게는 로봇 음성과 음성이 없는 것 사이의 선택이다. 어쨌든 이들 책은 대부분 문학이 아니다. 경제학 교과서는 누가 읽어도 차이가 없다.

또는 차이가 있을 수도 있다. 미국 작가길드는 아마존 킨들과 다른 전자 리더기가 음성 합성 기술을 사용하는 데 대해 ≪뉴욕타임스≫에 기명op-ed 칼럼을 쓸 정도로 합성 리더기를 심각하게 받아들였다. 당시 회장이었던 로이 블런트 주니어Roy Blount Jr.에 따르면 이 방식은 모든 전자책을 잠재적 오디오북으로 만들 수 있다. 도서의 오디오 권한—이 경우 합성 오디오권—을 구입하지 않았기 때문에 음성 합성 기술은 새로운 디지털 경제에서 저자들이 대가를 받지 못하는 또 하나의 방식인 것처럼 보인다. 블런트는 킨들의 인공음성이 짐데일 같은 거장에는 못 미쳐도 "꽤 들을 만한 것"이라고 생각했다.[15] 다른 말로 하면 피가 통하는 인간 배우에게 대가를 지불하고 듣는 대신, 무료로 듣고 싶은 유혹을 느낄 정도로 충분히 질적으로 좋았다는 의미다. 아마존은 출판사가 특정 서적에 합성음성 옵션의 비활성화를 허용함으로써 완화되었다.

미국 작가길드는 합성음성이 출판산업에 점진적으로 스며드는 것을 주시해야 할 것이다. 로봇이 당신의 책에 다가오고 있다. 내가 구글의 기술자들과 기술의 미래에 대해 이야기를 나누었을 때, 그들은 로봇이 인간을 대신한다는 관점으로 이 문제를 생각하지 말라고 내게 말했다. 그 대신 한쪽 끝에는 전문 배우가 연기하는 문학이 있고 다른 쪽 끝에는 읽는 데 대한 대가를 아무도 지불하지 않는 출판계의 유물(전화번호부, 사용 설명서, 지난해 여행 가이드)이 있는 연속선으로 묘사했다. 이 선은 사람들이 인간을 대신하는 로봇을 기꺼이 허용하는 정도까지 계속 옮겨갈 것이다.[16] 사람들은 아마도 거장 연기자가 낭독하는 문학을 항상 선호할 것이다. 재커비는 아이온iOn이라 불리는 로봇의 노래를 겁낼 것이 없다. 하지만 점점 더 사람들은 인생을 바꿀 만한 예술 작품이 아닌 책이라면 합성음성이 만족스럽다는 것을 알게 될 것이다. 회의론자들은 심지어 실제 목소리가 아닌 것을 알면서도 죽은 유명인(오슨 웰스 또는 다른 누군가)이 낭독하는 것을 듣는 미래를 받아들여야 할지도 모른다.

출판산업은 낭독자의 목소리가 특정 이야기에 맞춰진 맞춤 낭독 시대를 맞고 있다. 인간에게서 비인간 낭독으로의 변화는 말하는 책의 읽는 방법에 대한 지속적인 논쟁—이 책의 3장에서 낭독의 정치라고 불렀던 것—에뿐만 아니라 책의 수용에도 극적인 영향을 미칠 것이다. 청자들은 낭독자와 원고의 적합성을 판단할 때 특히 연령, 계급, 인종, 성별, 국적, 민족, 성과 관련해서 점점 더 까다로워지고 있다. 분별력 있는 귀에는 중립적인 목소리 같은 것은 없다. 하지만 합성음성 기술이 청자들에게 낭독자의 신원에 대한 통제 수단을 제공한다면 배역 논란이 방지될 것이다. 남자가 읽는 것이 싫은가? 여자로 바꾸면 된다. 음성이 너무 백인스러운가? 라틴 남성의 목소리로 바꾸면 된다. 영국 억양이 싫은가? 대신 텍사스인을 선택하면 된다.

청자들은 인간 음성에 반응하는 것과 같이 기계 음성에도 비슷한 몰입도로 반응할지도 모른다. 이 책의 전체적인 맥락은 낭독자를 두드러지지 않게 하려는 스튜디오의 최선을 다한 노력에도 불구하고, 낭독자와 청자들 간에 친밀한 관계가 형성된다는 것이었다. 이는 이른바 중립적인 음성으로 낭독되는 말하는 책부터 연예인이 읽는 오디오북에 이르기까지 거의 모든 녹음에 해당되는 말이다. 각각의 경우에서 청자들은 강렬한 애착을 느낀다. 장점은 인쇄된 지면을 읽을 때 접할 수 없는 친근감, 동료의식, 누군가가 당신에게 직접 말하고 있다는 접촉감이다. 그렇다면 커튼 뒤에 아무도 없을 때에는 이 관계가 어떻게 될까?

내 추측으로는 사람들이 합성 낭독자를 불편하게 느낄 것 같다. 단 처음에만 그럴 것이다. 청자들은 다른 기술이 사용하는 음성 엔진을 접하면서 결국 익숙해질 것이다. 그들은 합성음성을 즐기고 경외하고 의지하게 될 것이다. 청자들은 기호에 따라 낭독자의 페르소나를 지정할 수 있고, 인간 낭독자의 불필요한 습관을 점점 더 못 견디게 될 것이다. 실존 인물이 실제로 말하고 있는 것이 아님에도 이는 관계의 강도에 거의 영향이 없을 것이고 아마도 셀 수 없는 여러 디지털 상호작용과 섞이게 될 것이다. 후자의 결과로 우리의 관심을 이야기 자체로 되돌릴 수도 있다.

『오디오북의 역사: 알려지지 않은, 말하는 책 이야기』는 우리 독서 생활에 대한 여러 설명에서 빠져 있었던 녹음 책의 역사를 추적하는 것으로 시작했다. 말하는 책의 역사를 다루면서 애초에 책을 읽는 것이 어떤 것인지 의문을 던짐으로써, 오디오북으로 읽는 것이 과연 독서로 간주되는지에 대해서 소모적인 논쟁 이상의 것을 해보려고 애썼다. 오디오북은 적어도 독서가 일반적으로 생각하는 것보다 훨씬 더 흥미진진하며 복합적이고 다목적이라는 것을 가르쳐주었다. 도전적으로 스스로를 '독자'라고 칭했던 시각장애인부터 스튜어트의 오디오북을 듣는 '비독자'들에 이르기까지 모순되는 증언늘을 살펴야만 했다[17](비독자는 최소한 스튜어트의 동료 코미디언인 아지즈 안사리가 "너희 게으름뱅이"라고 부르는 것에서 한 단계 올라간 것이다[18]).

오디오북은 독자들 가운데서 그런 강렬한 감정을 이끌어내며 취향에서는 극과 극으로 정반대인 집단에서도 매력적이라는 점에서 나는 확실히 매료되었다. 이 책이 보여주듯이, 오디오북은 읽지 못하는 사람과 충분히 읽을 수 없는 사람을 위한 것이다. 다른 일 때문에 바쁜 사람을 위한 것이다. 모든 이야기를 열심히 듣는 사람을 위한 것이다. 기술적 지식을 지닌 사람을 위한 것이다. 전통주의자를 위한 것이다. 책이 좀 더 영화 같기를 바라는 사람을 위한 것이다. '책벌레'를 위한 것이다. 오디오북은 독서를 싫어하는 사람을 위한 것이자 독서를 좋아하는 사람을 위한 것이다.

미주

들어가기

1 오디오출판업자협회는 소매 매출액을 14억 7000만 달러로 예측했다. 이 수치는 "Annual Survey of Members 2015," Audio Publishers Association(spring 2015), http://www.audiopub.org/re-sources-industry-data.asp에서 인용했다.

2 오디오북은 대략 출판사 주요 매출의 5%를 차지한다. John B. Thompson, *Merchants of Culture: The Publishing Business in the Twenty-First Century*(Cambridge: Polity, 2010), 351 참조.

3 제임스 쇼코프(James Shokoff)는 "오디오북이란 무엇인가?"에서 오디오북을 "미국 문자의 서자"라고 불렀다. *Journal of Popular Culture*, 34, no. 4(Spring 2001): 171-181; "The audiobook's critical history is outlined" in Matthew Rubery, ed., *Audiobooks, Literature, and Sound Studies*(New York: Routledge, 2011).

4 Robin Whitten, "Growth of the Audio Publishing Industry," *Publishing Research Quarterly*, 18(3)(September 2002): 3-10; 5.

5 James W. Earl, "King Alfred's Talking Poems," in *Thinking about "Beowulf"*(Palo Alto, Calif.: Stanford University Press, 1994), 87-99 참조.

6 Cyrano de Bergerac, *Voyages to the Moon and the Sun*, trans. Richard Aldington(London: Folio Society, 1991): 79-80; Washington Irving, "The Mutability of Literature," in *The Sketch Book of Geoffrey Crayon*, Gent.(New York: C. S. Van Winkle, 1820), 4: 5-27.

7 Allen Dwight Callahan, *The Talking Book: African Americans and the Bible*(New Haven, Conn.: Yale University Press, 2006) 참조.

8 Henry Louis Gates, Jr., "The Trope of the Talking Book," in *The Signifying Monkey: A Theory of African-American Literary Criticism*(New York: Oxford University Press, 1988): 127-169; 165.

9 Margaret Mitchell, *Gone with the Wind*, read by Linda Stephens(Prince Frederick, Md.: Recorded Books, 2001), 41 compact discs; Andrew Mayer and Jim Becker, *10 Classics in 10 Minutes*, read by John Moschitta (New York: Workman, 1986), 1 cassette.

10 On radio's dramatic conventions, Neil Verma, *Theater of the Mind: Imagination, Aesthetics, and American Radio Drama*(Chicago: University of Chicago Press, 2012); Dermot Rattigan, *Theatre of Sound: Radio and the Dramatic Imagination*(Dublin: Carysfort, 2002).

11 Anna Richardson, "Hitchhiker's Guide Top of Audiobooks(Bookseller: August 1, 2008)," http://www.the bookseller.com/news/hitchhiker's-guide-top-audiobooks. 목록은 2008년 6월 28일 ≪가디언≫에 실렸다.

12 새로운 매체로서의 오디오북에 대해서는 다음을 참조하라. Iben Have and Birgitte Stougaard Pedersen, "Sonic Mediatization of the Book: Affordances of the Audiobook," *MedieKultur*, 54(2013): 123-140; Iben Have and Birgitte Stougaard Pedersen, "Conceptualizing the Audiobook Experience," *Sound Effects*, 2, no. 2(2012): 80-95. 이 생각은 Iben Have and Birgitte Stougaard Pedersen, *Digital Audiobooks: New Media, Users, and Experiences*(New York: Routledge, 2016)에서 충분히 발전되있는데 내 원고를 끝낸 후에 출판되었다.

13   그리스의 구술 전통에 관해서는 다음을 참조하라. Albert B. Lord, *The Singer of Tales*, 2nd ed., ed. Stephen Mitchell and Gregory Nagy(Cambridge, Mass.: Harvard University Press, 2000); Eric A. Havelock, *The Muse Learns to Write: Reflections on Orality and Literacy from Antiquity to the Present*(New Haven, Conn.: Yale University Press, 1986); Gregory Nagy, *Poetry as Performance: Homer and Beyond*(Cambridge, Mass.: Cambridge University Press, 1996); Ruth Scodel, *Listening to Homer: Tradition, Narrative, and Audience*(Ann Arbor: University of Michigan Press, 2002).

14   Marshall McLuhan, *Counterblast*(Toronto, 1954), n.p.

15   Saint Augustine, *Confessions*, trans. Henry Chadwick(Oxford: Oxford University Press, 1992), 92-93.

16   폴 생어(Paul Saenger)는 이러한 이야기 사이 공간의 추이에 대해 자세한 설명을 한다. *The Origins of Silent Reading*(Palo Alto, Calif.: Stanford University Press, 1997).

17   인쇄의 영향에 대한 고전적 연구는 엘리자베스 에이젠시테인(Elizabeth Eisenstein)의 *The Printing Press as an Agent of Change: Communications and Cultural Transformations in Early Modern Europe*(Cambridge: Cambridge University Press, 1979)이다.

18   Marshall McLuhan, *The Gutenberg Galaxy: The Making of Typographic Man*(London: Routledge & Kegan Paul, 1962; Marshall McLuhan, *Understanding Media: The Extensions of Man*(Cambridge, Mass.: MIT Press, 1994) 참조. 매클루언의 접근 방식에 대해 많은 학자들이 의문을 던졌다. 단점의 샘플로, 다음을 참조하라. The 2014 special issue of *Journal of Visual Culture* commemorating the semicentennial of Understanding Media: "Marshall McLuhan's *Understanding Media*: Extensions of Man @ 50," ed. Raiford Guins, special issue, Journal of Visual Culture, 13, no. 1(April 2014).

19   Gerald Graff, *Professing Literature: An Institutional History*(Chicago: University of Chicago Press, 1987), 36-51.

20   Christopher Hilliard, *English as a Vocation: The "Scrutiny" Movement*(Oxford: Oxford University Press, 2012), 39-41 참조; 존 길로리(John Guillory)는 이 방법의 제도화를 다음과 같이 요약한다. "Close Reading: Prologue and Epilogue," *ADE Bulletin,* 149(2010): 8-14.

21   Robert Beloof, *The Performing Voice in Literature*(Boston: Little, Brown, 1966), 113. 이 변화에 대한 설명은 다음을 참조하라. K.B. Valentine, "'New Criticism' and the Emphasis on Literature in Interpretation," in *Performance of Literature in Historical Perspectives*, ed. David W. Thompson(Lanham, Md.: University Press of America, 1983), 549-565. Eugene Bahn, A History of Oral Interpretation (Minneapolis: Burgess, 1970).

22   교육과 시민 생활에서 낭독의 역할에 관해서는 다음을 참조하라. Joan Shelley Rubin, *Songs of Ourselves: The Uses of Poetry in America*(Cambridge, Mass.: Harvard University Press, 2007); Catherine Robson, *Heart Beats: Everyday Life and the Memorized Poem*(Prince ton, N.J.: Princeton University Press, 2012).

23   Walter J. Ong, *Orality and Literacy: The Technologizing of the Word*(London: Methuen, 1982), 11; Lucy Bednar, "Audiobooks and the Reassertion of Orality: Walter J. Ong and Others Revisited," *CEA Critic*, 73, no. 1(Fall 2010): 74-85 참조. Walter Benjamin elaborates on the difficulties of storytelling after the First World War in "The Storyteller," in *Illuminations*, ed. Hannah Arendt, trans. Harry Zohn(New York: Schocken Books, 1968), 83-109.

24   Johanna Drucker, *The Visible Word: Experimental Typography and Modern Art, 1909-1923*(Chicago: University of Chicago Press, 1994)에서 인쇄 실험의 전통을 살펴보고, Elspeth Jajdelska, *Silent Reading and the Birth of the Narrator*(Toronto: University of Toronto Press, 2007)에서 산문 형식의 변화를 기록했다.

25   Adam Andrew Newman, "How Should a Book Sound? And What about Footnotes?," *New York*

Times, January 20, 2006, 33 인용. On the imperative to "find your voice," Mark McGurl, *The Program Era: Postwar Fiction and the Rise of Creative Writing*(Cambridge, Mass.: Harvard University Press, 2009), 227-270 참조.

26   Jason Camlot's account of vocalization in "Early Talking Books: Spoken Recordings and Recitation Anthologies, 1880-1920," *Book History*, 6(2003): 147-173 참조.

27   능동적 독서와 수동적 매체 소비의 가장 영향력 있는 대비는 다음을 참조하라. *Reading at Risk: A Survey of Literary Reading in America*, Research Division Report, 46(Washington, D.C.: National Endowment for the Arts, 2004), vii.

28   Eben Shapiro, "How I Got through Henry James's 580-Page 'Golden Bowl,'" *Wall Street Journal*, May 1, 2015. http://blogs.wsj.com/speakeasy/2015/05/01/how-i-got-through-henry-james-580-page-golden-bowl/ 인용.

29   Peter Kivy, *The Performance of Reading: An Essay in the Philosophy of Literature*(Oxford: Blackwell, 2009), 135. William Irwin's response to Kivy in "Reading Audio Books," Philosophy and Literature 33, no.2 (October 2009): 358-368 참조.

30   Gregg Kavet and Andy Robin, "The Fatigues," *Seinfeld,* season 8, episode 6, aired October 31, 1996, NBC.

31   Thomas A. Edison, "The Phonograph and Its Future," *North American Review* 126, no.262(May 1878): 527-536; 533.

32   Judith Pascoe, *The Sarah Siddons Audio Files: Romanticism and the Lost Voice*(Ann Arbor: University of Michigan Press, 2011), 89-95; Malcolm Andrews, *Charles Dickens and His Performing Selves: Dickens and the Public Readings*(Oxford: Oxford University Press, 2006) 참조.

33   두 버전 모두 다음을 참조하라. "David Sedaris Reads from His 'Santaland Diaries,'" *Morning Edition* (December 23, 2013), NPR, http://www.npr.org/2013/12/23/255550048/david-sedaris-reads-from-hi s-santaland-diaries.

34   Friedrich A. Kittler, D*iscourse Networks 1800/1900*, trans. Michael Metteer, with Chris Cullens(Palo Alto, Calif.: Stanford University Press, 1990), 236-237.

35   F.R. Leavis, "Reading Out Poetry," in *Reading Out Poetry; and, Eugenio Montale: A Tribute*(Belfast: Queen's University of Belfast, 1979), 5-29; 6.

36   Mladen Dolar, *A Voice and Nothing More*(Cambridge, Mass.: MIT Press, 2006), 22. 목소리에 대한 다른 영향력 있는 이론적 설명은 다음과 같다. Roland Barthes, "The Grain of the Voice," in *The Responsibility of Forms: Critical Essays on Music, Art, and Representation*, trans. Richard Howard (Berkeley: University of California Press, 1991), 267-277; Stephen Connor, *Dumbstruck: A Cultural History of Ventriloquism*(Oxford: Oxford University Press, 2000); Jacques Derrida, *Of Grammatology*, trans. Gayatri Spivak (Baltimore: Johns Hopkins University Press, 1976); Kaja Silverman, *The Acoustic Mirror: The Female Voice in Psychoanalysis and Cinema*(Bloomington: Indiana University Press, 1988).

37   Michele Hilmes, *Radio Voices: American Broadcasting, 1922-1952*(Minneapolis: University of Minnesota Press, 1997); Susan J. Douglas, *Listening In: Radio and the American Imagination*(Minneapolis: University of Minnesota Press, 2004) 참조.

38   Michel Chion은 어쿠스틱 사운드에 대해 다음에서 자세히 다뤘다. *The Voice in Cinema*, trans. Claudia Gorbman(New York: Columbia University Press, 1999).

39   Toni Morrison, 작가와의 전화 통화, June 28, 2013, http://audiobookhistory.wordpress.com/2013/07/29/talking-to-myself-an-interview-with-toni-morrison/에서 확인할 수 있다.

40   Jerome J. McGann, *The Textual Condition*(Prince ton, N.J.: Princeton University Press, 1991),

57.

41 Cathy N. Davidson, "Toward a History of Books and Readers," in *Reading in America: Literature and Social History*, ed. Cathy N. Davidson(Baltimore: Johns Hopkins University Press, 1989), 1-26; 1.

42 David D. Hall, *A History of the Book in America*, 5 vols.(Chapel Hill: University of North Carolina Press, 2000-2009).

43 Michael F. Suarez and H.R. Woudhuysen, "Introduction," in *The Oxford Companion to the Book*, ed. Michael F. Suarez and H.R. Woudhuysen(Oxford: Oxford University Press, 2010), 1:ix-xiii, ix. "오디오 북"의 출품작은 492-493에 있다.

44 매클루언의 *The Gutenberg Galaxy* 제목에서 인용.

45 D.F. McKenzie, *Bibliography and the Sociology of Texts: The Panizzi Lectures*, 1985(London: British Library, 1986), ix.

46 디지털 인문학과 서지학 간의 관계에 대해서는 다음을 참조하라. Jerome McGann, *Radiant Textuality: Literature after the World Wide Web*(Basingstoke: Palgrave, 2001).

47 Andrew Piper, *Dreaming in Books: The Making of the Bibliographic Imagination in the Romantic Age*(Chicago: Chicago University Press, 2009), 5.

48 반면에 축음기는 Friedrich A. Kittler, *Gramophone, Film, Typewriter*, trans. Geoffrey Winthrop-Young and Michael Wutz(Palo Alto, Calif.: Stanford University Press, 1999); Lisa Gitelman, *Scripts, Grooves, and Writing Machines: Representing Technology in the Edison Era*(Palo Alto, Calif.: Stanford University Press, 1999) 같은 매체 역사학자의 작품에 훌륭하게 그려져 있다.

49 Robert Darnton, "What Is the History of Books?," in *The Kiss of Lamourette: Reflections in Cultural History*(New York: W.W. Norton, 1990), 107-135.

50 John M. Hull, *Touching the Rock: An Experience of Blindness*(Melbourne: David Lovell, 1990), 152.

51 앤드루 파이퍼(Andrew Piper)는 *Book Was There: Reading in Electronic Times*(Chicago: University of Chicago Press, 2012): 1-23에서 손과 독서 간의 연관성을 고려한다. 촉각과 시각에 대해 더 자세하게 알아보려면 Constance Classen, *The Deepest Sense: A Cultural History of Touch* (Urbana: University of Illinois Press, 2012): 51-56; Mark Paterson, *The Senses of Touch: Haptics, Affects and Technologies*(New York: Berg, 2007): 37-57 참조.

52 "Literary Machine," *Illustrated London News*, 3789A(December 2, 1911), 951.

53 Carl R. Augusto, *Reflections of a Lifetime Reader: An Address*(Washington, D.C.: National Library Service for the Blind and Physically Handicapped, Library of Congress, 1992), 1.

54 이 사례는 Elaine Scarry, *Dreaming by the Book*(New York: Farrar, Straus and Giroux, 1999), 5; Marie-Laure Ryan, *Narrative as Virtual Reality: Immersion and Interactivity in Literature and Electronic Media*(Baltimore: Johns Hopkins University Press, 2001), 98에 의해 만들어졌다.

55 Stanislas Dehaene, *Reading in the Brain: The New Science of How We Read*(London: Penguin, 2009), 62; 데하네(Dehaene)는 후속 실험에서 검토한다. "*Reading in the Brain* Revised and Extended: Response to Comments," *Mind and Language*, 29, no. 3(June 2014): 320-335.

56 조지 흐루비(George Hruby)와 우샤 고스와미(Usha Goswami)는 "신경분열증"의 위험성에 주목한다. "Neuroscience and Reading: A Review for Reading Education Researchers," *Reading Research Quarterly*, 46, no. 2(2011): 156-172; 157.

57 Paul B. Armstrong, *How Literature Plays with the Brain: The Neuroscience of Reading and Art* (Baltimore: Johns Hopkins University Press, 2013), 26.

58 예외는 신경학적 수준에서 독서의 다양성에 대해 보여주고 있다. Synesthetes like French poet Arthur

Rimbaud, for example, perceive a halo of color around certain letters. Dehaene, *Reading in the Brain*, 215-218.

59 귀머거리 아이들은 최소한의 읽기 능력을 얻는 데 다른 아이들보다 3~4년이 더 걸린다. Susan Goldin-Meadow and Rachel I. Mayberry, "How Do Profoundly Deaf Children Learn to Read?," *Learning Disabilities Research and Practice*, 16, no.4(2001): 222-229 참조. Historical accounts Include Jonathan Rée, *I See a Voice: A Philosophical History of Language, Deafness and the Senses*(London: HarperCollins, 1999); Lydia Denworth's memoir, *I Can Hear You Whisper: An Intimate Journey through the Science of Sound and Language*(New York: Dutton Adult, 2014).

60 Barbara Will, *Gertrude Stein, Modernism, and the Problem of "Genius"*(Edin-burgh: Edinburgh University Press, 2000), 24.

61 Oliver Sacks, *The Mind's Eye*(London: Picador, 2010), 218.

62 Dr. Seuss, *I Can Read with My Eyes Shut!*(New York: Beginner Books, 1978).

63 Lior Reich, Marcin Szwed, Laurent Cohen, and Amir Amedi, "A Ventral Visual Stream Reading Center Independent of Visual Experience," *Current Biology*, 21(March 8, 2011): 363-368; Norihiro Sadato, "How the Blind 'See' Braille: Lessons from Functional Magnetic Resonance Imaging," *Neuroscientist* 11, no. 6(2005): 577-582 참조.

64 다음과 같은 비교 연구가 있다. Anneli Veispak, Bart Boets, and Pol Ghesquière, "Differential Cognitive and Perceptual Correlates of Print Reading versus Braille Reading," *Research in Developmental Disabilities*, 34, no. 1(2013): 372-385; Beatrice de Gelder and José Morais, eds., *Speech and Reading: A Comparative Approach*(Hove, U.K.: Erlbaum, 1995) 지각 체계로서 촉각에 대해서는 다음을 참조하라. Morton A. Heller and Edouard Gentaz, *Psychology of Touch and Blindness*(London: Psychology Press, 2014): 165-172.

65 Susanna Millar, *Reading by Touch*(London: Routledge, 1997), 1.

66 Ella Striem-Amit et al., "Reading with Sounds: Sensory Substitution Selectively Activates the Visual Word Form Area in the Blind," *Neuron*, 76(November 8, 2012): 640-652.

67 Marcela Perrone-Bertolotti et al., "What Is That Little Voice Inside My Head? Inner Speech Phenomenology, Its Role in Cognitive Performance, and Its Relation to Self-Monitoring," *Behavioural Brain Research*, 261(2014): 220-239; 228; Marcela Perrone-Bertolotti et al., "How Silent Is Silent Reading? Intracerebral Evidence for Top-Down Activation of Temporal Voice Areas during Reading," *Journal of Neuroscience*, 32, no. 49(December 5, 2012): 17554-17562; 17554.

68 내부의 목소리에 대한 철학적 함의는 Don Ihde, *Listening and Voice: Phenomenologies of Sounds*, 2nd ed.(Albany: State University of New York Press, 2007), 137-144; Denise Riley, "'A Voice without a Mouth': Inner Speech," *Qui Parle*, 14, no. 2(Spring/Summer 2004): 57-104; Steven Connor, Beckett, *Modernism and the Material Imagination*(Cambridge: Cambridge University Press, 2014), 102-114에서 다루고 있다.

69 목구멍의 역할에 대해서는 다음을 참조하라. Garrett Stewart, *Reading Voices: Literature and the Phonotext*(Berkeley: University of California Press, 1990), 1-34.

70 Steven Roger Fischer, *A History of Reading*(London: Reaktion Books, 2005), 330.

71 이러한 다양한 느낌은 다음을 참조하라. Shafquat Towheed, Rosalind Crone, and Katie Halsey, eds., *The History of Reading: A Reader*(London: Routledge, 2011); Leah Price, "Reading: The State of the Discipline," *Book History*, 7(2004): 303-320.

72 Roger Chartier, *The Order of Books: Readers, Authors, and Libraries in Europe between the Fourteenth and Eighteenth Centuries*, trans. Lydia G. Cochrane(Oxford: Polity, 1994), 8; 독서의 한계적 방식에 대한 변호는 거의 문자 그대로 반복된다. Guglielmo Cavallo and Roger Chartier, "Introduction," in *A History of Reading in the West*, ed. Guglielmo Cavallo and Roger Chartier,

trans. Lydia G. Cochrane (Cambridge: Polity, 1999), 1-36; 4.

73　Mortimer J. Adler, "The Meaning of 'Reading,'" in *How to Read a Book: A Guide to Self-Education* (London: Jarrolds, [1940]), 25-41; 26 참조. 아들러에게는 "피곤"이 독서의 최고 지표다. "독서는 가장 강한 정신활동을 수반한다. 충분히 지치지 않는다면 아마도 제대로 하고 있지 않은 것이다"(79).

74　N. Katherine Hayles, *How We Think: Digital Media and Contemporary Technogenesis*(Chicago: University of Chicago Press, 2012), 79; 55-79 참조. 기술의 영향을 알려면 다음을 참조하라. Naomi S. Baron, *Words Onscreen: The Fate of Reading in a Digital World*(Oxford: Oxford University Press, 2015).

75　Mara Mills, "What Should We Call Reading?," *Flow,* 17(December 2012), http://flowtv.org/2012/12/wh at-should-we-call-reading/.

76　Philip Hatlen, "Comprehensive Literacy," *Journal of Visual Impairment and Blindness,* 90, no. 3 (May-June 1996): 174-175; Rachel Aviv recounts a recent version of the "listening is not literacy" debate in "Listening to Braille," *New York Times*, January 3, 2010, http://www.nytimes.com/2010/01/03/magazine/03Braille-t.html?_r=0.

77　D.W. Tuttle, "An Effective Alternative," Journal of Visual Impairment and Blindness 90, no. 3(May-June 1996): 173-174; 173.

78　역사학자들은 "문해력"과 "문맹" 용어의 부정확성에 대해 오랜 시간 인정해 왔다. 칼 캐슬(Carl Kaestle)이 자세히 설명했다. "Studying the History of Literacy," in *Literacy in the United States: Readers and Reading since 1880*, ed. Carl F. Kaestle et al.(New Haven, Conn.: Yale University Press, 1991), 3-32.

79　아일린 하이더(Eileen Hyder)는 대체 독서방법에 씌운 오명을 설명한다. *Reading Groups, Libraries and Social Inclusion: Experiences of Blind and Partially Sighted People*(Farnham, U.K.: Ashgate, 2013)

80　Georgina Kleege, *Sight Unseen*(New Haven, Conn.: Yale University Press, 1999), 190. 클리게는 2014년 6월 27일 런던에서 열린 "Blindness, Technology, and Multimodal Reading" 컨퍼런스의 "Dear Readers: My History with Aural Texts"라는 제목의 강의에서 그녀의 개인적 경험을 자세히 설명했다. 오디오 녹음은 다음 사이트에서 찾을 수 있다. https://blindnessconference.wordpress.com/presentations/.

81　John Hull, 저자와의 이메일 교신, May 12, 2014. 피터 키비는 우리 외부 감각(시각, 촉각, 청각)을 소설에서의 정신적 경험을 원활히 하는 "단순한 도구"로 묘사하고 있다. "The Experience of Reading," in *A Companion to the Philosophy of Literature*, ed. Garry L. Hagberg and Walter Jost(Oxford: Blackwell, 2010), 106-119; 107.

82　조지 스타이너(George Steiner)는 광범위한 시청각 매체와 관련해 "반관심적 독서(semi-attentive reading)"와 "유사 문맹(pseudo-literacy)"이라는 용어를 사용한다. "After the Book?," *Visible Language*, 6, no. 3(Summer 1972): 197-210; 209. 수동적 청취에 대한 논박에 대해서는 다음을 참조하라. Kate Lacey, *Listening Publics: The Politics and Experience of Listening in the Media Age*(Cambridge: Polity, 2013), 3.

83　Stephen Kuusisto, *Planet of the Blind*(London: Faber and Faber, 1998), 49.

84　Florence Nightingale, "Cassandra," in *The Collected Works of Florence Nightin-gale*, ed. Lynn McDonald(Waterloo, Ontario: Wilfred Laurier University Press, 2008), 11: 547-592; 560.

85　코졸이 James Brooke, "Talking Books for Those on the Go," Des Moines Register, August 13, 1985, 1에서 오디오북을 비판하고 있다. Bloom의 언급은 Amy Harmon에서 찾을 수 있다. "Loud, Proud, Unabridged: It Is Too Reading!," *New York Times*, May 26, 2005, G1-G2. 버커츠는 오디오북에 대해 *The Gutenberg Elegies: The Fate of Reading in an Electronic Age*(New York: Fawcett Columbine, 1994), 141-150에서 자세히 설명하고 있다.

86 Trish L. Varao Sousa, Jonathan S.A. Carriere and Daniel Smilek, "The Way We Encounter Reading Material Influences How Frequently We Mind Wander," *Frontiers in Psychology* 4, no.892(2013), doi: 10.3389/Fpsyg.2013.00892.

87 Charles Bernstein, ed., *Close Listening: Poetry and the Performed Word*(Oxford: Oxford University Press, 1998) 이후에 시집이 상당한 관심 속에 읽혔다.

88 예로는 다음을 참조하라. Lesley Wheeler, *Voicing American Poetry: Sound and Performance from the 1920s to the Present*(Ithaca, N.Y.: Cornell University Press, 2008).

89 "A Wonderful Invention—Speech Capable of Indefinite Repetition from Automatic Records," *Scientific American*, November 17, 1877, 304.

90 "V. Talking Books," National Institute for the Blind Annual Report, 1935-36(London: National Institute for the Blind, 1936), 17-19; 10.

91 예로는 다음을 참조하라. Siegfried Volkert and François Van Menxel, eds., *Lesen fürs Hören in Münster: 50 Jahre Westdeutsche Blindenhörbücherei e.V. 1955-2005*(Münster: Westdeutsche Blindenhoörbücherei, 2005).

92 Elizabeth Mehren and Nancy Rivera, "Audio Books—Fast Food for Mind?," *Los Angeles Times*, August 19, 1985, 1, 3; 1에 인용.

93 Jon Stewart, *America(The Audiobook): A Citizen's Guide to Democracy Inaction*, abridged ed., 저자 낭독(Time Warner AudioBooks, 2004), 디지털 오디오 파일.

제1장 녹음 문학

1 Edward H. Johnson, letter to the editor, *Scientific American,* 37(November 17, 1877): 304; Oliver Read and Walter L. Welch, *From Tin Foil to Stereo: Evolution of the Phonograph*(Indianapolis: Howard W. Sams, 1976); Paul Israel, *Edison: A Life of Invention*(New York: John Wiley, 1998)에 축음기의 발전이 설명되어 있다. 축음기 발명과 관련된 자료는 Thomas A. Edison Papers Project의 디지털 에디션에서 볼 수 있다. http://edison.rutgers.edu; Édouard-Léon Scott de Martinville의 축음기와 같은 초기 소리 재현 기술에 대해서는 다음을 참조하라. Patrick Feaster, "Framing the Mechanical Voice: Generic Conventions of Early Phonograph Recording," *Folklore Forum*, 32, nos. 1-2(2001): 57-102; Jonathan Sterne, *The Audible Past: Cultural Origins of Sound Reproduction*(Durham, N.C.: Duke University Press, 2003), 31-85; 스턴과 미첼 아키야마(Mitchell Akiyama)가 축음기와 묘음기(phonautograph)의 관계를 다음과 같이 기술한다. "'The Recording That Never Wanted to Be Heard' and Other Stories of Sonification," in *The Oxford Handbook of Sound Studies*, ed. Trevor Pinch and Karin Bijsterveld(Oxford: Oxford University Press, 2012), 544-560.

2 에디슨은 "축음기에 녹음된 첫 이야기는 '엄마 거위'라는 간단한 것이다"라고 세기 초에 회상했다("The First Phonograph," *Christian Advocate*, October 26, 1899, 74). 「메리의 어린 양」의 원본 은박지 녹음은 이제 없다. 하지만 에디슨의 1927년 원본 녹음을 재현한 것은 http://www.nps.gov/ edis/photo-smultimedia/upload/EDIS-SCD-02.mp3에서 이용할 수 있다.

3 거의 모든 축음기에 대한 역사적 설명은 음악과의 관계에 초점을 맞추고 있다. 최근의 예는 다음과 같다. Michael Chanan, *Repeated Takes: A Short History of Recording and Its Effects on Music*(London: Verso, 1995); Timothy Day, *A Century of Recorded Music: Listening to Musical History*(New Haven, Conn.: Yale University Press, 2000); Evan Eisenberg, *The Recording Angel: Explorations in Phonography*, 2nd ed.(New Haven, Conn.: Yale University Press, 2005); Mark Katz, *Capturing Sound: How Technology Has Changed Music*, rev. ed.(Berkeley: University of California Press, 2010); David L. Morton, Jr., *Attributes the emphasis on music to the scarcity of spoken word recordings, in Sound Recording: The Life Story of a Technology*(Westport, Conn.: Greenwood, 2004), xi

4   Lisa Gitelman, "Souvenir Foils: On the Status of Print at the Origin of Recorded Sound," in *New Media*, 1740-1915, ed. Lisa Gitelman and Geoffrey B. Pingree(Cambridge, Mass.: MIT Press, 2003), 157-173에서 1878년 축음기 시연에 대해 자세히 설명하고 있다. Patrick Feaster, "'The Following Record': Making Sense of Phonographic Performance, 1877-1908"(PhD diss., Indiana University, 2007), 70-131, http://www.phonozoic.net/following-record.pdf 참조.

5   Russell Miller and Roger Boar, *The Incredible Music Machine*(London: Quartet Books, 1982)은 이 광범위한 연구 분야의 대표 제목이다. 최근의 연구는 녹음된 소리에 대한 담론이 인쇄매체와 연관되어 어떻게 발전되어 왔는지를 보임으로써 불균형을 수정하려고 했다. Jason Camlot, "Early Talking Books: Spoken Recordings and Recitation Anthologies, 1880-1920," *Book History*, 6(2003): 147-173; Lisa Gitelman, *Always Already New: Media, History, and the Data of Culture*(Cambridge, Mass.: MIT Press, 2006), 25-44 참조.

6   "All about the Phonograph," *Christian at Work*, May 23, 1878, Thomas A. Edison Papers Digital Edition(이하 TAED), SM029083a.

7   "Cylinder," in *Encyclopedia of Recorded Sound*, 2nd ed., ed. Frank Hoff-mann(New York: Routledge, 2005), 258-263 참조.

8   존 피커가 테니슨과 브라우닝의 녹음을 *Victorian Soundscapes*(New York: Oxford University Press, 2003)에서 논하고 있다. 1930년대 의회도서관의 말하는 책 서비스의 설립에 대해서는 다음을 참조하라. Frances A. Koestler, *The Unseen Minority: A Social History of Blindness in the United States*(New York: David McKay, 1976), 130-152; National Library Service for the Blind and Physically Handicapped, Library of Congress, *That All May Read: Library Service for Blind and Physically Handicapped People*(Washington, D.C.: National Library Service for the Blind and Physically Handicapped, Library of Congress, 1983), 65-219; Marilyn Lundell Majeska, *Talking Books: Pioneering and Beyond*(Washington, D.C.: National Library Service for the Blind and Physically Handicapped, Library of Congress, 1988).

9   "A Wonderful Invention—Speech Capable of Indefinite Repetition from Automatic Records," *Scientific American*, November 17, 1877, 304.

10 Camlot, "Early Talking Books," 151.

11 새로운 통신 기술에 대한 논문을 참조하라. David Thorburn and Henry Jenkins, eds., *Rethinking Media Change: The Aesthetics of Transition*(Cambridge, Mass.: MIT Press, 2003).

12 Friedrich A. Kittler, *Discourse Networks 1800/1900*, trans. Michael Metteer, with Chris Cullens(Palo Alto, Calif.: Stanford University Press, 1990), 237. 내 접근법은 매체 고고학자들과 함께 대중 매체의 전통적 설명에서 없어졌거나, 잊혔거나, 무시되었던 에피소드를 찾는 데 관심을 공유하고 있다. Erkki Huhtamo and Jussi Parikka, eds., *Media Archaeology: Approaches, Applications, and Implications*(Berkeley: University of California Press, 2011)에 있는 논문은 역사 지향적 미디어 연구의 공동 목표를 잘 소개하고 있다.

13 Thomas A. Edison, "The Phonograph and Its Future," *North American Review*, 126, no. 262(May 1878): 527-536; 534.

14 "The Phonograph," *New York Times*, November 7, 1877, 4.

15 같은 글.

16 소설의 평판 변화에 관해 다음을 참조하라. William B. Warner, *Licensing Entertainment: The Elevation of Novel Reading in Britain, 1684-1750*(Berkeley: Univer-sity of California Press, 1998), 47-94.

17 "Wonderful Invention," 304. 11월 6일 ≪사이언티픽 아메리칸≫이 구독자들에게 도착한 후 언론에 널리 인용되었다.

18 John Guillory, "Genesis of the Media Concept," *Critical Inquiry*, 36(Winter 2010): 321-362; 322.

19   예로는 다음을 참조하라. Roland Gelatt, The Fabulous Phonograph, 1877-1977, 2nd rev. ed.(New York: acmillan, 1977), 44; Morton, *Sound Recording*, 18.

20   Edison, "The Phonograph and Its Future," 533.

21   기술자들도 맹인 독자들을 도울 수 있는 축음기의 잠재력을 인정했다. 1878년 3월, 음향에 대한 교과서를 쓰고 있던 물리학 교수 앨프리드가 맹인들에게 책을 읽어줄 수 있는 휴대용 기기에 대해 에디슨과 이야기했다. 맹인 독자는 "페이지가 말하도록" 금속판 안 줄 위로 진동판에 부착된 바늘로 만들어진 마이어의 휴대용 기기를 사용할 것이었다. Alfred M. Mayer to Thomas Edison, March 17, 1878, in *The Papers of Thomas A. Edison: The Wizard of Menlo Park 1878*(Baltimore: Johns Hopkins University Press, 1998), 4: 190. 원본에는 밑줄이 쳐 있다.

22   키틀러는 장애와 음향 녹음 사이의 관계를 *Gramophone, Film, Typewriter*, trans. Geoffrey Winthrop-Young and Michael Wutz(Palo Alto, Calif.: Stanford University Press, 1999), 22에서 더 넓게 다루고 있다.

23   Mary Cadwalader Jones, "The Education of the Blind," *Scribner's Magazine*, 12(September 1892): 373-387; 375.

24   Vanessa Warne, "'So That the Sense of Touch May Supply the Want of Sight': Blind Reading and Nineteenth-Century British Print Culture," in *Media, Technology, and Literature in the Nineteenth Century: Image, Sound, Touch*, ed. Colette Colligan and Margaret Linley(Aldershot, U.K.: Ashgate, 2011), 43-64.

25   "Battle of the Types" in John Oliphant, "'Touching the Light': The Invention of Literacy for the Blind," *Paedagogica Historica*, 44, nos. 1-2(February-April 2008): 67-82; Mary Wilson Carpenter, *Health, Medicine, and Society in Victorian England*(Santa Barbara: Praeger, 2010): 128-148의 설명 참조.

26   Lisa Gitelman, *Scripts, Grooves, and Writing Machines: Representing Technology in the Edison Era*(Palo Alto, Calif.: Stanford University Press, 1999), 13; Gitelman's account of the phonograph as a language machine, ibid. 62-96 참조.

27   Scott D.N. Cook, "Technological Revolutions and the Gutenberg Myth," in *Internet Dreams: Archetypes, Myths, and Metaphors, ed. Mark Stefik*(Cambridge, Mass.: MIT Press, 1996), 67-82.

28   "That Wonderful Edison," *New York World*, March 29, 1878, TAED MBSB10463.

29   "A Marvellous Discovery," *New York Sun*, February 22, 1878, TAED MBSB10378.

30   "Uses of the Phonograph," *Boston Daily Advertiser*, April 15, 1878, 1.

31   Leah Price, *How to Do Things with Books in Victorian Britain*(Prince ton, N.J.: Princeton University Press, 2012), 214.

32   Thomas Edison, "The Perfected Phonograph," *North American Review*, 146, no. 379(June 1888): 641-650, 646.

33   디킨스의 독서 여행에 대해서는 다음을 참조하라. Philip Collins, ed., *Charles Dickens: The Public Readings*(Oxford: Clarendon, 1975).

34   이 구절은 Malcolm Andrews, *Charles Dickens and His Performing Selves: Dickens and the Public Readings*(Oxford: Oxford University Press, 2006), viii에서 사용되었다.

35   19세기의 저작권법에 대해서는 다음을 참조하라. Meredith L. McGill, "Copy-right," in A History of the Book in America, 3, *The Industrial Book, 1840-1880*, ed. Scott E. Casper et al.(Chapel Hill: University of North Carolina Press, 2007), 158-178.

36   *Bangor Daily Whig and Courier*, April 10, 1878, 1.

37   "Possibilities of the Phonograph," *Indianapolis News*, March 30, 1878, 4. Reprinted from the *Cincinnati Commercial*, http://www.phonozoic.net/n0038.htm.

38 "Mr. Edison's Inventions," *Chicago Tribune*, April 3, 1878, 2.

39 같은 글.

40 Walter L. Welch and Leah Brodbeck Stenzel Burt, *From Tinfoil to Stereo: The Acoustic Years of the Recording Industry, 1877-1929*(Gainesville: University Press of Florida, 1994), 78.

41 미국과 영국에서 도서 판매의 성장에 대해서는 다음을 참조하라. Carl F. Kaestle and Janice A. Radway, eds., *Print in Motion: The Expansion of Publishing and Reading in the United States, 1880-1940*(Chapel Hill: University of North Carolina Press, in association with the American Antiquarian Society, 2009); Alexis Weedon, *Victorian Publishing: The Economics of Book Production for a Mass Market, 1836-1916*(Aldershot, U.K.: Ashgate, 2003).

42 "The Phonograph," *Public*, May 2, 1878, Thomas A. Edison Papers Microfilm Edition, 25: 182.

43 Marshall McLuhan, *Understanding Media: The Extensions of Man*(Cambridge, Mass.: MIT Press, 1994), 8.

44 *Ariel*(University of Minnesota), 7, no.1(October 9, 1883): 12에서 인용.

45 수면학습 또는 최면 학습이라는 생각은 수면 중에는 학습이 일어나지 않는다고 연구 결과가 확인하고 있음에도 불구하고 대중문화에서 지속되고 있다. Eric Eich, "Learning during Sleep," in *Sleep and Cognition*, ed. Richard R. Bootzin, John F. Kihlstrom, and Daniel L. Schacter(Washington, D.C.: American Psychological Association, 1990), 88-108 참조.

46 Ariel(University of Minnesota) 7, no.1(October 9, 1883): 12.

47 R. Balmer, "Whispering Machines," *Nineteenth Century*, 17(March 1885): 496-499, 497. 적어도 한 명의 프랑스 작가가 이미 비슷한 기기를 제안했다. Charles Cros's entry for "petits phonographs," dated August 2, 1878, in *Inédits et Documents*, ed. Pierre E. Richard(Villelongue-d'Aude, France: Atelier du Gué, 1992), 208 참조.

48 "A Whispering Machine," *Cassell's Family Magazine*, 1885, 383.

49 Andre Millard, *America on Record: A History of Recorded Sound*(Cambridge: Cambridge University Press, 1995), 4.

50 Carl F. Kaestle et al., eds., *Literacy in the United States: Readers and Reading since 1880*(New Haven, Conn.: Yale University Press, 1991); Patrick Brantlinger, *The Reading Lesson: The reat of Mass Literacy in Nineteenth-Century British Fiction*(Bloomington: Indiana University Press, 1998) 참조.

51 Balmer, "Whispering Machines," 497.

52 "The Phonograph," *Phonographic Magazine*, 2(2)(February 1, 1888): 30-31; 31. Reprinted from New York World.

53 노동 계급 및 다른 한계 그룹들의 축음기 활용에 대해서는 다음을 참조하라. William Howland Kenney, *Recorded Music in American Life: The Phonograph and Popular Memory*, 1890-1945(New York: Oxford University Press, 1999).

54 Kevin J. Hayes, "The Public Library in Utopia," *Libraries and the Cultural Record*, 45, no.3(2010): 333-349.

55 Adam Seth Lowenstein discusses the phonograph's absence from Bellamy's original utopian vision in "What Looking Backward Doesn't See: Utopian Discourse and the Mass Media," *Utopian Studies*, 22, no.1(2011): 143-166.

56 Cyrano de Bergerac, *Voyages to the Moon and the Sun,* trans. Richard Aldington(London: Folio Society, 1991): 79-80. Roger Chartier는 말하는 책과 인쇄 문화의 관계를 *Inscription and Erasure: Literature and Written Culture from the Eleventh to the Eighteenth Century*, trans., Arthur Goldhammer (Philadelphia: University of Pennsylvania Press, 2007), 63-82에서 살펴보고 있다. "시기상조인 매체"라는 견해에 대해서는 다음을 참조하라. Siegfried Zielinski, "Modelling Media for

Ignatius Loyola: A Case Study on Athanasius Kircher's World of Apparatus between the Imaginary and the Real," in *Book of Imaginary Media: Excavating the Dream of the Ultimate Communication Medium*, ed. Eric Kluitenberg(Rotterdam, Netherlands: NAi Publishers, 2006), 29-54; 30.

57   Western Electrician, October 26, 1889, 220.

58   Howard P. Segal, "Bellamy and Technology: Reconciling Centralization and Decentralization," in *Looking Backward, 1988-1888: Essays on Edward Bellamy*, ed. Daphne Patai(Amherst: University of Massachusetts Press, 1988): 91-105; Howard P. Segal, Technological Utopianism in American Culture(Chicago: University of Chicago Press, 1985) 참조.

59   Edward Bellamy, "With the Eyes Shut," Harper's New Monthly Magazine 79(October 1889): 736-745; 738. Republished in Edward Bellamy, *The Blindman's World and Other Stories* (Boston: Houghton, Mifflin, 1898), 335-365.

60   The essays in Matthew Rubery, ed., *Audiobooks, Literature, and Sound Studies*(New York: Routledge, 2011)가 낭독 녹음 수용에 대한 자세한 설명을 제공한다.

61   Bellamy, "With the Eyes Shut," 736-738.

62   음향 기술과 여성 음성 사이의 관계에 대해서는 John M. Picker, "My Fair Lady Automaton," *Zeitschrift für Anglistik und Amerikanistik*, 63, no.1(2015): 89-100을 보라.

63   Sven Birkerts, The Gutenberg Elegies: The Fate of Reading in an Electronic Age(New York: Fawcett Columbine, 1994), 141-150; 143.

64   Andreas Huyssen, *After the Great Divide: Modernism, Mass Culture, Postmodernism* (Bloomington: Indiana University Press, 1986), 44-62.

65   독서의 생리에 대한 세 가지 핵심 설명은 다음을 참조하라. Nicholas Dames, *The Physiology of the Novel: Reading, Neural Science, and the Form of Victorian Fiction*(Oxford: Oxford University Press, 2007); Adrian Johns, *The Nature of the Book: Print and Knowledge in the Making*(Chicago: University of Chicago Press, 1998), 380-443; Paul Saenger, *Space between Words: The Origins of Silent Reading*(Palo Alto, Calif.: Stanford University Press, 1997), 1-6.

66   모더니스트 글쓰기의 핵심 특질로서 난해성에 대해서는 다음을 참조하라. Leonard Diepeveen, *The Difficulties of Modernism*(New York: Routledge, 2003); Vicki Ma-haffey, *Modernist Literature: Challenging Fictions*(Malden, Mass.: Blackwell, 2007).

67   "A Phonographic Era," *Electrical World*, 14, no. 15(October 12, 1889): 243.

68   Morton Luce, *Tennyson*(London: J. M. Dent, 1901), 19. 이 구절은 처음 Robert James Mann, Tennyson's "Maud" Vindicated: An ExplanatoryEssay(London: Jarrold & Sons, 1856), 13에서 사용되었다.

69   테니슨의 시는 이미 공연 작품으로서 명성을 가지고 있었다. 1973년 영국의 예술 평론가 필립 길버트 해머턴은 비모국어 화자는 다른 언어를 진짜로 익힐 수는 없다는 자기 주장을 지원하기 위해 시를 이용했다. 해머턴은 학식 있는 프랑스인이 "Claribel"을 낭독하면서 "Her song the lintwhite swelleth"을 "Ere songg ze lintveet svelless"라고 한 예를 들었다. Philip Gilbert Hamerton, *The Intellectual Life*(New York: John B. Alden, 1884), 123-124. 이 소품은 다음 20여 년 동안 정기간행물에 실리다가 1900년대 존경받는 문학 비평가 아서 퀼러-카우치가 다시 채택했는데 이번에는 프랑스어 대신 서툰 독일어 악센트였다. Arthur Quiller-Couch, *Studies in Literature*(Cambridge: Cambridge University Press, 1918), 309-311.

70   Bennett Maxwell, "The Steytler Recordings of Alfred, Lord Tennyson: A History," *Tennyson Research Bulletin*, 3(1980): 150-157 참조.

71   Willa Z. Silverman, "Books Worthy of Our Era? Octave Uzanne, Technology, and the Luxury Book in Fin-de-Siècle France," *Book History*, 7(2004): 239-284 참조.

72   Robert Hendrick, "Albert Robida's Imperfect Future," *History Today*, 48, no. 7(July 1998): 27-32 참조.

73   Octave Uzanne and Albert Robida, "The End of Books," *Scribner's Magazine*, 16(August 1894): 221-231; 224-226; 프랑스판은 Octave Uzanne and Albert Robida, "La findes livres," in *Contes pour les bibliophiles*(Paris: Quantin, 1895): 125-145 참조.

74   매체 적용 개념에 대해서는 다음을 참조하라. Jay David Bolter and Richard Grusin, *Remediation: Understanding New Media*(Cambridge, Mass.: MIT Press, 1999).

75   "The Phonograph," *Times*(London), January 17, 1878, 4에서 마크 포스터(Mark Poster)가 작가들이 인쇄로부터 새로운 매체로의 변화에 의해 어떻게 영향을 받았는지 What's the Matter with the Internet? (Minneapolis: University of Minneapolis Press, 2001), 43에서 밝히고 있다.

76   De Bergerac, *Voyages to the Moon and the Sun*, 13.

77   Bellamy, "With the Eyes Shut," 738; Uzanne and Robida, "The End of Books," 226.

78   Ray Phillips, *Edison's Kinetoscope and Its Films: A History to 1896*(Westport, Conn.: Greenwood, 1997), 3-27 참조. 영화의 발전에서 에디슨의 키네토스코프의 역할은 다음에 적혀 있다. Stephen Herbert, ed., *A History of Pre-Cinema*, 3(London: Routledge, 2000), 132-133.

79   "The End of Books," *Bookworm*, 7(January 1894): 351. Elizabeth Eisenstein, *Divine Art, Infernal Machine: The Reception of Printing in the West from First Impressions to the Sense of an Ending*(Philadelphia: University of Pennsylvania Press, 2011), 227 인용.

80   Octave Uzanne, *La nouvelle bibliopolis: Voyage d'un novateur au pays des néo-iconobi-bliomanes*(Paris: Floury, 1897), 41. Silverman, "Books Worthy of Our Era?," 276 인용.

81   최근의 예로는 다음을 참조하라. Jeff Gomez, *Print Is Dead: Books in Our Digital Age*(London: Macmillan, 2008); Jean-Claude Carrière and Umberto Eco, *This Is Not the End of the Book*, trans. Polly McLean (London: Harvill Secker, 2011).

82   때 이른 책에 대한 부고의 오래된 전통에 대해서는 다음을 참조하라. Priscilla Coit Murphy, "Books Are Dead, Long Live Books," in *Rethinking Media Change: The Aesthetics of Transition*, ed. David Thorburn and Henry Jenkins(Cambridge,Mass.: MIT Press, 2003), 81-93. 폴 두구드(Paul Duguid)는 새로운 매체로 책이 대체되는 것을 다음에서 고려했다. "Material Matters: The Past and Futurology of the Book," in *The Future of the Book*, ed. Geoffrey Nunberg(Berkeley: University of Cali-fornia Press, 1996), 63-102.

83   William S. Peterson, *The Kelmscott Press: A History of William Morris's Typographical Adventure* (Oxford: Clarendon, 1991), 313에 인용된 모리스의 언급을 참조하라.

84   Balmer, "Whispering Machines," 498.

85   같은 글.

86   같은 글, 499.

87   "Occasional Notes," *Pall Mall Gazette*, February 28, 1885, 3.

88   제임스 레이븐(James Raven)은 *The Business of Books: Booksellers and the English Book Trade, 1450-1850*(New Haven, Conn.: Yale University Press, 2007), 376에서 인쇄 문화를 진보의 불가피성과 연계시키는 것에 대해 경계했다.

제2장 암흑세계 어디에나 있는 말하는 책

1   Robert B. Irwin to Herman H. B. Meyer, April 5, 1932, Series 4, Subseries 1, Box 9, Folder 6, Talking Book Archive, American Foundation for the Blind(이하 AFB); '성인 시각장애인위한 도서 프로젝트'에 대해서는 다음을 참조하라. Eunice Lovejoy, "History and Standards," in National Library

Service for the Blind and Physically Handicapped, Library of Congress, *That All May Read: Library Service for Blind and Physically Handicapped People*(Washington, D.C.: National Library Service for the Blind and Physically Handicapped, Library of Congress, 1983), 1-24; 7.

2   Robert B. Irwin, "The Talking Book," in *Blindness: Modern Approaches to the Unseen Environment*, ed. Paul A. Zahl(Prince ton, N.J.: Princeton University Press, 1950), 346-353; 347. 어원은 1932년 편지에서 처음 쓰였던 "말하는 책"이라는 단어를 만든 것으로 알려져 있다. 다이어는 "말하는 레코드" 그리고 "말하는 책 녹음"이라는 용어를 1924년 2월 12일 미국 특허청에 등록된 특허 번호 1,628,658에서 사용했다. 그는 스스로 "말하는 책의 발명자 및 특허권자"로 소개하면서도 1933년 전에는 "말하는 책"이라는 표현을 사용하지 않았다. 내가 발견한 "말하는 책"의 최초 사용은 어윈의 Jesse H. Metcalf, May 20, 1932, Series 2, Subseries 1, Box 3, Folder 1, AFB에 보낸 편지다. 어윈은 뉴욕 스키넥터디(Schenectady)에 있는 GE 연구소 이사 윌리스 위트니(Willis Whitney) 박사가 1928년 4월 언론에서 제안한 "말하는 책"에서 따온 것 같다. 어윈은 New York newspaper(Robert B. Irwin to Willis R. Whitney, April 12, 1928, Series 1, Subseries 1, Box 1, Folder 2, AFB)에서 그것을 읽은 후 위트니의 "말하는 책"에 관심을 보였다. 위트니의 기기는 스피커에 부착된 필름으로 구성되었는데 완성되지 못했다.

3   Robert B. Irwin to Herman H. B. Meyer, April 5, 1932, Series 4, Subseries 1, Box 9, Folder 6, AFB.

4   "What Is the Talking Book?," typescript, n.d., 1-3, 1; Series 3, Subseries 3, Box 7, Folder 5, AFB.

5   "I Am the Talking Book," typescript, February 3, 1937: 1-5; 1; Series 3, Subseries 3, Box 9, Folder 9.1, AFB.

6   읽기와 듣기의 차이에 대해서는 다음을 참조하라. Howard Haycraft, *Books for the Blind: A Postscript and an Appreciation*, rev. ed.(Washington, D.C.: Library of Congress, Division for the Blind, 1962), 2n2. 가능한 한 나는 "맹인"이라는 구절 사용을 피했지만 가끔 역사적 용어로 쓰일 것이다. "맹인"이라는 구절은 "맹인이었던 사람" 또는 "시각장애가 있는 사람" 대신 짧게 쓰려고 사용했다. 시각장애를 나타내는 적당한 용어에 대한 논의를 위해서는 다음을 참조하라. David Bolt, *The Metanarrative of Blindness: A Re-reading of Twentieth-Century Anglophone Writing*(Ann Arbor: University of Michigan Press, 2014), 16-34.

7   Georgina Kleege, *Sight Unseen*(New Haven, Conn.: Yale University Press, 1999), 190.

8   "Your Part, My Part, that the Blind May Read This Christmas," n.d., Series 3, Subseries 1, Box 5, Folder 10, AFB.

9   Friedrich A. Kittler, *Discourse Networks 1800/1900*, trans. Michael Metteer with Chris Cullens(Palo Alto, Calif.: Stanford University Press, 1990), 231 참조.

10 Mara Mills, "The Co-construction of Blindness and Reading," in *Disability Trouble: Ästhetik und Bildpolitik bei Helen Keller*, ed. Ulrike Bergermann(Berlin: b_books, 2013), 195-204; 196.

11 말하는 책의 최고의 역사로는 다음을 참조하라. Frances A. Koestler, *The Unseen Minority: A Social History of Blindness in the United States*(New York: David McKay, 1976), 130-152. 추가 설명은 다음을 참조하라. National Library Service for the Blind and Physically Handicapped, Library of Congress, *That All May Read: Library Service for Blind and Physically Handicapped People*(Wash-ington, D.C.: National Library Service for the Blind and Physically Handi-capped, Library of Congress, 1983), 79-93; Marilyn Lundell Majeska, *Talking Books: Pioneering and Beyond*(Washington, D.C.: National Library Service for the Blind and Physically Handicapped, Library of Congress, 1988); "말하는 책"에 대한 항목도 있다. *Encyclopedia of Library and Information Science*, ed. Allen Kent, Harold Lancour, and Jay E. Daily(New York: Marcel Dekker, 1980), 30: 71-95.

12 Lisa Gitelman, *Always Already New: Media, History, and the Data of Culture*(Cambridge, Mass.: MIT Press, 2006), 56.

13 예로는 다음을 참조하라. Nicholas A. Basbanes, *A Gentle Madness: Bibliophiles, Bibliomanes,*

and the Eternal Passion for Books(New York: H. Holt, 1999).

자급자족을 촉진하기 위한 낭독 녹음의 활용에 대해서는 다음을 참조하라. *Pathway to the Mind, Annual Report, 1960*(New York: Recording for the Blind, 1960), 1.

Memorandum, Martin Arnold Roberts to Herbert Putnam, December 19, 1929, Box 690, Folder 12.1, Central File, Manuscript Division, Library of Congress(이하 LOC)

Committee on the Library, Books for the Adult Blind: Hearing on H. R. 9042, House, Seventy-First Congress, First Session, March 27, 1930, M.C. Migel, 3.

On Blindness: Letters between Bryan Magee and Martin Milligan(Oxford: Oxford University Press, 1995)에서 철학자인 브라이언 맥기와 마틴 밀리간이 시각장애인과 비장애인의 인식적 차이를 살피고 있다.

Committee on the Library, Books for the Adult Blind: Hearing on H. R. 9042, House, Seventy-First Congress, Second Session, March 27, 1930, Helen Keller, 22.

"Notes of the Talking Book for the Blind for Miss Kate Smith," typescript [1935], Series 3, Subseries 1, Box 5, Folder 10, AFB.

The Talking Book Reads Itself to the Blind(New York: American Foundation for the Blind, [1936]), n.p. 홍보 레코드인 "나는 말하는 책입니다"는 같은 말을 직접 반복했다. Mr. Palmer to Mrs. A.L. Bond, February 3, 1937, Series 3, Subseries 3, Box 9, Folder 1, AFB.

Irwin, "Talking Book," 347.

장애 군인들의 재활에 대해서는 다음을 참조하라. Beth Linker, *War's Waste: Rehabilitation in World War I America*(Chicago: University of Chicago Press, 2011); Ana Carden-Coyne, "Ungrateful Bodies: Rehabilitation, Resistance and Disabled American Veterans of the First World War," *European Review of History*, 14, no.4(2007): 543-565.

이 수치는 다음에 언급되었다. Committee on the Library, Books for the Adult Blind: Hearing on H. R. 168, House, Seventy-Fifth Congress, First Session, January 23, 1937, Robert Irwin, 17. 케스틀러는 대략 450명의 군인이 전쟁 또는 복무 중 질병으로 맹인이 되었다고 추산했다. 이에 비해 다른 나라들의 전상 맹인의 수는 영국 3000명, 프랑스 2800명, 독일 7000명이었다. Koestler, *Unseen Minority*, 8, 248.

Koestler, *Unseen Minority*, 7.

Committee on the Library, Books for the Adult Blind: Hearing on H.R. 9042, House, Seventy-First Congress, Second Session, March 27, 1930, Charles F. F. Campbell, 17.

같은 글, 18.

참전용사에 대한 보상에 대해서는 다음을 참조하라. Stephen R. Ortiz, *Beyond the Bonus March and GI Bill: How Veteran Politics Shaped the New Deal Era*(New York: New York University Press, 2010).

Thomas Edison, "The Phonograph and Its Future," *North American Review*, 126, no. 262(1878): 527-536; 533.

Irwin, "Talking Book," 347.

Robert B. Irwin to A.C. Ellis, June 13, 1941, Series 1, Subseries 1, Box 1, Folder 5, AFB.

Papers and Proceedings of the Twenty-Eighth General Meeting(Chicago: American Library Association, 1906), 228-229.

Robert B. Irwin to George F. Meyer, April 23, 1924, Series 1, Subseries 1, Box 1, Folder 2, AFB.

Robert B. Irwin to Frank L. Dyer, February 2, 1925, Series 1, Subseries 1, Box 1, Folder 2, AFB.

Robert B. Irwin to Frank C. Bryan, February 10, 1925, Series 1, Subseries 1, Box 1, Folder 2, AFB.

35 Robert B. Irwin to Charles Edison, November 9, 1927, Series 1, Subseries 1, Box 1, Folder 2, AFB.

36 청광기, 광전기, 비자그래프 등등 기기에 대한 AFB의 실험은 Frank C. Bryan, "New Devices for the Blind," *Outlook for the Blind*, 28, no. 1(February 1934): 16-18, 36; Gabriel Farrell, *The Story of Blindness*(Cambridge, Mass.: Harvard University Press, 1956), 130-145에 그려져 있다. 기계적 도구들의 진화에 대해서는 다음을 참조하라. Howard Freiberger, "Deployment of Reading Machines for the Blind," Bulletin of Prosthetics Research http://www.rehab.research.va.gov/jour/71/8/1/contents.pdf, BPR 10-15(Spring 1971): 144-156; Franklin S. Cooper, Jane H. Gaitenby and Patrick W. Nye, "Evolution of Reading Machines for the Blind: Haskin Laboratories' Research as a Case History," *Journal of Rehabilitation Research and Development*, 21, no.1(1984): 51-87; Donald Shankweiler and Carol A. Fowler, "Seeking a Reading Machine for the Blind and Discovering the Speech Code," *History of Psychology*, 18, no.1(2015): 78-99.

37 Koestler, *Unseen Minority*, 83-84.

38 "Talking Book Investigation: An Informal Report of Five Months' Work," typescript, November 8, 1932, Series 4, Subseries 1, Box 9, Folder 6, AFB.

39 *As I Saw It*(New York: American Foundation for the Blind, 1955), 83-107에서 말하는 책 기술의 발전에 대한 어원의 설명을 참조하라.

40 "Sample Record for Library of Congress Talking Book Machines," typescript, 1942, 1-7, 4; Box 693, Folder 13.2, LOC.

41 Robert B. Irwin to Frederick P. Keppel, March 26, 1932, Folder "Recorded Books," Archive, National Library Service for the Blind and Physically Handicapped, Washington, D.C.(이하 NLS). The NLS material is uncataloged.

42 Coleridge's poem was read by John Knight. Robert B. Irwin to Herman H.B. Meyer, March 14, 1934, Folder "Recorded Books," NLS.

43 William Wordsworth, *Words worth: The Poems*, ed. John O. Hayden(Harmonds worth, U.K.: Penguin, 1977), 1: 877.

44 시작 녹음은 Gerald Cornell, John Knight, Fred Utta가 낭독했다. l. Herman H.B. Meyer, "Books for the Adult Blind," in Library of Congress, *Annual Report, Service for the Blind, 1933-34*(Washington, D.C.: Government Printing Office, 1935), 12-13; 13. 이 목록의 NLS 복사본에는 녹음된 도서의 순서를 확인할 수 있는 연필로 쓴 여백 글이 있다. 이 책은 National Library Service for the Blind and Physically Handicapped, Library of Congress, *That All May Read*, 81-82에도 등재되어 있다. 1934년과 1935년 사이에 만들어진 녹음의 목록 전체는 "A Complete List of Talking Book Recordings," typescript, n.d., Series 4, Subseries 5, Box 16, Folder 3, AFB에 있다.

45 Herman H.B. Meyer to Robert B. Irwin, May 7, 1934, Series 4, Subseries 1, Box 9, Folder 7, AFB.

46 Robert B. Irwin to Mary Colgate, July 10, 1934, Series 3, Subseries 1, Box 5, Folder 9, AFB.

47 "The Talking Book Is Born," typescript, ca. 1936, 1-7; 6; Series 3, Subseries 3, Box 7, Folder 6, AFB 인용.

48 예로는 다음을 참조하라. Martin A. Roberts, "Books for the Adult Blind," Library of Congress, *Annual Reports, Service for the Blind and Books for the Adult Blind including the Talking-Book Machine Activity, 1935-36*(Washington, D.C.: Government Printing Office, 1937), 12. 말하는 책 수용에 대해서는 The Perkins School for the Blind's scrapbooks of newspaper clippings from 1931-35 and 1935-36 참조. https://archive.org/details/perkinsschoolfo313501perk.

49 "Talking Books and the Pratt-Smoot Law," *Outlook for the Blind 27, no.* 1(February 1933), 32, typescript38; "Pratt-Smoot Law Amended," *Outlook for the Blind 27, no. 2*(April 1933): 84.

50   "Helen Keller Hails Aid of Talking Books," *New York Times*, June 7, 1935, 2.

51   Radiogram, Helen Keller to M. C. Migel, September 22, 1933, Folder "Braille Production," NLS.

52   Dorothy Herrmann, *Helen Keller: A Life*(Chicago: University of Chicago Press, 1999), 272.

53   Helen Keller to Eleanor Roosevelt, April 20, 1935, in *Helen Keller: Selected Writings*, ed. Kim E. Nielsen (New York: New York University Press, 2005), 178-79; 179.

54   John J. Duff y to the editor of the *Braille Mirror*, "Voices from Brailleland," typescript, June 1933, Series 3, Subseries 3, Box 8, Folder 4, AFB.

55   Esther Chombeau to AFB, ca. 1939, Series 3, Subseries 3, Box 7, Folder 3, AFB.

56   J. Robert Atkinson, "Talking Books Take Flight," typescript, September 29, 1933, 1-6; 6; Folder "Ellis, A.C., Correspondence, 1933," Archive, American Printing House for the Blind(이하 APH).

57   [J. Robert Atkinson], "Injurious Tactics," typescript, March 1933: 1-3, 2; Series 3, Subseries 3, Box 8, Folder 4, AFB.

58   "Editor's Chair," typescript, *Braille Courier*, April 1934, 1-2; 1; Series 3, Subseries 3, Box 8, Folder 5, AFB. John Philip Sousa objects to "canned music" in "The Menace of Mechanical Music," *Appleton's Magazine*, 8(September 1906): 278-284; 281; Patrick Warfi eld, "John Philip Sousa and 'The Menace of Mechanical Music,'" *Journal of the Society for American Music*, 3, no.4(2009): 431-463 참조.

59   Library of Congress, *Annual Report, Service for the Blind*, 1933-34(Washington, D.C.: Government Printing Office, 1935), 4.

60   Robert B. Irwin to Frederick P. Keppel, January 18, 1935, Folder "Recorded Books," NLS.

61   A.C. Ellis to Robert B. Irwin, February 12, 1940, Series 4, Subseries 3, Box 14, Folder 4, AFB.

62   Committee on the Library, Books for the Adult Blind: Hearing on H.R. 168, House, Seventy-Fifth Congress, First Session, January 23, 1937, S. Mervin Sinclair, 12.

63   이 비율은 다음에 기록되어 있다. Authorizing an Increase in the Annual Appropriation for Books for the Adult Blind," April 12, 1937, Senate, Seventy-Fifth Congress, First Session, Calendar No.335, Report No.324, 2. Berthold Lowenfeld, *Braille and Talking Book Reading: A Comparative Study*(New York: American Foundation for the Blind, 1945)에서 비율을 비교했다.

64   Louise Moore to AFB, November 19, 1934, Series 3, Subseries 3, Box 7, Folder 3, AFB.

65   "Extracts from Letters Received from Blind Persons Regarding the Talking Book," typescript, n.d., 1-5; 1; Series 3, Subseries 3, Box 7, Folder 3, AFB.

66   Library of Congress, *Report of the Librarian of Congress for the Fiscal Year ending June 30, 1937* (Washington, D.C.: Government Printing Office, 1937), 295.

67   Memo, "Agreement of the Control of Copyright Talking Books for the Blind," April 20, 1934, Series 1, Subseries 3, Box 2, Folder 6, AFB; "Talking Books for the Blind Plan of Controlled Distribution," July 8, 1938, Folder "CM 1930s," NLS.

68   Committee on the Library, Books for the Adult Blind: Hearing on H.R. 168, House, Seventy-Fifth Congress, First Session, January 23, 1937, H. R. Latimer, 20.

69   Robert B. Irwin to M.A. Roberts, December 9, 1937, Folder "CM 1930s," NLS.

70   Committee on the Library, Books for the Adult Blind: Hearing on H.R. 168, House, Seventy-Fifth Congress, First Session, January 23, 1937, Robert B. Irwin, 20.

71   A.C. Ellis to Alfred A. Knopf, Inc., February 3, 1938, Box 692, Folder 13.1, LOC.

72   Archibald MacLeish to Mrs. John R. Marsh, April 3, 1940, Box 693, Folder 13.2, LOC.

73   Archibald MacLeish to Margaret Mitchell, April 24, 1940, Box 693, Folder 13.2, LOC.

74 Robert B. Irwin to Benjamin Stern, January 3, 1940, Series 1, Subseries 3, Box 2, Folder 7, AFB.

75 "A Few Unsolicited Letters Received from Blind Persons Who Have Been Lent WPA Talking Book Machines," typescript, n.d., 1-4; 2; Folder "Recorded Books," NLS.

76 "Excerpts from Blind People about the Talking Book Machine," typescript, n.d., 1-3; 3; Series 4, Subseries 1, Box 11, Folder 6, AFB.

77 "Excerpts from Letters from Readers," typescript, 1934, 1-5; 2; Series 4, Subseries 1, Box 11, Folder 6, AFB.

78 같은 글, 3.

79 "Talking Book Contest," *Outlook for the Blind*, 29, *no.* 3(June 1935), 126.

80 Blanche Logan to AFB, April 18, 1935, Series 3, Subseries 3, Box 7, Folder 4, AFB.

81 같은 글.

82 Della B. Clark to AFB, April 21, 1935, Series 3, Subseries 3, Box 7, Folder 4, AFB.

83 Charles Magee Adams to AFB, April 3, 1925, Series 3, Subseries 3, Box 7, Folder 4, AFB.

84 새로운 매체를 친숙하게 하기 위한 의인화의 활용에 대해서는 다음을 참조하라. James Lastra, *Sound Technology and the American Cinema: Perception, Representation, Modernity*(New York: Columbia University Press, 2000), 6-8.

85 "Comments from the Blind," typescript, n.d., Folder "CM 1930s," NLS.

86 Mrs. Norman B. Morrell to AFB, September 30, 1934, Series 3, Subseries 3, Box 7, Folder 3, AFB.

87 "A Few Unsolicited Letters," 3.

88 Committee on the Library, Books for the Adult Blind: Hearing on H.R. 168, House, Seventy-Fifth Congress, First Session, January 23, 1937, Robert B. Irwin, 4 인용.

89 "A Few Unsolicited Letters," 3.

90 Minnie E. Hicks to Kent Keller, January 20, 1937, Series 2, Subseries 1, Box 3, Folder 3, AFB.

91 Elsie B. Adams to AFB, January 15, 1937, Series 3, Subseries 3, Box 7, Folder 3, AFB.

92 Meyer, "Books for the Adult Blind," 13 인용.

93 "Comments from the Blind."

94 Mattie E. French to Stetson K. Ryan, March 18, 1937, Series 3, Subseries 3, Box 7, Folder 3, AFB.

95 I.M. Hanna to Anne Morrow Lindbergh, December 28, 1936, Series 3, Subseries 3, Box 7, Folder 3, AFB.

96 Blanche Logan to AFB, April 18, 1935, Series 3, Subseries 3, Box 7, Folder 4, AFB.

97 이 잡지의 역사에 대해서는 다음을 참조하라. Catherine J. Kudlick, "The Outlook of *The Problem* and the Problem with the *Outlook*: Two Advocacy Journals Reinvent Blind People in Turn-of-the-Century America," in *The New Disability History: American Perspectives*, ed. Paul K. Longmore and Lauri Umansky(New York: New York University Press, 2001), 187-213.

98 *Talking Book Reads Itself to the Blind*.

99 Maude G. Nichols, "Service for the Blind," in Library of Congress, *Annual Report, Service for the Blind, 1934-35*(Washington, D.C.: Government Printing Office, 1935), 4.

100 C. E. Seymour to AFB, October 6, 1934, Series 3, Subseries 3, Box 7, Folder 3, AFB; Meyer, "Books for the Adult Blind," in Library of Congress Annual Report, Service for the Blind, 1934-35(Washington: Government Printing Office, 1935), 12

101 "A Few Unsolicited Letters," 1.

102 Meyer, "Books for the Adult Blind," 12.

103 Naomi Schor, "Blindness as Metaphor," *Differences: A Journal of Feminist Cultural Studies*, 11, no.2 (1999): 76-105 참조.

104 Meyer, "Books for the Adult Blind," 12.

105 "Excerpts from Letters Regarding the Talking Book," typescript, 1933, 1-6; 4; Series 3, Subseries 3, Box 7, Folder 3, AFB.

106 J.J. O'Connor to AFB, September 17, 1934, Series 3, Subseries 3, Box 7, Folder 3, AFB.

107 "Excerpts from Blind People about the Talking Book Machine," 3.

108 "A Few Unsolicited Letters," 1.

109 같은 글, 3.

110 Dwight Church to AFB, September 21, 1937, Series 3, Subseries 3, Box 7, Folder 3, AFB. 300.

111 Rosa G. Barksdale to AFB, June 25, 1936, Series 3, Subseries 1, Box 9, Folder 9, AFB.

112 Charles A. Kuchler to *Matilda Ziegler Magazine*, April 19, 1935, Series 3, Subseries 3, Box 7, Folder 4, AFB.

113 "Exhibition Record," typescript, n.d., 1-2; 1; Series 3, Subseries 3, Box 7, Folder 5, AFB.

114 Henry J. Frost to Mrs. James C. Stodder, September 29, 1937, Series 3, Subseries 3, Box 7, Folder 3, AFB.

115 보도자료, March 12, 1934, Folder "Ellis, A. C., Correspondence, 1935—AFB(Irwin)," APH.

116 "Excerpts from Letters Regarding the Talking Book," 5.

117 *Talking Book Topics*, 4, *no.* 4(March 1939): 3-9. 실제 독자 경험에 기반을 둔 설명이다.

118 Eleanor G. Brown to Kent E. Keller, January 16, 1937, Series 2, Subseries 1, Box 3, Folder 3, AFB.

119 American Foundation for the Blind, *The President's Report*, 1939(New York: American Foundation for the Blind, 1939), 4.

120 John T. Dunney to *Matilda Ziegler Magazine*, April 18, 1935, Series 3, Subseries 3, Box 7, Folder 4, AFB; "A Few Unsolicited Letters," 3.

121 Grace Allen to AFB, January 9, 1937, Series 3, Subseries 3, Box 7, Folder 3, AFB.

122 Susan Thornton to *Matilda Ziegler Magazine*, April 15, 1935, Series 3, Subseries 3, Box 7, Folder 4, AFB.

123 Nellie S. Gleason to A. Smith, October 5, 1934, Series 3, Subseries 3, Box 7, Folder 3, AFB.

124 Mrs. Norman B. Morrell to AFB, September 30, 1934, Series 3, Subseries 3, Box 7, Folder 3, AFB. 실제의 사람처럼 새로운 매체를 취급한 것에 대해서는 다음을 참조하라. Byron Reeves and Clifford Nass, *The Media Equation: How People Treat Computers, Television, and New Media like Real People and Places*(Cambridge: Cambridge University Press, 1996).

125 "Sample Record for Library of Congress Talking Book Machines," 2.

126 Gregory Ziemer, "Talking Book Commemorative Record," typescript, ca. 1959: 1-14, 11; Series 3, Subseries 3, Box 7, Folder 10, AFB.

127 "A Few Unsolicited Letters," 1.

128 Esther Chombeau to AFB, ca. 1939, Series 3, Subseries 3, Box 7, Folder 3, AFB.

129 "A Few Unsolicited Letters," 1.

130 Mrs. Norman B. Morrell to AFB, September 30, 1934, Series 3, Subseries 3, Box 7, Folder 3,

AFB.

131 Mattie E. French to Stetson K. Ryan, March 8, 1937, Series 3, Subseries 3, Box 7, Folder 3, AFB.

132 Maude G. Nichols, "Service for the Blind," in Library of Congress, *Annual Reports, Service for the Blind and Books for the Adult Blind including the Talking-Book Machine Activity, 1935-36*(Washington, D.C.: Government Printing Office, 1937), 2.

133 Esther Chombeau to AFB, ca. 1939, Series 3, Subseries 3, Box 7, Folder 3, AFB.

134 "Excerpts from Letters Regarding the Talking Book," 2.

135 Myra B. Jordan to AFB, July 18, 1939, Series 3, Subseries 3, Box 7, Folder 3, AFB.

136 Robert B. Irwin to Luther H. Evans, January 29, 1948, Box 691, Folder "Blind 13," LOC 인용.

137 같은 글.

138 Josephine Peters to Miss A. Smith, February 21, 1937, Series 3, Subseries 3, Box 7, Folder 3, AFB; "Excerpts from Letters Regarding the Talking Book," 6.

139 Esther Chombeau to AFB, ca. 1939, Series 3, Subseries 3, Box 7, Folder 3, AFB. Emphasis in original.

140 C.E. Huntley to AFB, October 12, 1937, Series 3, Subseries 3, Box 7, Folder 3, AFB.

141 "Authorizing an Increase in the Annual Appropriation for Books for the Adult Blind," Senate, Report 324, Seventy-Fifth Congress, First Session, 3 인용.

142 Dwight D. Eisenhower to M. Robert Barnett, November 19, 1954, Series 3, Subseries 3, Box 7, Folder 7, AFB.

제3장 말하는 책을 읽는 방법

1 Miriam Vieni and Fred Vieni to Roy Avers, March 7, 1976, reprinted in "Interpretations," typescript, n.d., Series 3, Subseries 2, Box 7, Folder 1, Talking Book Archive, American Foundation for the Blind(이하 AFB). 잡지의 역사에 대한 추가 사항은 http://www.blindskills.com/dialogue.html에 있다.

2 Georgina Kleege's advice to "read it straight" in Sight Unseen(New Haven, Conn.: Yale University Press, 1999), 174 참조. 낭독에 대해 더 넓게 보려면 다음을 참조하라. Joan Shelley Rubin, *Songs of Ourselves: The Uses of Poetry in America*(Cambridge, Mass.: Harvard University Press, 2007); Catherine Robson, *Heart Beats: Everyday Life and the Memorized Poem*(Prince ton, N.J.: Prince ton University Press, 2012).

3 Charles Magee Adams to AFB, March 27, 1933, Series 3, Subseries 3, Box 7, Folder 4, AFB.

4 "The Talking Book Is Born," typescript, ca. 1936, 1-7; 1; Series 3, Subseries 3, Box 7, Folder 6, AFB.

5 "I Am the Talking Book," typescript, February 3, 1937, Series 3, Subseries 3, Box 9, Folder 1, AFB.

6 "Talking Books," in American Foundation for the Blind, *Annual Report of the President to the Board of Trustees, 1943*(New York: American Foundation for the Blind, 1943), n.p.

7 One of the headlines in "12-Inch Record on Phonograph Reads a Book," *New York Herald-Tribune*, March 24, 1934.

8 '낭독자'와 '독자'에 대한 논의는 Catherine Krauss to William P. Howle, October 3, 1977, Series 3, Subseries 2, Box 7, Folder 1, AFB를 참조하라

9   W[illiam] B[arbour], "What Is a Good Talking Book?," *Talking Book Topics* 4, no. 3(1938): 8-11; 10.

10   제시카 프레스만은 다음에서 책과 새로운 매체의 연속성에 대해 이야기하고 있다. "The Aesthetics of Bookishness in Twenty-First-Century Literature," *Michigan Quarterly Review*, 48, no.4(Fall 2009): 465-482.

11   Arthur Helms, *Recording Books for the Blind*(New York: American Foundation for the Blind, 1951), 12.

12   오류의 고의적 영속화에 대해서는 다음을 참조하라. Alan Hewitt, "End of an Idyll for Talking Books: Babbling Books," *Braille Monitor*, May 1981: 131-134. Reprinted from the *New Republic*, November 1, 1980, 14-15.

13   Library of Congress, Project, Books for the Adult Blind, "Specifications for Talking Book Records," February 1, 1940, Box 690, Folder 13, Library of Congress(이하 LOC). 사양의 원본은 1937년 9월 28일에 나왔다.

14   Hewitt, "End of an Idyll," 132.

15   National Braille Association, *Tape Recording Manual*, 3rd ed.(Midland Park, N.J.: National Braille Association, 1979), 2.

16   어니스트(W.D. Earnest)가 차트, 그림, 그래프, 지도, 수학 공식 등 문장 위의 자료를 어떻게 녹음할지에 대해 다음에서 알려주고 있다. "Exceptional Uses of Recorded Materials," in *Conference on Volunteer Activities in Recording and Transcribing Books for the Blind: Proceedings, December 1-2, 1952* (Washington, D.C.: Library of Congress, 1954), 25-27. 그림의 재생에 관해서는 다음을 참조하라. Yvonne Eriksson, *Tactile Pictures: Pictorial Representations for the Blind*, 1784-1940(Göteborg: Acta Universitatis Gothoburgensis, 1998).

17   Ralph S. Verner to Braille Institute of America, May 21, 1974, Series 3, Subseries 2, Box 7, Folder 1, AFB.

18   A. C. Ellis to Robert B. Irwin, December 22, 1942, Series 4, Subseries 3, Box 14, Folder 5, AFB.

19   Leroy Hughbanks, "The Talking Book—Present and Future," *Outlook for the Blind*, 34, no.4(October 1940): 131-32; 32.

20   "Book That Talks and Sings," *New York Times*, February 19, 1937, 3. "Wild Birds and Their Songs," *Talking Book Topics*, 2, no. 4(March 1937): 8-9; 8; "A Talking Book of Bird Songs," *New Beacon: A Magazine Devoted to the Interests of the Blind*, 21, no. 243(March 15, 1937): 66 참조. 브랜드의 방식은 다음의 오프닝 장에도 설명되어 있다. "Recording Sounds of Wild Birds," *Auk*, 49(4)(October 1932): 436-39; Albert R. Brand, *Wild Birds and Their Songs*(New York: Thomas Nelson and Sons, 1934).

21   "Blind Naturalist Praises Bird Book," *Talking Book Topics*, 3(1)(June 1937): 14-15.

22   Anna Riedel to AFB, August 15, 1937, Series 3, Subseries 3, Box 7, Folder 3, AFB. 새소리 녹음에 대한 열의로 코넬대학교의 조류학자들과 협업했다. "Report on Talking Books Recorded under the Grant from the W. K. Kellogg Foundation," typescript, December 1943, 1-9, Folder "Recorded Books," Archive, National Library Service for the Blind and Physically Handicapped, Washington, D.C.(이하 NLS) 참조. NLS 자료는 실려 있지 않다.

23   Robert B. Irwin to Herman H.B. Meyer, November 9, 1934, Series 4, Subseries 1, Box 9, Folder 7, AFB.

24   "New Talking Books Announced," *Talking Book Topics*, 6, no. 4(March 1941): 6-11; 7-8.

25   A[rthur] H[elms], "Something New in Talking Books," *Talking Book Topics,* 4, no. 1(June 1938): 16-17.

26   American Foundation for the Blind, *Annual Report of the President*, 1938(New York: American

Foundation for the Blind, 1938), n.p. 1930년대의 영화에 대해서는 다음을 참조하라. Andrew Bergman, *We're in the Money: Depression America and Its Films*(New York: New York University Press, 1971); Ina Rae Hark, ed., *American Cinema of the 1930s: Themes and Variations*(New Brunswick, N.J.: Rutgers University Press, 2007).

27 Rachel Reed to AFB, November 19, 1934, Series 3, Subseries 2, Box 7, Folder 3, AFB.

28 A[rthur] H[elms], "Not Readings, but Plays," *Talking Book Topics*, 3, no. 2(September 1937): 7-11; 7. Reprinted from *New York Herald-Tribune*, June 13, 1937. AFB는 극화 목적의 "사소한 편집"은 허용했지만 고전 드라마를 녹음할 때는 허가받지 않은 변경은 금했다.

29 Martin A. Roberts, "The Recordings of Dramas with Casts," in Library of Congress, *Report of the Librarian of Congress for the Fiscal Year ending June 30, 1938*(Washington, D.C.: Government Printing Office, 1939): 10-11. "Plays for the Blind," *New York Times*, December 1937, clipping, Series 4, Subseries 1, Box 9, Folder 9, AFB 참조.

30 제목 없는 팸플릿, Series 3, Subseries 3, Box 9, Folder 4, AFB.

31 "Developments in Recording Dramas with Casts," typescript, ca. 1934: 1-7; 2; Series 3, Subseries 3, Box 8, Foldor 5, AГБ 인용.

32 C. LaVerne Roberts to Alice M. Smith, May 18, 1937, Series 3, Subseries 3, Box 7, Folder 3, AFB.

33 J.O. Kleber, "Research Information," typescript, November 25, 1936, Series 4, Subseries 5, Box 16, Folder 6, AFB.

34 Berthold Lowenfeld, "The Talking Book," *Talking Book Topics*, 5, no. 4(March 1940): 14-16; 15.

35 Alexander Fried, "Looking About," *San Francisco Chronicle*, ca.1937, clipping, Series 3, Subseries 3, Box 9, Folder 1, AFB.

36 Charles Magee Adams to Robert B. Irwin, March 9, 1935, Series 3, Subseries 3, Box 7, Folder 4, AFB.

37 Mona M. Warner to Maria Sharon Eddington, November 25, 1977, Series 3, Subseries 2, Box 6, Folder 7, AFB.

38 C.E. Seymour to Alexander Scourby, January 29, 1941, Series 4, Subseries 1, Box 10, Folder 1, AFB.

39 첫 해의 낭독자 명단은 "A Complete List of Talking Book Recordings," typescript, November 10, 1935: 1-8, Series 4, Subseries 5, Box 16, Folder 3, AFB에서 찾을 수 있다.

40 Arthur Helms, "Recording Activities: Techniques of Recording Books for the Blind," in *Conference on Volunteer Activities in Recording and Transcribing Books for the Blind, Proceedings, December 1-2, 1952*(Washington, D.C.: Library of Congress, 1954), 2-6.

41 윌리엄 바버가 "Jalna: A Saga of the Studio," *Talking Book Topics*, 5, no. 2(September 1939): 3-9에 있는 우스운 실수의 예를 인용하고 있다.

42 Library of Congress, Project, Books for the Adult Blind, "Specifications for Talking Book Records," September 28, 1937, Box 690, Folder 13, LOC.

43 Library of Congress, "Specifications for Talking Book Records," 1940.

44 National Braille Association, *Tape Recording Manual*, 14; "The Sound Engineer Says," *Talking Book Bulletin*, 4(March 1936): 3-4; 4; "The 'Voice' of Talking Books," typescript, September 1968: 1-9; 1, Series 3, Subseries 2, Box 6, Folder 7, AFB.

45 Minutes, Sound Recording Subcommittee, October 2, 1934, Folder "Sound Recording Committee 1934-1960"(uncataloged), Royal National Institute of Blind People.

46 Typescript, n.d., Series 3, Subseries 2, Box 7, Folder 2, AFB.

47 같은 글.

48 Robert B. Irwin to Herbert Putnam, October 26, 1938, Series 4, Subseries 1, Box 9, Folder 10, AFB.

49 National Braille Association, *Tape Recording Manual*, 2.

50 Billy R. West, *The Art and Science of Audio Book Production*(Washington, D.C.: Government Printing Office, National Library Service for the Blind and Physically Handicapped, 1995), 2 인용.

51 B[arbour], "What Is a Good Talking Book?," 10.

52 Library of Congress, "Specifications for Talking Book Records," 1940.

53 National Braille Association, *Tape Recording Manual*, 24.

54 Alan Hewitt to Alfred Lisi, April 21, 1977, Series 3, Subseries 2, Box 6, Folder 3, AFB. Emphasis in original.

55 "말하는 책 고전"의 목록에 대해서는 다음을 참조하라. B[arbour], "What Is a Good Talking Book?," 10-11. Other popular narrators are cited in "Personalities Who Have Recorded for the Talking Book," typescript, n.d., 1-2, Folder "Braille Production," NLS.

56 Mrs. Edison Dick to Peter E. Hanke, July 7, 1980, Series 3, Subseries 2, Box 6, Folder 2, AFB.

57 Elizabeth Leonard to AFB, February 24, 1973, Series 3, Subseries 2, Box 6, Folder 3, AFB.

58 Timothy Hendel to Robert Evan Jones, February 17, 1976, Series 3, Subseries 2, Box 6, Folder 13, AFB.

59 Chet Avery to Lucy Vecera, May 20, 1974, Series 3, Subseries 2, Box 7, Folder 1, AFB.

60 John E. Robas to LOC, June 14, 1975, Series 3, Subseries 2, Box 7, Folder 1, AFB.

61 Janet Gawith to NLS, November 22, 1978, Series 3, Subseries 2, Box 7, Folder 1.

62 Catherine Krauss to Edward Blake, May 3, 1978, Series 3, Subseries 2, Box 6, Folder 12, AFB.

63 *Talking Book Titles of 1937-1938*(Washington, D.C.: Library of Congress, Project, Books for the Blind, 1938), Box 692, Folder 13-1, LOC.

64 Willa Cather to Alexander Woollcott, February 8, 1935, Houghton Library, Harvard University, HOU b MS Am 1449 247.

65 Willa Cather to Archibald MacLeish, December 11, 1944. "Auspice Willa!," *Talking Book Topics*, 14, no. 1(June 1948): 3-4; 4에 카터의 편지가 다시 게재되었다. 이 잡지는 다음 호에서 편지를 게재함으로써 카터의 유언을 본의 아니게 어긴 것을 사과했다. "The Willa Cather Letter: An Apology," *Talking Book Topics*, 18, no. 4(December 1952), 3 참조.

66 "Auspice Willa!," 4.

67 Archibald MacLeish to Alfred Knopf, November 29, 1944, Box 691, Folder 13, LOC.

68 B[arbour], "What Is a Good Talking Book?," 10.

69 Robert B. Irwin to V. W. Clapp, October 21, 1937, Series 4, Subseries 1, Box 9, Folder 9, AFB.

70 William P. Howle to James W. Walker, March 5, 1973, Series 3, Subseries 2, Box 7, Folder 1, AFB.

71 Typescript, n.d., Series 3, Subseries 2, Box 7, Folder 2, AFB.

72 Helms, *Recording Books for the Blind*, 10.

73 "Period May 11, 1934 to 11-10-35," typescript, November 10, 1935, Series 4, Subseries 5, Box 16, Folder 3, AFB.

74 Chet Avery to Lucy Vecera, May 20, 1974, Series 3, Subseries 2, Box 7, Folder 1, AFB.

75 "Some Facts about Reading Talking Books," typescript, n.d., Series 3, Subseries 2, Box 7,

Folder 2, AFB. 윌리엄 바버가 "The Personality Behind the Voice," *Talking Book Topics*, 3, no. 2(September 1937): 13-15에서 여성이 덜 등장하는 이면의 이유를 설명하고 있다.

76 R.A. Nellis to William P. Howle, August 6, 1976, Series 3, Subseries 2, Box 7, Folder 1, AFB.

77 Philip Leonard to Mary L. Piday, May 12, 1975, Series 3, Subseries 2, Box 6, Folder 13, AFB.

78 Elizabeth Leonard to AFB, February 24, 1973, Series 3, Subseries 2, Box 6, Folder 3, AFB.

79 Raul Lugo to LOC, April 25, 1977, Series 3, Subseries 2, Box 6, Folder 11, AFB.

80 Frank Kurt Cylke to Scott Anderson, December 14, 1977, Series 3, Subseries 2, Box 6, Folder 11, AFB.

81 Alvin Marvin DeLaney to LOC, June 26, 1975, Series 3, Subseries 2, Box 7, Folder 1, AFB.

82 Bette White Minall to Milton Earl Forrest, May 22, 1969, Series 3, Subseries 2, Box 6, Folder 12, AFB.

83 Johnnie Johnson to Eugenia Rawls, n.d., Series 3, Subseries 2, Box 6, Folder 13, AFB.

84 Norman L. Johnson to American Printing House for the Blind(이하 APH), January 24, 1974, Series 3, Subseries 2, Box 6, Folder 9, AFB.

85 Marya Hunsicker to Frank Kurt Cylke, December 13, 1976, Series 3, Subseries 2, Box 6, Folder 13, AFB.

86 Elizabeth Leonard to AFB, February 24, 1973, Series 3, Subseries 2, Box 6,Folder 3, AFB.

87 Report RC 14874 MT, June 30, 1980, Series 3, Subseries 2, Box 6, Folder 2, AFB.

88 R.A. Nellis to Robert Kost, July 17, 1976, Series 3, Subseries 2, Box 7, Folder 1, AFB.

89 Barbara O.W. Hoeber to Mrs. Werner, February 14, 1973, Series 3, Subseries 2, Box 7, Folder 9, AFB.

90 Willard Price to librarian, Braille Institute of America, October 29, 1974, Series 3, Subseries 2, Box 7, Folder 1, AFB.

91 Louetta R. MacDonald to LOC, June 7, 1973, Series 3, Subseries 2, Box 6, Folder 12, AFB.

92 William P. Howle to R.A. Nellis, July 28, 1976, Series 3, Subseries 2, Box 7, Folder 1, AFB.

93 Frank Church to APH, May 28, 1976, Series 3, Subseries 2, Box 7, Folder 1, AFB.

94 William P. Howle to James W. Walker, March 5, 1973, Series 3, Subseries 2, Box 7, Folder 1, AFB.

95 James W. Walker to LOC, February 16, 1972, Series 3, Subseries 2, Box 7, Folder 1, AFB.

96 "Secretary-General's Visit to the United States and Canada, June-July, 1937," typescript, n.d., 11-19; 14; (uncataloged) Blind Veterans UK.

97 Edgar F. Rogers to Luther Evans, July 17, 1944, Box 692, Folder 13-1, LOC.

98 F. Fraser Bond, "Mr. MacLeish Goes on Record," *Talking Book Topics*, 6(3)(December 1940): 18-20; 19.

99 "Beloved Voices" chapter of Frances A. Koestler, *The Unseen Minority: A Social History of Blindness in the United States*(New York: David McKay, 1976), 153-157에서 말하는 책을 낭독한 배우, 유명인, 공인들의 명단을 찾을 수 있다.

100 William J. Maguire to Bucky Kozlow, June 10, 1976, Series 3, Subseries 2, Box 6, Folder 5, AFB.

101 Timothy Hendel to Robert Evan Jones, February 17, 1976, Series 3, Subseries 2, Box 6, Folder 13, AFB.

102 Howard Haycraft, *Books for the Blind: A Postscript and an Appreciation*, rev. ed.(Washington, D.C.: Library of Congress, Division for the Blind, 1962), 2.

103   George Card to House Jameson, September 2, 1968, Series 3, Subseries 2, Box 6, Folder 13, AFB.

104   R.A. Nellis to Jim Buss, December 15, 1976, Series 3, Subseries 2, Box 6, Folder 12, AFB.

105   Norman L. Johnson to APH, January 24, 1974, Series 3, Subseries 2, Box 6, Folder 9, AFB.

106   Mrs. Thomas Lucas to AFB, n.d., Series 3, Subseries 2, Box 6, Folder 6, AFB.

107   Chet Avery to Lucy Vecera, May 20, 1974, Series 3, Subseries 2, Box 7, Folder 1, AFB.

108   Ruth Vollrath to Bucky Kozlow, April 7, 1982, Series 3, Subseries 2, Box 6, Folder 5, AFB.

109   예를 들어 알윈 바흐(Alwyn Bach)의 경력은 다음을 참조하라. "The Man behind the Voice," *Talking Book Topics,* 6(1)(June 1940): 16-19.

110   Christy Willett to Bucky Kozlow, April 7, 1970, Series 3, Subseries 2, Box 6, Folder 5, AFB.

111   [Wilbur Sheron], "The Voice," *Talking Book Topics*, 5, no. 4(March 1940): 18-20; 18-19.

112   "Personalities Who Have Recorded for the Talking Book," typescript, n.d., Folder "Braille Production," NLS; William Barbour, "We Have the Honor to Present⋯," *Talking Book Topics*, 7no. 2(November 1941): 13-14에 주목할 만한 낭독자들이 실려 있다.

113   "Books for the Adult Blind," typescript, n.d. 1-17, 4; Box 690, Folder 12-11, LOC.

114   "Program 2. Talking Book," typescript, n.d., Series 3, Subseries 3, Box 7, Folder 6, AFB.

115   Fraser Bond, "Books That Read Themselves," *New York Times Magazine*, May 14, 1944, 19, 38; 38.

116   Committee on the Library, Books for the Adult Blind: Hearing on H.R. 168, House, Seventy-Fifth Congress, First Session, January 23, 1937, Robert B. Irwin, 74.

117   Fraser Bond, "Famous Authors Read for Nation's Blind," typescript, 1944, 1-5, 2; Series 3, Subseries 3, Box 9, Folder 3, AFB.

118   "Program 2. Talking Book," typescript, n.d., Series 3, Subseries 3, Box 7, Folder 6, AFB.

119   Bond, "Famous Authors," n.p. 인용. 만의 녹음 복사본은 AFB's Talking Book Archive가 가지고 있다.

120   "Letters-to-the-Editor," typescript, n.d., Series 3, Subseries 2, Box 7, Folder 1, AFB.

제4장 시각장애인을 위한 무료 출간

1   "Helen Keller Hails Aid of Talking Books," *New York Times*, June 7, 1935, 2.

2   Eleanor Catherine Judd, "Choosing 'Talking' Books," letter to editor, *New York Times*, February 4, 1939, 14. Judd is responding to Lawrence Stessin, "Books That Are Heard," *New York Times*, November 27, 1938, 151.

3   Judd, "Choosing 'Talking' Books," 14.

4   Floyd W. Matson, *Walking Alone and Marching Together: A History of the Organized Blind Movement in the United States, 1940-1990*(Baltimore: National Federation of the Blind, 1990) 참조.

5   Judd, "Choosing 'Talking' Books," 14.

6   "Interview with Mr Andreassen Library of Congress on Blind," typescript, September 20, 1949, 1-8; 6; Box 691, Folder 13, Library of Congress(이하 LOC).

7   Evelyn Geller, *Forbidden Books in American Public Libraries, 1876-1939: A Study in Cultural Change* (Westport, Conn.: Greenwood, 1984).

8   National Library Service for the Blind and Physically Handicapped, Library of Congress, *That All*

May Read: Library Service for Blind and Physically Handi-capped People(Washington, D.C.: National Library Service for the Blind and Physically Handicapped, Library of Congress, 1983), 7-8.

9   Aksel G.S. Josephson to Herbert Putnam, March 10, 1931, Box 690, Folder "Blind 12-1," LOC. 목적은 "Recommendations Regarding Administration of H. R. 11365 if Passed," typescript, May 15, 1930, Box 690, Folder "Blind 12-1," LOC에 대략 그려져 있다.

10 Martin A. Roberts, "Books for the Adult Blind," in Library of Congress, *Annual Reports, Service for the Blind and Books for the Adult Blind including the Talking-Book Machine Activity, 1935-36*(Washington, D.C.: Government Printing Office, 1937), 12-29; 21.

11 "Note," *Talking Book Topics*, 5(4)(March 1940), 6; "Selection of Books to Be Recorded," *Talking Book Topics*, 6, no. 1(June 1940): 14-15.

12 Library of Congress, Division for the Blind, B*ooks for the Blind*(Washington, D.C.: Library of Congress, Division for the Blind, 1951), 2.

13 Francis R. St. John, Survey of Library Service for the Blind, 1956(New York: American Foundation for the Blind, 1957), 71.

14 George Smathers to Luther Evans, February 25, 1953, Box 692, Folder "Blind 13," LOC.

15 Robert B. Irwin to Herman H.B. Meyer, March 14, 1934, Folder "Recorded Books," Archive, National Library Service for the Blind and Physically Handicapped, Washington, D.C.(이하 NLS). 국립도서관의 자료는 적혀 있지 않다.

16 "Selection of Books for the Blind," typescript, December 3, 1947, Box 691, Folder "Blind 13," LOC.

17 Herman H.B. Meyer to Robert B. Irwin, May 7, 1934, Series 4, Subseries 1, Box 9, Folder 7, American Foundation for the Blind(이하 AFB).

18 Georgina Kleege, *Sight Unseen*(New Haven, Conn.: Yale University Press, 1999), 29. 장애인 권리 운동 및 차별과 싸우는 노력에 대해서는 다음을 참조하라. Nancy J. Hirschmann and Beth Linker, eds., *Civil Disabilities: Citizenship, Membership, and Belonging*(Philadelphia: University of Pennsylvania Press, 2015).

19 예로는 다음을 참조하라. Luther H. Evans, typescript, November 27, 1950, Box 691, Folder "Blind 13," LOC.

20 "The 'Talking Book' Bible," clipping, Box 691, Folder "Blind 13," LOC. 성경과 구전에 관해서는 다음을 참조하라. William M. Schniedewind, *How the Bible Became a Book*(Cambridge: Cambridge University Press, 2005); Allen Dwight Callahan, *The Talking Book: African Americans and the Bible*(New Haven, Conn.: Yale University Press, 2006).

21 촉각에 의한 읽기의 기원에 대해서는 다음을 참조하라. John Oliphant, *The Early Education of the Blind in Britain c. 1790-1900: Institutional Experience in England and Scotland*(Lampeter, U.K.: Edwin Mellen, 2007); Gordon Phillips, *The Blind in British Society: Charity, State, and Community, c. 1780-1930*(Aldershot, U.K.: Ashgate, 2004); Pamela Lorimer, *Reading by Touch: Trials, Battles and Discoveries*(Baltimore: National Federation for the Blind, 2002); Francis A. Koestler, *The Unseen Minority: A Social History of Blindness in the United States*(New York: David McKay, 1976), 91-114.

22 Millard W. Robinson, "New Low Price for Bible Records," *Talking Book Topics*, 4, no. 1(June 1938): 3-4.

23 헤럴드 라이트(Harold Wright)의 *God and the Groceryman*은 1927년에 출간되었다. Committee on the Library, Books for the Adult Blind: Hearing on H.R. 9042, House, Seventy-First Congress, First Session, March 27, 1930, Robert B. Irwin, 14.

24 "Selection of Books for the Blind," typescript, May 23, 1947, 1-3; 3; Box 691, Folder "Blind 13," LOC.

25 Committee on the Library, Books for the Adult Blind: Hearing on H.R. 168, House, Seventy-Fifth Congress, First Session, January 23, 1937, Lucille A. Goldthwaite, 9.

26 같은 글. Herbert Putnam, 8. The distinction is discussed at length in Lester Asheim, "Not Censorship but Selection," *Wilson Library Bulletin*, 28(September 1953): 63-67.

27 Report, "Division for the Blind," typescript, 1949, 1-4; 1; Box 691, Folder 13, LOC.

28 말하는 책 1438종 중 44%는 비소설이고, 소설 150종은 고전문학으로 자격 요건을 갖췄다. Luther H. Evans to Wilmer C. Smith, October 27, 1948, Box 691, Folder 13, LOC.

29 Charles Magee Adams to Kent Keller, January 20, 1937, Series 2, Subseries 1, Box 3, Folder 3, AFB.

30 Committee on the Library, Books for the Adult Blind: Hearing on H.R. 168, House, Seventy-Fifth Congress, First Session, January 23, 1937, Lucille A. Goldthwaite, 23.

31 Rosa G. Barksdale to AFB, June 25, 1936, Series 3, Subseries 1, Box 9, Folder 9, AFB.

32 Robert B. Irwin to Marjorie Griesser, April 20, 1935, Series 1, Subseries 3, Box 2, Folder 7, AFB.

33 Ian Fraser, "Sir Ian Fraser's Report," June 25, 1936, 1-6; 2; File CRO/139, Folder T55/12/1, Royal National Institute of Blind People.

34 Minutes, Talking Book Selection Subcommittee, May 25, 1937, 1-21, 19; (uncataloged) Blind Veterans UK.

35 A.C. Ellis to Robert B. Irwin, February 24, 1937, Series 4, Subseries 3, Box 14, Folder 2, AFB에서 인용.

36 소설을 제외시키려는 노력에 대해서는 다음을 참조하라. Esther Jane Carrier, *Fiction in Public Libraries, 1900-1950*(Littleton, Colo.: Libraries Unlimited, 1985).

37 Committee on the Library, Books for the Adult Blind: Hearing on H.R. 168, House, Seventy-Fifth Congress, First Session, January 23, 1937, Martin A. Roberts, 27.

38 Lucy A. Goldthwaite, "The Talking Book," *Outlook for the Blind*, 31(February 1937): 13-16; 14.

39 Martin A. Roberts, "Books for the Adult Blind," in Library of Congress, *Report of the Librarian of Congress for the Fiscal Year ending June 30, 1937*(Washington, D.C.: Government Printing Office, 1937), 295-322; 309.

40 Charles Magee Adams to Robert B. Irwin, November 3, 1936, Series 3, Subseries 3, Box 7, Folder 4, AFB.

41 Francis R. St. John, *Survey of Library Service for the Blind*, 1956(New York: American Foundation for the Blind, 1957), 71.

42 "Division for the Blind," 1.

43 Hallie M. Baylor to AFB, May 9, 1937, Series 3, Subseries 3, Box 7, Folder 3, AFB. 310.

44 같은 글.

45 냉전에 관한 문학은 많이 있다. 관련된 많은 연구를 Ellen W. Schrecker, *No Ivory Tower: McCarthyism and the Universities*(New York: Oxford University Press, 1986)에서 볼 수 있다.

46 David K. Berninghausen, "Book-Banning and Witch-Hunts," *American Library Association Bulletin*, 42, no. 5(May 1948): 204-207에서 한 도서관 사서의 반응을 참조하라. 도서 검열에 대해 더 폭넓게는 Paul S. Boyer, *Purity in Print: Book Censorship in America from the Gilded Age to the Computer Age*, 2nd ed.(Madison: University of Wisconsin Press, 2002)을 보라.

47 미국도서관협회의 검열에 대한 반응에 관해서는 다음을 참조하라. Louise S. Robbins, *Censorship and*

the American Library: The American Library Association's Response to Threats to Intellectual Freedom, 1939-1969(Westport, Conn.: Greenwood, 1996); Christine Pawley, Reading Places: Literacy, Democracy, and the Public Library in Cold War America(Amherst: University of Massachusetts Press, 2010). 전쟁 중 도서관의 역할에 대해서는 다음을 참조하라. Patti Clayton Becker, Books and Libraries in American Society during World War II: Weapons in the War of Ideas(New York: Routledge, 2005).

48 John J. Connolly to Edgar F. Rogers, July 26, 1944, Box 69, Folder 13, LOC. 맥클리시가 동료 부재 시 편지에 응답했다.

49 Archibald MacLeish to John J. Connolly, August 2, 1944, Box 691, Folder 13, LOC.

50 John J. Connolly to Edgar F. Rogers, July 26, 1944, Box 69, Folder 13, LOC.

51 Archibald MacLeish to John J. Connolly, August 2, 1944, Box 691, Folder 13, LOC. 맥클리시는 "The Librarian and the Demo cratic Process," American Library Association Bulletin, 34(June 1940): 385-388, 421-422에서 지적 자유를 보호하는 도서관 사서의 의무를 그리고 있다.

52 John J. Connolly to Archibald MacLeish, August 8, 1944, Box 691, Folder 13, LOC.

53 Archibald MacLeish to John J. Connolly, August 15, 1944, Box 691, Folder 13, LOC.

54 Memorandum, Louise Maurer to Archibald MacLeish, January 24, 1944, 1-7; 3; Box 691, Folder 13, AFB. 또 다른 직원은 제한된 부수로 거절 이유를 들었다.

55 "Selection of Books for the Blind," May 23, 1947, 3에 붙은 손 메모.

56 Robert van Gelder, "An Interview with Mr. Robert B. Irwin," New York Times Book Review, February 8, 1942, 2. Rick Wartzman, Obscene in the Extreme: The Burning and Banning of John Steinbeck's The Grapes of Wrath(New York: Public Affairs, 2008) 참조.

57 Felice Flanery Lewis가 Literature, Obscenity, and Law (Carbondale: Southern Illinois University Press, 1976), 134-184에서 배심원의 문학 외설 기준을 정리해 주었다. Allison Pease, Modernism, Mass Culture, and the Aesthetics of Obscenity(Cambridge: Cambridge University Press, 2000) 참조.

58 "Obscenity in Books for the Blind," typescript, June 30, 1947, 1-2; 1; Box 691, Folder 13, LOC.

59 Robert B. Irwin to A.C. Ellis, April 7, 1947, Series 4, Subseries 3, Box 14, Folder 7, AFB.

60 같은 글.

61 Edwin Black, War against the Weak: Eugenics and America's Campaign to Create a Master Race (New York: Four Walls Eight Windows, 2003), 145-158 참조.

62 Koestler, The Unseen Minority, 124.

63 A.C. Ellis to Robert B. Irwin, April 9, 1947, Series 4, Subseries 3, Box 14, Folder 7, AFB.

64 같은 글.

65 Evelyn C. McKay to C. Warren Bledsoe, August 12, 1947, Series 2, Subseries 1, Box 3, Folder 6, AFB에서 인용.

66 Evelyn C. McKay to C. Warren Bledsoe, August 12, 1947, Series 2, Subseries 1, Box 3, Folder 6, AFB.

67 Hazel Hodgdon to LOC, June 27, 1975, Series 3, Subseries 2, Box 6, Folder 12, AFB.

68 같은 글.

69 "Selection of Books for the Blind," May 23, 1947, 3.

70 Verner W. Clapp to Carl T. Curtis, November 10, 1952, Box 692, Folder 13, LOC에서 인용.

71 Verner W. Clapp to Carl T. Curtis, December 8, 1952, Box 692, Folder 13, LOC.

72 A.C. Ellis to Robert B. Irwin, April 9, 1947, Series 4, Subseries 3, Box 14, Folder 7, AFB.

73 "Obscenity in Books for the Blind," 2.

74 Letter to the editor, *Talking Book Topics,* 14, no. 1(June 1948), 5.

75 "Daisy, Daisy⋯," *Talking Book Topics,* 14, no. 12(September 1948): 4-5; 4.

76 같은 글, 4.

77 같은 글, 5.

78 같은 글.

79 Richard M. Freeland, *The Truman Doctrine and the Origins of McCarthyism, Foreign Policy, Domestic Politics, and Internal Security, 1946-1948*(New York: Knopf, 1972), 123-150; David Caute, *The Great Fear: The Anti-Communist Purge under Truman and Eisenhower*(New York: Simon and Schuster, 1978); Michael J. Hogan, *A Cross of Iron: Harry S. Truman and the Origins of the National Security State, 1945-1954*(Cambridge: Cambridge University Press, 1998), 254-265 참조.

80 On loyalty oaths and the Library of Congress, see Robbins, *Censorship,* 40-47. The McCarthy era is discussed in Richard Fried, *Nightmare in Red: The McCarthy Era in Perspective*(New York: Oxford University Press, 1990); Ellen W. Schrecker, *Many Are the Crimes: McCarthyism in America*(Boston: Little, Brown, 1998).

81 클럽의 발표에 대해서는 다음을 참조하라. William S. Dix and Paul Bixler, eds., *Freedom of Communication: Proceedings of the First Conference on Intellectual Freedom, New York City, June 28-29, 1952*(Chicago: American Library Association, 1954), 38-68

82 "Books for the Blind," *Human Events,* 10, no. 17(February 18, 1953), 2, clipping, Box 692, Folder "Blind 13," LOC.

83 Note, February 24, 1953, Box 692, Folder "Blind 13," LOC.

84 Louise S. Robbins는 *The Dismissal of Miss Ruth Brown*(Norman: University of Oklahoma Press, 2000)에서 공산주의 자료를 돌렸다는 이유로 실직한 공공 사서의 경우를 기록했다.

85 Memo, Donald G. Patterson to Burton W. Adkinson, November 3, 1953, Box 692, Folder "Blind 13," LOC.

86 Memo, Donald G. Patterson to Burton W. Adkinson, March 6, 1953, Box 692, Folder "Blind 13," LOC.

87 Memo, Donald G. Patterson to Burton W. Adkinson, February 16, 1954, Box 692, Folder "Blind 13," LOC.

88 Koestler, *The Unseen Minority*, 160.

89 William P. Howle to Bertha M. Wilcox, March 12, 1975, Series 3, Subseries 2, Box 7, Folder 1, AFB.

90 Leslie Eldridge, ed., *Speaking Out: Personal and Professional Views on Library Service for Blind and Physically Handicapped Individuals*(Washing ton, D.C.: National Library Service for the Blind and Physically Handicapped, 1982)에서 1950년 이후 의회도서관의 말하는 책 프로그램에 대한 태도에 관해 사서, 학생 교육자, 도서관 이용자와의 인터뷰를 참고하라.

91 Title 36 Code of Federal Regulations, Sec 701.10 "Loans of Library Materials for Blind and Other Physically Handicapped Persons," http://www.loc.gov/nls/sec701html에 적격 기준이 적혀 있다.

제5장 셸 쇼크에서 셸락 레코드로

1 이 수치는 Andrew Timothy, "Introduction," typescript, September 16, 1985, Folder "Talking

Books—50th Anniversary," Royal National Institute of Blind People(이하 RNIB)에서 인용되었다. RNIB의 기록 보관소는 스톡포트(Stockport)에 있었고 내가 일하던 시기에는 대부분 정리되어 있지 않았다. 2012년 10월에 런던으로 옮겼다.

2   Lucille Hall to David Tytler, July 23, 1985, Folder "Talking Books—50th Anniversary," RNIB.

3   대처 수상이 1983년 눈 수술 후 회복하는 동안 여덟 권의 말하는 책을 빌렸다. "Prime Minister Marks 50th Anniversary of Talking Books," June 21, 1985, Folder "Talking Books—50th Anniversary," RNIB. 이 행사는 1985년 9월 16일 "추수감사절을 위한 프로그램"로 기록되었다. Folder "Talking Books —50th Anniversary," RNIB.

4   Untitled typescript, September 17, 1985, Folder "Talking Books—50th Anniversary," RNIB. 지적장애인에 대한 태도에 관해서는 다음을 참조하라. Deborah Cohen, *Family Secrets: Shame and Privacy in Modern Britain*(Oxford: Oxford University Press, 2013), 87-123.

5   Robert Heller, "Educating the Blind in the Age of Enlightenment: Growing Points of a Social Service," *Medical History* 23, no. 4(1979): 392-403.

6   Gordon Phillips, *The Blind in British Society: Charity, State, and Community, c. 1780-1930* (Aldershot, U.K.: Ashgate, 2004); John Oliphant, *The Early Education of the Blind in Britain c. 1790-1900: Institutional Experience in England and Scotland*(Lampeter, U.K.: Edwin Mellen, 2007) 참조.

7   Ian Fraser, "The Talking Book," *St. Dunstan's Review for Blinded British Soldiers, Sailors and Airmen,* 20(212)(October 1935): 2-3; 2.

8   영국에서의 촉감 독서에 대해서는 다음을 참조하라. John Oliphant, "'Touching the Light': The Invention of Literacy for the Blind," *Paedagogica Historica,* 44, nos.1-2(February-April 2008): 67-82; Mary Wilson Carpenter, *Health, Medicine, and Society in Victorian England*(Santa Barbara: Praeger, 2010), 128-148; Vanessa Warne, "'So That The Sense of Touch May Supply the Want of Sight': Blind Reading and Nineteenth-Century British Print Culture," in *Media, Technology, and Literature in the Nineteenth Century: Image, Sound, Touch,* ed. Colette Colligan and Margaret Linley(Aldershot, U.K.: Ashgate, 2011), 43-64; Heather Tilley, "Touching the Book: Embossed Lit er a ture for Blind People in the Nineteenth Century," exhibition website, Birkbeck School of Arts, 2013, http://blogs.bbk.ac.uk/touching the book/.

9   전쟁으로 인한 시각장애는 부상, 뇌진탕, 두개 골절, 눈 염증성 질환, 염색체 각막염, 망막 박리, 시신경 퇴화, 매독 등이 원인이었다. 종합적인 목록에 대해서는 다음을 참조하라. Arnold Lawson, *War Blindness at St. Dunstan's*(London: Henry Frowde and Hodder & Stoughton, 1922).

10   장애 군인에 대한 태도에 대해서는 다음을 참조하라. Seth Koven, "Remembering and Dismember-ment: Crippled Children, Wounded Soldiers, and the Great War in Great Britain," *American Historical Review* 99, no. 4(October 1994): 1167-1202; Joanna Bourke, *Dismembering the Male: Men's Bodies, Britain and the Great War*(London: Reaktion Books, 1996), 31-75; Jeffrey S. Reznick, *Healing the Nation: Soldiers and the Culture of Caregiving in Britain during the Great War*(Manchester: Manchester University Press, 2004); Ana Carden-Coyne, *Reconstructing the Body: Classicism, Modernism and the First World War*(Oxford: Oxford University Press, 2009); Julie Anderson, *War, Disability and Rehabilitation in Britain: "Soul of a Nation"*(Manchester: Manchester University Press, 2011).

11   전후의 의료에 대해서는 다음을 참조하라. Deborah Cohen, *The War Come Home: Disabled Veterans in Britain and Germany, 1914-1939*(Berkeley: University of California Press, 2001).

12   토니 알렌은 *St. Dunstan's and the Great War*(York, U.K.: Holgate, 1999)에서 기금 모금 캠페인을 위해 이 구절의 다른 용도를 인용한다. 또한 David M. Lubin, "Losing Sight: War, Authority, and Blindness in British and American Visual Cultures, 1914-22," *Art History,* 34, no. 4(September 2011): 796-817을 보라. St. Dunstan'의 역사에 대해서는 다음을 참조하라. David Castleton, *Blind*

380   오디오북의 역사

Man's Vision: The Story of St. Dunstan's in Words and Pictures(London: St. Dunstan's, 1990); David Castleton, *In the Mind's Eye: The Blinded Veterans of St. Dunstan's*(Barn-sley, U.K.: Pen and Sword Military, 2013); Julie Anderson and Neil Pemberton, "Walking Alone: Aiding the War and Civilian Blind in the Inter-war Period," *European Review of History*, 14, no. 4(December 2007): 459-479; Julie Anderson, "Stoics: Creating Identities at St. Dunstan's 1914-1920," in *Men After War, ed. Stephen McVeigh and Nicola Cooper*(New York: Routledge, 2013), 79-91.

13 RNIB의 말하는 책 서비스의 유일한 역사는 Mary G. Thomas, *The Royal National Institute for the Blind, 1868-1956*(Brighton, U.K.: Brighton Herald, 1957), 66-69에 있는 간단한 설명뿐이다. RNIB의 웹사이트(http://www.rnib.org.uk/)는 추가 정보를 싣고 있는데 Robert Kirkwood's Insight Radio program "75 Years of Talking Books"(2010), http://www.insight radio.co.uk/가 그 예다.

14 2002년, RNIB는 명칭을 Royal National Institute for the Blind로부터 Royal National Institute of Blind People로 바꾸었다.

15 Joseph McAleer, *Popular Reading and Publishing in Britain, 1914-1950*(Oxford: Clarendon, 1992); Robert James, *Popular Culture and Working-Class Taste in Britain, 1930-1939: A Round of Cheap Diversions?* (Manchester: Manchester University Press, 2010) 참조.

16 러메이휴(D.L. LeMahieu)의 그래머폰, 신문, 영화, 여러 형태의 오락에 대한 설명은 *A Culture for Democracy: Mass Communication and the Cultivated Mind in Britain between the Wars*(Oxford: Clarendon, 1998) 참조.

17 제임스 라스트라(James Lastra)는 *Sound Technology and the American Cinema: Perception, Representation, Modernity*(New York: Columbia University Press, 2000), 6에서 음향 기술에서 인간의 능력을 확장시키기 위한 기술의 역량을 논의하고 있다.

18 Ian Fraser, *My Story of St. Dunstan's*(London: George G. Harrap, 1961), 106.

19 [Sharp], "Talking Books for the Blind," March 14, 1938, 1-5; 3; Folder "Demon-strations and Talks on Talking Book Machines," RNIB.

20 Ian Fraser, *Whereas I Was Blind*(London: Hodder & Stoughton, 1942), 100.

21 Friedrich A. Kittler는 *Discourse Networks 1800/1900*, trans. Michael Metteer, with Chris Cullens(Palo Alto, Calif.: Stanford University Press, 1990), 231에서 매체의 기원을 "생리적 결핍"에 돌리고 있다.

22 LP의 발전에 관해서는 다음을 참조하라. Richard Osborne, *Vinyl: A History of the Analogue Record* (Farnham, U.K.: Ashgate, 2012); Peter Martland, *Recording History: The British Record Industry, 1888-1931*(Lanham, Md.: Scarecrow, 2013).

23 Fraser, *My Story of St. Dunstan's*, 106. Don Roskilly, "Talking Books in the United Kingdom," *St. Dunstan's Review 828*(March 1991): 16-17; 17 참조.

24 NIB의 기술 부장인 에드워드 파이크(Edward Pyke)가 시험한 장비에 대한 설명은 다음을 참조하라. "Sound-Recording for the Blind: A History of Experiment," *New Beacon*, 20, no. 230(February 15, 1936): 37-38; Edward J. Pyke, "Sound-Recording for the Blind: A History of Experiment," *New Beacon*, 20, no. 231(March 15, 1936): 67-68

25 Raymond Francis Yates, "Ear Books for the Blind: A Great Invention That Makes It Possible to Produce an Entire Book on a Single Phonographic Record," *Popular Science Monthly*, 98, no. 5(May 1921): 24.

26 "New Device Enables Blind to 'See' by Ear," *New York Times*, June 27, 1920, 1, 3; 1.

27 광전화의 역사는 다음과 같다. Michael Capp and Phil Picton, "The Optophone: An Electronic Blind Aid," *Engineering Science and Education Journal*, 9, no. 3(June 2000): 137-43; Mara Mills, "Optophones and Musical Print," *Sounding Out!*, January 5, 2015, http://soundstudiesblog.com/2015/01/05/opto phones-and-musical-print/.

28 메리 제이미슨(Mary Jameson)은 자신이 다양한 모델을 사용했다고 회고했다. "The Optophone: Its Beginning and Development," *Bulletin of Prosthetics Research*, 10, no. 5(Spring 1966): 25-28 참조.

29 "Blind Reading Print by Sound," Nature, 129(January 9, 1932), 52; "Blind Can Now 'See' Print and Pictures," *Popular Science Monthly*, 120, no. 6(June 1932): 43; "Science and Invention Begin to Aid the Blind," *Literary Digest*, 117, no. 18(May 5, 1934), 20 참조.

30 "Excerpts of the Technical Research Committee Minutes Dealing with Sound Recording," typescript, n.d., 1, File CRO/119, Folder T55/51A, RNIB.

31 Fraser, *Whereas I Was Blind*, 101.

32 무성 영화에서 음향 영화로의 변화에 대해서는 다음을 참조하라. Rick Altman, *Silent Film Sound* (New York: Columbia University Press, 2004), Charles O'Brien, *Cinema's Conversion to Sound: Technology and Film Style in France and the U.S.*(Bloomington: Indiana University Press, 2005); Douglas Gomery, *The Coming of Sound: A History*(New York: Routledge, 2005); Michel Chion, *Film, a Sound Art, trans. Claudia Gorbman*(New York: Columbia University Press, 2009)

33 1936년 4월에 열린 회의록에는 "영화가 모든 용도로 숙음기 니스크의 뒤를 이을 가능성이 꽤 있었다"라고 언급되어 있다. Appendix to minutes, Sound Recording Committee, April 28, 1936, File CRO/203, Folder T55/9, RNIB. 고몬트 브리티시 컴퍼니(Gaumont British Company)의 천 피트 투 트랙(thousand-foot two-track) 영화 및 재생 기계와 같은 대체 형식의 시험은 서비스 첫 10년 동안 계속되었다.

34 Robert Irwin, M.C. Migel, AFB의 다른 대표들이 성 던스턴의 음향녹음위원회와 1934년 8월 8일 만났다. "Secretary-General's Visit to United States and Canada. June-July, 1937," typescript, n.d., 11-19; 11; Blind Veterans UK(이하 BVUK). BVUK 문서는 목록화되어 있지 않다.

35 Waldo McGillicuddy Eagar to the secretary, Advisory Committee on the Welfare of the Blind, Ministry of Health, June 15, 1935, File CRO/203, Folder T55/9, RNIB.

36 디스크와 영화의 장점 비교는 다음을 참조하라. P. Wilson, "Talking Books," *Gramophone*, 13(150)(November 1935): 252-253.

37 "구어 책"은 미국인으로부터 "말하는 책"이라는 표현을 채택하기 전에 영국에서 녹음 문학을 묘사하는 데 사용한 구절이다. NIB와 성 던스턴은 인용부호를 써서 "말하는 책"이라는 표현을 1934년 4월 9일부터 사용했다. Memo, Granville Robbins to Ian Fraser, April 9, 1934, BVUK. NIB가 보건부에 보낸 서한은 다음과 같다. "what is already known in America as 'The Talking Book for the Blind.'" Waldo McGillicuddy Eagar to the secretary, Advisory Committee on the Welfare of the Blind, Ministry of Health, June 15, 1935, File CRO/203, Folder T55/9, RNIB.

38 "V. Talking Books," *National Institute for the Blind Annual Report, 1935-36*(London: National Institute for the Blind, 1936): 17-19; 18.

39 Ian Fraser, "Notes on the Talking Book Library by Captain Sir Ian Fraser," typescript, dictated August 1934: 1-7; 6, T55/51A File, RNIB.

40 Pyke, "Sound-Recording," March 15, 1936, 67.

41 Ian Fraser, "Talking Books," *St. Dunstan's Review*, 18, no. 196(April 1934): 2.

42 1920년대부터의 전기 녹음의 사용에 대해서는 다음을 참조하라. Peter Copeland, *Sound Recordings*(London: British Library, 1991); David L. Morton, Jr., *Sound Recording: The Life Story of a Technology*(Westport, Conn.: Greenwood, 2004).

43 NIB와 성 던스턴 사이의 공식적인 정리는 다음에 적혀 있다. Waldo McGillicuddy Eagar to Ian Fraser, February 25, 1936, BVUK

44 Ian Fraser, "Chairman's Notes," *St. Dunstan's Review*, 647(December 1973): 2-3; 2.

45 앤서니 맥도널드는 첫 번째 낭독자로 인정받고 있다. 같은 글. 맥도널드는 처칠의 『나의 어린 시절: 떠돌이

위원회(My Early Life: A Roving Commission)』, 키플링의 『스토키 컴퍼니(Stalky and Co)』, 그 외 다른 책을 테스트 녹음했다. 그는 마스터 레코드당 1.1파운드의 비율로 이 단체의 첫 번째 낭독자로 임명되었다. Minutes, Sound Recording Subcommittee, October 16, 1934, BVUK.

46 Ian Fraser, "Memorandum on Sound Recording," July 2, 1934: 1-4; 3; File CRO/802, Folder T55/18, RNIB.

47 Memorandum, P. W. Willins, "Recording Experiments in Connection with the Proposed Library for the Blind," April 7, 1934, BVUK. 기계 개발은 다음을 참조하라. Agnes H. Watts, *Cecil E. Watts: Pioneer of Direct Disc Recording*(London: William Clowes & Sons, 1972), 11-12.

48 "Sound Recording," typescript, February 12, 1935, BVUK.

49 Minutes, Sound Recording Subcommittee, October 9, 1935, 1-6; 5; BVUK. 정규 원칙("맹인을 위한 말하는 책 도서관: 원칙")은 음향녹음위원회와 AFB 간의 회의 보고서 부록에 포함되어 있다. August 13, 1934, BVUK.

50 Appendix to minutes, Sound Recording Committee, April 28, 1936, File CRO/203, Folder T55/9, RNIB.

51 가장 실질적인 지원을 한 사람은 1936년 예비 기부금 5000파운드 이후 첫 10년 동안 총 3만 7500파운드를 제공한 너필드(Nuffield) 경이다. 카네기 영국 신탁(Carnegie United Kingdom Trust)은 매년 500파운드를 추가로 연구를 위해 지원했다.

52 Ian Fraser to Neville Pearson, March 4, 1936, BVUK.

53 1936년 우체국 개정법(Post Office Amendment Act)은 점자 우편 요금을 말하는 책 패키지로 확대했다. 우편 할인을 통해 11파운드 중량을 최대 2펜스에 전송할 수 있게 되었다. 수입 관세 자문위원회(The Import Duties Advisory Committee)는 시각장애인이 사용할 수 있도록 그래머폰 녹음 무료 목록에 추가했다. "The Talking Book for the Blind," typescript, n.d., 1-6, 4, File CRO/203, Folder T55/9, RNIB.

54 1935년 12월 7일까지 음향녹음위원회는 119대(전자식 47대, 기계식 34대, 헤드폰 38대)를 보냈다. Edward J. Pyke, "Progress Report," December 17, 1935, included as appendix 1, minutes, Sound Recording Committee, December 18, 1935, BVUK에서 전역 용사에게 부과하는 것을 설명하고 있다.

55 "IV. Talking Books," *National Institute for the Blind Annual Report, 1936-37*(London: National Institute for the Blind, 1937), 21-23; 23.

56 이언 프레이저는 "Chairman's Notes," *St. Dunstan's Review*, 24, no. 261(March 1940): 1-3; 1에서 참전용사에게 비용을 청구하기로 한 결정에 대해 설명한다.

57 "Report on Talking Book Developments February, 1936-September, 1937," typescript, September 24, 1937, File CRO/203, Folder T55/9, RNIB.

58 첫 녹음이 크리스티인지 콘래드인지 확인해 주는 어떤 서류도 찾을 수 없었지만 주변 정황이 크리스티라고 믿게 한다. HMV에 복사본 수가 적혀 있다[로저 애크로이드(Roger Ackroyd) 30개, 그 외 20개]. "Recordings, Records and Masters Included in Accounts Paid," February 18, 1936, File CRO/736, Folder T55/53A, RNIB.

59 [Sharp], "Talking Books," 3.

60 Alistair McCleery, "The Paperback Evolution: Tauchnitz, Albatross and Penguin," in Nicole Matthews and Nickianne Moody, eds., *Judging a Book by Its Covers: Fans, Publishers, Designers, and the Marketing of Fiction*(Alder-shot, U.K.: Ashgate, 2007), 3-17 참조.

61 [Sharp], "Talking Books," 3. 문테의 회고록은 원래 첫 번째 말하는 책이 될 예정이었다. Waldo McGillicuddy Eagar to John Murray, June 12, 1935, Folder "Publisher Negotiations," RNIB.

62 Minutes, Sound Recording Subcommittee, February 17, 1937, Folder "Sound Recording Committee 1934-1960," RNIB. 성경의 시각장애 표현은 다음을 참조하라. John M. Hull, *In the Beginning There Was Darkness: A Blind Person's Conversations with the Bible*(London: SCM,

2001).

63 Minutes, Talking Book Selection Subcommittee, April 25, 1935, BVUK.

64 "The Talking Book Arrives," *New Beacon* 19, no. 224(August 15, 1935): 201-204; 202.

65 영국에서 녹음된 초기 도서들은 말하는 책 선정 위원회 1935년 4월 25일, BVUK의 회의록에 열거되어 있다. 이미 녹음되었던 네 권의 도서 옆에는 연필로 체크가 되어 있다. 그 목록은 "The Talking Book Arrives," 202; "Report of the Year's Work," *National Institute for the Blind Annual Report, 1935-36*(London: National Institute for the Blind, 1936), 9-19; 18에 재수록되어 있다. 미국 시각장애인 재단과의 레코드 교환에 대해서는 다음을 참조. "Correspondence Dealing with the Sale and Exchange of English and American Talking Book Records, 13th March, 1934 to 20th February, 1936," March 7, 1936, File CRO/139, Folder T55/12/1, RNIB.

66 Ernest Whitfield, "Notes for Dr. Whitfi eld's Speech to the Union of Associa-tions for the Blind, Clothworkers' Hall, Thursday, 12th March 1936," type-script; 1-4; 1; File CRO/119, Folder T55/51, RNIB.

67 "Progress Report," December 17, 1935, File CRO/203, Folder T55/9, RNIB; "Bulky Books," *Manchester Evening Chronicle*, June 26, 1936, clipping, RNIB.

68 Waldo McGillicuddy Eagar to Joseph Challinor, October 2, 1935, Folder "Demonstrations and Talks on Talking Book Machines," RNIB.

69 Ian Fraser, "Chairman's Notes," *St. Dunstan's Review*, 20, no. 219(May 1936): 1-2; 2.

70 "The Talking Book," *Nineteenth Annual Report of St. Dunstan's for Year Ended March 31st, 1934*(London: Executive Council of St. Dunstan's, 1934), 14.

71 같은 글.

72 Fraser, "The Talking Book," 3.

73 뉴미디어에 사용되는 시뮬레이션 및 비문의 비유는 다음을 참조하라. Lastra, *Sound Technology and the American Cinema*, 5-8.

74 Letter to the editor, *New Beacon*, 22, no. 259(July 15, 1938): 193-194; 193.

75 "IV. Talking Books," *National Institute for the Blind Annual Report, 1936-37*, 21.

76 "Secretary-General's Visit to United States and Canada, June-July, 1937," typescript, n.d., BVUK.

77 "V. Talking Books," *National Institute for the Blind Annual Report*, 1935-36, 19.

78 [Sharp], "Talking Books," 5.

79 "IV. Talking Books," *National Institute for the Blind Annual Report*, 1936-37, 21.

80 "Points from Letters," *St. Dunstan's Review*, 21, no. 223(October 1936): 3.

81 "Spoken Books," *New Beacon*, 18, no. 208(April 15, 1934): 91.

82 "IV. Talking Books," *National Institute for the Blind Annual Report, 1937-38*(London: National Institute for the Blind, 1938), 23-25; 24.

83 Minutes, Talking Book Selection Subcommittee, April 25, 1935, BVUK.

84 Waldo McGillicuddy Eagar to Publishers' Association of Great Britain and Ireland, June 6, 1935, Folder "Copyright and Negotiations with Publishers' Association," RNIB.

85 "'Talking Books,'" *Times*(London), June 10, 1936, 9.

86 Geoffrey Faber, "The Exploitation of Books by Broadcasting and Talking Machine," *Publishers' Weekly, 130*, no. 2(July 11, 1936): 110-114; 114.

87 조건의 전체 목록은 샌더스(F.W. Sanders)가 1936년 9월 29일 월도 맥길리커디 이거(Waldo McGillicuddy Eagar)에게 보낸 편지에서 찾을 수 있다. Foldor "Copyright and Negotiations with Publishers'

Association," RNIB.

88   F.W. Sanders to Waldo McGillicuddy Eagar, May 30, 1936, Folder "Copyright and Negotiations with Publishers' Association," RNIB.

89   Minutes, Talking Book Selection Subcommittee, November 19, 1935, BVUK.

90   "Notes on the Talking Book Library," 6에는 프레이저가 A.P. Watt 대표와 키플링 및 저작권 상황에 대해 논의한 내용이 설명되어 있다.

91   Minutes, Talking Book Selection Subcommittee, January 26, 1937, File "Publications Advisory Committee: February 1937 to February 1945," Folder "Book Selection Lists," RNIB.

92   Minutes, Talking Book Selection Subcommittee, May 25, 1937, File "Publications Advisory Committee: February 1937 to February 1945," Folder "Book Selection Lists," RNIB.

93   Ian Fraser to Lord Nuffield, July 22, 1936, BVUK.

94   예를 들어 다음을 참조하라. Fraser's comments in "Remarks by Lord Fraser of Lonsdale," in *Science and Blindness: Retrospective and Prospective, ed. Milton D. Graham* (New York: American Foundation for the Blind, 1972), 174-177.

95   Ian Fraser to Lord Nuffield, July 22, 1936, BVUK.

96   Fraser, "Chairman's Notes," 1936, 2.

97   "IV. Talking Books," *National Institute for the Blind Annual Report, 1936-37*, 23.

98   See Jeffrey Richards, *The Age of the Dream Palace: Cinema and Society in 1930s Britain* (London: I. B. Tauris, 2010); John Sedgewick, *Popular Filmgoing in 1930s Britain: A Choice of Pleasures* (Exeter: University of Exeter Press, 2000).

99   "Appreciation of Talking Books," *National Institute for the Blind Annual Report, 1948-49* (London: National Institute for the Blind, 1949), 12-13; 13.

100   "Talking Books," *Royal National Institute of Blind People Report for 1952-1953* (London: Royal National Institute of Blind People, 1953), 16.

101   "Points from Letters," 3.

102   Cohen, *The War Come Home*, 102.

103   Letter to the editor, *New Beacon*, 22, no. 259(July 15, 1938): 193-194; 193.

104   "The Talking Book," *Nineteenth Annual Report of St. Dunstan's*, 14.

105   "The Talking Book Arrives," 203.

106   Helen Keller, "The Heaviest Burden on the Blind," in *Out of the Dark* (New York: Hodder & Stoughton, 1913), 211-218; 212.

107   "Talking Books," *National Institute for the Blind Annual Report, 1939-40* (London: National Institute for the Blind, 1940), 10-12; 10.

108   "Improved Talking Book Service," *Royal National Institute of Blind People Report for 1955-1956* (London: Royal National Institute of Blind People, 1956), 19.

109   "Appreciation of Talking Books," 13.

110   F.G. Braithwaite to Ian Fraser, January 11, 1936. *Reprinted in Twenty-First Annual Report of St. Dunstan's for Year Ended March 31st, 1936* (London: Executive Council of St. Dunstan's, 1936), 14; Fraser discusses Braithwaite's life in *Whereas I Was Blind*, 54-55; *My Story of St. Dunstan's*, 136-137.

111   트라우마와 제1차 세계대전에 대한 학문은 광범위하다. 지난 10년간 발표된 연구는 다음을 포함한다. Peter Leese, *Shell Shock: Traumatic Neurosis and the British Soldiers of the First World War* (Basingstoke, U.K.: Palgrave, 2002); Ben Shephard, *A War of Nerves: Soldiers and*

Psychiatrists, 1914-1994(London: Pimlico, 2002); Peter Barham, Forgotten Lunatics of the Great War(New Haven, Conn.: Yale University Press, 2004); Edgar Jones and Simon Wessely, Shell Shock to PTSD: Military Psychiatry from 1900 to the Gulf War(Hove, U.K.: Psychology Press, 2005); Fiona Reid, Broken Men: Shell Shock, Treatment and Recovery in Britain 1914-1930(London: Continuum, 2010).

112 Bourke, Dismembering the Male, 162-170; Cohen, The War Come Home, 105.

113 "Appreciation of Talking Books," 13.

114 "Talking Books," Royal National Institute of Blind People Report for 1952-1953, 16.

115 "Points from Letters," 3.

116 영국맹인기금은 1929년부터 무료 라디오를 공급하기 시작했다. 기금은 다음에 기술되어 있다. Waldo McGillicuddy Eagar, "Blindness in Great Britain," in Blindness: Modern Approaches to the Unseen Environment, ed. Paul A. Zahl(Princeton, N.J.: Princeton University Press, 1950), 26-36; Mark Pegg, Broadcasting and Society, 1918-1939(London: Croom Helm, 1983), 165; Rebecca Scales, "Radio Broadcasting, Disabled Veterans, and the Politics of National Recovery in Interwar France," French Historical Studies, 31, no. 4(2008): 643-678.

117 "Talking Books," Royal National Institute of Blind People Report for 1952-1953, 16.

118 "Talking Books," National Institute for the Blind Annual Report, 1939-40, 10.

119 "Improved Talking Book Service," 19.

120 "The Talking Book Library," Royal National Institute of Blind People Report for 1954-55(London: Royal National Institute of Blind People, 1955), 17.

121 Charles Dickens, David Copperfield(London: Penguin, 1996), 60.

122 "The Talking Book Library," 17.

123 "The Latest Model of the Talking Book Machine," Royal National Institute of Blind People Report for 1956-1957(London: Royal National Institute of Blind People, 1957), 17.

124 "Talking Books," Royal National Institute of Blind People Report for 1952-1953, 16.

125 같은 글.

126 "IV. Talking Books," National Institute for the Blind Annual Report, 1936-37, 23.

127 신기술을 향한 대중의 열정과 염려에 대해서는 다음을 참조하라. Bernhard Rieger, Technology and the Culture of Modernity in Britain and Germany, 1890-1945(Cambridge: Cambridge University Press, 2005).

128 Ian Fraser to Neville Pearson, March 4, 1936, BVUK.

129 Georgina Kleege, Sight Unseen(New Haven, Conn.: Yale University Press, 1999), 190.

130 Arthur Copland, "Talking-Book or Reading-Book?," New Beacon, 21, no. 242(February 15, 1937): 33-35.

131 "The Talking Book Arrives," 201.

132 신흥 기술과 쇠퇴하는 점자 문해력 사이의 연관성에 대해서는 다음을 참조하라. "Braille Is Spreading but Who's Using It?," BBC News Magazine, February 13, 2012, http://www.bbc.co.uk/ news/mag-azine-16984742; 이 기사는 전미 맹인 연맹 보고서에 기초한다. "The Braille Literacy Crisis in America," March 26, 2009, http://www.nfb.org/images/nfb/documents/pdf/braille_literacy_report_web.pdf.

133 신흥 기술에 대한 설명은 다음을 참조하라. David Thorburn and Henry Jenkins, eds., Rethinking Media Change: The Aesthetics of Transition(Cambridge, Mass.: MIT Press, 2003).

134 "Talking Book or Reading Book? Some Opinions on the Question," New Beacon, 21, no. 243(March 15, 1937): 68-71; 68.

135 노년과 장애에 대해서는 다음을 참조하라. Pat Thane, *Old Age in English History: Past Experiences, Present Issues*(Oxford: Oxford University Press, 2000).

136 이 수치는 "Talking Book or Reading Book? Some Opinions on the Question," 69에 인용했다. 1851년부터 1911년까지 잉글랜드와 웨일스의 시각장애인 인구 조사 수치는 Phillips, *The Blind in British Society*, 321에 다시 실렸다.

137 "Points from Letters," 3.

138 "Talking Book or Reading Book? Sir Ian Fraser's Comments and a Letter from E. Bates," *New Beacon*, 21, no. 244(April 15, 1937): 97-98; 97.

139 이 개념에 대한 D.F. Mc Kenzie의 영향력 있는 공식화는 *Bibliography and the Sociology of Texts: The Panizzi Lectures, 1985*(London: British Library, 1986), 4 참조. 최신 버전은 다음을 참조하라. Roger Chartier, *The Order of Books: Readers, Authors, and Libraries in Europe between the Fourteenth and Eighteenth Centuries, trans. Lydia G. Cochrane*(Oxford: Polity, 1994), 89-91; N. Katherine Hayles, *Writing Machines*(Cambridge, Mass.: MIT Press, 2002), 25.

140 "Talking Book or Reading Book? Sir Ian Fraser's Comments and a Letter from E. Bates," 98.

141 Copland, "Talking-Book or Reading-Book?," 34, 35.

142 "Report of the Year's Work," *Report of the Executive Council of the National Institute for the Blind for the Financial Year Ended 31st March, 1935*(London: National Institute for the Blind, 1935), 19-22; 21.

143 "Talking Book or Reading Book? Sir Ian Fraser's Comments and a Letter from E. Bates," 97.

144 "Talking Book or Reading Book? Some Opinions on the Question," 70.

145 "Talking Book or Reading Book? Sir Ian Fraser's Comments and a Letter from E. Bates," 97. 비장애인의 사용 제한에 대해 "이 규칙은 시각장애인과 방을 같이 쓰는 가족 구성원의 녹음을 엿듣는 것을 막지 않는다"라는 주의사항을 포함했다. "Rules," Nuffield Talking Book Library for the Blind, Folder T55/53/1, RNIB.

146 클린턴 배들리(V.C. Clinton-Baddeley)는 1930년 1월부터 4월까지 *Great Expectations*이 16편으로 읽혔을 때 라디오에서 디킨즈 소설을 처음으로 연재했다. 라디오 암송의 역사에 대해서는 다음을 참조하라. Robert Giddings and Keith Selby, *The Classic Serial on Television and Radio*(Basingstoke, U.K.: Palgrave, 2001).

147 Arthur Copland, "Talking-Book or Reading-Book? A Reply," *New Beacon*, 21, no. 245(May 15, 1937): 132-33; 133.

148 "Talking Book or Reading Book? Sir Ian Fraser's Comments and a Letter from E. Bates," 98.

149 "Talking Book or Reading Book? Some Opinions on the Question," 69.

150 같은 글, 71.

151 녹음은 1940년에 리젠트 공원에 있던 녹음실을 폭탄으로 파괴하면서 갑자기 중단되었다. 1941년 5월 또 다른 공습으로 스튜디오가 파손되었다. 그해 8월 두 번째로 녹음을 재개한 후, 전국 각지에 위치한 1400명의 회원들에게 통상 보냈던 두 권이 아닌, 세 권의 책을 보내면서 도서관 소장품을 보호했다. 런던에서 보낸 408권의 책 가운데는 최근에 기증된 처칠의 애국 방송 "The War of the Unknown Warriors"의 녹음본이 있었다. "Talking Books," *National Institute for the Blind Annual Report, 1940-41* (London: National Institute for the Blind, 1941), 12-13; 13.

152 제2차 세계대전 후 말하는 책을 듣는 예로는 다음을 참조하라. the profiles of Tommy Gaygan and A. J.M. Milne in Ian Fraser, ed., *Conquest of Disability: Inspiring Accounts of Courage, Fortitude and Adaptability in Conquering Grave Physical Handicaps*(London: Odhams, 1956), 39-50, 134-146.

153 "Talking Books," *National Institute for the Blind Annual Report for 1945-46*(London: National Institute for the Blind, 1946), 18-19; 18.

154 In 2012, the RNIB estimated that only 7 percent of all titles were available in accessible formats including large print, unabridged audio, and braille. *Sight Loss UK 2012: The Latest Evidence* (London: Royal National Institute of Blind People, 2012), 15, http://www.rnib.org.uk/ aboutus/Research/reports/201 2/Sight_loss_uk_2012.pdf. 이 보고서는 다음의 조사 결과를 기반으로 한다. Helen Greenwood, Sonya White, and Claire Creaser, "Availability of Accessible Publications: 2011 Update," report to RNIB, October 24, 2011, http://www.rnib.org.uk/aboutus/Research/reports/reading/Pages/accessible _publi shing_research.aspx. 세계 시각장애인 연합은 접근 가능한 형식의 부족을 "책의 기근"이라고 묘사했다. "Committee on the Rights of Persons with Disabilities Day of General Discussion on 'The Right to Accessibility,'" paper presented by the World Blind Union at the Convention on the Rights of Persons with Disabilities, October 7, 2010, 1, http://www2.ohchr.org/SPdocs/CRPD/DGD7102010/ submissions/WBU_II.doc.

제6장 녹음 불가 도서

1 Memo, G[ay] Ashton to Eric Gillett, July 17, 1959, File CRO/036, Foldor T55/32B, Royal National Institute of Blind People(이하 RNIB).

2 Report, G[ay] Ashton to Donald Bell, April 29, 1963, File CRO/711, Folder T55/32C, RNIB.

3 Memo, G[ay] Ashton to Vernon Barlow, September 24, 1957, Folder T55/32A, RNIB.

4 같은 글.

5 같은 글.

6 같은 글.

7 Memo, Vernon Barlow to G[ay] Ashton, September 25, 1957, Folder T55/32A, RNIB.

8 W. Percy Merrick to Waldo McGillicuddy Eagar, April 25, 1935, File CRO/203, Folder T55/9, RNIB.

9 See Thomas Kelly, A History of Public Libraries in Great Britain, 1845-1975(London: Library Association, 1977); Alistair Black, *A New History of the English Public Library: Social and Intellectual Contexts, 1850-1914*(London: Leicester University Press, 1996).

10 "Library Association Conference Exhibition," June 9, 1936, Folder "Demonstra-tions and Talks on Talking Book Machines," RNIB, 1-4; 3.

11 Minutes, Talking Book Selection Subcommittee, April 25, 1935, Blind Veterans UK(이하 BVUK). BVUK's documents are uncataloged.

12 "Ian Hay" [John Hay Beith], "The Talking Book Library for the Blind," in *St. Dunstan's, Twenty-Third Annual Report of St. Dunstan's for Year Ended March 31st, 1938*(London: Shenval, 1938), n.p.

13 J. de la Mare Rowley to O. I. Prince, August 4, 1936, File CRO/203, Folder T55/9, RNIB.

14 리처드슨은 "The Circulating Library," in *The Book World*, ed. John Hampden(London: Thomas Nelson & Sons, 1935), 195-202에서 자신의 역할을 부츠의 수석 사서라고 묘사했다. Boots의 순회 도서관에 대해서는 다음을 참조하라. *Philip Waller, Writers, Readers, and Reputations: Literary Life in Britain, 1870-1918*(Oxford: Oxford University Press, 2006), 58; Christopher Hilliard, "The Twopenny Library: The Book Trade, Working-Class Readers, and 'Middlebrow' Novels in Britain, 1930-42," *Twentieth Century British History*, 25, no. 2(2014): 199-220.

15 Waldo McGillicuddy Eagar to Ian Fraser, June 22, 1938, File CRO/203, Folder T55/9, RNIB.

16 Ian Fraser to Waldo McGillicuddy Eagar, February 18, 1943, File CRO/203, Folder T55/9, RNIB.

17 Waldo McGillicuddy Eagar to J. de la Mare Rowley, "Talking Book Selection Committee," July 2,

1943, File CRO/203, Folder T55/9, RNIB.

18 같은 글.

19 J. de la Mare Rowley to Waldo McGillicuddy Eagar, March 18, 1943, File CRO/203, Folder T55/9, RNIB.

20 John R. Temple to Ian Fraser, February 20, 1935, File CRO/203, Folder T55/9, RNIB.

21 E.E. Mavrogordato to Ian Fraser, May 4, 1935, File CRO/203, Folder T55/9, RNIB.

22 스튜어트 히버드(Stuart Hibberd)는 1935년 10월 31일 자 이언 프레이저와의 회합에 대해 "*This—Is London* ···"(London: Macdonald and Evans, 1950), 119-120에서 성경 녹음을 논의하기 위한 것이라고 썼다.

23 Waldo McGillicuddy Eagar to Ian Fraser, January 30, 1937, File CRO/178, Folder T55/42, RNIB.

24 Waldo McGillicuddy Eagar to Tom Jones, November 4, 1936, File CRO/178, Folder T55/42, RNIB.

25 Waldo McGillicuddy Eagar to Ian Fraser, January 30, 1937, File CRO/178, Folder T55/42, RNIB.

26 Memo, October 15, 1938, File CRO/178, Folder T55/42, RNIB.

27 영국의 낭독 교육에 대해서는 다음을 참조하라. Evelyn M. Sivier, "English Poets, Teachers, and Festivals in a 'Golden Age of Poetry Speaking,' 1920-50," in *Performance of Literature in Historical Perspectives*, ed. David W. Thompson(Lanham, Md.: University Press of Amer i ca, 1983), 283-300.

28 J. de la Mare Rowley to John Hammerton, September 6, 1944, File CRO/203, Folder T55/9, RNIB.

29 G[ay] Ashton to J. de la Mare Rowley, November 14, 1947, File CRO/203, Folder T55/9, RNIB.

30 G[ay] Ashton to Donald Bell, October 25, 1961, File CRO/711, Folder T55/32C, RNIB.

31 "Analysis of the Demand for Talking Books," February 12, 1957, Folder "Book Selection Lists," RNIB.

32 Ian Fraser, "Chairman's Notes," *St. Dunstan's Review*, n.s., 22(235)(November 1937): 1-2; 2.

33 조사는 1957년 1월부터 6월까지 2273명의 회원으로부터의 5만 3594건의 요청에서 모아졌다. 당시 색인에는 585종의 서적(소설 378종, 비소설 207종)이 실렸다. G[ay] Ashton, "Report by the Librarian for the Meeting of the Book Selection Panel on 9th October 1957," BVUK.

34 G[ay] Ashton, memo, February 16, 1959, Folder T55/32B, RNIB.

35 같은 글.

36 같은 글.

37 Mrs. W. Crisp to RNIB, November 12, 1969, Folder T55/32F, RNIB.

38 John Colligan to Ian Fraser, April 26, 1961, File CRO/036, Folder T55/32B, RNIB.

39 같은 글.

40 Memo, G[ay] Ashton to Eric Gillett, January 26, 1961, Folder "Book Selection Lists," RNIB.

41 Donald Bell to D. W. Wadegaonkar, July 16, 1965, File CRO/683, Folder T55/32D, RNIB.

42 요약 반대 결의안이 1937년 11월 25일에 열린 말하는 책 선정 분과위원회 회의록에 기록되었다. 이런 이유로, BBC의 취침용 도서 시리즈는 도서관에서 사용하지 않았다. Donald Bell to P. B. Baker, October 15, 1969, Folder T55/32F, RNIB.

43 "Selection of Books for Sound Recording," October 11, 1943, File CRO/203, Folder T55/9, RNIB.

44 초기 낭독자는 Bruce Belfrage, Patrick Curwen, Lionel Gamlin, Roland Gillett, Frederick

Grisewood, Alan Howland, Edward Le Breton Martin, Alvar Liddel, and Joseph Macleod였다. 그들은 세션당 3~4면을 녹음하는 데 3.3파운드를 받았다. "IV. Talking Books," National Institute for the Blind Annual Report, 1936-37(London: National Institute for the Blind, 1937), 21-23; 23; Ian Fraser, *Whereas I Was Blind*(London: Hodder & Stoughton, 1942), 106 참조.

45   Miriam Maisel, "How Talking Books Are Helping Aged Blind," *Northern Despatch*(Priestgate, Darlington, U.K.), April 19, 1965, clipping, Folder T55/38A, RNIB 인용.

46   J. Le Roux to John Colligan, September 12, 1959, File CRO/711, Folder T55/32C, RNIB.

47   Waldo McGillicuddy Eagar to Robert B. Irwin, March 30, 1937, Folder T55/APH, RNIB.

48   Robert B. Irwin to Waldo McGillicuddy Eagar, August 2, 1935, File CRO/139, Folder T55/12/1, RNIB.

49   1935년 1월 8일에 22명 독자를 대상으로 실시한 조사에서는 미국 억양은 성경이나 셰익스피어 작품에는 적당치 않다고 언급했다. Waldo McGillicuddy Eagar to Robert B. Irwin, September 11, 1935, File CRO/ 139, Folder T55/12/1, RNIB.

50   Report, G[ay] Ashton, February 12, 1958, File CRO/711, Folder T55/32C, RNIB.

51   Memo, G[ay] Ashton to Eric Gillett, May 1, 1961, File CRO/036, Folder T55/32B, RNIB.

52   M. E. Jackson to Donald Bell, January 6, 1969, Folder T55/32F, RNIB.

53   Ian Fraser to G[ay] Ashton, May 15, 1958, File CRO/036, Folder T55/32B, RNIB.

54   J. Le Roux to John Colligan, September 12, 1959, File CRO/711, Folder T55/32C, RNIB.

55   Donald Bell to M. Austen, October 14, 1966, Folder T55/32E, RNIB.

56   G[ay] Ashton to A. Limburg, January 22, 1963, File CRO/711, Folder T55/32C, RNIB.

57   G[ay] Ashton to Eric Gillett, October 10, 1958, File CRO/711, Folder T55/32C, RNIB.

58   Vernon Barlow to A. H. Hill, October 7, 1957, Folder T55/32A, RNIB.

59   G[ay] Ashton to Eric Gillett, April 14, 1958, File CRO/036, Folder T55/32B, RNIB.

60   Donald Bell to G[ay] Ashton, October 8, 1964, File CRO/683, Folder T55/32D, RNIB.

61   같은 글.

62   Donald Bell to Miss Cooch, July 20, 1965, File CRO/683, Folder T55/32D, RNIB.

63   유명한 검열에 대한 조사는 다음을 참조하라. Donald Thomas, *A Long Time Burning: The History of Literary Censorship in England*(London: Routledge & Kegan Paul, 1969)이다. Paul Hyland and Neil Sammells, eds., Writing and Censorship in Britain(New York: Routledge, 1992), *Elisabeth Ladenson, Dirt for Art's Sake: Books on Trial from "Madame Bovary" to "Lolita"*(Ithaca, N.Y.: Cornell University Press, 2007); David Bradshaw and Rachel Potter, eds., *Prudes on the Prowl: Fiction and Obscenity in England, 1850 to the Present Day*(Oxford: Oxford University Press, 2013).

64   검열 반대 십자군 운동의 영향은 Edward J. Bristow, *Vice and Vigilance: Purity Movements in Britain since 1700*(Dublin: Gill and Mac-millan, 1977)에 그려져 있다.

65   검열 그리고 공공도서관의 소설 공급에 대해서는 다음을 참조하라. Nicholas Hiley, "Can't You Find Me Something Nasty? Circulating Libraries and Literary Censorship in Britain from the 1890s to the 1910s," in *Censorship and the Control of Print in England and France, 1600-1910, ed., Robin Myers and Michael Harris*(Winchester, U.K.: St. Paul's Bibliographies, 1992), 123-147; Mary Hammond, *Reading, Publishing and the Formation of Literary Taste in England, 1880–1914*(Aldershot, U.K.: Ashgate, 2006), 23-50.

66   D. Porter to Donald Bell, July 20, 1966, Folder T55/32E, RNIB.

67   Edith Clarke to Vernon Barlow, August 17, 1954, Folder T55/32F, RNIB; M. O'Brian to Donald

Bell, September 12, 1965, Folder T55/32F, RNIB.

68 J. Knight to Donald Bell, March 15, 1967, Folder T55/32F, RNIB.

69 Waldo McGillicuddy Eagar to J. de la Mare Rowley, July 2, 1943, File CRO/203, Folder T55/9, RNIB.

70 Donald Bell to C.A. Skinner, November 1, 1968, Folder T55/32F, RNIB.

71 Donald Bell to T.J. Boote, November 15, 1971, Folder T55/32G, RNIB.

72 Report, G[ay] Ashton to Donald Bell, April 29, 1963, File CRO/711, Folder T55/32C, RNIB. 326.

73 G[ay] Ashton to Eric Gillett, January 6, 1959, File CRO/036, Folder T55/32B, RNIB.

74 Report, G[ay] Ashton to Donald Bell, April 29, 1963, File CRO/711, Folder T55/32C, RNIB. 실리토의 *Saturday Night and Sunday Morning* 각색에 대한 영국 영화 검열 위원회의 반대는 다음에 적혀 있다. Anthony Aldgate, *Censorship and the Permissive Society: British Cinema and Theatre, 1955-1965* (Oxford: Clarendon, 1995), 89-119

75 Jean Harris to Donald Bell, September 21, 1971, Folder T55/32G, RNIB.

76 Henry T. Berry to John Colligan, October 9, 1968, T55/32F, RNIB.

77 Mrs. M. O'Brien to Donald Bell, January 22, 1969, Folder T55/32F, RNIB.

78 Memo, G[ay] Ashton to Vernon Barlow, September 24, 1957, Folder "Book Selection Lists," RNIB.

79 I. McIlvenna to Donald Bell, March 23, 1969, Folder T55/32F, RNIB.

80 I. McIlvenna to Donald Bell, July 2, 1969, Folder T55/32F, RNIB.

81 Dorothea Howard to Donald Bell, February 25, 1969, Folder T55/32F, RNIB.

82 G[ay] Ashton to Donald Bell, April 29, 1965, File CRO/683, Folder T55/32D, RNIB.

83 Report, G[ay] Ashton to Donald Bell, April 29, 1963, File CRO/711, Folder T55/32C, RNIB.

84 G[ay] Ashton to Donald Bell, February 22, 1962, File CRO/711, Folder T55/32C, RNIB.

85 John Davies to Donald Bell, February 18, 1969, Folder T55/32F, RNIB.

86 J. Le Roux to John Colligan, September 12, 1959, File CRO/711, Folder T55/32C, RNIB.

87 Henry T. Berry to John Colligan, August 14, 1968, Folder T55/32F, RNIB.

88 Eric Gillett to H. J. Brough, November 19, 1958, File CRO/036, Folder T55/32B, RNIB.

89 Mrs. Benstead to Donald Bell, June 22, 1970, File CRO/711, Folder T55/32C, RNIB.

90 Donald Bell, memo, "Announcements," December 18, 1967, File CRO/711, Folder T55/32C, RNIB.

91 Minutes, executive council meeting, December 12, 1968, Folder T55/32F, RNIB.

92 Donald Bell to M. A. Cozens, April 30, 1965, File CRO/683, Folder T55/32D, RNIB.

93 Donald Bell to W. J. Braham, June 20, 1969, Folder T55/32F, RNIB.

94 G[ay] Ashton to Leslie Pinder, March 24, 1960, Folder T55/32F, RNIB.

95 Donald Bell to I. McIlvenna, March 28, 1969, Folder T55/32F, RNIB.

96 검열, 도서 선별, 영국 공공도서관에 대해서는 다음을 참조하라. Ann Curry, *The Limits of Tolerance: Censorship and Intellectual Freedom in Public Libraries*(London: Scarecrow, 1997); Ian Malley, *Censorship and Libraries*(London: Library Association, 1990); Anthony Hugh Thompson, *Censorship in Public Libraries in the United Kingdom during the Twentieth Century*(New York: Bowker, 1975).

97 Donald Bell to I. McIlvenna, March 28, 1969, Folder T55/32F, RNIB.

98　John Colligan to Donald Bell, December 13, 1967, Folder T55/32E, RNIB.

99　Donald Bell to John Colligan, December 15, 1967, Folder T55/32E, RNIB.

100　Donald Bell to G[ay] Ashton, July 20, 1965, File CRO/683, Folder T55/32D, RNIB.

101　울시의 판결은 1936년에 출판된 *Ulysses*(English Bodley Head edition)에 부록으로 포함되어 있다. 평결은 Paul Vanderham, James Joyce and Censorship: The Trials of "Ulysses"(New York: New York University Press, 1998); Kevin Birmingham, *The Most Dangerous Book: The Battle for James Joyce's "Ulysses"*(New York: Penguin, 2014)에 충분히 적혀 있다. 현대주의 문학과 외설에 대해서는 다음을 참조하라. Allison Pease, *Modernism, Mass Culture and the Aesthetics of Obscenity*(Cambridge: Cambridge University Press, 2000), Florence Dore, *The Novel and the Obscene: Sexual Subjects in American Modernism*(Stanford, Calif.: Stanford University Press, 2005); Celia Marshik, *British Modernism and Censorship*(Cambridge: Cambridge University Press, 2006); Rachel Potter, *Obscene Modernism: Literary Censorship and Experiment, 1990-1940*(Oxford: Oxford University Press, 2013).

102　Donald Bell, untitled and undated memo, File CRO/683, Folder T55/32D, RNIB.

103　같은 글

104　1959년 외설 출판물 법령 이후의 검열에 대해서는 다음을 참조하라. John Sutherland, *Offensive Literature: Decensorship in Britain, 1960-1982*(London: Junction Books, 1982).

105　Donald Bell, memo, "Editing of Titles for Recording," July 31, 1967, Folder T55/32E, RNIB.

제7장 캐드먼 레코드의 3차원

1　Cecil Day-Lewis, *Revolution in Writing*(London: Hogarth, 1935), 15. 데이루이스는 그의 많은 시를 계속해서 방송하고 라디오의 유용성을 옹호했다. C. Day-Lewis, "Broadcasting and Poetry," *BBC Quarterly*, 5, no. 1(Spring 1950): 1-7 참조.

2　여러 자료 중에서 다음을 참조하라. Paul Ferris, *Dylan Thomas*(Harmondsworth, U.K.: Penguin Books, 1978), 300-301; Andrew Lycett, *Dylan Thomas: A New Life*(London: Weidenfeld & Nicolson, 2003), 326-327.

3　수치 참조. "Closing the Poetry Gap," *Time*, November, 7, 1960, 88

4　Carl Schoettler, "Waxing Poetic," Baltimore Sun, August 27, 2002, http://articles.baltimoresun.com/20 02-08-27/features/0208270074_1_holdridge-dylan-thomas-young-women 인용.

5　이 주장은 다음을 참조하라. "The National Recording Registry 2008," National Recording Preservation Board of the Library of Congress, http://www.loc.gov/rr/record/nrpb/registry/nrpb-2008reg.html

6　Shannon Maughan, "A Golden Audio Anniversary," *Publishers Weekly*, 249no. 9(March 4, 2002): 39-40; 40.

7　회사의 약사는 다음을 참조하라. Helen Roach, "The Two Women of Caedmon," *Association for Recorded Sound Collections Journal*, 19, no. 1(1987): 21-24

8　Harley Usill, "A History of Argo: Problems of a Specialist Record Company," *Recorded Sound,* 78(July 1980): 31-43 참조.

9　Ben Cheever, "Audio's Original Voices," *Publishers Weekly*, 252, no. 42(October 24, 2005): 22-23; 22.

10　Andre Millard, *America on Record: A History of Recorded Sound*, 2nd ed.(Cambridge: Cambridge University Press, 2005), 205.

11　사라 패리(Sarah Parry)는 캐드먼의 세부적인 편집 기술을 "The Inaudibility of 'Good' Sound Editing:

The Case of Caedmon Records," *Performance Research*, 7, no. 1(2002): 24-33에서 제공하고 있다. Susan Schmidt Horning, *Chasing Sound: Technology, Culture, and the Art of Studio Recording from Edison to the LP*(Baltimore: Johns Hopkins University Press, 2013) 참조.

12 "Caedmon: Recreating the Moment of Inspiration," *Morning Edition*, National Public Radio, December 5, 2002, http://www.npr.org/templates/story/story.php?storyId=866406.

13 Jacob Smith, *Spoken Word: Postwar American Phonograph Cultures*(Berkeley: University of California Press, 2011), 50.

14 중간층 취향의 형성에 대해 Joan Shelley Rubin, *The Making of Middlebrow Culture*(Chapel Hill: University of North Carolina Press, 1992), 특히 266-329의 라디오 섹션 참조; Janice A. Radway, *A Feeling for Books: The Book-of-the-Month Club, Literary Taste, and Middle-Class Desire*(Chapel Hill: University of North Carolina Press, 1997) 참조. 후속 논의는 Erica Brown and Mary Grover, eds., Middlebrow Literary Cultures: The Battle of the Brows, 1920-1960(Basingstoke, U.K.: Palgrave Macmillan, 2012)에 있다.

15 Barbara Holdridge, 작가와의 이메일 교신, July 24, 2013. 이런 교신은 Matthew Rubery, "Audiobooks before Audiobooks: Matthew Rubery Interviews Barbara Holdridge," *Los Angeles Review of Books*, August 19, 2013, http://lareviewofbooks.org/interview/audiobooks-before-audiobooks에 적혀 출판되었다.

16 *Jean Cocteau Reads His Poetry and Prose*, Caedmon TC1083, [1962], 1 331/3rpm LP record. 나는 캐드먼의 낭독자, 감독, 음악가들에 대한 보완 정보를 가능한 한 포함시켰다. 대부분의 무기명 해설은 홀드리지와 맨텔의 편집자들의 것이라고 가정할 수 있다. 앨범은 날짜가 거의 적혀 있지 않아 도널드 홀은 약 30년 전에 캐드먼의 "골치 아픈 습관"이라고 불평했다.

17 Advertisement, *Talking Machine World*, May 15, 1919, 145.

18 에머슨 시리즈와 그와 유사한 것들이 Peter Muldavin, "A Brief History of Vintage Children's Records," in *The Complete Guide to Vintage Children's Records: Identification and Value Guide*(Paducah, Ky.: Collector's Books, 2007), 8-16에 적혀 있다.

19 릴레리(Riley)의 무대 경력에 대해서는 다음을 참조하라. Angela Sorby, *Schoolroom Poets: Childhood, Performance, and the Place of American Poetry, 1865-1917*(Durham: University of New Hampshire Press, 2005), 99-125.

20 Robert J. O'Brien, "Literary Recordings," in *Encyclopedia of Recorded Sound in the United States*, ed. Guy A. Marco(New York: Garland, 1993), 392-395.

21 David W. Thompson, "Review: Twentieth Century Poetry in English: Con-temporary Recordings of the Poets Reading Their Own Poems," *American Quarterly*, 2, no. 1(Spring 1950): 89-93; 90.

22 Josephine Packard, "A Discography of the Harvard Vocarium," *Harvard Library Bulletin*, 15, nos. 3-4 (Fall-Winter 2004): 1-133 참조.

23 예를 들면 다음과 같다. Lloyd Frankenberg, ed., *Pleasure Dome: An Audible Anthology of Modern Poetry Read by Its Creators*, ML4259(New York: Columbia Master-works, [1949]), 1 LP record; *Twentieth Century Poetry in English: Contemporary Recordings of the Poets Reading Their Own Poems* (Washington, D.C.: Library of Congress, 1949), 25 LP records. 뒤에 있는 12인치 디스크는 장당 1.5달러에 또는 앨범 5장을 8.25달러에 살 수 있었다. 녹음 시의 예일 시리즈에 관해서는 다음을 참조하라. Linda W. Blair, "The Yale Collection of Historical Sound Recordings," *Association for Recorded Sound Collections Journal*, 20, no. 2(1988-89): 167-176.

24 Lloyd Frankenberg, "Preface," liner notes, Frankenberg, *Pleasure Dome*. Frankenberg's companion book, *Pleasure Dome: On Reading Modern Poetry*(Boston: Houghton Miffl in, 1949).

25 다른 볼만한 문학 녹음들은 헬렌 로치(Helen Roach)의 레코드 목록인 Spoken Records, 2nd ed.(New York: Scarecrow, 1966)에 적혀 있다. Stephen E. Whicher, "Current Long-Playing Records of Literature in English," *College English*, 19(3)(December 1957): 111-21; David Mason, "British

Literary Figures on 78," *British Association of Sound Collections News*, 3(1989): 24-36 참조.

26   Princeton's Office of Radio Research의 연구에 따르면 대부분의 사람들이 라디오로 듣는 것보다 책을 읽는 것이 좀 더 어렵고 가치 있으며 교육적이라고 생각했다. Paul F. Lazarsfeld, *Radio and the Printed Page: An Introduction to the Study of Radio and Its Role in the Communication of Ideas*(New York: Duell, Sloan and Pearce, 1940), 178.

27   Paul Heyer, *The Medium and the Magician: Orson Welles, the Radio Years, 1934-1952* (Lanham, Md.: Rowman & Littlefield, 2005), 66. James Jesson, "A Library on the Air: Literary Dramatization and Orson Welles's Mercury Theatre," in *Audiobooks, Literature, and Sound Studies*, ed. Matthew Rubery(New York: Routledge, 2011), 44-60 참조.

28   Louis Reid, "Broadcasting Books: Drama, Fiction, and Poetry on the Air," in *Radio and English Teaching: Experiences, Problems, and Procedures*, ed. Max J. Herzberg(New York: D. Appleton-Century, 1941), 176-186; 181. 다른 낭독물은 Milton Allen Kaplan, *Radio and Poetry*(New York: Columbia University Press, 1949)에 인용되었다..

29   Brad McCoy, "Poetry on Radio," in *Encyclopedia of Radio*, ed. Christopher H. Sterling(New York: Fitzroy Dearborn, 2004), 3: 1077-1081; Mike Chasar, *Everyday Reading: Poetry and Popular Culture in Modern America*(New York: Columbia University Press, 2012), 80-122 참조.

30   Robert Giddings and Keith Selby, *The Classic Serial on Television and Radio*(Basingstoke, U.K.: Palgrave, 2001); Kate Whitehead, The third Pro-gramme: A Literary History(Oxford: Clarendon, 1989) 참조.

31   그리스의 구전 전통에 대해서는 다음을 참조하라. Albert B. Lord, *The Singer of Tales*, 2nd ed., ed. Stephen Mitchell and Gregory Nagy(Cambridge, Mass.: Harvard University Press, 2000); Adam Parry, ed., *The Making of Homeric Verse: The Collected Papers of Milman Parry*(Oxford: Clarendon, 1971); Rosalind Thomas, *Literacy and Orality in Ancient Greece*(Cambridge: Cambridge University Press, 1992)

32   Pearl Cleveland Wilson, liner notes, Padraic Colum, *The Twelve Labors of Heracles*, read by Anthony Quayle, Caedmon TC1256, [1968], 1 LP record.

33   Pearl Cleveland Wilson, liner notes, *The Iliad of Homer*, read by Anthony Quayle, Caedmon TC1196, [1968], 1 LP record.

34   Pearl Cleveland Wilson, liner notes, Homer, *The Golden Treasury of Greek Poetry and Prose*, read by Pearl Cleveland Wilson, Caedmon TC1034, [1956], 1 LP record. 호메로스의 평판에 대해서는 다음을 참조하라. Ruth Scodel, *Listening to Homer: Tradition, Narrative, and Audience*(Ann Arbor: University of Michigan Press, 2002).

35   James Hynd, liner notes, *Classics of Latin Poetry and Prose*, Caedmon TC1296, [1970], 1 LP record.

36   Saint Augustine, *Confessions*, trans. Henry Chadwick(Oxford: Oxford Univer-sity Press, 1992), 92-93.

37   *The Romance of Tristan and Iseult*, read by Claire Bloom, Caedmon TC1106, [1958], 1 LP record.

38   J. B. Bessinger, Jr., liner notes, Geoffrey Chaucer, *The Canterbury Tales*, read by J. B. Bessinger, Jr., Caedmon TC1151, [1962], 1 LP record.

39   같은 글.

40   Geoffrey Chaucer, *The Canterbury Tales: The Pardoner's Tale and the Nun's Priest's Tale*, read by Robert Ross, Caedmon TC1008, [1956], 1 LP record.

41   Erika Brady, *A Spiral Way: How the Phonograph Changed Ethnography*(Jackson: University Press of Mississippi, 1999) 참조.

42   Erika Brady, *A Spiral Way: How the Phonograph Changed Ethnography*(Jackson: University Press of Mississippi, 1999) 참조.

43   Walter Benjamin, "The Storyteller," in *Illuminations*, ed. Hannah Arendt, trans. Harry Zohn(New York: Schocken Books, 1968), 83-109; 87.

44   Emma D. Sheehy, liner notes, *Aesop's Fables*, read by Boris Karloff, dir. Howard O. Sackler, Caedmon TC1221, [1967], 1 LP record.

45   Liner notes, Jakob Grimm and Wilhelm Grimm, *Grimm's Fairy Tales*, read by Joseph Schildkraut, Caedmon TC1062, [1957], 1 LP record.

46   가정에서의 텔레비전의 위상에 대해서는 다음을 참조하라. Lynn Spigel, *Make Room for TV: Television and the Family Ideal in Postwar America*(Chicago: University of Chicago Press, 1992); James L. Baughman, *The Republic of Mass Culture: Journalism, Filmmaking, and Broadcasting in America since 1941*, 2nd ed.(Baltimore: Johns Hopkins University Press, 1997).

47   Simon Callow describes the public readings in *Charles Laughton: A Difficult Actor*(London: Methuen, 1987), 205-239. Laughton's own account can be found in Charles Laughton, "The Storyteller," in *Tell Me a Story: An Anthology, ed. Charles Laughton*(New York: McGraw-Hill, 1957), 1-2. 네트워크 텔레비전에 퍼포먼스라는 음성 단어를 도입하기 위한 로턴의 노력에 대해서는 Smith, *Spoken Word*, 59-69 참조. 세실리아 티치(Cecelia Tichi)는 책과 텔레비전 사이에서 전후 긴장을 논한다. *Electronic Hearth: Creating an American Television Culture*(New York: Oxford University Press, 1991).

48   이 변화의 설득력 있는 설명은 다음에서 볼 수 있다.Walter J. Ong, *Orality and Literacy: The Technologizing of the Word*(London: Methuen, 1982); Marshall McLuhan, *The Gutenberg Galaxy: The Making of Typographic Man*(London: Routledge & Kegan Paul, 1962).

49   마크 모리슨(Mark Morrisson)은 모더니즘의 구어에 대한 충성을 다음과 같이 기록한다. *The Public Face of Modernism: Little Magazines, Audiences, and Reception, 1905-1920*(Madison: University of Wisconsin Press, 2001), 54-83.

50   이 전통에 대한 구체적인 설명은 다음과 같다. Sheila Deane, *Bardic Style in the Poetry of Gerard Manley Hopkins, W. B. Yeats and Dylan Th omas*(Ann Arbor: UMI Research Press, 1989).

51   Walt Whitman, *Leaves of Grass*, read by Ed Begley, dir. Howard O. Sackler, Caedmon TC1037, [1959], 1 LP record.

52   John T. Ridley, liner notes, Mark Twain, *Life on the Mississippi*, read by Ed Begley, Caedmon TC1234, [1969], 1 LP record; Randall Knoper, *Acting Naturally: Mark Twain in the Culture of Performance* (Berkeley: University of California Press, 1995) 참조.

53   Ridley, liner notes, Twain, *Life on the Mississippi*.

54   Mary Von Schrader Jarrell, "Randall Jarrell: Anti-War Poems," liner notes, *Randall Jarrell Reads and Discusses His Poems against War*, Caedmon TC1363, [1972], 1 LP record에 인용.

55   Douglas Lanier, "Shakespeare on the Record," in *A Companion to Shakespeare and Performance*, ed. Barbara Hodgdon and W.B. Worthen(Malden, Mass.: Blackwell, 2005), 415-436; 420.

56   인종, 음성, 방언의 공연은 다음을 참조하라. Lorenzo Thomas, "The Functional Role of Poetry Readings in the Black Arts Movement," in *Close Listening: Poetry and the Performed Word*, ed. Charles Bernstein(New York: Oxford University Press, 1998), 300-323.

57   Catherine Marshall, liner notes, *Peter Marshall Speaks: Two Sermons*, read by Peter Marshall, Caedmon TC1011, [1955], 1 LP record.

58   같은 글.

59   마셜의 삶에 대해서는 Catherine Marshall, *A Man Called Peter: The Story of Peter Marshall*(New

York: McGraw-Hill, 1951) 참조하라.

60   Liner notes, *Carl Sandburg's Rootabaga Stories*, read by the author, Caedmon TC1089, [1958], 1 LP record.

61   Liner notes, Oscar Wilde, *Fairy Tales*, read by Basil Rathbone, dir. Howard O. Sackler, Caedmon TC1044, [1955], 1 LP record.

62   Marguerite A. Dodson, liner notes, H. A. Rey, *Curious George and Other Stories about Curious George*, read by Julie Harris, Caedmon TC1420, 1972, 1 LP record. 아이들에 대한 높아진 관심은 교육 시장에 캐드먼이 비용을 들여 참여한 것을 보여준다. 낭독에 대한 그 회사의 다짐은 1965년 '초중등교육법(Elementary and Secondary Education Act)'으로부터 덕을 보았는데, 학교와 도서관이 레코드를 살 수 있는 자금을 제공했다. 캐드먼에 따르면 앨범이 읽기를 배우는 아이들을 도와주었다. 『호기심 많은 조지가 알파벳을 배우다(Curious George Learns the Alphabet)』와 여러 입문서가 학교에서 유행하던 "소리 안 나는 시각 훈련"이라고 부르는 것의 대안을 제공했다. George Riemer, liner notes, *Edward Lear's Nonsense Stories and Poems*, read by Claire Bloom, Caedmon TCp1279, [1970], 1 LP record.

63   1950년대 시 낭독의 성장에 대해서는 다음을 참조하라. Tyler Hoffman, *American Poetry in Performance: From Walt Whitman to Hip Hop*(Ann Arbor: University of Michigan Press, 2011), 123-161.

64   Donald Hall, "Poets Aloud," *Poetry*, 139(5)(February 1982): 297-305; 298; 시 낭독의 역사적 개요는 다음에서 찾을 수 있다. Peter Middleton, *Distant Reading: Performance, Readership, and Consumption in Contemporary Poetry*(Birmingham: University of Alabama Press, 2005), 61-103; Lesley Wheeler, *Voicing American Poetry: Sound and Performance from the 1920s to the Present*(Ithaca, N.Y.: Cornell University Press, 2008)

65   히메네즈(Jiménez)는 결국 메릴랜드대학교의 교수를 찾아가 자기 시를 녹음하는 데 동의했다. Liner notes, *Juan Ramón Jiménez Reading His Poetry in Spanish*, Caedmon TC1079, [1961], 1 LP record.

66   Osbert Sitwell, *Laughter in the Next Room: Being the Fourth Volume of "Left Hand, Right Hand!": An Autobiography*(London: Macmillan, 1949), 168-198; Laura Severin, *Poetry off the Page: Twentieth-Century British Women Poets in Performance*(Aldershot, U.K.: Ashgate, 2004), 47 참조.

67   Liner notes, *Osbert Sitwell Reading from His Poetry*, Caedmon TC1013, [1953], 1 LP record.

68   슬립케이스 광고에 인용된 ≪보스턴 글로브(Boston Globe)≫의 평. Edward Everett Hale, *The Man without a Country*, read by Edward G. Robinson, Caedmon TC1178, [1964], 1 LP record.

69   *Dorothy Parker Stories*, read by Shirley Booth, dir. Howard O. Sackler, Caedmon TC1136, [1962], 1 LP record, 슬립케이스 재판 광고에 인용.

70   *Speaking of the Best for over a Quarter Century: Caedmon, 1952-1977*(New York: Caedmon, 1977), 5.

71   Liner notes, *The Caedmon Treasury of Modern Poets Reading Their Own Poetry,* read by T. S. Eliot, William Butler Yeats, Edith Sitwell et al., Caedmon TC2006, [ca. 1955], 2 LP records.

72   Liner notes, *The Stories of Kafka*, read by Lotte Lenya, dir. Howard O. Sackler, Caedmon TC1114, [1962], 1 LP record.

73   Liner notes, *The Stories of Kafka*, read by Lotte Lenya, dir. Howard O. Sackler, Caedmon TC1114, [1962], 1 LP record.

74   George N. Shuster, liner notes, *The Poetry of Gerard Manley Hopkins*, read by Cyril Cusack, dir. Howard O. Sackler, Caedmon TC1111, [1958], 1 LP Record 인용.

75   Gerard Manley Hopkins to Everard Hopkins, November 5, 1885, in Gerard Manley Hopkins, *Selected Letters*, ed. Catherine Phillips(Oxford: Oxford University Press, 1991), 216-221; 221.

76　말과 운문 간의 관계에 대해서는 다음을 참조하라. James I. Wimsatt, *Hopkins's Poetics of Speech Sound: Sprung Rhythm, Lettering, Inscape*(Toronto: University of Toronto Press, 2006).

77　Liner notes, James Joyce, *Finnegans Wake*, read by Cyril Cusack and Siobhan McKenna, dir. Howard O. Sackler, Caedmon TC1086, [1959], 1 LP record.

78　W.H. Auden, liner notes, W. H. Auden Reading in Memory of W. B. Yeats, in *Praise of Limestone, Seven Bucolics, and Other Poems*, Caedmon TC1019, [1954], 1 LP record.

79　The third section of K. David Jackson, Eric Vos, and Johanna Drucker, eds., *Experimental—Visual—Concrete: Avant-Garde Poetry since the 1960s*(Am-sterdam: Rodopi, 1996) 참조.

80　Grace Schulman, liner notes, *The Poetry and Voice of May Swenson*, Caedmon TC1500, [1976], 1 LP record.

81　Morrisson, *The Public Face of Modernism*, 56, and Joan Shelley Rubin, "Modernism in Practice: Public Readings of the New Poetry," in A Modern Mosaic: Art and Modernism in the United States, ed. Townsend Ludington(Chapel Hill: University of North Carolina Press, 2000), 127-152 참조..

82　Richard Howard, liner notes, *James Dickey Reading His Poetry*, Caedmon TC1333, 1971, 1 LP record.

83　Christian Morgenstern, *The Gallows Songs: A Selection*, trans. Max Knight, read by Ogden Nash, Caedmon TC1316, [1970], 1 LP record.

84　Liner notes, Stan Berenstain and Jan Berenstain, *The Berenstain Bears featuring "The Bears' Picnic" and Other Stories*, read by the authors, music composed by Don Heckman, Caedmon TC1549, 1977, 1 LP record.

85　Harvey Simmonds, liner notes, James Agee and Walker Evans, *Let Us Now Praise Famous Men*, read by Ruby Dee and George Grizzard, Caedmon TC1324, [1970], 1 LP record.

86　같은 글.

87　Liner notes, *Poetry of Robert Browning*, read by James Mason, dir. Howard O. Sackler, Caedmon TC1048, [1956], 1 LP record.

88　Liner notes, Faulkner Reads from His Works, Caedmon TC1035, 1954, 1 LP record.

89　나와 함께 캐드먼 레코드를 들으며 개인적인 기억을 공유해 준, 음향녹음수집협회 토론 목록(The Association for Recorded Sound Collections Discussion List)의 회원들에게 감사한다.

90　Liner notes, *Vachel Lindsay, Vachel Lindsay Reading the Congo, Chinese Nightingale, and Other Poems*, Caedmon TC1041, [ca. 1956], 1 LP record.

91　Claire Brook, "The Book Publisher and Recordings," in *The Phonograph and Our Musical Life: Proceedings of a Centennial Conference 7-10 December 1977*, ed. H. Wiley Hitchcock (Brooklyn: Institute for Studies in American Music, 1980), 72-77; 73.

92　Richard O. Moore, "Eudora Welty: An Appreciation," liner notes, *Eudora Welty Reads Her Stories "Power house" and "Petrified Man,"* Caedmon TC1626, 1979, 1 LP record.

93　≪뉴욕 헤럴드 트리뷴(New York Herald Tribune)≫은 slipcase, Katherine Anne Porter, *The Downward Path to Wisdom*, read by the author, Caedmon TC1006, [1952], 1 LP record 광고를 인용했다.

94　사라 패리는 캐드먼이 인쇄된 글과 유사하게 작동함으로써 흑백 인쇄를 흉내 내려고 잡음 비율을 효과적으로 설계했다고 주장했다. "The LP Era: Voice-Practice/Voice Document," *English Studies in Canada*, 33, no. 4(December 2007): 169-180; 175.

95　Billboard, June 27, 1960, 23. 광고

96　*Holy Bible: The Complete New Testament*(Benton Harbor, Mich.: Audio Book, 1953), 24 16 rpm records. Frederic Ramsey, Jr., "Talking Books," *High Fidelity Magazine*(July– August 1953): 29-31; 110에서 이 회사의 내력을 알 수 있다. Mike Dicecco, "A History of 16-RPM Records, Part Two Audio Books," Antique Phonograph News, May–June 2010, http://www. capsnews.org/apn2010-3.htm 참조.

97 Liner notes, F. Scott Fitzgerald, *The Great Gatsby*, read by Alexander Scourby, A 1621(Long Branch, N.J.: Libraphone, 1953), 3, 16 rpm records.

98 같은 글.

99 Alexandra Elizabeth Sheedy, liner notes, *Alexandra Elizabeth Sheedy, She Was Nice to Mice*, read by the author, Caedmon TC1506, 1976, 1 LP record.

100 Liner notes, James Boswell, *Boswell's London Journal*, read by Anthony Quayle, Caedmon TC1093, [1959], 1 LP record; liner notes, D. H. Lawrence, *Lady Chatterley's Lover*, read by Pamela Brown, dir. Howard O. Sackler, Caedmon TC1116, [1959], 1 LP record.

101 Liner notes, William Shakespeare, *Great Scenes from "Macbeth,"* read by Anthony Quayle, Gwen Frangcon Davies, Stanley Holloway et al., Caedmon TC1167, [1963], 1 LP record.

102 Liner notes, Oscar Wilde, *The Picture of Dorian Gray*, read by Hurd Hatfield, dir. Howard O. Sackler, Caedmon TC1095, 1959, 1 LP record.

103 *Genesis*, read by Judith Anderson, dir. Howard O. Sackler, Caedmon TC1096, [1959], 1 LP record.

104 Grace Schulman, liner notes, *The Poetry and Voice of Galway Kinnell*, Caedmon TC1502, 1976, 1 LP record에서 인용.

105 Charles Bernstein, "Introduction," in *Close Listening: Poetry and the Performed Word,* ed. Charles Bernstein(Oxford: Oxford University Press, 1998), 3-26; 8.

106 Liner notes, Lewis Carroll, *Alice in Wonderland*, read by Stanley Holloway, Joan Greenwood et al., adapted and dir. by Howard O. Sackler, Caedmon TC1097, [1958], 1 LP record.

107 Liner notes, Lewis Carroll, *Through the Looking-Glass*, read by Stanley Hol-loway, Joan Greenwood et al., adapted and dir. by Howard O. Sackler, Caedmon TC1098, [1958], 1 LP record.

108 Liner notes, Edgar Lee Masters, *Spoon River Anthology*, read by Julie Harris et al., dir. Howard O. Sackler, Caedmon TC1152, [1965], 1 LP record.

109 Tim Brooks and Merle Sprinzen, *Little Wonder Records and Bubble Books: An Illustrated History and Discography*(Denver, Colo.: Mainspring, 2011), 33.

110 같은 글, 35.

111 Smith, Spoken Word, 13-48 참조.

112 Liner notes, *The Pied Piper and the Hunting of the Snark*, read by Boris Karloff, dir. Howard O. Sackler, Caedmon TC1075, [1960], 1 LP record.

113 Liner notes, *Mother Goose*, read by Celeste Holm, Cyril Ritchard, and Boris Karloff, dir. Howard O. Sackler, music by Hershy Kay, Caedmon TC1091, [1958], 1 LP record. Emphasis in original.

114 Liner notes, Charles Dickens, *A Christmas Carol*, read by Ralph Richardson, Paul Scofield, and cast, dir. Howard O. Sackler, Caedmon TC1135, [1960], 1 LP Record.

115 J.B. Bessinger, Jr., liner notes, *Beowulf, Caedmon's Hymn and Other Old English Poems*, read by J. B. Bessinger, Jr., Caedmon TC1161, [1962], 1 LP record.

116 Derek Furr, *Recorded Poetry and Poetic Reception from Edna Millay to the Circle of Robert Lowell*(Basingstoke, U.K.: Palgrave Macmillan, 2010), 21.

117 1960년대 낭독에 대해서는 다음을 참조하라. Raphael Allison, *Bodies on the Line: Performance and*

the *Sixties Poetry Reading*(Iowa City: University of Iowa Press, 2014)

118 Slipcase, Porter, The Downward Path to Wisdom 광고에 인용.

119 Richard Bach, liner notes, Richard Bach, *Illusions: The Adventures of a Reluctant Messiah*, read by the author, Caedmon TC1585, 1978, 1 LP record.

120 Liner notes, *Walter de la Mare Speaking and Reading*, Caedmon TC1046, [1956], 1 LP record.

121 William Everson, *The Savagery of Love: Brother Antoninus Reads His Poetry*, read by the author, Caedmon TC1260, [1968], 1 LP record.

122 Monika Mann, liner notes, *Thomas Mann, Thomas Mann—Dichterlesung*, read by Th omas Mann, Caedmon TC1004, [1952], 1 LP record.

123 샌드버그의 강연 여행에 대해서는 다음을 참조하라. Penelope Niven, *Carl Sandburg: A Biography* (New York: Charles Scribner, 1991), 386.

124 Liner notes, *Carl Sandburg's Poems for Children*, read by the author, Caedmon TC1124, [1961], 1 LP record.

125 William A. Smith, liner notes, *Carl Sandburg Reading Fog and Other Poems*, Caedmon TC1253, [1968], 1 LP record 인용.

126 Slipcase, Carl Sandburg Reading His Poetry, Caedmon TC1150, [1962], 1 LP record의 광고.

127 Smith, liner notes, *Carl Sandburg Reading Fog and Other Poems*.

128 Roland Barthes, *Image, Music, Text*(New York: Hill and Wang, 1977), 185.

129 Hall, "Poets Aloud," 297.

130 Liner notes, *Ogden Nash Reads Ogden Nash*, Caedmon TC1015, [1953], 1 LP Record.

131 Liner notes, *William Faulkner Reads the Nobel Prize Acceptance Speech and Selections from "As I Lay Dying," "A Fable," and the "Old Man,"* Caedmon TC1035, 1954, 1 LP record.

132 2013년 6월 28일, 모리슨과 저자의 전화 통화. http://audiobookhistory.wordpress.com/2013/07/29/talking-to-myself-an-interview-with-toni-morrison/.

133 George Sayer, liner notes, *J.R.R. Tolkien Reads and Sings His "The Lord of the Rings, "The Two Towers," "The Return of the King,"* Caedmon TC1478, 1975, 1 LP record.

134 George Sayer, liner notes, *J. R. R. Tolkien Reads and Sings His "The Hobbit" and "The Fellowship of the Ring,"* Caedmon TC1477, 1975, 1 LP record.

135 W. H. Auden, liner notes, J. R. R. Tolkien, *Poems and Songs of Middle Earth*, read by J. R. R. Tolkien, sung by William Elvin, music by Donald Swann, Caedmon TC1231, [1967], 1 LP record.

136 러시아어로는, Olga Ley, liner notes, Yevgeny Yevtushenko, *Babii Yar and Other Poems*; 영어로는, Alan Bates, dir. Howard O. Sackler, Caedmon TC1153, [1967], 1 LP record.

137 Liner notes, Rainer Maria Rilke, *Die Weise Von Liebe und Tod Das Marienleben*, read by Lotte Lehmann, Caedmon TC1128, [1961], 1 LP record.

138 Liner notes, *Archibald MacLeish Reading from His Works*, Caedmon TC1009, [1953], 1 LP record.

139 Slipcase, *Eudora Welty Reading from Her Works*, Caedmon TC1010, [1953], 1 LP record 위의 광고.

140 *Harper's*, quoted on slipcase, *T. S. Eliot Reading Poems and Choruses*, Caedmon TC1045, [1955], 1 LP record. 엘리엇의 녹음에 대해서는 다음을 참조하라. Richard Swigg, *Quick, Said the Bird: Williams, Eliot, Moore and the Spoken Word*(Iowa City: University of Iowa Press, 2012), 38-53; 147-48.

141 David E. Chinitz, *T.S. Eliot and the Cultural Divide*(Chicago: University of Chicago Press, 2003),

183.

142   Frederick Clifton Packard, "Harvard's Vocarium Has Attained Full Stature," *Library Journal*, January 15, 1950, 69-74 참조.

143   A.E. Hotchner, liner notes, *Ernest Hemingway Reading*, Caedmon TC1185, [1965], 1 LP record.

144   Stephen Lushington, liner notes, *Theodore Roethke Reads His Poetry*, Caedmon TC1351, 1972, 1 LP record.

145   Frederik Pohl, liner notes, *Judith Merril, Survival Ship and The Shrine of Temptation*, read by Judith Merril, Caedmon TC1593, 1978, 1 LP rec ord.

146   Ursula K. Le Guin, liner notes, Ursula K. Le Guin, *Gwilan's Harp and Intracom*, read by the author, Caedmon TC1556, 1977, 1 LP record.

147   John Malcolm Brinnin, *Dylan Thomas in America*(London: Prion Books, 2000), 100에 있는 내용을 내가 바꿔 말한 것이다.

148   Irwin Edman, Saturday Review, slipcase, Dylan Thomas Reading from William Shakespeare's "King Lear" and John Webster's "The Duchess of Malfi," Caedmon TC1158, [1962], 1 LP record 인용.

149   저자가 낭독한 Slipcase, Dylan Thomas, *An Evening with Dylan Thomas*, Caedmon TC1157, [1963], 1 LP record를 하퍼 출판사의 재판에서 인용.

150   Dylan Thomas, *On the Air with Dylan Thomas: The Broadcasts*, ed. Ralph Maud(New York: New Directions, 1992), 310에서 인용.

151   William T. Moynihan, "Boily Boy and Bard," *New York Times Book Review*, November 3, 1963, 6, 48.

152   Dylan Thomas to Pamela Hansford Johnson, ca. November 1933, in *The Collected Letters of Dylan Thomas, ed. Paul Ferris*(London: J.M. Dent, 1985), 36-45; 41. Paul Kresh, liner notes, *Dylan Thomas Reads the Poetry of William Butler Yeats*, Caedmon TC1353, [1971], 1 LP record 인용.

153   W.B. Yeats, "Speaking to the Psaltery," in *Essays and Introductions*(London: Macmillan, 1961), 13-27; 13. 예이츠의 낭송은 다음에서 특징지어진다. Ronald Schuchard, *The Last Minstrels: Yeats and the Revival of the Bardic Arts*(Oxford: Oxford University Press, 2008).

154   Andrew Lycett, *Dylan Thomas: A New Life*(London: Weidenfeld & Nicolson, 2003), 286 인용.

155   Liner notes, *Dylan Thomas Reading*, 3, Caedmon TC1043, [1953], 1 LP Record.

156   Paul Kresh, liner notes, Dylan Thomas, *Return Journey to Swansea*, Caedmon TC1354, [1972], 1 LP record. Dylan Thomas와 출연진이 연기했다.

157   Robert Graves, *On Poetry: Collected Talks and Essays*(New York: Doubleday, 1969), 148.

158   Furr analyzes Thomas's readings in detail in *Recorded Poetry*, 40-46.

159   전후 축음기의 급증에 대해서는 다음을 참조하라. David L. Morton, Jr., *Sound Recording: The Life Story of a Technology*(Westport, Conn.: Greenwood, 2004), 129-140.

160   Advertisement on slipcase, Thomas, *An Evening with Dylan Thomas*.

161   교외 활동을 지원하는 광고에 대해서는 다음을 참조하라. Lizabeth Cohen, *A Consumers' Republic: The Politics of Mass Consumption in Postwar America*(New York: Alfred A. Knopf, 2003).

162   예를 들어 다음을 참조하라. "Caedmon: Recreating the Moment of Inspiration," NPR *Morning Edition*, December 5, 2002, http://www.npr.org/templates/story/story.php?storyId=866406.

163   이 구절은 1949년 9월 24일에 녹음된 Dylan Thomas, "On Reading One's Own Poems," *Third Programme*을 인용했다. Dylan Thomas, The Broadcasts, ed. Ralph Maud(London: J.M. Dent, 1991), 214-216; 214에 재인쇄되었다.

164 Liner notes, *Laurence Olivier on the Death of King George VI*, Caedmon TC1003, 1952, 1 LP record.

165 Liner notes, *Hearing Poetry*, vol. 1, read by Hurd Hatfield, Frank Silvera, Jo Van Fleet et al., dir. Howard O. Sackler, Caedmon TC1021, [1954], 1 LP record.

166 slipcase, Edward Everett Hale, *The Man without a Country*, read by Edward G. Robinson, Caedmon TC1178, [1964], 1 LP record 광고에 인용되었다.

167 Barbara Holdridge, 작가와의 이메일 교신, July 24, 2013.

168 Brook, "The Book Publisher and Recordings," 72-77; 75.

제8장 테이프 책

1 Dennis McLellan, "Taped Books Enter Literary Fast Lane," *Los Angeles Times*, May 12, 1990, N1, N6; N1에서 인용.

2 "People," *Stanford Alumni Almanac*, January 1981, 8. 헥트가 BOT파일을 2014년 8월에 보내주었다. 그 모음집은 그 후 스탠퍼드대학교 도서관에 이관되었다.

3 George F. Will, "Books on Tape While Away the Miles," *News-Times*(Danbury, Conn.), December 12, 1982, A7.

4 Chauncey Mabe, "Heard Any Good Books Lately?," *Sun-Sentinel,* December 25, 1988, 1D, 5D; 1D.

5 *On Cassette: A Comprehensive Bibliography of Spoken Word Audio Cassettes*(New York: R. R. Bowker, 1985).

6 이 수치는 맨해튼의 비영리 단체인 Book Industry Study Group에서 나온 것이다. James Brooke, "Talking Books for Those on the Go," *Des Moines Register*, August 13, 1985, 1에 인용.

7 Velma Daniels, "Books for the Blind and the Busy," *News Chief*(Winter Haven, Fla.), April 12, 1981, 10C.

8 Robert Bowden, "Heard Any Good Novels Lately?," *St. Petersburg Times*, August 5, 1984, 1E, 6E; 6E.

9 "People," *Stanford Alumni Almanac*, 8.

10 Duvall Y. Hecht, 저자와의 이메일 교신, August 7, 2013.

11 동업자 명부에는 헥트, 제임스 맥엘버니(James McElvany), 사라 포드(Sara Ford)를 초기 참여자로 적고 있다. 필립 스완(Philip V. Swan)과 길버트 하크(Gilbert Haakh)는 이후 주요 동업자로 추가되었다. Duvall Y. Hecht to James W. McElvany, December 28, 1973, BOT.

12 "Notes to Financial Statements," December 31, 1975, BOT.

13 Dale L. Walker, "Books on Tape Record Success," *El Paso Times*, August 23, 1981, 6E에서 인용.

14 Edward Jacobs, "Circulating Libraries," in *The Oxford Encyclopedia of British Literature*, ed. David Scott Kastan(Oxford: Oxford University Press, 2006), 2: 5-10 참조. 리처드 롤(Richard Roehl)과 할 배리안(Hal R. Varian)은 이 경제 모델을 "Circulating Libraries and Video Rental Stores," *First Monday*, 6(5)(May 7, 2001), http://firstmonday.org/ojs/index.php/fm/article/view/854/763 에 나오는 현대 흥행 산업이 사용하는 것과 비교하고 있다.

15 Duvall Y. Hecht to Frank L. Bryant, June 5, 1974, BOT.

16 모델의 성공에도 불구하고 헥트는 거의 모든 도서 클럽이 이용하는 "네거티브 옵션(negative option)" 채택을 거부했다. 이런 강제 판매 기법은 구독자들이 회사에 따로 요청하지 않으면 매달 자동적으로 도서들을 구

독자들에게 보낸다.

17 회사의 역사와 영향에 대해서는 다음을 참조하라. Janice A. Radway, *A Feeling for Books: The Book-of-the-Month Club, Literary Taste, and Middle-Class Desire*(Chapel Hill: University of North Carolina Press, 1997).

18 Memo, Duvall Y. Hecht, "Possible Mottos," August 11, 1976, BOT.

19 성별은 예외다. 테이프 책 독자의 55%가 남성인 반면, 소설 독자의 대다수는 여성이었다. 도서 습관에 대한 조사는 다음을 참조하라. Nicholas Zill and Marianne Winglee, *Who Reads Literature? The Future of the United States as a Nation of Readers*(Cabin John, Md.: Seven Locks, 1990).

20 "We See You!," *Titles in Review*, August 1976, 2, clipping, BOT.

21 BOT고객의 63%는 평균 주택 가격이 5만 달러 이상인 지역에 살았다. 전국적으로 미국인의 28%만이 이 지역에 살았다. 이 통계는 1980년 인구조사 자료와 BOT 고객을 비교해 산출된 것이다. Memo, D. Keane to K.A. Steigerwald, "Books on Tape Analysis," February 12, 1986, BOT.

22 Mickey Friedman, "Books on Tapes: High-Tech Renditions of the Storyteller's Art," *San Francisco Examiner*, June 14, 1982, E3.

23 Jo-Ann Armao, "Books on Tape Setting Commuting on Its Ear," *Washington Post*, October 30, 1989, D1, D5; D5.

24 Jenny Campbell, "All Booked Up? Well, Listen to This⋯" *Orange County Register*, July 28, 1985, L1, L5; L5.

25 Frank Green, "Top Authors Taken along for the Ride," *San Diego Union*, March 12, 1985, clipping, BOT.

26 James W. McElvany to George Borchardt, January 30, 1947, BOT.

27 Walker, "Books on Tape," 6E 인용.

28 Duvall Y. Hecht to Kathleen A. Minder, September 28, 1993, BOT.

29 Duvall Y. Hecht to George Kirkpatrick, April 4, 1988, BOT.

30 Martha McCarty, "Heard Any Good Books Lately?," *Motorhome Life*, January 1980, 38, 62; 38 인용.

31 Jay Satterfield, *"The World's Best Books": Taste, Culture, and the Modern Library*(Amherst: University of Massachusetts Press, 2002) 참조.

32 Duvall Y. Hecht to Mrs. Gordon Furth, October 11, 1979, BOT.

33 목록에는 다음과 같은 학술적 제목이 포함되어 있었다. A.L. Rowse's *Milton the Puritan and Shakespeare the Man*. Duvall Y. Hecht to T.N. Turner, September 14, 1992, BOT.

34 Duvall Y. Hecht to John Weld, October 25, 1988, BOT.

35 Duvall Y. Hecht to M. Y. Menzel, October 30, 1979, BOT. 재미있게도 출판업자는 시각장애인을 위한 녹음 허가를 보류했고 책임자는 실망을 표했다. "시각장애인들도 그 쓰레기에 권리가 있다." Peggy Constantine, "Plugging into the Talking-Book Craze," *Sun-Times*(Chicago), June 30, 1985, 24 인용.

36 Alan E. Pisarski, *Commuting in America: A National Report on Commuting Patterns and Trends*(Westport, Conn.: Eno Foundation for Transportation, 1987), 7.

37 Robert Ferrigno, "Pop a Tape in the Deck, Sit Back, Close Your Eyes and⋯. Listen to Literature," *Orange County Register*, February 17, 1986, C1, C7; C1.

38 Kenneth T. Jackson, *Crabgrass Frontier: The Suburbanization of the United States*(Oxford: Oxford University Press, 1985), 246-271 참조.

39 Trout Pomeroy, "Super-Commuters: When They Head to Work, the Trip Is Long-Distance,"

Times Leader(Wilkes-Barre, Pa.), August 14, 1985, D1.

40 Raymond Williams introduces the term in *Raymond Williams, Television: Technology and Cultural Form*, 2nd ed., ed. Ederyn Williams(London: Routledge, 1990), 26; Raymond Williams, *Towards 2000*(London: Chatto and Windus, 1983), 188에서는 교통과의 관련성을 설명한다.

41 카세트테이프의 영향에 관해서는 다음을 참조하라. David L. Morton, Jr., *Sound Recording: The Life Story of a Technology*(Westport, Conn.: Greenwood, 2004), 153-165; Andre Millard, *America on Record: A History of Recorded Sound*, 2nd ed.(Cambridge: Cambridge University Press, 2005), 313-327.

42 Doron P. Levin, "'Books' for the Road," *Wall Street Journal*, March 7, 1986, 21.

43 David Abrahamson, "Audio for Autos: What's New in Cassettes?," *Travel and Leisure*, August 1978, 61-62; 61.

44 Robert N. Webner, "Heard a Good Book Lately? Drivers Do So Increasingly," *Wall Street Journal*, August 21, 1979, 23.

45 같은 글.

46 Constance Casey, "A Book in Your Ear," *San Jose Mercury News*, July 28, 1985, 1, 18-19; 1.

47 William Livingstone to Books on Tape, August 15, 1979, BOT.

48 Walker, "Books on Tape," 6E.

49 Levin, "'Books' for the Road," 21.

50 Bowden, "Heard Any Good Novels Lately?," 6E.

51 Elizabeth Mehren and Nancy Rivera, "Audio Books—Fast Food for Mind?," *Los Angeles Times*, August 19, 1985, 1, 3; 1.

52 Betsy Wade, "Books on Cassettes Are the Last Word for Extended Trips by Car," *Chicago Tribune*, February 14, 1988, 20.

53 Guy Kelly, "Unabridged Tapes at Cutting Edge of Audio Books," *Rocky Mountain News*, June 3, 1990, 24M.

54 Phyllis Zauner, "Heard Any Good Books Lately?," *Northeast Woman*(Sunday Times Magazine, Scranton, Pa.), March 8, 1987, 10-11; 11.

55 Memo, Duvall Y. Hecht, "B-O-T Projects," September 8, 1986, BOT.

56 Duvall Y. Hecht to Ted Neale, September 28, 1987, BOT.

57 Letter to the editor, *Titles in Review*, January 1977, 2, BOT.

58 Allen Grossman to Books on Tape, May 16, 1978, BOT.

59 Webner, "Heard a Good Book Lately?," 23.

60 James Worthington, "Making Freeway Time Amount to Something," *Star-News*(Pasadena, Calif.), March 15, 1978, D-2V.

61 Mike Stephens, "Heard Any Good Books Lately?," *Sunday Sun*(San Ber-nardino, Calif.), August 11, 1985, C1, C7; C1.

62 Jack Spector to Duvall Y. Hecht, March 26, 1992, BOT.

63 Jay Mathews to Duvall Y. Hecht, April 25, 1992, BOT.

64 마이클 불(Michael Bull)은 자동차 안전지대로서의 역할을 다음과 같이 논한다. "Soundscapes of the Car: A Critical Study of Automobile Habitation," in *The Auditory Culture Reader*, ed. Michael Bull and Les Back(New York: Berg, 2003), 357-374.

65 McLellan, "Taped Books," N1.

66 Edwin F. Russell to Duvall Y. Hecht, April 3, 1985, BOT.

67 David Johnston to Duvall Y. Hecht, June 23, 1989, BOT.

68 Dick Kolbert to David Case, April 29, 1993, BOT.

69 Dawn Marie Lemonds to Books on Tape, December 28, 1990, BOT.

70 Helen W. Hall to Duvall Y. Hecht, August 4, 1990, BOT.

71 Sam Adam to Duvall Y. Hecht, November 14, 1984, BOT.

72 David Stanley to Duvall Y. Hecht, August 15, 1990, BOT.

73 Stuart Glassman to Books on Tape, December 17, 1992, BOT.

74 Anne Bice to Books on Tape, 1978, BOT.

75 Karin Bijsterveld tracks changing attitudes toward car noise in "Acoustic Cocooning: How the Car Became a Place to Unwind," *Senses and Society,* 5(2)(July 2010): 189-211.

76 Arnold H. Chadderdon to Books on Tape, December 15, 1977, BOT.

77 Armao, "Books on Tape," D5.

78 최근 연구에 따르면 모든 인지 장애물(라디오, 전화, 승객의 청취 포함)은 운전을 방해한다. AAA 교통안전재단(AAA Foundation for Traffic Safety)이 수행한 2013년 보고서는 녹음 책이 "아주 산만하게 만들지 않는다"라고 결론짓고, 승객들과 이야기하는 것 또는 전화기를 사용하는 것보다 덜 위험하다고 보고했다. David L. Strayer et al., *Measuring Cognitive Distraction in the Automobile*(Washington, D.C.: AAA Foundation for Traffic Safety, 2013), 4, https://www.aaafoundation.org/sites/default/files/MeasuringCognitiveDistractions. pdf.

79 Webner, "Heard a Good Book Lately?," 23에서 인용.

80 워크맨(Walkman)의 기원은 다음에서 자세히 설명한다. Paul du Gay, Linda Janes, Hugh Mackay, and Keith Negus, *Doing Cultural Studies: The Story of the Sony Walkman*(London: SAGE, 1997). Michael Brian Schiffer surveys the Walk-man's pr deces sors in *The Portable Radio in American Life*(Tucson: University of Arizona Press, 1991).

81 Mehren and Rivera, "Audio Books," 1.

82 예를 들어 다음을 참조하라. Iain Chambers, "A Miniature History of the Walkman," *New Formations,* 11(Summer 1990): 1-4.

83 Michael Bull, *Sounding Out the City: Personal Stereos and the Management of Everyday Life*(New York: Berg, 2000), 59-61.

84 Frances Pusch to Books on Tape, August 11, 1995, BOT. 이런 전통에 대해서는 알베르토 망겔(Alberto Manguel)의 *A History of Reading*(London: HarperCollins, 1996), 109-114에서 시가 공장에서의 『강의(lectores)』에 대한 생생한 설명을 참조.

85 여성 노동에 대한 태도 변화에 대해서는 Armao, "Books on Tape," D5을 참조.

86 Ruth Rosen, *The World Split Open: How the Modern Women's Movement Changed America*(New York: Penguin, 2000).

87 Lucy Jarrad-McCray to Duvall Y. Hecht, August 2, 1990, BOT.

88 Ron Ball to Books on Tape, 1979, BOT.

89 George Kirkpatrick to Duvall Y. Hecht, December 21, 1987, BOT.

90 Lynett Putterman to Books on Tape, July 14, 1991, BOT.

91 Irene J. Iwan, ed., *Words on Tape: An International Guide to the Audio Cassette Market, 1987/1988* (Westport, Conn.: Meckler, 1988).

92 자료는 다음과 같다. *Guide to Spoken-Word Recordings.: Popular Literature*(Washington, D.C.:

National Library Service for the Blind and Physically Handicapped, Library of Congress, 1987).

93   John Koch, "Some Books Better Heard than Seen," *Boston Globe*, March 29, 1990, 69-70; 69.

94   Lewis Grossberger, "90-Minute Novels Switch on Cassette Set," *New York Post*, April 23, 1974, 4; G.J. Goodwin to Duvall Y. Hecht, December 9, 1976, BOT.

95   BOT는 그해 1600만 달러 상당의 레코드를 빌려주었다. Barbara Rudolph, "The Audioliterati," *Forbes*, September 10, 1984, 157-158; 157.

96   Sara Terry, "How Some Americans Drive, Do Dishes—and 'Read' at the Same Time," *Christian Science Monitor*, November 13, 1980, 1, 10; 10 인용.

97   국영 라디오 방송은 1967년 의회 상업 방송에 대한 비영리적 대안을 제정한 이래 방송을 녹음해 왔다. 공영 방송의 역사에 관해서는 다음을 참조하라. Michael P. McCauley, *NPR: The Trials and Triumphs of National Public Radio*(New York: Columbia University Press, 2005).

98   Carol Stocker, "Name Your Pleasure—It's Probably on Cassette," *Boston Globe*, August 25, 1985, A21, A24; A24.

99   Ann Burns, "Library Use of Books on Audiocassettes," *Library Journal 110*(November 15, 1985), 38-39; 38. 도서관 시장 전반에 대한 통계적 검토는 다음에서 찾을 수 있다. Hendrik Edelman and Karen Muller, "A New Look at the Library Market," *Publishers Weekly*, 231, no. 21(May 29, 1987): 30-35.

100   Henry Trentman, 저자와의 전화 인터뷰, October 14, 2014.

101   Memo, "Customer Service Reaction," Susan Jin to Duvall Y. Hecht, December 18, 1987, BOT.

102   Duvall Y. Hecht to Gilbert E. Haakh, August 20, 1973, BOT.

103   Virgil L. P. Blake, "Something New Has Been Added: Aural Literacy and Libraries," in *Information Literacies for the Twenty-First Century*, ed. Virgil L. P. Blake and Renee Tjoumas(Boston: G.K. Hall, 1990), 203-218; 203.

104   David Blaiwas, "Sideline Update: Books on Cassette," Publishers Weekly 225(13)(March 30, 1984): 36-40; 37에서 인용.

105   Mabe, "Heard Any Good Books Lately?," 1D.

106   Herbert Mitgang, "Recorded Books Help Make the Ear Faster than the Eye," *New York Times*, August 27, 1987, C19; Tom Spain, "Good News for the Holidays," *Publishers Weekly*, 232, no. 25(December 18, 1987): 29-30; 29.

107   Blaiwas, "Sideline Update," 39.

108   같은 글, 37.

109   Liz Hart, "Busy Would-Be Readers Find Time for Taped Books," *Houston Post*, November 10, 1985, 10F.

110   Stanley Young, "Heard Any Good Books?," *Los Angeles*, September 1986, 53, 57-59; 57.

111   브릴리언스 오디오(Brilliance Audio)는 예외였다. 요약되지 않은 책은 서점에서 판매되었지만 특별한 어댑터가 필요했다.

112   Andy Meisler, "The Full Story," *Orange County Register*, April 19, 1996, 1, 4; 4에서 인용.

113   John Zinsser, "Word-for-Word," Publishers Weekly 231, no. 7(February 20, 1987), 52, 54; 52.

114   Mary Jane Scarcello, "Tapes Take New Twist," *Daily Pi lot*(Newport Beach, Calif.), April 15, 1981, B9.

115   Duvall Y. Hecht to David Case, August 29, 1988, BOT.

116   Sally Swan to Ann Durbin, March 19, 1979, BOT.

117   Mark Annichiarico, "Books on Tape: Speaking Softly and Carrying a Big Backlist," *Library*

Journal, November 15, 1994, 38-40; 38.

118 John Taylor, "First We Had to Read Books, Now We Can Listen,"에서 인용. *L.A. Federal Savings Quarterly*(Winter 1977), 4-5; 4.

119 Young, "Heard Any Good Books?," 58.

120 Jim Renick to Books on Tape, May 17, 1977, BOT.

121 Roy W. Parmenter to Books on Tape, September 28, 1978, BOT.

122 Mehren and Rivera, "Audio Books," 1.

123 "Books on Tape," *New Yorker*, June 25, 1984, 26-28; 28.

124 Alan Golden to Duvall Y. Hecht, March 25, 1992, BOT.

125 Zill and Winglee, *Who Reads Literature?*, 1. 텔레비전과 독서 습관의 관계는 69-72를 참조하라.

126 McLellan, "Taped Books," N6에서 인용.

127 Duvall Y. Hecht to William Messer, April 14, 1993, BOT.

128 Clive Barker, *The Body Politic in 3-D Sound* from "The Inhuman Condition," read by Kevin Conway (New York: Simon and Schuster AudioWorks, 1987), 1 cassette, 90 mins.

129 John Gabree, "Audio Books," *New York Newsday*, April 12, 1987, 20.

130 Carol Fitzgerald and David Fitzgerald to Books on Tape, June 25, 1979, BOT.

131 Janet Sandman to Duvall Y. Hecht, July 30, 1991, BOT.

132 Joan W. McCreary to Books on Tape, ca. 1981. "Notes that Have Brightened Our Day," *New Releases*, May 1981, 2, clipping, BOT에서 인용.

133 Margie Shetterly, "Tapes Spice Routine Chores," *Daily News-Record*(Harrison-burg, Va.), July 17, 1980, 23.

134 Eleanor Flagler, "Book Tapes Lift Drivers Out of Doldrums," *Louisville Times*(Ky), December 4, 1978, C10.

135 Dennis D. Dunn to Robert MacNeil, January 5, 1987, BOT.

136 Zauner, "Heard Any Good Books Lately?," 10.

137 "People," *Stanford Alumni Almanac*, 8.

138 Brooke, "Talking Books," 1. Jonathan Kozol criticizes technology in *Illiterate America* (Garden City, N.Y.: Anchor/Doubleday, 1985), 160에서 인용.

139 Kozol이 Brooke, "Talking Books," 1에서 인용.

140 Mabe, "Heard Any Good Books Lately?," 1D.

141 Michael Hirsley, "Talking Cars May Soon Be Rattling Off Classics," *Gazette Telegraph*(Colorado Springs, Colo.), November 11, 1979, 12E.

142 Richard Kenyon, "The Book Publishers Want Us to Turn Over a New Tape," *Milwaukee Journal*, September 15, 1985, 2.

143 Gail Forman, "It Was a Good Hear," *Washington Post*, January 22, 1988, B5.

144 Helen Aron, "Bookworms Become Tapeworms: A Profile of Listeners to Books on Audiocassettes," *Journal of Reading,* 36(3)(November 1992): 208-212; 211.

145 Levin, "'Books' for the Road," 21.

146 Rand Richards Cooper, "Can We Really Read with Our Ears? The 'Wuthering' Truth about Novels on Tape," *New York Times*, June 6, 1993, 15.

147 Sven Birkerts, *The Gutenberg Elegies: The Fate of Reading in an Electronic Age*(New York:

Fawcett Columbine, 1994), 141-150; 145. 이 에세이는 처음에 *Harper's Magazine*, January 1993, 86-94에 "Close Listening: The Metaphysics of an Audiobook"로 등장했다.

148 Birkerts, *The Gutenberg Elegies*, 146. 인쇄 기반 독서에서 벗어나는 변화에 대한 인지신경과학자의 관점은 다음을 참조하라. Maryanne Wolf and Mirit Barzillai, "The Importance of Deep Reading," *Educational Leadership,* 66(6)(March 2009): 32-37.

149 Duvall Y. Hecht to Ted Neale, January 16, 1995, BOT.

제9장 오디오 혁명

1 Damian Horner가 Joel Rickett, "Talkin' 'bout a Revolution," *Bookseller, 5253*(October 27, 2006): 18에서 인용.

2 "Highly Audible," *Bookseller,* 5253(October 27, 2006), 6.

3 Jenni Laidman, "Audiobooks: Are They Really the Same as Reading?," *Chicago Tribune*, April 6, 2012, http://articles.Chicagotribune.com/ 2012-04-06/entertainment/ct-prj-0408-audiobooks-20120406_1_a udiobooks-first-book-audible-com 인용.

4 Bloom's criticism in Amy Harmon, "Loud, Proud, and Unabridged: It Is Too Reading!," *New York Times*, May 26, 2005, G1-G2. 더 최근의 비판은 다음을 참조하라. Verlyn Klinkenborg, "Some Thoughts on the Lost Art of Reading Aloud," *New York Times*, May 16, 2009, http://www.nytimes. com/2009/05/ 16/opinion/16sat4.html; Nicholas Carr's comments in Alexandra Alter, "The New Explosion in Audiobooks," Wall Street Journal, August 1, 2013, http://www.wsj.com/articles/SB10001424127887323854904578637 850049098298.

5 Preston Hoffman, "A Change of Voice: The Art of the Spoken Word," *Library Journal*, November 15, 1991, 39-43; 40.

6 Sandra M. Gilbert, "JAM Today and Tomorrow? Sandra M. Gilbert Considers the Position of the US Audiobook Market, Past, Present, and Future," *Bookseller*, 5031(June 21, 2002): 10-12; 11.

7 Ted Striphas, *The Late Age of Print: Everyday Book Culture from Consumerism to Control*(New York: Columbia University Press, 2009), 3.

8 예를 들어 다음을 참조하라. Jim Collins, *Bring on the Books for Every body: How Literary Culture Became Popular Culture*(Durham, N.C.: Duke University Press, 2010).

9 N. Katherine Hayles, *Writing Machines*(Cambridge, Mass.: MIT Press, 2002), 29.

10 Joanne Tangorra, "Getting the Word Out," *Publishers Weekly*, 236(25)(January 5, 1990): 52-53; 52에서 인용.

11 "New and Notable," *Publishers Weekly,* 242, no. 31(July 31, 1995): 28; John B. Thompson, *Merchants of Culture: The Publishing Business in the Twenty-First Century*(Cambridge: Polity, 2010), 351 참조.

12 로라 밀러(Laura Miller)는 멀티미디어 측면의 성장에 대해 논의한다. *Reluctant Capitalists: Bookselling and the Culture of Consumption*(Chicago: University of Chicago Press, 2006), 132.

13 Tangorra, "Getting the Word Out," 52에서 인용.

14 이 수치는 1993년부터 1997년까지에 대한 것이다. Trudi M. Rosenblum, "From LPs to Downloads," *Publishers Weekly*, 246, no. 49(December 6, 1999): 32-33; 32에서 인용.

15 Joanne Tangorra, "The Advent of the Audio Store," *Publishers Weekly,* 238, no. 20(May 3, 1991): 48-49; 49.

16 Trudi M. Rosenblum, "Audiobook Clubs and Catalogues Thrive," *Publishers Weekly*, 244, no. 36(September 1, 1997): 37-39; 37.

17　Matthew Thornton, 저자와의 이메일 교신, February 24, 2015.

18　David L. Morton, Jr., *Sound Recording: The Life Story of a Technology*(Westport, Conn.: Greenwood, 2004), 190-194.

19　Trudi M. Rosenblum, "Downloading Audio from the Internet: The Future of Audio?," *Publishers Weekly*, 245(9)(March 2, 1998): 27-28; 27.

20　Michael Bull, "iPod Use, Mediation, and Privatization in the Age of Mechanical Reproduction," in *The Oxford Handbook of Mobile Music Studies*, ed. Sumanth Gopinath and Jason Stanyek(Oxford: Oxford University Press, 2014), 1: 103-17; 115.

21　콤팩트 디스크에 관해서는 다음을 참조하라. *Andre Millard, America on Record: A History of Recorded Sound*, 2nd ed.(Cambridge: Cambridge University Press, 2005), 353-358.

22　디지털 오디오 파일의 발전에 대해서는 다음을 참조하라. Jonathan Sterne, MP3: The Meaning of a Format(Durham, N.C.: Duke University Press, 2012).

23　Mary Burkey, "Playaway: Grab-and-Go Audio," *Booklist*, January 1 and 15, 2009, 106.

24　보도자료, "Department of Defense Provides Audiobooks for Soldiers on the Front Lines," Playaway, May 27, 2008; 또한 Craig Morgan Teicher, "Play-away's Military Victory," *Publishers Weekly*, 255, no. 35(September 1, 2008), 20 참조; 군사용 휴대용 청취기기에 관해서는 다음을 참조. Jonathan Pieslak, *Sound Targets: American Soldiers and Music in the Iraq War*(Bloomington: Indiana University Press, 2009).

25　John Y. Cole, ed., *Books in Action: The Armed Services Editions*(Washington, D.C.: Library of Congress, 1984); John B. Hench, *Books as Weapons: Propaganda, Publishing, and the Battle for Global Markets in the Era of World War II*(Ithaca, N.Y.: Cornell University Press, 2010), 52-54 참조.

26　Rosenblum, "From LPs to Downloads," 33 인용.

27　예를 들어 2006년에, 브라이언 러프(Brian Luff)의 "오디오 소설" 〈섹스 온 레그(Sex on Legs)〉가 다운로드만 가능한 오디오북으로 출간되었다. BBC Audiobooks는 2007년에 오디오 전용 원전 도서를 내기 시작했다. Anna Richardson, "BBC Commissions Audio-Only Titles," *Bookseller*, 5301(October 5, 2007), 14.

28　Beth Farrell, "The Lowdown on Audio Downloads," *Library Journal*, 135(May 15, 2010), 26-29.

29　Trudi M. Rosenblum, "Audiobooks Online," *Publishers Weekly*, 246, no. 23(June 7, 1999): 48-50; 48; Shannon Maughan, "Sound Bytes: Going Digital Is All the Craze, but Cost Savings Are Not What You'd Think," *Publishers Weekly*, 254, no. 6(February 5, 2007): 29.

30　Rickett, "Talkin' 'bout a Revolution," 18.

31　아마존의 도서 판매에 대해서는 다음을 참조하라. Miller, *Reluctant Capitalists*, 52-53; Striphas, The Late Age of Print, 81-109; Thompson, Merchants of Culture, 41-46; Collins, *Bring on the Books for Every body*, 39-79; Brad Stone, *The Everything Store: Jeff Bezos and the Age of Amazon*(London: Bantam, 2013), 특히 279-318.

32　"Audio Publishers Association 2012 Annual Sales Survey," October 2012, Audio Publishers Association, http://www.audiopub.org/resources-industry-data.asp.

33　Dan Eldridge, "Have You Heard?," *Book Business*, 17(2)(April 2014): 20-25; 20.

34　오더블의 구독료는 월 1권당 14.95달러에서 연간 24권당 229.5달러까지 다양하다.

35　Michael Hancher, "Learning from LibriVox," in *Audiobooks, Literature, and Sound Studies*, ed. Matthew Rubery(New York: Routledge, 2011), 199-215 참조.

36　Ryan Joe, "Digital Grows but so Do Units: Downloadable and Hard Formats Co-existing, at Least for Now," *Publishers Weekly*, 259(6)(February 6, 2012): 26-27; 26. 2013년 APA에서 가져

온 제작 수치다.

37   Shannon Maughan, "Audible's DIY Audiobook Platform Turns Three," *Publishers Weekly*, 261, no. 15(April 14, 2014): 19.

38   출판사들과 아마존의 관계에 대해서는 다음을 참조하라. George Packer, "Cheap Words," *New Yorker*, February 17, 2014, 66-79. 몇 가지 공격적인 작전은 출판사를 거의 안심시키지 못했다. 예를 들어 오더블 아서 서비스(Audible Authors Services)는 (2000만 달러의 기금에서) 다운로드당 1달러의 사례비를 저자들에게 직접 주었으며, 아마존의 자회사인 브릴리언스 오디오가 2012년 모든 오디오북 다운로드 서적의 도서관 이용을 중단했을 때 사서들은 어려움을 느꼈다. Benedicte Page, "Amazon and Audible Raise Stakes with Pub-lishers," *Bookseller*, 5525(April 20, 2012): 4-5 참조.

39   예를 들어 다음을 참조하라. Catherine Neilan, "Audible Defends Discounting," Bookseller 5342(July 25, 2008): 6.

40   Tom Tivnan, "Audio Goes Mobile," *Bookseller*, 5305(November 2, 2007): 20에서 인용.

41   Nicholas Jones, "Audiobooks: Craft or Commodity?," *BookBrunch*, October 25, 2013, http://www.bookbrunch.co.uk/article_free/audiobooks_craft_or_commodity.

42   May Wuthrich, "Sustaining the Audiobook as an Art Form," *AudioFile*, 23(5)(February/March 2015): 10-11 참조.

43   더스틴 호프만(Dustin Hoffman)은 1960년대에 영화 〈졸업〉을 찍은 후 만들어진 『전쟁과 평화(War and Peace)』 라디오 방송에 참여한 후로는 낭독을 하지 않았다. Jessica Gelt, "Audiobooks Are Going Hollywood," *Los Angeles Times*, March 14, 2012, http://articles.latimes.com/2012/mar/14/en-tertainment/la-et-au dible-books-20120314.

44   Brian Mitchell, 작가와의 인터뷰, August 27, 2013.

45   Thomas A. Edison, "The Perfected Phonograph," *North American Review*, 146, no. 379(June 1888): 641-650; 646.

46   Frances A. Koestler, *The Unseen Minority: A Social History of Blindness in the United States*(New York: David McKay, 1976), 153-175 참조.

47   David W. Thompson, "Review: Twentieth Century Poetry in English: Con-temporary Recordings of the Poets Reading Their Own Poems," *American Quarterly*, 2, no. 1(Spring 1950): 89-93; 90.

48   Stephen E. Whicher, "Current Long-Playing Records of Literature in English," *College English*, 19, no. 3(December 1957): 111-121; 113.

49   F. R. Leavis, "Reading Out Poetry," in *Reading Out Poetry; and Eugenio Montale: A Tribute*(Belfast: Queen's University of Belfast, 1979), 5-29; 16.

50   Robin F. Whitten and Sandy Bauers, "Golden Voices: Narrators Come into Their Own," *AudioFile*, 6, no. 5(November/December 1997): 15-21; 15.

51   Peggy Constantine, "Plugging into the Talking-Book Craze," *Sun-Times*(Chicago), June 30, 1985; 24. 오디오북 반대론자인 버커츠 역시 업다이크의 "이별" 녹음에 깊이 감동한 것을 인정하고 있다. *The Gutenberg Elegies: The Fate of Reading in an Electronic Age*(New York: Fawcett Columbine, 1994), 147에서 인용.

52   Digby Diehl, "Words in Your Ear," Modern Maturity 32, no. 1(February-March 1989), 7.

53   Trudi M. Rosenblum, "Audio Sends Strong Signals," Publishers Weekly 243, no. 28(July 8, 1996): 56-57; 56.

54   Joanne Tangora, "Audio Startup Makes Big Debut with Movie Tie-In," *Publishers Weekly*, 238, no. 16 (April 5, 1991): 113.

55   Jacques Levy, liner notes to John Steinbeck, *The Grapes of Wrath: Excerpts*, read. by Henry Fonda, Caedmon TC1570, 1978, 1 LP record.

56   Whitten and Bauers, "Golden Voices," 17.

57   Harmon, "Loud, Proud, and Unabridged"에서 인용.

58   Judith McGuinn이 Whitten and Bauers, "Golden Voices," 21에서 인용.

59   Yuri Rasovsky가 Aurelia C. Scott, "An Art Utterly Changed: The Art of Narration, Then and Now," *AudioFile*, 20, no. 4(December 2011/January 2012): 12-15; 12-13에서 인용.

60   Nate DiMeo, "Read Me a Story, Brad Pitt: When Audiobook Casting Goes Terribly Wrong," *Slate*, September 18, 2008, http://www.slate.com/articles/arts/culturebox/2008/09/read_me_a_story_brad_pitt.h tml.

61   Advertisement, *AudioFile*, 18, no.3(October/November 2009): 73.

62   그런 호화로운 연출은 당황스러울 수 있다. 한 평론가는 가치 없는 음악이 듣는 이의 감정을 움직인다고 불평했다. S[ue] Z[izza], "The Word of Promise Audio Bible," *AudioFile*, 18, no. 4(December 2009/January 2010): 54.

63   Scott, "An Art Utterly Changed," 12에서 인용.

64   같은 글.

65   Joyce G. Saricks, *Read On······ Audiobooks: Reading Lists for Every Taste*(Santa Barbara: Libraries Unlimited, 2011), xvi.

66   Johanna Drucker, "Not Sound," in T*he Sound of Poetry/The Poetry of Sound, ed. Marjorie Perloff and Craig Dworkin*(Chicago: University of Chicago Press, 2009), 237-248 참조.

67   Friedrich A. Kittler, *Discourse Networks 1800/1900*, trans. Michael Metteer, with Chris Cullens(Palo Alto, Calif.: Stanford University Press, 1990), 248.

68   스턴의 조판에 대한 주의에 관해서는 Peter J. de Voogd, "Tristram Shandy as Aesthetic Object," *Word and Image*, 4, no. 1(January-March 1988): 383-392 참조.

69   Laurence Sterne to Jane Fenton, August 3, 1760, in *Letters of Laurence Sterne,* ed. Lewis Perry Curtis (Oxford: Clarendon, 1935), 120-121; 120.

70   "Tristram Shandy: Publisher's Summary," Audible.com(2009), http://www.audible.com/pd/Classics/Tri stram-Shandy-Audiobook/B006RHGLX0/ref=a_search_c4_1_1_srTtl?qid=1426762287&sr=1-1#publisher-summary.

71   D.T. Max, "The Unfinished: David Foster Wallace's Struggle to Surpass 'Infinite Jest,'" *New Yorker*, March 9, 2009: 48-61. 월리스는 56페이지에서 주석에 대한 애착을 설명하고 있다.

72   David Foster Wallace, *Consider the Lobster and Other Essays(Selected Essays)*, abridged ed., read by the author(Time Warner AudioBooks, 2005), 디지털 오디오 파일.

73   Andrew Adam Newman, "How Should a Book Sound? And What about Footnotes?," *New York Times*, January 20, 2006, http://www.nytimes.com/2006/ 01/20/books/20audi.html?page wanted.

74   "A Note from Hachette Audio," Audible.com(2012), http://www.audible.com/pd/Fiction/Infinite-Jest-Audiobook/B007P00API/ref=a_search_c4_1_1_srTtl?qid=1426681900&sr=1-1#publisher-summary. 팬들의 반대는 다음을 참조하라. "David Foster Wallace's 'Infinite Jest' Is an Audiobook, Minus Endnotes," *HuffingtonPost*, April 20, 2012, http://www.huffingtonpost.com/2012/04/19/david-foster-wallace-infinite-jest-audiobook_n_1438711.html.

75   S.J. Henschel, "Jennifer Egan," *AudioFile*, 19(2)(August/September 2010): 26-27. 에건(Egan)의 슬라이드쇼는 다음 사이트에서 확인할 수 있다. http://jenniferegan.com/ books/.

76   헨리 젠킨스(Henry Jenkins)는 트랜스미디어 스토리텔링에 대해 정교하게 설명한다. *Convergence Culture: Where Old and New Collide*(New York: New York University Press, 2006), 93-130.

77   Zadie Smith, *NW*(London: Hamish Hamilton, 2012), 153; Zadie Smith, *NW*, read by Karen

Bryson(New York: Penguin Audio, 2012), digital MP3 audio File.

78 예를 들어 다음을 참조하라. Rob Reid, *Year Zero*: A Novel, read by John Hodgman(Random House Audio, 2012), digital MP3 download.

79 Smith, *NW*, 211.

80 Aziz Ansari and Eric Klinenberg, *Modern Romance: An Investigation*, narrated by Aziz Ansari (Penguin Audio, 2015), 디지털 오디오 파일. 아지즈의 신바람에 대한 예는 다음을 참조하라. Linda Holmes, "'Modern Romance,' and the Emerging Audio-book," *NPR*, June 16, 2015, http://www.npr.org/sections/monkeysee/2015/06/16/414703875/modern-romance-and-the-emerging-audiobook.

81 Amy Poehler, *Yes Please*, read by Amy Poehler, Carol Burnett, Seth Meyers, et al.(New York: HarperAudio, 2014), 디지털 오디오 파일.

82 Brian Price, "Neal Stephenson," *AudioFile*, 20, no. 4(December 2011/January 2012): 40-41; 41 인용.

83 Sarah Guild, "Adjust Your Headlights: Sarah Guild Looks at Some Unexpected Adaptations to Audiobook Format," *Bookseller*, 5012(February 8, 2002): 10에서 인용.

84 Guild, "Adjust Your Headlights," 10에서 인용.

85 Ansari and Klinenberg, *Modern Romance*.

86 Sharon Steel, "The Soundtrack of Our Books," Millions, January 5, 2012, http://www.themillions.com/ 2012/01/the-soundtrack-of-our-books.html; 다른 예는 다음에서 확인할 수 있다. Justin St. Clair, "Soundtracking the Novel: Willy Vlautin's *Northline* as Filmic Audiobook," in *Rubery, Audiobooks, Literature, and Sound Studies*, 92-106.

87 Michael Sangiacomo, untitled review, *AudioFile*, 20(5)(February/March 2012): 50.

88 Mary Burkey, "Audiobooks Alive with the Sound of Music," *Book Links*, 18, no. 1(September 2008): 24-25; 25.

89 Ellen Myrick, "Say It with Music: Audiobooks with Pizzazz," *Booklist Online*, November 1, 2008, http:// booklistonline.com/Say-It-with-Music-Audiobooks-with-Pizzazz-Ellen-Myrick/pid=3086522 에서 인용.

90 "New Talking Books Announced," *Talking Book Topics*, 6, no. 4(March 1941): 6-11; 7-8.

91 라디오의 문학 각색 전통은 오슨 웰스의 〈머큐리 극장(The Mercury Theatre on the Air)〉부터 BBC 라디오 4의 〈고전 시리얼(Classic Serial)〉까지 이어진다. LA 시어터 워크스(LA Theatre Works)는 1987년 싱클레어 루이스(Sinclair Lewis)의 『배빗(Babbitt)』을 14시간 30분 동안 낭독한 이후 방송을 통해 조명 공연을 해왔다. 그것의 오디오 극장 컬렉션에는 1858년 링컨-더글러스 토론의 재현에서부터 와일드의 『도리언 그레이의 초상』을 각색한 것에 이르기까지 400개 이상의 공연이 포함되어 있다.

92 James Brooke, "Talking Books for Those on the Go," *Des Moines Register*, August 13, 1985, 1.

93 "Go Behind the Scenes: The Making of the Stories from the Golden Age Audiobooks," http://www.gal axypress.com/books/audiobooks/the-making-of/.

94 Sarah Kozloff, "Audio Books in a Visual Culture," *Journal of American Culture*, 18, no. 4(1995): 83-95; 87.

95 Stanley Young, "Heard Any Good Books?," Los Angeles, September 1986, 53, 57-59; 59.

96 John Goodman이 Ben Malczewski, "Multi-Tasker's Dream," *Library Journal*, 137, no. 6(April 1, 2012): 24-28, 26에서 인용.

97 Advertisement, *AudioFile*, 19, no. 2(August/September 2010): 19.

98 Stefan Rudnicki, "In the Studio," *AudioFile*, 22, no. 4(December 2013/January 2014): 56.

99 개선된 도서와 여러 상호적 형식에 대해서는 다음을 참조하라. Alexis Weedon et al.,"Crossing Media

Boundaries: Adaptations and New Media Forms of the Book," *Convergence*, 20, no. 1(2014): 108-124.

100 Trudi M. Rosenblum, "First Enhanced CD Audiobook Released," *Publishers Weekly*, 248, no. 19(May 7, 2001): 47.

101 Matthew Thornton, February 24, 2015, 작가와의 이메일 교신. 아마존의 음성용 위스퍼싱크 (Whispersync for Voice)가 전자책 독서와 오디오북 청취를 동시에 할 수 있게 한다. 일반적으로 이용자들은 책의 어느 부분을 읽고 들었는지 기억하지 못한다는 것을 확인했다.

102 Thomas Leitch, *Film Adaptation and Its Discontents: From "Gone with the Wind" to "The Passion of the Christ"*(Baltimore: Johns Hopkins University Press, 2007), 258.

103 책이 없는 오디오는 축음기 시대로 돌아가게 된다. 1888년 토머스 에디슨을 방문한 뒤 허레이쇼 넬슨 파워스(Horatio Nelson Powers)는 '축음기 송가'라는 종이에 쓰이지 않은 시를 녹음했다[3년 후 Horatio Nelson Powers, *Lyrics of the Hudson*(Boston: Lothrop, 1891)으로 인쇄되었다. 이 시는 Oliver Read and Walter L. Welch, From Tin Foil to Stereo: Evolution of the Phonograph(Indianapolis: Howard W. Sams, 1976), 413으로 재출판되었다]. 오디오북 회사와 다른 작은 출판사가 세기 중반에 미출간 원고로 직접 녹음한 시리즈를 발간했다[AudioGo의 오디오민을 위해 쓰인 최근의 송말론적 좀비 이야기 시리즈가 이 전통을 이어왔다]. 1983년 리코디드 북스가 신디아 캐링턴(Cynthia Carrington)의 『점성술의 상승(Astrology Rising)』(1983)을 테이프만으로 발간했다. 톰 울프(Tom Wolfe)의 『포트 브래그의 매복(Ambush at Fort Bragg)』(BDD Audio, 1997)가 주요 저자의 첫 번째 오디오북이라고 했지만 ≪롤링 스톤(Rolling Stone)≫에서 시리즈로 나오고 결국에는 에세이집 『후킹 업(Hooking Up)』(2000)으로 재출판되었다.

104 Alter, "The New Explosion in Audiobooks."

105 Matthew Thornton, February 24, 2015, 작가와의 이메일 교신.

106 브릴리언스 오디오는 나중에 이것을 전자책으로 출시했다.

107 Alexandra Alter, "An Art Form Rises: Audio without the Book," *New York Times*, November 30, 2014, http://www.nytimes.com/2014/12/01/business/media/new-art-form-rises-audio-without-the-book-.html에서 인용.

후기

1 이런 구분은 http://www.gutenberg.org에 열거되어 있다.

2 말하는 로봇에 대해서 Steven Connor, *Dumbstruck: A Cultural History of Ventriloquism*(Oxford: Oxford University Press, 2000); Jonathan Sterne, *The Audible Past: Cultural Origins of Sound Reproduction* (Durham, N.C.: Duke University Press, 2003), 73-77 참조.

3 J. Scott Hauger, "Reading Machines for the Blind: A Study of Federally Supported Technology Development and Innovation"(PhD diss., Virginia Polytechnic Institute and State University, Blacksburg, 1995) 참조.

4 Donald Shankweiler and Carol A. Fowler, "Seeking a Reading Machine for the Blind and Discovering the Speech Code," *History of Psychology*, 18, no. 1(2015): 78-99 참조.

5 음성 처리 기술에 이용되는 기술에 대해서는 다음을 참조하라. Paul Taylor, *Text-to-Speech Synthesis* (Cambridge: Cambridge University Press, 2009). 오디오북 자체(특히 리브리복스 같은 큰 저장소)는 문자-음성 변환 시스템을 위한 귀중한 음성 자료이다. Kishore Prahallad, "Automatic Building of Synthetic Voices from Audio Books"(PhD diss., Carnegie Mellon University, July 26, 2010) 참조. http:// www.cs.cmu.edu/-skishore/ksp_phdthesis.pdf에서 확인할 수 있다.

6 Felix Burkhardt and Nick Campbell, "Emotional Speech Synthesis," in *The Oxford Handbook of Affective Computing*, ed. Rafael A. Calvo, Sidney K. D'Mello, Jonathan Gratch, and Arvid

Kappas (Oxford: Oxford University Press, 2015), 286-295.

7   "IBM Develop 'Most Realistic' Computerised Voice," *Telegraph*, February 1, 2009, http://www.telegra ph.co.uk/technology/news/4420798/IBM-develop-most-realistic-computerised-voice.html.

8   Arnie Cooper, "The Voice in the Machine: Is Lifelike Synthetic Speech Finally within Reach?" *Atlantic*, November 2011, http://www.theatlantic.com/magazine/archive/2011/11/the-voice-in-the-machine/30 8690/.

9   John Philip Sousa, "The Menace of Mechanical Music," *Appleton's Magazine*, 8(September 1906): 278-284; 281.

10 Farhad Manjoo, "Read Me a Story, Mr. Robot: Why Computer Voices Still Don't Sound Human," Slate, March 3, 2009, http://www.slate.com/articles/technology/technology/2009/03/read_me_a_story_mr_roboto.html.

11 Masahiro Mori, "The Uncanny Valley," trans. Karl F. MacDorman and Norri Kageki, IEEE Robotics and Automation Magazine 19, no. 2(June 2012): 98-100 참조. 이 개념과 음성합성의 관계에 대해서는 다음을 참조하라. Jan Romportl, "Speech Synthesis and Uncanny Valley," in *Text, Speech and Dialogue: 17th International Conference, TSD 2014*, ed. Petr Sojka et al.(Cham, Switzerland: Springer, 2014), 595-602.

12 James Parker, "The Mind's Ear," *New York Times*, November 25, 2011, http://www.nytimes.com/201 1/11/27/books/review/the-minds-ear.html?_r=0.

13 John Hull, 작가와의 이메일 교신, May 12, 2014.

14 헤더 크라이어(Heather Cryer)와 사라 홈(Sarah Home)은 이러한 목소리를 점진적으로 수용하고 있다고 기록했다. *Exploring the Use of Synthetic Speech by Blind and Partially Sighted People*(Birming ham, U.K.: RNIB Centre for Accessible Information, 2008).

15 Roy Blount, Jr., "The Kindle Swindle," *New York Times*, February 24, 2009, http://www.nytimes.com/2009/02/25/opinion/25blount.html.

16 예술에 대한 음성 기술의 영향에 대해서는 다음을 참조하라. Norie Neumark, Ross Gibson, and Theo van Leeuwen, eds., *Voice: Vocal Aesthetics in Digital Arts and Media*(Cambridge, Mass.: MIT Press, 2010).

17 Jon Stewart, *America(The Audiobook): A Citizen's Guide to Democracy Inaction*, abridged ed., read by the author(Time Warner AudioBooks, 2004), 디지털 오디오 파일.

18 Aziz Ansari and Eric Klinenberg, *Modern Romance: An Investigation*, narrated by Aziz Ansari(Penguin Audio, 2015), 디지털 오디오 파일.

그림 자료

헌사

이 연구는 책뿐만 아니라 사람들에게서도 들은 것이 많았다. 존 르카레의 오디오북에 대한 감탄을 공유하면서 만난 이후, 너무 많은 방식으로 내 연구를 도와준 가레트 스튜어트에게 나는 가장 큰 빚을 졌다. 마찬가지로 헬렌 스몰Helen Small은 시작부터 지치지 않고 이 연구를 뒷받침해 주었다는 점에서 특별한 감사를 받을 만하다. 제이 클레이턴Jay Clayton, 사이먼 엘리엇Simon Elliot, 프란시스 오고어만Francis O'Gorman, 퍼트리샤 마이어 스팩스Patricia Meyer Spacks 모두 초기 단계에 아주 중요하고 고마운 도움을 준 바 있다.

이 책은 친구, 동료, 음향서지학자들의 충고로 헤아릴 수 없는 덕을 보았다. 그것은 벤저민 코츠Benjamin Coates, 메리 메이플 던Mary maples Dunn, 벤저민 파간Benjamin Fagan, 대니얼 기어리Daniel Geary, 친 조우Chin Jou, 캐서린 리Katherine Lee, 멜리사 밀레프스키Melissa Milewski, 리사 시라개니안Lisa Siraganian, 매슈 서스먼Matthew Sussman과 함께한 미국 예술 과학 학술원Amerian Academy of Arts and Sciences에서 시작했다. 각 장 원고 초안은 제이슨 캠롯Jason Camrot, 리사 기텔먼Lisa Gitelman, 크리스 힐러드Chris Hillard, 애니 자노비츠Annie Janowitz, 제시카 프레스만Jessica Pressman, 세잘 수타리아Sejal Sutaria, 바버라 테일러Babara Taylor, 버네사 원Vanessa Warne, 클레어 윌스Clair Wills의 조언으로 크게 향상되었다.

다음에 언급한 사람들과의 대화와 서신이 내 생각을 가다듬는 데 도움이 되었다. 줄리 앤더슨Julie Anderson, 폴 암스트롱Paul Armstrong, 빌 벨Bill Bell, 찰스 번스타인Charles Bernstein, 카렌 부리에Karen Bourrier, 앵거스 브라운Angus Brown, 레이철 부르마Rachel Buurma, 로저 채티어Roger Chattier, 아만다 클레이바크Amanda Claybach, 스티븐 코너Steven Connor, 퍼트리샤 크레인Patricia Crain, 산타누 다스Santanu Das, 마이크 디케코Mike Dicecco, 마시 디뉴스Marcy Dinius, 스테판 도노반Stephen Donovan, 제임스 엠모트James Emmot 마리아 엥버그Maria Engberg, 제임스 잉글리쉬James English, 패트릭 피스터Patrick Feaster, 대니얼 풀러Danielle Fuller, 케빈 길마틴Kevin Gilmattin, 에즈라 그린스펀Ezra Greenspan, 헬렌 그로스, 미카엘 핸처Michael Hancher, 마크 한센Mark hansen, 피비 하킨스Phoebe Harkins, 이벤 헤이브Iben Have, 크리스 힐러드Chris Hillard, 레이철 허친슨Rachel Hutchinson, 줄리엣 존Juliet John, 코라 캐플런Cora Kaplan, 조지나 클리게, 사라 코즐로프Sarah kozloff, 로스 맥팔레인Ross Macfarlane, 데이비드 메이슨Davis Mason, 앤드루 마운더Andrew Maunder, 디에이 밀러D. A. Miller, 셀리나 밀스Selina Mills, 칼라 닐슨Karla Nielson, 코리나 노릭륄Corrina Norrick-Ruhl, 브리게트 오브리바이알Brigette Ouvry-vial, 조시 패커드Josey Packard, 유시 파리카Jussi Parika, 버게트 피더슨Birgette Pedersen, 존 플로츠John Plotz, 마틴 레갈Martin Regal, 캐서린 롭슨Catherine Robson, 조너선 로즈Jonathan Rose, 버네사 라이언Vanessa Ryan, 일레인 스카리Elaine Scarry, 샐리 셔틀워스Sally Shuttleworth, 리사 서리지Lisa Surridge, 조안나 스와퍼드Joanna Swafford, 한나 톰슨Hannah Thompson, 데이비드 토번David Thorburn, 헤더 틸리Heather Tilley, 새프콰트 토히드Shafquat Towheed, 로빈 휘튼Robin Whitten, 톰 라이트Tom Wright가 바로 그들이다.

나는 또한 오디오북, 문학, 음향 연구 개척자들에게 신세를 졌다. 내 원고를 풍부하게 만들어준 서신에 대해 존 헐에게 특별한 감사를 전한다. 또한 런던에서 개최된 "시각장애, 기술, 그리고 그녀의 전문성과 여러 형식의 독서"라는 제목의 회의를 나와 함께 조직한 마라 밀스에게도 고맙다. 콜린 블레이크모어Colin Blakemore, 로랑 코헨Laurent Cohen, 오펠리아 데로이Ophelia Deroy, 로버트 엥글브렛슨Robert Englebretson, 에벌린 머큐어Evelyne Mercure는 신경과학에 대한 내 질문에 참을성 있게 답변해 주었다. 예니스 아지오미르지아나키스Yannis Agiomyrgiannakis와 이화성Hwasung Lee은 런던의 구글 사무실에서 음성합성의 미래를 논의하기 위해 만나주었다. ARSC, SHARP, VICTORIA 직원들에게도 다양한 질문에 대한 이메일 논의에 감사한다. 마지막으로 런던 퀸메리대학교의 동료들은 변함없는 자원이자 동료들이었다.

오디오 출판산업과 연관된 몇몇 사람들이 내 질문에 고맙게도 시간을 내어 답을 주었다. 나는 책 낭독에 대해 이야기해 준 토니 모리슨Toni Morrison, 미카엘 로젠Michael Rosen, 에이미 탄Amy Tan에게 감사한다. 줄리엣 스티븐슨Juliet Stephenson, 데이비드 소프David Thorpe는 낭독 기술에 대한 그들의 견해로 도움을 주었다. 재키 콜린스Jackie Collins의 재미있는 소설 녹음 당시 RNIB 스튜디오를 견학하게 해준 로버츠 커크우드Roberts Kirkwood에게 감사를 전한다. 그들과의 인터뷰를 허락해 준 듀발 헥트, 바바라 홀드리지, 헨리 트렌트먼에게 고맙게 생각한다. 나는 특히 BOT 보관 기록을 내게 보내준 헥트에게 고마웠다 (그리고 스탠퍼드 도서관의 보다 안전한 곳을 찾을 때까지 상자들을 맡아준 내 어머니께 감사한다). 댄 머슬맨Dan Musselman은 BOT의 첫 번째 녹음을 제공해 주었다. 오더블의 가이 스토리Guy Story, 매슈 톤톤Matthew Thornton, 하퍼콜린스의 애나 마리아 알레시Ana Maria Allessi, 데이비드 브라운David Brawn, 조 포쇼Jo Forshaw, 낙소스의 니컬러스 솜스Nicolas Soames 펭귄의 라비나 바자Ravina Bajwa와 로이 맥밀런Roy McMillan, 실크사운드북스의 브라이언 미첼Brian Mitchell, 스트래스모어의 니컬러스 존스를 포함한 출판업자들로부터 많은 것을 배웠다.

컨퍼런스와 여러 곳에서 내 연구를 발표한 것은 좋은 피드백을 주었을 뿐만 아니라 커져가는 나의 오디오북 최고 걸작 목록을 지명하는 데 이바지했다. 하버드와 에든버러에서 했던 '책 그리고/로서의 신매체" 심포지엄은 내 생각을 마크 알지휴잇Mark Algee-Hewitt, 루이자 칼레Luisa Cale, 린지 에커트Lindsey Eckert, 앤서니 그래프턴Anthony Grafton, 페이 함밀Faye Hammill, 미셸 레비Michell Levy, 디드러 린치Deidre Lynch, 톰 몰Tom Mole, 스티븐 오사데츠Stephen Osadetz, 앤드루 파이퍼Andrew Piper, 조너선 작스Jonathan Sachs, 앤드루 스토퍼Andrew Stauffer, 캐스린 서덜랜드Kathryn Sutherland, 리처드 토스Richards Taws와 토론할 기회를 주었다. 오르후스대학교에서의 "문학, 매체, 음향", 아이슬란드대학교에서의 "번역 기술", 서부 캐나다의 빅토리아 시대 연구 협회가 주관한 "빅토리아 시대의 매체", 버밍햄대학교에서의 "1845~1945년: 움직이고 있던 한 세기", 런던 19세기 세미나 대학원 컨퍼런스와 같은 이벤트에서의 대화에 대해서도 고맙게 생각한다. 하버드대학교의 도서의 역사 및 빅토리아 시대 문학과 문화 세미나History of the Book and Victorian Literature and Culture seminars, 펜실베니아대학교의 재료 텍스트의 역사 워크숍History of Material Texts Workshop, 사이먼프레이저대학교의 인쇄문화 시리즈Print Culture series, 19세기 연구 및 자료 텍스트 네트워크를 위한 버베크 포럼Birkbeck's Forum for Nineteenth Century Studies and Material Texts Network, 카디프의 편집 및 텍스트 연구 센터Cardiff's Center for Editorial and Textual Research, 로열 홀러웨이 빅토리아 연구 센터Royal Holloway's Centre for Victorian Studies, 옥스퍼드의 학제 간 19세기 문화 포럼Interdisciplinary Nineteenth-Century Culture Forum에도 감사드린다. 메인대학교, 그리니치대학교, 하트퍼드셔대학교, 서리대학교, 서식스대학교, 웁살라대학교의 청중뿐 아니라 MLA, SHARP, 디킨스 협회Dickens Society 컨퍼런스의 패널들, "블라인드 크리에이션Blind Creations" 컨퍼런스에도 감사를 전한다.

이 책의 기록보관 연구는 기록보관 전문가, 큐레이터, 사서들의 지도와 창의성 없이는 불가능했다. 나는 AFB(특히 헬렌 셀스돈Helen Selsdon), 미국시각장애인출판사(특히 마이클 허드슨Michael Hudson과 앤 리치Anne Rich), 영국 시각장애 전역군인(특히 로버트 베이커Robert Baker), 영국 도서관(특히 스티븐 클리어리Stephen Cleary

와 조너선 서머스Jonathan Summers), EMI 기록 보관 금고(특히 재키 비숍Jackie Bishop과 조안나 휴스Joanna Hughes), 하버드 도서관(특히 크리스티나 데이비스Christina Davis, 클로에 가르시아 로버츠Chloe Garcia Roberts, 우드베리 시 연구소의 돈 쉐어Don Share), 의회 도서관, 시각장애인과 신체 부자유자를 위한 국립도서관 서비스(특히 루스 누스바움Ruth Nussbaum, 스티브 프라인Steve Prine, 돈 스티젤Dawn Stitzel, 메리베스 와이즈 Marybeth Wise), 퍼킨스 도서관(특히 김 찰슨Kim Charlson, 잰 시모어포드Jan Seymour-Ford), 국립 황실 장애인 기관(특히 레슬리-앤 알렉산더Lesley-Anne Alexander, 팻 비치Pat Beach, 헬렌 브레이저Helen Brazier, 클리브 가드너Clive Gardiner, 세라 헤이렛Sarah Haylett, 필립 제 프Phillip Jeff, 로버트 새거스Robert Saggers, 이언 터너Ian Turner, 숀 윌콕스Sean Wilcox), 토머스 에디슨 국립 역사 공원(특히 제리 패브리스Jerry Fabris)에 특별히 감사드리고 싶다.

출판 과정을 통해 내 원고를 지도해 준 하버드대학교 인쇄소의 존 쿨카John Kulka와 직원들께 감사드리고 싶다. 사려 깊은 조언을 해준 익명의 독자들에게도 똑같이 고맙다.

재정적 지원은 이 책의 완성에 중요했다. 미국 예술과학아카데미로부터의 지원을 고맙게 생각하고 있다. 그들의 너그러운 후원이 처음 의도했던 내용보다 더 야심찬 연구로 더 넓은 독자에게 다가갈 수 있게 했다.

코미디언 에이미 폴러Amy Poehler는 여섯 살 미만 아이들의 부모가 쓴 모든 책은 '수면 부족' 스티커를 붙여야 한다고 제안했다. 이 책 역시 확실히 그 스티커가 필요하다. 내 인생의 지난 몇 년은 말하는 책과 말하는 아기들에게로 나뉘어져 있다. 그러므로 내 마지막 감사는 똑같이 수면 부족인 아내 빅토리아와 우리 수면 부족의 범인인 조셉과 코코에게 보낸다. 그들은 내가 잘못된 방식으로 책을 읽으면 제일 먼저 이야기해 줄 친구들이다. 이 책을 그들에게 바친다.

말하는 책, 읽지 않고 들을 수 있는 책, 라디오 연속극처럼 배역과 음향효과로 맛을 낸 책, 좋은 목소리와 운율로 잔잔한 선율과 함께하는 시, 고전 연극에 나오는 배우들의 광대스러운 구술, 지하철 안에서 이어폰 너머로 듣는 소설, 자동차 운전의 단조로움 속에 들리는 배우들의 화려한 연기……. 이런 모습으로 그려지는 말하는 책은 녹음 기술을 발명한 에디슨과 많은 사람들의 기대와 달리 그 기술적 한계와 용도가 확장되면서 시각장애인들의 복지를 위한 것으로 실용화되었다. 말하는 책은 시각장애인들의 문화 활동 및 문해력 확장에 긴요했던 것이 틀림없다. 특히 부상 전역자들에게는 장애를 입기 이전에 문화를 향유했던 경험으로 조금이나마 돌아갈 수 있게 해주었다. 따라서 말하는 책은 보훈 차원의 의미 또한 상당했고 삶의 의미를 부여하는 측면에서도 무시할 수 없었다.

그러나 캐드먼 레코드에서부터 시작된, 보다 일반적인 수요를 겨냥한 말하는 책의 매력은 무엇이었을까? 말하는 책은 묵독으로 읽는 독서보다 책의 내용에 더욱 몰두할 수 있게 하는 매체인 것일까? 콘텐츠에 몰두하는 것 외에 말하는 책이 우리 생활에 주는 이점은 무엇일까? 디지털 신기술의 발전은 말하는 책의 면면을 얼마나 화려하게 바꿀 수 있을까? 이 책은 이러한 질문에 대한 해답을 제시하고 있다. 궁극적으로는 오디오북의 속성에 내재한 경쟁력이 독서에서의 오디오북의 위상을 결정하게 될 것이다.

오늘날에는 음악, 비디오, 게임 등 다양한 콘텐츠가 텔레비전, 유튜브, 넷플릭스, 게임 앱, 음악 앱 등을 통해 홍수처럼 밀려들고 있다. 특히 스마트폰이 만들어놓은 유비쿼터스의 세상에서 말하는 책은 다양한 매체와 콘텐츠 경쟁을 벌여야 한다. 그렇다면 말하는 책이 우리에게 제공하는 경쟁 우위의 매력은 무엇일까? 인터넷과 스마트폰이 보편화되면서 전자책이 급속도로 성장했던 적이 있었으나 다시 수그러든 이유는 무엇이며, 이러한 현상이 말하는 책에 시사하는 바는 없을까? 출판산업에서 디지털 기술이 책의 생산과 물류, 심지어 판매에까지 심대한 영향을 미치는 오늘날, 디지털 기술은 책의 형태 자체에도 유사한 영향을 미칠 것으로 기대할 수 있을까? 세상이 빨리 변해갈수록 그 변화가 우리에게 미칠 영향에 대해 민감한 것은 당연한 일이다.

시각과 청각 중 어느 감각이 두뇌의 인지능력과 더욱 효율적으로 반응하면서 문장 콘텐츠 숙지 능력에 더 효과적일까? 아마도 시청각이 가장 효율적인 형태가 아닐까? 손과 눈이 바쁠 때는 듣기만 하면서도 보다 여유롭게 내용을 심취하고 싶을 때는 시청각으로 읽을 수 있는 책……. 합성 음성 기술이 발전함에 따라 말하는 책의 발전은 독자에게 어떤 영향을 미칠까?

이는 최근의 기술 변화에 따른 도서 출판의 세계를 살펴보면서 끊임없이 드는 질문이자 단상이다.

사람들이 책을 가까이 하는 동기는 무엇인가? 배우기 위해? 시간을 죽이기 위해? 여가 활용을 위해? 마음의 평안을 위해? 취미 생활로? 유식해 보이려고? 그 동기가 무엇이든 간에 그 콘텐츠 자체를 알려고 할 때 대중이 즐길 수 있는 가장 실질적이며 효과적인 독서 방식은 무엇일까? 지금까지 주된 방식이던 혼자서 읽는 독서일까, 아니면 귀로 듣는 오디오북일까?

여러 가지 단상과 함께 이 책의 번역을 끝낸다. 이 책의 감수를 맡아준 출판

유통진흥원의 박행웅 님, 김종수 님, 최성구 님, 그리고 조애리 박사, 이은호 박사께 감사를 전한다. 이 책에서 거론된 수많은 인명과 작품 제목으로 인해 번역에 어려움이 많았다. 우여곡절을 겪고 출판된 이 책이 누군가에게 도움이 되길 바라면서 많은 격려를 기대한다.

지은이

매슈 루버리(Matthew Rubery)

미국 텍사스대학교에서 학사 학위를, 하버드대학교에서 영문학 박사 학위를 받았다.
2010년부터 런던의 퀸메리대학교 영문학과에서 현대문학 교수로 재직하고 있으며,
The Novelty of Newspapers 외 다수의 저서가 있다.

옮긴이

전주범

서울대학교 경영학과를 졸업했으며, 서울대학교 공과대학 초빙 교수, 한국예술종합학
교 예술경영학과 교수를 지냈다. 번역한 책으로는 『한자무죄, 한자 타자기의 발달사』
(2021년 한국 출판학술상 수상), 『도서 전쟁』, 『흥미로운 무선 이야기』 등이 있다.

한울아카데미 2407

오디오북의 역사
알려지지 않은, 말하는 책 이야기

지은이 ǀ 매슈 루버리
옮긴이 ǀ 전주범
감수 ǀ 출판유통진흥원 外
펴낸이 ǀ 김종수
펴낸곳 ǀ 한울엠플러스(주)

편집책임 ǀ 신순남

초판 1쇄 인쇄 ǀ 2022년 11월 1일
초판 1쇄 발행 ǀ 2022년 11월 7일

주소 ǀ 10881 경기도 파주시 광인사길 153 한울시소빌딩 3층
전화 ǀ 031-955-0655
팩스 ǀ 031-955-0656
홈페이지 ǀ www.hanulmplus.kr
등록 ǀ 제406-2015-000143호

Printed in Korea.
ISBN 978-89-460-7408-8 93300 (양장)
    978-89-460-8218-2 93300 (무선)

* 책값은 겉표지에 있습니다.